ARCHÉOLOGIE

PYRÉNÉENNE.

Toulouse, imprimerie de LAMARQUE et RIVES, rue Tripière, 9.

ARCHÉOLOGIE
PYRÉNÉENNE;

ANTIQUITÉS RELIGIEUSES, HISTORIQUES, MILITAIRES, ARTISTIQUES,

DOMESTIQUES ET SÉPULCRALES,

D'UNE PORTION DE LA NARBONNAISE, ET DE L'AQUITAINE, NOMMÉE PLUS TARD, NOVEMPOPULANIE,

OU

Monuments authentiques de l'Histoire du Sud-Ouest de la France, depuis
les plus anciennes époques jusques au commencement
du treizième siècle,

Par Alexandre du MÈGE (de La Haye),

Chevalier de la Légion-d'Honneur et de plusieurs autres ordres,

Ancien ingénieur militaire au titre étranger, lauréat de l'Institut, correspondant du ministère de l'instruction publique et des cultes, pour les recherches historiques, chargé de la mission de réunir les éléments de l'archéologie pyrénéenne, inspecteur des antiquités, conservateur des monuments, membre du conseil des bâtiments civils, associé-correspondant de l'académie des sciences de Turin, de celle des bonnes-lettres de Barcelonne, de la société des beaux-arts d'Athènes, de celle des antiquaires du Nord, à Copenhague, de l'académie d'archéologie de Belgique, de la société des antiquaires de Normandie, de celle des antiquaires de la Morinie, des sociétés archéologiques de Montpellier, Béziers, etc., de l'académie des sciences, belles-lettres et arts de Bordeaux, de la société des sciences, beaux-arts, etc., des Pyrénées-Orientales, des sociétés d'agriculture et des arts de l'Ariége, de Narbonne, de Tours; de la société de Sphragistique, de la société des sciences, arts et belles-lettres de l'Aveyron, de l'ancienne académie celtique et de la société des antiquaires de France; membre de l'académie des Jeux-Floraux, de celle des sciences, inscriptions et belles-lettres de Toulouse, secrétaire-général de la société archéologique du Midi de la France, ex-commissaire pour la recherche des antiquités dans les départements de la Haute-Garonne, de l'Aude, des Basses-Pyrénées, du Tarn, de Tarn-et-Garonne et du Gers, l'un des vice-présidents du congrès scientifique de France, etc., etc.

—

TOME III. — PREMIÈRE PARTIE. — SUITE DES MONUMENTS MYTHOLOGIQUES

—

TOULOUSE,
DELBOY, LIBRAIRE-ÉDITEUR,
Rue de la Pomme, 71.

—

1862.

I.

MONUMENTS EN PIERRES BRUTES, RETROUVÉS DANS LA NAR-
BONNAISE ET DANS L'AQUITAINE ; PEULVANS, MENHIRS,
CROMLECHS, PIERRES BRANLANTES, ETC. LES DOLMENS DE
NOS CONTRÉES NE FURENT POINT DES AUTELS.

En prononçant l'éloge d'un soldat illustre, né dans la
famille de Turenne, et qui fut aussi l'un des hommes les
plus érudits de son époque, un orateur [1] disait : « Latour-
d'Auvergne entra courageusement dans le labyrinthe
des conjectures, dans les tombeaux des Gaules ensevelies........ Ici des pierres solaires, des rochers étonnés de
leur exil et honteux de reposer sur l'argile des plaines ;
des monts artificiels dont l'objet monumental est contesté ;
le gui de chêne, gravé sur des granits déchus de leur importance ; des chaussées attribuées à César et à Brunehaut ;
des cuves affreuses que Theutatès, gorgé de sang, brisa dans
ses heureuses fureurs ; des forêts religieuses, que le silence
habite toujours, et que visitent souvent la mélancolie, le
crime et le malheur..... C'est là que Latour-d'Auvergne, en
investigateur habile, découvrit les fragments de la chaîne

[1] *Notice sur Latour-d'Auvergne-Corret, lue à la séance publique de la Société
Philotechnique, le 20 brumaire an XI.*

d'un peuple puissant, dont l'enfance de l'histoire a peine à se souvenir. Il interroge Tacite et les légendaires, César et l'Edda, Strabon, Méla, et les plus simples habitants du Finistère. Où l'écho des monts ne lui répond rien, il frappe le sol des vallées, il en crible la poussière, il en fouille les eaux, il en dessèche le limon ; partout où il précipite la sonde, il retrouve le fond de l'antiquité. Il nous montre nos premiers Dieux, nos premiers prêtres, nos premières vertus...... Selon lui, l'Asie ne fut point le berceau des sciences ; la Grèce, celui de la liberté ; l'Italie, le berceau des arts : ces contrées, si vantées, ne durent leur renommée qu'aux sciences, aux arts, au génie que leur avaient transmis nos ancêtres. Il redemande Bel à Babylone, Theut à l'Egypte, Dis aux Phrygiens. Soit qu'il descende les fleuves, soit qu'il se repose dans les cités, il voit le nom Gaulois attaché à leurs urnes, à leurs pyramides, à leurs couronnes. Tout ce qui dépasse l'ère historique, tout ce qui nous semble éternel sur le globe par les masses et l'immobilité, porte une inauguration celtique. »

Avec des phrases de ce genre on pourrait défier même la *Cosmogonie ibérienne*, dont on a tant parlé, et que l'on attend encore. Mais ce serait compromettre la plus noble des causes, ce serait la couvrir d'un ridicule indélébile que de la défendre par de tels moyens.

La haute antiquité de la race celtique est démontrée ; son invasion en Europe, ses éclatants succès, ses revers, non moins éclatants, ne sont pas des choses douteuses. On sait que les écrivains de l'antiquité ajoutent constamment l'épithète de *Vieux*, d'*Ancien*, au nom Gaulois. Ce qui a transpiré des doctrines du druidisme honore ce peuple ; mais on doit avouer que, semblable à ces familles dont l'origine est d'autant plus respectée qu'elle est inconnue, les premiers temps de la partie de l'Europe que nous habitons se sont dérobés aux recherches, et il ne faut point suppléer au silence de l'histoire par des créations fantastiques. Il en a été

des Celtes comme de presque toutes les autres nations ; ce
n'est que par des conjectures, plus ou moins probables, que
l'on croit pouvoir indiquer leur origine ; la critique ne peut
admettre des systèmes, ingénieux quelquefois, mais qui ne
sont point appuyés sur des autorités respectables, et le
doute doit être préféré à l'enthousiasme qui affirme, à la
crédulité qui adopte sans examen.

Nous avons dit que les écrivains de l'antiquité joignent
toujours l'épithète de *Vieux*, d'*Ancien*, au nom des Celtes
ou Gaulois. Xénophon, Diodore de Sicile, Servius, et d'autres encore, nous en fournissent la preuve ; Polybe, Silius
Italicus l'attestent. Suivant les deux derniers, il n'y avait
dans le monde, tel qu'ils le connaissaient, aucun Etat
où les Celtes n'eussent laissé quelques monuments de leur
séjour, à en juger par les noms des villes, des cours d'eau,
des lacs, des montagnes et des promontoires. Ils ajoutent
que, partout où les Phéniciens et les nomades pénétrèrent,
ils trouvèrent des Celtes ou Gaulois qui les avaient précédés.

On a vu quelles étaient les idées des Gaulois sur la Divinité et sur l'immortalité de l'âme. On avait, dit Strabon [1],
la plus haute opinion de la justice des Druides, ces prêtres,
ces instituteurs des Celtes. César [2] et Lucain [3] montrent quels
étaient les dogmes des Druides sur la vie future. C'est ce que
confirme Ammien Marcellin [4] ; Diogène de Laërce faisait
dire à Aristote [5] que les *Semnothées* [6] des Celtes furent les
premiers philosophes, et que la Gaule devint l'institutrice
de la Grèce. On trouve ici, non pas seulement l'exagération
que l'on peut reprocher à tant d'écrivains de l'antiquité et
des temps modernes, mais encore l'envie de faire de l'effet

[1] *Geogr.*, lib. IV. *De horum (Druidæ) justitia summa est opinio.*
[2] *De Bello Gall.*, lib. VI.
[3] *Pharsal.*, III.
[4] Lib. XV.
[5] *In magico.*
[6] Nom qui signifie *vénérable*.

et d'étonner les lecteurs peu préparés à une telle révélation. Cependant on ne peut disconvenir que cette idée a été exprimée par d'autres, et saint Clément d'Alexandrie [1] a lui-même avancé que « les Druides subsistaient avant Mnésiphile, Solon, Xénophon, Thalès et Pythagore, et il a dit, sur la foi d'Alexandre l'historien, que ce dernier philosophe avait été l'élève des Gaulois..... »

De telles assertions nous reportent aux phrases sonores du panégyriste de Latour-d'Auvergne [2], et nous avons fait connaître notre opinion à cet égard. Ce que nous recherchons, ce que nous voulons réunir dans cet ouvrage, ce sont les monuments des Gaulois, libres d'abord, puis soumis aux armes de César, et bientôt devenus Romains eux-mêmes.

L'étude des monuments peut seule nous faire connaître les divers degrés de civilisation des peuplades qui ne sont plus. Ils doivent nous fournir des pages inconnues de l'histoire des hordes qui ont conquis, ravagé, habité les contrées que nous possédons aujourd'hui. Des armes en silex et en jade, en cailloux roulés, des poteries grossières, nous retracent une époque primitive, un temps où des tribus errantes sur notre sol inculte, ne songeaient qu'à s'armer et à satisfaire les premiers besoins d'une vie aventureuse et qu'il fallait défendre contre d'autres tribus non moins farouches, non moins redoutables. Plus tard, d'autres monuments se mêlant aux armes grossières que nous venons d'indiquer, annoncent par leur présence des progrès marqués dans la vie industrielle de ces hommes de la nature. L'art de fondre et de façonner l'argent, le bronze et l'or a été trouvé ; des torques, des bracelets ont paru, et les fiers Gaulois ont imité, grossièrement il est vrai, les bijoux, les haches de guerre, les monnaies même des peuples civilisés. C'est la se-

[1] *Stromat.*, lib. V.
[2] *Supra*, p. 1 et 2

conde période de l'existence des Gaulois; dans la suite, ils creusèrent les montagnes qui recèlaient le fer : ils le transformèrent en glaives, d'abord imparfaits dans leur trempe;... mais enfin les signes militaires des légions brillèrent des sommets des Alpes et des Pyrénées, jusques aux frontières de la Germanie. La résistance fut longue, héroïque, mais inutile ; Rome triompha, et les Gaulois purent bien perfectionner leurs méthodes artistiques, mais ce ne fut point pour eux particulièrement, ce fut surtout pour leurs maîtres. Ceux-ci tirèrent des Gaulois la plupart de leurs armes ; les plus ingénieuses inventions appartiennent à ces derniers. Mais tout ce que Pline [1], Varron [2], Orose [3], Florus [4], et autres, nous apprennent à ce sujet, ne se rapporte, sans doute, qu'à une époque postérieure à la conquête et ne doit pas nous occuper maintenant; c'est une troisième époque que nous devrons indiquer.

Pendant la première, nous voyons d'abord le silex, le jade, se transformer en armes : c'est le temps où les Gaulois ne se distinguent guère des hordes sauvages qui existent encore aujourd'hui dans quelques parties reculées de l'Amérique. La seconde est marquée par un immense progrès. Les métaux subissent des préparations qui ne durent s'opérer qu'après de longues tentatives. Ils sont façonnés..... Encore quelques années, et peut-être nos pères donneront à ces métaux des formes remarquables. L'or et le bronze, et le fer sont employés ; mais les arts dépendant du dessin manquent encore aux Gaulois. S'ils les avaient possédés, cette seconde époque de la vie artistique de nos premiers ancêtres les auraient égalés, sinon aux Grecs, du moins aux Romains, d'abord seuls imitateurs de ces derniers.

---

[1] Lib. VIII, c. 48.
[2] *De ling. latin.*, lib. IV.
[3] Lib. V, c. 10.
[4] Lib. II, c. 3.

Les Celtes avaient, on le croit, apporté de l'Orient l'habitude d'élever des monuments formés de pierres brutes, soit comme simulacres religieux, soit comme témoins éternels d'un événement, d'un triomphe, d'une alliance, ou comme limites de territoire [1].

Les livres sacrés nous instruisent de cette coutume [2]. Dans la Phénicie, Baal, premier Dieu de Sidon et de Tyr, était adoré sous la forme d'une pierre brute élevée sur les monts : c'est le même Dieu que les Babyloniens révérèrent en lui donnant le nom de Bel. L'image de Cybèle, adorée à Pessinunte, n'était qu'une pierre non travaillée. Nous avons vu [3] qu'aux temps primitifs toute la Grèce rendait des hommages divins à des idoles, ou simulacres, en pierres brutes. Suivant Pausanias [4] les Phocéens vénéraient des pierres quadrangulaires, au nombre de trente, et avaient donné le nom d'un dieu à chacune d'elles. Il est sans doute impossible d'assigner un nom à chacun des nombreux *Peulvans*, ou pierres élevées qui existent encore sur le sol de la Gaule, mais on peut conjecturer que quelques-uns de ces objets pourraient être comptés au nombre des monuments religieux des Celtes et l'on pourrait aussi y retrouver plusieurs de ces prétendus simulacres de Mercure que César [5] attribue à nos ancêtres. Nous avons recueilli, ou exécuté, le plus souvent nous-même, les dessins de ceux qui existent encore dans les petites provinces que nous avons parcourues pour remplir l'honorable mission qui nous a été confiée, et nous les avons réunis dans les premières planches de notre *Archéologie*. Déjà plusieurs de ces objets ont, pour la première fois, été indiqués dans le second volume de cet ouvrage.

---

[1] La Pierre qui séparait les tribus de Benjamin et de Juda. La pierre de séparation.
[2] *Genèse*, XXVIII.
[3] *Suprà*, tom. II, p. 53.
[4] *Lib. VII.*
[5] *Deum maxime Mercurium colunt ; hujus plurima simulachra.*

La Pierre Levée (*Peyro Lebado*) de Vieux, chez les *Albigenses*, commence ici cette série d'objets, crus celtiques, dont l'existence, comme monuments de la vieille Gaule, n'avait pas été remarquée dans nos contrées avant les recherches commencées par nous en 1820. On sait qu'une légende chrétienne est attachée à cette pierre que Sainte Carissime aurait apportée dans l'un des plis de son *peplum* et qui, ainsi que celles que le législateur des Israélites demandait pour l'autel de son Dieu, n'a pas été souillée par le fer et n'a point de forme arrêtée[1]. C'est encore à une pieuse légende, substituée sans doute à un mythe antique, que l'on doit la conservation de cet autre monument que l'on voit a Albaing, ou Alban, chez le même peuple. C'est le rocher, placé sur une haute butte, que l'on nomme *Palet-de-Notre-Dame,* et qui existe sur le côté droit de la voie qui conduit à Milhau[2].

Le *Palet-du-Diable*, opposé à celui de la Vierge, est assis sur le chemin d'Alban à Réalmont, sur l'un des côtés de cette route[3], où nous l'avons dessiné en 1820.

Attaché assez souvent à de vieux monuments et à des chaussées antiques, le nom de Brunehaut se retrouve, à ce que l'on croit, dans celui du château de Bruniquel, situé sur le bord pittoresque et sauvage de l'Aveyron. Là, on a cru retrouver, comme nous l'avons dit, les restes d'un *Cromlech*[4], et dans le voisinage, quelques *Dolmens*, dont nous nous occuperons dans l'un des volumes de cet ouvrage.

Ces pierres brutes, élevées çà et là, dans la vieille Gaule, soit qu'on les considère comme de grossiers simulacres religieux, soit comme des indications commémoratives d'évènements historiques, soit comme des bornes posées entre les

---

[1] *Archéologie Pyrénéenne*, II, p, 55 et Pl. I, n° 1.
[2] *Atlas de l'Archéologie Pyrénéenne*, pl. 1, n° 2.
[3] Même planche, n° 3, II, p. 56.
[4] Pl. I, n° 4, II, p. 57.

lerritoires des tribus diverses qui possédèrent ces régions, bornes qui restent dans la classe de celles qui, suivant Homère[1], étaient religieusement respectées, se retrouvent de loin en loin et sont quelquefois le sujet de légendes qui, en général, rappellent les idées du moyen-âge, bien qu'elles appartiennent à des époques antiques. Parmi elles, nous placerons les Pierres, ou *Peulvans*, d'Alet, de *Peyroles* et de Belcastel, chez cette tribu des Tektosages, surnommés *Atacini*, du nom de l'*Atax* qui traverse leur territoire[2].

C'est encore aux *Atacini* qu'appartient le *Peulvan*, ou *Menhir*, de Malves, dans l'arrondissement de Carcassonne[3]. La pierre élevée (*Peyro lébado*) d'Arques[4] est un monument de cette espèce.

Bien au-delà, dans un bois, et non loin de Saint-Pons-de-Thomières, jadis chef-lieu d'un diocèse, dont l'évêque siégeait, chaque année, à l'Assemblée des États-Généraux du Languedoc, on a retrouvé un *Trilithe*, ou l'un de ces monuments composés de deux pierres droites en forme de jambages de porte et qui en supportent une troisième, placée horizontalement au-dessus des autres[5], sorte de monument qui rappelle les *Antas* de l'Espagne et du Portugal. Nous n'avons point vu, mais on nous assure qu'un objet semblable se trouve dans les Pyrénées, chez les *Consorani*, près de Cerisos; celui-ci cependant pourrait bien n'être qu'un *dolmen* dont l'un des supports n'existerait plus.

Dans l'arrondissement de Rodez un autre *Trilithe*, très remarquable existe chez les *Rutheni*, en face du village de *Baulès*, et nous avons cru devoir en donner ici la figure[6]. Une légende que l'on retrouve non-seulement dans plusieurs parties de la France, mais aussi dans les pays étrangers,

---

1 *Iliad. XXI.*
2 *Atlas de l'Archéologie Pyrénéenne,* pl. II, n°ˢ 1, 2, 3.
3 Ibid, planche II, n° 4.
4 *Ibid.* 5.
5 Même planche, n° 6.
6 *Ibid.* Pl. III, n° 1.

attribue à la Sainte-Vierge la construction de monuments semblables. La mère du Sauveur portait chacun des supports sous ses bras; la pierre transversale était placée sur sa tête, et cependant, munie d'une quenouille, elle couvrit sept fois, d'un fil fin et soyeux, le fuseau placé dans sa main, durant le temps qu'elle mit à parcourir l'espace qui séparait la carrière d'où elle tirait ces blocs énormes, du lieu où elle les érigeait en monument. L'élévation sur laquelle ce *Trilithe* existe est nommé *lo Tioulierro* et le monument est appellé *lou Sent Rouoc* (le Saint Rocher). Ainsi des idées religieuses sont encore attachées à ce monument, malgré le temps et malgré les changements de dominations et de croyances, et l'oubli des historiens.

Mais peut-être ne faut-il voir ici que les restes d'un *Dolmen* qui aurait perdu l'une des quatre pierres qui la composaient et qui offrirait accidentellement l'image d'un *Trilithe*. D'ailleurs une autre tradition semblerait annoncer l'existence d'un tombeau sur ce point. *Lou Sent Rouoc* domine, au Nord, une vaste et fertile plaine, un peu surbaissée au centre et que l'on nomme *la Coumbo* (vallée) *d'Auribal;* là est un *Dolmen*, et l'on raconte que de terribles combats ont eu lieu dans la *Coumbo*, et un point de celle-ci en aurait pris le nom de *Sanguinièiro* (sanglante). Au Nord du *Sant-Roc* est un Dolmen, ou un *Cibournié*, sur une éminence. Là paraissent aussi un grand nombre de monceaux de pierres qui ne sont sans doute que des restes de *Tumuli*[1]. A la distance d'environ trois kilomètres, existe un autre *Dolmen* très grand, et de ce point, en se dirigeant vers l'ouest, sur la crête où se trouve le monument nommé *lou Sent Rouoc*, on trouve une ligne de dix *Tumuli* ou de *Dolmens* plus ou moins dégradés par le temps. L'un d'eux a environ quinze mètres de longueur. Des pierres latérales le ferment à l'Ouest et à l'Est, la grande pierre qui le recouvrait n'existe plus. A l'aspect de ces monuments, d'une époque que l'on ne saurait fixer avec

---

[1] On les désigne sous le nom de *Corroillasses*.

précision, on songe au fils de Fingal, on sent qu'il n'a man-
qué à ces montagnes qu'un autre Macpherson pour les illustrer
et pour leur consacrer , au defaut de l'histoire, quelque
hymne monotone, quelque récit épique , semblable à ceux
que l'on a osé , sur la foi d'un fallacieux traducteur , attribuer à l'*Homère Ecossais*.

M. de Cambry a dit[1] , qu'il existait dans les Pyrénées,
« une Pierre Branlante qui, alors qu'on la mettait en mouvement, amenait l'explosion de la foudre et causait des pluies
abondantes. Nous n'avons point retrouvé le rocher auquel
le peuple aurait donné cette attribution étrange. Un homme
de lettres , bien avantageusement connu par ses nombreuses publications, M. Achille Jubinal, a vu dans les Pyrénées,
deux cents pierres monumentales, qui forment une sorte
de temple comparable à celui de Carnac et qui existeraient près
de *Gavarnie*. Le général Penhouet, en s'étonnant d'une telle
ressemblance, demandait [2]s'il n'existait pas, dans le voisinage,
un *Tumulus* du genre de ceux que les latins nommaient
Acervi Mercuriales. Retrouver dans le comté de Bigorre, au
centre de l'Aquitaine primitive, un objet de ce genre serait en
quelque sorte un triomphe pour le système de l'auteur de
l'*Archéologie Pyrénéenne*, qui affirme que, sous beaucoup
de rapports , les Aquitains ressemblaient plus aux Celtes
qu'aux Ibéres dont on a voulu les faire descendre. Ainsi qu'on
l'a vu, le pays des *Tektosages* , dont on ne peut guère fixer
exactement les vraies limites à l'Est de *Tolosa* , possède
encore plusieurs pierres de ce genre et nous les avons déjà
fait connaître[3]. Elles sont là, obéissant à l'impulsion que
l'on veut donner à leurs lourdes masses; et, parmi elles,
nous avons choisi celles qu'il fallait représenter ici. La pre-

---

[1] *Monuments Celtiques,* p. 200.

[2] Note A , et *Journal de l'Institut historique ,* IV, 367.

[3] *Archéologie Pyrénéenne,* I, p. 68 et suivantes.

mière, que nous avons dessinée sous deux aspects, du côté du Sud et du côté de l'Est, existe, assez près de la ville de Castres, au lieu nommé *la Roquette*, et est connue depuis longtemps, non comme monument religieux ou historique, mais comme objet digne de fixer les regards. L'étymologiste Borel en a parlé peut-être le premier[1]; Marcorelle, de l'Académie des Sciences de Toulouse, s'en est occupé[2]; nous avons fait connaître cette masse mouvante, il y a longtemps[3], et Magloire Nayral en a parlé après nous[4]. On a vu que ce rocher, le plus remarqué du *Sidobre*, cube douze mètres trente-quatre centimètres, et que son poids a été estimé à trois mille deux cent cinquante-cinq myriagrammes. L'auteur de la *Statistique du département du Tarn* (mss.), déposée au ministère de l'intérieur dans le mois de prairial, an XII, par le préfet Latourette, s'exprime ainsi à ce sujet : « La position d'une masse de roche si volumineuse et si pesante, dans un penchant où elle n'a d'autre appui que l'épaisseur d'une ligne, n'est pas la partie du phénomène la moins digne d'attention; mais, ce qui étonne le plus, c'est de voir que ce roc se meut, lorsqu'une certaine force, comme celle d'un homme ordinaire, lui est appliquée, du Sud au Nord, en sorte que son balancement et ses vibrations cassent des objets qu'on y introduit du côté méridional. Cependant, il ne faut pas croire, avec le peuple du pays, qu'un vent direct du Sud, ou la plus légère pression de la main ne manquent jamais d'ébranler cette lourde masse; quelquefois, la troisième ou la quatrième secousse font ce que la première et la deuxième n'ont pu faire ; mais aussi, quand le roc est en mouvement, une action très légère suffit pour le lui conserver. Voilà, sans doute, ce qui a donné lieu à l'erreur populaire, et ce n'est pas la seule à cet égard qu'il faille redresser. Pour

---

[1] *Antiquités de Castres.*
[2] *Mercure de France, mars 1749.*
[3] *Monuments Religieux des Volces Tectosages* (1814).
[4] *Chroniques Castraises.*

augmenter le prodige du *Roc qui Tremble*, le vulgaire lui donne gratuitement une propriété toute contraire; elle consiste en ce que ce Rocher ne *tremble* point et reste immobile quand une trop grande force lui est imprimée. Mais des expériences réitérées détruisent entièrement cette seconde merveille. Ainsi, qu'un seul homme presse le roc de toutes les forces de son bras, ou que le roc soit poussé par plusieurs forces réunies, c'est toujours le même balancement et la même ouverture d'angle. Ce qui n'est pas même vrai aussi, c'est que plusieurs hommes ne sont pas plus capables de renverser ce roc que de le déplacer. »

Nous connaissions l'existence de plusieurs autres monuments de ce genre lorsque nous avons considéré celui-ci. Nous avons remarqué que l'usage d'ériger de tels objets dans un but religieux était connu dans la plus haute antiquité. Nous avons cité Alcide, élevant sur la tombe de Calaïs et de Zethès « deux colonnes, dont l'une, *par un étonnant prodige*, s'agitait, dit un poète [1], au souffle *de l'Aquilon;* nous avons montré, d'après Apollodore, les Argonautes élevant, pour laisser une trace de leur passage : « l'un de ces Rochers *qui s'ébranlent au souffle du Zéphir;»* nous avons rappelé à nos lecteurs qu'il existe en plusieurs lieux de la Gaule, des îles Britanniques, et ailleurs, des Pierres Mouvantes auxquelles des légendes sont presque toujours attachées. Nous aurions pu dire encore, d'après Eusèbe [2], que Sanchoniaton avait écrit qu'Uranus, père de Saturne, était considéré comme l'auteur de l'invention mécanique de ces masses de pierres, posées en *équilibre,* et qui étaient connues dans l'antiquité, dit Petit-Radel [3], sous le nom de *Bætyles.* « Strabon [4] confirmait bien, selon le savant académicien, cette opinion, en disant qu'Artémidore avait observé, en Ibérie, au-delà du

[1] *Argonaut.*
[2] *Præpar. Evangel.*, lib. 1, c. 10.
[3] *Académie des Inscriptions,* nouvelle série.
[4] *Lib.* III.

Betis, des Pierres *Tournantes*, du genre, sans doute, de celles, dont l'invention était attribuée au père de Saturne. » Ainsi, on peut assigner une très haute antiquité aux Roches Mouvantes qui existent dans les lieux voisins de Castres, contrée qui, selon toute apparence, faisait partie du territoire des *Volkes-Tektosages*.

Le dessin de ce monument inédit en est une représentation fidèle. On peut se rappeler que nous avons annoncé que, son poids est de six cent cinquante-un quintaux[1], son cube de douze mètres trente-quatre centimètres[2]. Près de cette masse qui, selon le peuple, s'ébranle au souffle des vents, on en trouve deux autres, au lieu dit *Caud-Soulet*; elles se touchent en quelque sorte ; on les nomme *Roes-des-Piots*; l'un, dont le cube est d'environ douze mètres et qui, selon l'ingénieur en chef du département, *en l'an douze*, pèse trois mille cent quatre-vingt myriagrammes, s'ébranle au moindre effort ; l'autre, offre un cube de dix mètres et son poids est énorme, mais ses oscillations sont peu sensibles[3].

Parmi les autres masses mouvantes existant encore, en 1823, dans la région nommée *le Sidobre*, près de Castres, nous avons choisi, pour en conserver le souvenir, plusieurs de ces objets singuliers qui, au milieu d'un éboulement immense, s'élèvent en monuments, comme ceux de la vallée de la Romanche, décrits par M. Héricart de Thury[4]. L'un d'eux, que le peuple nomme le *Roc de Cansouleil*, a déjà été indiqué dans l'*Archéologie Pyrénéenne*[5]. Un seul homme lui fait ouvrir un angle assez prononcé.

Le *Roc de Morel*, que nous représentons ici[6] sur deux

[1] *Archéologie Pyrénéenne*, II.
[2] Son mouvement est d'à peu près trois centimètres au sommet.
[3] Pl. III, nos 2 et 3.
[4] Cambry. *Monuments Celtiques*, p. 239.
[5] Voyez II, p. 76, et l'*Atlas de l'Archéologie*, Pl. III, no 2 L'ingénieur en chef du département du Tarn estimait le poids de cette masse à 636 quintaux métriques.
[6] *Ibid*

faces [1], cube cinquante-deux mètres, et son poids, en ancienne mesure du pays, est de deux mille sept cent cinquante-six quintaux. L'effort d'un enfant de douze ans lui fait ouvrir un angle de plus d'un décimètre.

Il est digne de remarque que ces masses ne sont pas disséminées sur une vaste étendue. On les trouve dans deux communes limitrophes, *Burlats* et *Lacrouzette*.

C'est dans ce dernier lieu qu'existe une quatrième pierre mouvante dont le cube est de cinquante-deux mètres et dont le poids a été estimé à treize mille sept cents quatre-vingt myriagrammes. Elle est portée sur deux petits fragments de roches qui laissent assez d'espace entre eux pour qu'un homme, en se couchant sur le sol, puisse y passer assez facilement. L'une des extrémités, en forme de coin, est beaucoup plus considérable que l'autre. L'équilibre est cependant si bien observé qu'un enfant peut lui imprimer un mouvement pareil à celui qu'on donnerait au rayon d'une balance; son extrémité la plus allongée ouvre alors un angle de plus d'un décimètre [2].

On désigne sous le nom de *Roc del Pioch del Bicari,* un autre masse *tournante* ou *mouvante,* qui existe dans le territoire de Lacrouzette. Elle porte sur deux points d'appui, ainsi que le montre notre dessin [3]. L'ingénieur en chef du département du Tarn annonçait, dans un rapport adressé au préfet de cette petite province, que le cube de cette masse granitique était de cent cinq mètres, et le poids de vingt-sept mille huit cent myriagrammes, ou de cinq mille cinq cent soixante-cinq quintaux. Cet objet, que l'on peut compter au nombre des plus anciens monuments de la Gaule, oscille sous le simple effort d'un seul homme. Mais ce n'est point seulement chez les *Albigenses,* voisins des *Tektosages,* que l'on retrouve des pierres énormes, et placées de

---

[1] *Atlas de l'Archéologie Pyrénéenne*, Pl. III, n° 3.

[2] *Ibid.*, n° 4.

[3] Même planche, n° 5.

telle sorte que le moindre effort leur imprime un mouvement pareil à celui des masses que nous venons de désigner. Chez les *Cadurci*, dont le territoire était voisin de celui des *Tolosates,* on remarque un autre objet de ce genre, cité par Dulaure [1], qui lui donne des proportions exagérées, et par Delpon [2] qui reconnaît ici un monument celtique. C'est une sorte de *Trilithe* formé d'un bloc posé horizontalement sur deux autres, dans un si parfait équilibre que la seule pression de la main suffit pour le faire osciller et pour lui donner une mouvement qui ne saurait être dû au hasard. On le nomme *La Pierre Martine,* et nous avons cru en devoir donner ici la figure [3]. Cette pierre est au couchant de la commune de *Livernon.* Elle a environ sept mètres quarante centimètres de longueur et trois mètres quarante de largeur. Ses supports sont légèrement renflés vers le milieu, et la seule pression qui vient d'être indiquée suffit pour lui imprimer un mouvement qu'elle conserve pendant plus d'une minute..
Dans la localité où existe *La Pierre Martine,* sur le point nommé *Bélinac,* l'on voit ; à trente mètres de distance, l'un de l'autre, deux *Peulvans* formés d'une pierre calcaire ; l'un a quinze et l'autre plus de vingt pieds de hauteur. Leur sommet est presque aigu. « Si *Belinac* vient, dit M. de Crazannes, de *Belini-acum* ou *Beleni-acum,* le lieu de *Belinus* ou *Belenus,* il est croyable que ces deux obélisques auront été consacrés au Dieu Soleil des Gaulois...... Cette seule commune de Livernon possède encore deux autres de ces monuments. » Cambry n'a pas fait connaître toutes les *pierres mouvantes* qui doivent former une section particulière parmi les monuments celtiques. Dulaure, d'après Strutt, Borlasse et Le Grand d'Aussy, en a indiqué d'autres. Il ajoute : « Ces *Pierres branlantes* ne sont pas

[1] *Cultes qui ont précédé l'idolâtrie.*
[2] *Statistique du département du Lot.*
[3] *Atlas de l'Archéol. Pyr.*, Pl. IV, nᵒ 1.

un jeu de la nature, un effet du hasard; elles ont évidemment été érigées par la main des hommes. J'en connais deux dans la province d'Auvergne. L'une est sur une montagne, à l'Est de la ville de Thier, et sur le chemin qui conduit de cette ville à Vallore; c'est une pierre très volumineuse, dont la forme approche du cube; elle est posée en équilibre sur une autre pierre qui lui sert comme de piédestal. On la nomme *la Pierre qui branle*. L'autre est au Sud et à un quart de lieue de Rochefort, près de la ferme dite *Chez-Barra*. Elle existe à l'extrémité d'un plateau qui domine le vallon de Gros. Cette pierre informe est longue de vingt-deux pieds, haute de seize et large d'environ huit. Elle est posée sur une autre pierre d'un volume moins considérable..... On la met en mouvement en appuyant son épaule sur une de ses extrémités. Ses oscillations sont alors très sensibles. M. Barraillon, dans son *Mémoire sur les ruines et les monuments d'une ancienne ville appelée Toul* [1], a vu sur les frontières du Berry et de l'Auvergne, une pierre posée en équilibre sur une autre qui lui sert de base. Il ajoute avoir connaissance de plusieurs autres monuments de cette espèce. »

Si, jadis, Pline [2] n'avait point signalé un objet du même genre dans la Carie, si les géographes et les poètes n'avaient point indiqué l'existence de quelques autres, bien loin de l'Europe [3], on pourrait croire que les Pierres *Mouvantes* n'ont rapport qu'au culte des vieux Celtes, et que ce n'est que dans les lieux occupés par ceux-ci, des rives du Rhin jusqu'aux extrémités de l'Hispanie, et dans les îles Britanniques qu'on en retrouve; mais la présence de ces pierres dans des contrées où jamais, sans doute n'ont paru nos aïeux, peut faire croire, si ce n'est à des causes fortuites, du moins à des idées répandues sur toute la sur-

[1] *Mémoires de l'Institut de France, partie de littérature et beaux-arts,* V.
[2] *Hist. Natur., lib.*
[3] *D'Ancarville.*

face du globe, à des époques anté-historiques et que des ténèbres épaisses envelopperont toujours. Quelle que soit l'opinion que l'on adopte à cet égard, surtout alors qu'on a lu
la description des masses mouvantes de West-Hoad-Ley, en
Sussex[1], de Concarneau, du Huelgoat,[2] de Golcar, en Iork-
Shire,[3] et dans le marais de Stanton-Moor,[4] alors que l'*Itinéraire de Saint-Pol à Brest*[5], nous apprend qu'il existe
aussi un bon nombre de *Pierres Branlantes* dans la Basse-
Bretagne, et que l'on se souvient de ce que Strabon rapporte[6], d'après Artémidore, et les détails donnés par
M. Héricart de Thury sur la vallée de la Romanche[7], enfin si
l'on a parcouru la *Peyrade* et le *Cahos*, dans les Pyrénées,
on ne peut, tout en faisant une large part aux accidents
naturels, provenant de l'éboulement d'une montagne, ne pas
reconnaître à Burlats, à Lacrouzette, et dans tout le désert
connu sous le nom de *Sidobre*[8], près de Castres, des

---

[1] *Archéol. Britann.*, VI, p. 34.

[2] Cambry. *Monuments Celtiques.*

[3] Monument indiqué par John Watson dans une Dissertation publiée en 1774
sur les monuments du Druidisme. Le monument porte le nom de *Rocking-Stone*
(Pierre Branlante). Il est placé sur le coteau de *Golcar*, ou de *l'Enchanteur*.

[4] *Archéol. Britann.*, VI, p. 12.

[5] *Revue de Bretagne et Vendée*, année 1859.

[6] *Géogr.*

[7] Cambry. *Monuments Celtiques*, p. 238.

[8] Borel, qui ne s'est nullement douté de l'origine religieuse de cette sorte de
monuments, ne devait pas oublier de chercher l'étymologie du nom du lieu où
ils existent encore. Massol (*Description du département du Tarn*, p. 96) dit à ce
sujet : « Quand on examine la nature de ces divers rochers (ceux dont nous nous
occupons et ceux qui les environnent), les paysans s'empressent de vous apprendre que c'est *du Sidobre*, c'est-à-dire, un terrain ainsi nommé, ce semble, des
deux mots latins *sine opere*, pour indiquer qu'il doit essentiellement rester inculte ou sans travail ; et là-dessus ils racontent avec complaisance que plus ils
le travaillaient jadis, moins il se montrait fertile... » Peut-être ne faut-il voir dans
cette réponse que l'expression d'un antique respect pour un lieu consacré par les
Druides, à une époque anté-historique ; l'on voit aujourd'hui, des paysans
tracer, sans le secours des animaux domestiques, de pénibles sillons dans
cette terre, peu profonde, que couvrait autrefois une épaisse forêt et où ne
croissent maintenant que des chênes chétifs et des houx toujours verts.

masses élevées en monuments, et offertes à la vénération des peuples. L'on peut douter que *toutes* les roches de ce genre aient été élevées par la main de l'homme ; plusieurs d'entr'elles, roulées, accidentellement, ont pu, ainsi que l'a remarqué M. Desmoulins [1], être retenues dans leur chute par d'autres, et dans des positions telles, que le moindre effort peut leur donner une sorte de mobilité, comme l'on en a remarqué plusieurs fois, dit-on , dans la *Peyrade* du pays des *Bigerrones;* mais aucune n'offrait ce qui constitue, à l'extrémité du territoire des *Tektosages*, ce que l'on a nommé des *phénomènes d'équilibre*. Ce sont réellement des monuments des siècles antiques. Thomas Pownall, qui avait mesuré, dans le comté de Sussex le *Great Upon little* que nous avons mentionné, ne pouvait croire que l'art eût ainsi placé cette énorme pierre, et soutenait que cette singularité n'était qu'un jeu de la nature. « J'ai cru la même chose de ces pierres mobiles, disait Cambry [2]. Il en reste un grand nombre dans le Finistère ; on en trouve dans le nord de l'Europe : je me rétracte, et suis très convaincu que ceux qui rassemblèrent les pierres de Carnac, qui les mirent en équilibre, qui les alignèrent au cordeau , ont élevé le *Great Upon little*, comme les masses mouvantes de l'étang du Huelgoat, de la route de Concarneau, etc., car le hasard ne peut si souvent produire une aussi étonnante combinaison. » Si cet écrivain, qui n'a entendu parler des Roches mouvantes du *Sidobre* que peu de temps avant sa mort, avait connu leur importance, il aurait voulu les voir, il aurait voulu les publier, et il aurait dit , peut-être : *Voilà les Pierres sacrées de nos Druides !*

Nous n'oserons pas affirmer ce qu'aurait écrit le savant fondateur de l'Académie Celtique; mais en voyant, dans des auteurs grecs que l'on attribue à Hercule, et aux Argonautes, des monuments de cette espèce et que les géographes en

---

[1] *Actes de l'Acad. de Bordeaux.*
[2] *Monuments Celtiques*, pl. 88.

indiquent même à l'extrémité méridionale de l'Espagne [1], il doit nous être permis d'en retrouver quelques-uns dans les déserts du *Sidobre,* dans ces lieux écartés des routes générales établies à l'époque romaine, et où l'on contemple encore leurs dimensions colossales. Un autre *Wormius*, en voyant les pierres énormes entassées sur ce point, se serait écrié comme celui du Dannemark, frappé d'une sorte d'effroi.

L'étonnement ne serait pas moins grand si l'on examinait avec soin, sur son frêle piédestal, la *Pierre Clavade* dans le *Sidobre.* Celle-ci n'est point mobile, il est vrai, mais, longue de plus de quatorze mètres, elle repose sur une autre, à l'aide d'un fragment de granit en forme de coin qui se trouve placé entre sa masse et son point d'appui [2], comme pour fixer invariablement sa position ; elle cube deux cent quatre-vingt-quatorze mètres, et son poids est de soixante-dix-sept mille neuf cent dix myriagrammes. « Sa portion la plus volumineuse se porte d'ailleurs si fort en avant, disait autrefois l'ingénieur en chef du département, qu'étant vue du côté du Sud, elle paraît évidemment être hors de son aplomb : si on la regarde du côté de l'Est, elle semble se précipiter sur les passants et les fait reculer de frayeur. Le point de sa partie inférieure la plus élevée n'est qu'à quatre mètres au-dessus du sol, ou de la roche sur laquelle repose le piédestal qui la supporte. » La situation de cette pierre, et son prolongement en avant, rappellent la pierre mobile d'Uchon, près d'Autun, que les paysans nomment la *Pierre qui Croule.*

M. Massol, que les troubles civils firent bibliothécaire de la ville d'Albi, ne s'était nullement douté de l'intérêt historique ou religieux que pouvaient exciter les pierres dont nous venons de donner les dessins. Cependant la vue étrange qu'offre le *Sidobre,* lui a dicté les lignes que voici : « Cette contrée offre dans sa hauteur des quartiers de roches fixes

---

[1] *Strab. Géogr.*
[2] *Atlas de l'Archéologie Pyrén.*, Pl. V, nº 1.

qu'on prendrait de loin pour des éléphants, ou des monstres marins ; à mi-coteau ce sont les rocs suspendus dont nous avons parlé, avec leurs bases ; puis, en suivant la pente du sol, on voit une chaine de rochers qui forment un spectacle frappant, mais dont l'extérieur est ce qu'il y a de plus curieux. [1] »

L'abbé Massol écrivait sous le Directoire, ou durant les premiers temps du Consulat, ces lignes qui prouvent que ni lui, ni ses confrères de l'école centrale du Tarn, n'avaient soupçonné tout ce qu'une étude attentive nous a montré sur la petite région située non loin des confins des *Tektosages* et des *Rutheni*. Rien n'avait été entrevu, à ce sujet, par l'étymologiste Borel, qui n'était pas, cependant, un homme ordinaire. Ceux qui lui ont succédé n'en ont pas compris l'importance, et, plus tard, on s'est seulement rappelé que Pline avait mentionné une roche mouvante qui existait dans la Carie. On était peut-être alors sur la voie qui pouvait conduire à la vérité ; mais qu'attendre d'une époque où le statiscien, qui fut aussi l'historien du département du Tarn, écartait, avec joie, de la bibliothèque confiée à ses soins, une longue série de manuscrits précieux [2], et pendant laquelle, sans le courageux dévouement d'un simple citoyen, alors perdu dans la foule, dont il sut bientôt se dégager [3], on allait couvrir d'un ignoble badigeon les admirables peintures des voûtes de l'église de Sainte-Cécile, afin, disait-on, de purger des souillures de la superstition catholique, le temple que l'on voulait consacrer à la *Raison !*....

Si l'on est frappé d'étonnement alors qu'on aperçoit les roches *erratiques*, que nous nommons ainsi, faute d'un terme plus convenable, et parmi lesquelles on distingue celles qui ressemblent si bien aux monuments grossiers, considérés

---

[1] *Description du département du Tarn.* 97.
[2] Note A.
[3] Feu M. Mariés, successivement ingénieur en chef de plusieurs départements.

comme *Celliques*, en Gaule et dans la grande Bretagne, l'on éprouve bientôt un sentiment étrange ; on remonte par les trop vagues et trop rares souvenirs de l'histoire, et par les recherches, souvent infructueuses de l'érudition, aux temps où la Gaule, fière et libre, n'avait point subi le joug des Romains; on croit fouler le sol de l'un de ces antiques sanctuaires où les Druides rassemblaient leurs élèves, et où, en répétant une longue série de vers, confiés seulement à la mémoire, ces prêtres les initiaient à leurs mystères, à leurs doctrines [1], dans le silence du désert, sous les chênes dont de faibles rejetons végètent encore, mais dont l'ombre épaisse recouvrait alors les vastes ruines du *Sidobre*.

D'autres rochers ont attiré l'attention, non loin de ceux qui viennent d'être décrits; le plus remarquable, par sa masse, est la *Peyro Affegnal,* que l'on compare à une vaste maison des champs. Un jour, l'un des habitants de cette région presque ignorée, nous conduisit près d'un autre rocher bien digne, disait-il, de la curiosité de l'étranger. Vêtu de la dalmatique, costume ordinaire des habitants, et que l'on nomme le *Brisaout,* ayant de longs cheveux noirs flottants sur ses larges épaules, et s'appuyant sur une sorte de massue, on aurait pris volontiers ce guide, né dans le lieu de Lacrouzette, pour l'un des descendants des Druides, jadis habitants de ces lieux ; à son regard, plein de finesse et de fierté, à sa démarche assurée et presque solennelle, on aurait pu croire aussi que, dépositaire des vieux dogmes de l'association druidique, il allait les révéler, près des plus curieux monuments de cette contrée ; mais ce fut seulement pour nous conduire en face de *Peyro Poul,* autre masse granitique où, l'imagination aidant, aux contours d'une vaste roche, brisée dans sa chute, on a cru reconnaître l'image d'un coq, (*Poul,* dans

---

[1] *Tantis excitati praemiis, et sua sponte multis in disciplinam conveniunt, et à parentibus propinquisque mittuntur. Magnum ibi numerum versuum ediscere dicuntur : itaque nonnulli annos vicenos in disciplinâ permanent...*

le langage roman). Peut-être autrefois un mythe était-il attaché à ce grossier monument de la nature. Peut-être même, si l'on adoptait ce que César écrivait[1] sur la mythologie celtique, et, si l'on reconnaissait, avec lui, que Mercure était le plus grand dieu des Gaulois et qu'il en existait beaucoup de simulacres, *Deum maxime Mercurium colunt; hujus sunt plurima* SIMULACRA, on pourrait supposer qu'en Gaule, comme ailleurs, le coq fut le symbole de ce dieu; la *Peyro Poul* du *Sidobre* serait alors l'un des *Simulacres* mentionnés par le grand capitaine. Mais cette conjecture ne saurait, sans doute, être adoptée, et il ne faut voir dans cette roche qu'un débris auquel le peuple a voulu donner ce nom descriptif, parce qu'il a cru lui trouver quelque ressemblance avec les formes de l'oiseau qui, chez les nations policées de l'antiquité, fut attribué à Mercure comme symbole de la vigilance.

Si nous avions retrouvé dans les Pyrénées la *Pierre Branlante*, dont parle Cambry[2], nous aurions montré la chaîne monumentale qui, sans presqu'aucune solution de continuité, existait entre les provinces les plus reculées du Septentrion et l'extrémité de la Péninsule Hispanique[3].

[1] *De Bell. Gall.*, VI.

[2] Dans l'une des montagnes les plus élevées du Rouergue, au hameau de *Falachoux*, qui fait partie de la commune de *Vitrac*, existent deux pierres superposées en forme d'autel par les mains de l'homme. Ce sont deux prismes Basaltiques de grandeur peu ordinaire; elles sont placées au sommet d'un mamelon, formé aussi de Basaltes prismatiques, mais de très petites dimensions. La table est un peu inclinée, et cet autel, que l'on pourrait croire Celtique, domine une vaste étendue au Nord.

[3] Si l'on ne trouve point des *Dolmens*, des *Peulvans*, etc, dans des lieux très voisins de *Tolosa*, il ne faut l'attribuer qu'à l'éloignement de cette ville des carrières de granit, de pierres calcaires ou de marbre. Le sol argileux de ses vastes plaines et de ses fertiles coteaux, ne fournit à l'art d'autres matériaux durables que des briques. Dans tous les lieux peu éloignés, on remarque, soit dans les dénominations, soit même encore en place, des souvenirs, des traces de ces monuments que l'on attribue aux Celtes, et que les *Aquitains* ont aussi connu, bien que l'on ait voulu si étrangement les séparer complètement, et par l'origine, et par la nature des monuments, de la grande unité Gauloise.

Le *trilithe* de Saint-Pons, et celui des *Consoranni*[1], la *Roquo Traoucado* (Roche percée), de Celeiran, près de Narbonne, la *Peyro Dreto* (la Pierre droite), à l'Est, de cette ville et des territoires de Fleury, de Gruissan, non loin de la côte Méditerranéenne, celles des *Peulvans, Menhirs*, de Malves, de Créchets en Barousse, de Miech-Aran, de *Pierrefitte*, chez les *Bigerrones*, de *Pierrefitte*, près de Libourne, *las Naou Peyros* et *Peyrehorade*, en Aquitaine, les *Piedra-Hitta*, dans la péninsule Hispanique, les *Pierres droites* de la côte, depuis les Promontoires jusques aux lieux voisins de Narbonne et des Montagnes de la Clape, les monuments Celtiques de l'*Ardéche* et de l'*Hérault*, ceux des *Albigenses*, des *Cadurci* et des *Rutheni*, tous explorés, ou indiqués par nous, sont des restes de cette série immense de monuments que l'on a trop longtemps méconnue, et dont nous sommes heureux de révéler l'existence.

Il y a bien loin, sans doute, de ces monuments informes, que le fer n'a point souillés, à ces autels nombreux que l'on a façonnés, et qui, témoins irrécusables des croyances anti-

---

[1] Nous avons mentionné le *Trilithe*, ou le *Dolmen*, en partie détruit, de Cerisos. Il ne faut pas oublier la *Quillo* ou *Guillo de Souloumbrié*, chez les *Tarasconenses* « C'est, sans contredit, dit M. A. Garrigou, un des plus beaux *meneirs (sic)*, gaulois ou pierres debout que l'Archéologie ait remarqué. » Nous n'avons jamais vu, en Bretagne, d'autres monuments de cette espèce que les *Menhirs*. Johanneau, qu'il faut sans cesse consulter sur l'étymologie et la forme des mots celtiques, a dit qu'on devrait écrire *Mein-Hirion* (alors que l'on veut désigner plusieurs de ces objets), « c'est le pluriel de *Men-Hirion*, devenu substantif; car les adjectifs, en Breton, n'ont pas de pluriel; ce mot vient de *Mein*, pluriel de *Men, Mean* ou *Maen* pierre, et *Hir*, longue. La *Quillo* serait plutôt une sorte d'obélisque, ou de colonne. On le sait: « *Peulvan*, en Breton, veut dire pilier de pierre, de *Peul* ou *Paol*, pilier, et de *Maen* ou *Mean*, pierre, ontracté en *Mean*; en construction, *Van*, dit Johanneau. « Le nom de Souloumbrié appliqué également, ajoute M. Garrigou, aux rochers et aux bois de ces quartiers agrestes et sombres, porte à penser que le prêtre *Euske* y célébrait ses mystérieuses cérémonies. » Mais il faudrait nous dire, peut-être, ce qu'est qu' un *prêtre Euske*. Ce mot vient sans doute des *Euskariens*, peuple inconnu à toute l'antiquité classique, qu'il est bon de ne pas toujours dédaigner. Mais, ajoute l'auteur, le terme *Souloumbrié*, se décompose en *Soul*, colonne d'*Hermin* et *Hombrie*, d'*Ilhumber*........ Nous reviendrons sur cette étymologie en nous occupant de l'autel du Dieu *Illumber*, découvert par nous à St-Béat, et placé aujourd'hui dans le musée de Toulouse.

ques, se retrouvent en grand nombre dans la Narbonnaise, et, surtout, dans une partie de l'Aquitaine primitive, ou dans la *Novempopulanie*[1]. Si l'on y reconnaît quelques-unes des formes que le ciseau grec rendit si dignes d'être admirées, on y voit surtout l'influence romaine, les lignes tracées par elle, et tout en consacrant les souvenirs religieux des peuplades, souvenirs antérieurs à la conquête, la langue et les formules consacrées par les vainqueurs.

En décrivant quelques restes qui, sans aucun doute, appartiennent aux premiers temps de la Gaule, nous avons cru retrouver des indications du vieux culte des premiers possesseurs de cette région qui, du Rhin, s'étendait jusques aux Pyrénées, et qui porta au-delà de ces montagnes et jusques aux Colonnes, dites de Briarée et d'Hercule, ses rites et son système monumental. Dans ces *Pierres élevées*, dans ces grands *Simulacres*, en pierres brutes qui existent encore, nous avons cru retrouver les analogues de ces pierres, *non souillées par le fer*, et qui, suivant Pausanias, représentaient, aux temps primitifs de l'Hellénie, les Dieux de cette partie de l'Europe, si célèbre depuis par les travaux de ses artistes et par le g nic de ses écrivains. Mais, si nous ne nous sommes point trompé en reconnaissant dans ces pierres brutes, érigées sur nos montagnes, les symboles des Génies protecteurs de nos ancêtres, on pourra nous demander si nous n'avons point retrouvé les autels sur lesquels ils offraient ces sacrifices que l'on a tant reprochés à leurs prêtres. Nous avons indiqué quelques *Dolmens*, nous en ferons connaître un grand nombre d'autres[2]. Une foule d'écrivains ont dit que c'était sur ces monuments que coulait le sang des victimes immolées par les Druides. Mais, tout en repoussant avec horreur le souvenir de ces rites barbares, *qui ne furent point particuliers à la Gaule*, et dont l'histoire des peuples les plus

[1] Surtout dans la région centrale des Pyrénées.
[2] Dans le cinquième volume de cet ouvrage.

policés nous offre les hideux tableaux, nous n'avons point reconnu dans les *Dolmens* des autels rougis autrefois du sang humain ; nous n'y avons reconnu que des tombeaux. D'ailleurs, l'exagération n'a-t-elle pas accru ce qu'à cet égard on a dit des Gaulois? Ceux qui les ont justifiés ont rassemblé de toutes parts des preuves en faveur des doctrines druidiques. « Ces doctrines furent consignées dans un grand nombre de vers, qui n'étaient, dit Cambry [1], que des adages ou des résultats dans tous les genres de connaissances... Les Druides devaient les savoir par cœur ; les nobles, instruits par eux, formés par eux aux exercices du corps et de l'esprit, n'étaient point initiés dans la totalité de leurs mystères. Le peuple, chargé de la culture des champs, du soin des troupeaux, obéissait à ce qu'il croyait les volontés du ciel, manifestées par les Druides. Chaque famille, ou au moins chaque tribu, avait un *Barde* qui, par ses chants et son exemple, prêchait les mœurs et la vertu, apaisait tous les différends, faisait, aux sons de la harpe, exécuter les danses sacrées et les jeux qui suivaient les jours de labourage et de fatigue. Les peines de la vie, les idées de la mort, affectaient peu des êtres qui ne regardaient la terre que comme un lieu de passage à une autre vie, dans les différents astres du ciel, s'ils avaient été vertueux; dans les nuages, dans l'espace, s'ils étaient obligés de se purifier avant d'atteindre aux demeures célestes. Les sénats et les princes particuliers punissaient les ennemis de l'ordre et les perturbateurs du repos public. Mais tous les jugements étaient révisés dans les grandes assemblées qui avaient lieu chez les *Carnutes*. Après de très longs examens (Strabon dit qu'ils duraient cinq ans), les coupables étaient punis de mort, soit par le feu, soit par le fer. Les Druides, qui commandaient les supplices, le faisaient au nom du ciel, qui seul peut infliger la mort et priver de la vie qu'il donne. On sait ajoute Cambry, qu'ils n'aiguisaient jamais le couteau des

---

[1] *Monuments Celtiques,* 50, 51 et suiv.

sacrifices, espèce d'allégorie dans la forme pythagorique, par laquelle ils disaient : *Ne frappez point du glaive avec facilité...* »

Il y a sans doute aussi, dans cette apologie, beaucoup d'exagération, comme dans les accusations portées contre les Gaulois, mais que penser de ceux qui, voulant se se soustraire à toute gêne, à toute recherche consciencieuse, ont dit avec Voltaire : *Détournons les yeux de ces temps horribles qui sont la honte de la nature?* En se livrant à des travaux, longs et fatigants peut-être, mais bientôt récompensés par des découvertes importantes, ils n'auraient pas transformé en autels, souvent rougis du sang des victimes, les nombreux *Dolmens* que l'on retrouve dans toute la Gaule et qu'il faut bien attribuer aux temps druidiques, si l'on ne veut pas remonter à une époque pré-Celtique, comme quelques-uns ont paru disposés à le faire. De longues explorations nous font croire qu'il ne faut considérer les *Dolmens* que comme des tombeaux. Aucun passage, aucune autorité ne vient au secours de l'opinion de ceux qui y ont reconnu des autels. Alors que l'on exécute, pour la première fois, des fouilles dans ces monuments, on y trouve partout des restes humains, mêlés très souvent à des cendres, ce qui leur a fait donner le nom de *Cibourniés*[1] chez les descendants des *Rutheni*. Là, peut-être, faut-il reconnaître diverses époques, caractérisées par des genres différents d'inhumation ; les uns ne présentent que des ossements humains confiés au sol et mêlés à quelques flèches en silex, à des haches de pierre et rarement à quelques débris de torques en bronze. Ils paraissent antérieurs à l'époque où l'incinération fut généralement adoptée; dans d'autres, c'est parmi des cendres contenant des armes, aussi en silex et en jade, que l'on retrouve, avec quelques ossements d'animaux[2], des restes humains à demi-consumés par le feu. Il y aurait eu

---

[1] *Amas de Cendres.* Recherches faites par nous dans le Rouergue, sur le plateau du Larzac, et chez les *Albigenses.*

[2] Et entr'autres des dents de sanglier, de chien, de cheval, de taureau.

ainsi deux époques : l'une, où l'on aurait confié seulement à la terre les corps des Gaulois, sans les avoir placés sur le bûcher, comme le faisaient la plupart des peuples de l'antiquité ; l'autre, où l'incinération aurait été pratiquée par nos ancêtres, et qui serait peut-être la plus moderne. Nous n'avons retrouvé que des ossements dans les *Dolmens* d'Alayrac, de Tonnac, de Bousquetis, (à Saint-Cirgue), des Trois-Rois, etc. Chez les *Rutheni*, les deux genres d'inhumation ont été employés, soit simultanément, soit plutôt à des époques différentes.

En annonçant que les *Dolmens* furent des autels, quelques antiquaires, en se copiant les uns les autres, ont montré qu'ils n'avaient point étudié ces monuments. S'ils avaient, d'ailleurs, réfléchi au nombre de ces objets, ils auraient abandonné cette idée. Aucun d'eux n'oserait la soutenir, s'il avait parcouru les rives du Lot, s'il avait vu les *cinq cents monuments de cette espèce* que Delpon a retrouvés dans le département qui a reçu son nom de celui de ce fleuve [1], et ceux

---

[1] « Les cantons de Gramat, de Livernon, de Cajarc, de Limogne, sont ceux où on les rencontre le plus fréquemment (dans le département du Lot, ancien Quercy). On en voit beaucoup aussi dans la commune de Loubressac, canton de Saint-Céré, et ils ne sont, sur certains espaces, éloignés l'un de l'autre que de quelques mètres. Les travaux de la culture ont dû faire disparaître une partie de ces *Dolmens*. Cependant *on en compte encore plus de cinq cents dans le département*... Ils occupent, en général, des plateaux sur la crête des montagnes ; ils sont presque tous portés par une éminence factice... *Nous avons fait faire des fouilles sous cinquante-deux Dolmens. Nous y avons presque toujours trouvé des ossements humains de plusieurs individus, des flèches et des haches en silex, en porphyre, en trappite, des fragments de poteries grossières, et, quelquefois, des os de chevaux, de bœufs, de bêtes à laine et d'oiseaux, des ornements en or ou en bronze, de la forme d'un œuf, etc.* Les ossements humains étaient le plus souvent placés sans ordre. Ce n'est que sous un petit nombre de *Dolmens* que nous avons reconnu, à peu de profondeur, un squelette entier, et au-dessus, des fémurs, des tibias, confondus avec des crânes et des vertèbres. Un *Dolmen*, situé dans la commune de Gramat, renfermait de nombreux ossements humains, placés transversalement, tandis que dans les autres ils sont parallèles sur deux grands supports. On a recueilli, *parmi les ossements humains*, des dents de bœuf, des ornements en os, blancs et compactes comme de l'ivoire, des fragments de poterie, des ongles d'oiseau du genre corbeau et de petits coquillages de mer, tels que des peignes, des porcelaines et des oursins. »

qui se pressent encore sous nos yeux dans ceux de l'A-veyron, de l'Hérault et de l'Ardèche[1], ces antiquaires auraient bientôt abandonné un système d'explication qui n'est appuyé sur aucune donnée, sur aucune autorité res-pectable, comme nous le disions tout à l'heure. Ces *Dolmens*, nommés *Tawlmens* par nos bergers pyrénéens[2], ne sont autre chose que la pierre sépulcrale qui recouvre un corps hu-main. C'est ainsi que, de nos jours, dans l'Armorique, ou Basse-Bretagne, on dit, en parlant d'un mort que l'on ne s'est pas contenté de recouvrir de terre : « *Lasser a so Deum Dolen Menn (Dolmen ?)* : *On lui a mis une table de pierre*, on lui a érigé un monument[3]. »

Si quelques-uns de ces *Dolmens* couvrent les restes de guerriers celtes, fameux par leurs exploits, les Bardes les auront célébrés ; mais ces chants, confiés seulement à la mémoire, sont oubliés, depuis trente siècles peut-être, et en voyant les pierres grisâtres élevées sur les tombes de ces guerriers, on se rappelle involontairement ce passage de

[1] C'est dans une très petite portion de ce département que M. Jules de Malbos, membre de la Société Géologique de France, en a compté quarante.

Dans le seul département du Tarn-et-Garonne, une foule de localités em-pruntent leur nom de la présence d'une pierre monumentale, existant autrefois, ou que l'on y voit encore. On trouve ainsi *la Peyro* dans la commune du Burgaud, *la Peyro Gord*, près de Saint-Clair, *la Peyro Prat*, entre Bardigue, Castera et Donasac ; *la Peyro*, près du ruisseau de *Peyrelade*, petite ville près de Molières ; *la Peyro*, près de Sainte-Victoire ; *la Peyro*, à Marignac ; *la Peyro Cave*, près de St-Arrounex ; *la Peyro*, au-delà de Nevèges ; *la Peyro*, entre Varayre et Saillac, à 600 mètres de la première de ces localités ; *la Peyro* entre Puylaroque et Ste-Anne ; *la Peyretto*, dans le village de St-Vincent ; *Peyro Grand*, à la Magdeleine ; *la Peyro*, dans le village de Divillac ; *la Peyro de Lor*, à 1,000 mètres de la précédente ; *la Peyro*, à Corbarieu, *la Peyro*, près de Castelnau de Montratier ; *la Peyro*, près de Montagudet ; *la Peyro*, sur la voie de Dousses à Valeilles, au point nommé le *Cassé de la Peyro*, ou le *Chêne de la Pierre* ; *Peyralade*, entre Ferrussac et La Cour : *la Peyro*, entre le Bourg et Pean ; *la Peyro*, entre Ste-Catherine de Chanler et Montlongue, etc.

[2] M. Pagès de l'Ariége ; *Voyage au Mont-Vallier*.

[3] Voyez *les Celtes, les Armoricains et les Bretons*, par M. le docteur Hallegnan, et *Revue des Sociétés savantes*, 2e série, IV, 467.

l'orateur romain[1] : « Bien qu'Alexandre eût près de lui plusieurs écrivains chargés du soin de conserver le souvenir de
ses actions, lorsqu'il fut sur le cap Sigée, près du tombeau
d'Achille, il s'écria : « *Jeune guerrier, que tu fus heureux*
« *d'avoir trouvé un Homère pour te célébrer !* » Et il
avait raison, car, sans l'*Iliade*, le même tombeau aurait enseveli les cendres et le nom du vainqueur d'Hector : *Quam*
multos scriptores rerum suarum Magnus ille Alexander
secum habuisse dicitur ; atque is tamen cùm in Sigeo
ad Achillis tumulum adstitisset : ò Fortunate, inquit,
Adolescens, qui tuæ virtutis Homerum præconem inve-
neris ! Est vere, nam, nisi Ilias illa exstitisset, idem
tumulus, qui corpus ejus contexerat nomen etiam
obruisset. »

Les *Dolmens* n'étant que des tombeaux, nous ne les com-
prendrons pas au nombre des monuments proprement dits
religieux. Ils sont, nous le croyons, contemporains des *Peul-*
vans, des *Menhirs*, des *Simulacres*, en pierres brutes,
beaucoup plus rares sur le sol de la Gaule; mais ils furent
élevés par des mains pieuses, pour préserver de toute profanation des cendres vénérées, des restes chers à une famille,
privée de l'un ou de plusieurs de ses membres, à une tribu
qui avait perdu son chef, ou son pontife sacré.... Il ne faut
point les confondre avec les objets d'un culte solennel. Les
Menhirs, les *Peulvans* sont des objets dont l'on ne saurait
essayer d'indiquer la nature qu'en les comparant à ces autres monuments en pierres brutes que l'Orient vit élever, et
qui se rattachent, peut-être, aux époques inconnues de notre histoire, temps sur lesquels la critique n'a pas étendu
ses conquêtes.

En nous élevant contre le système le plus généralement
établi relativement aux *Dolmens*, nous n'avons eu, comme
dans tous nos autres travaux, d'autre désir que d'obtenir la

[1] *Pro Archia poeta*

vérité. Les tombes nous ont révélé leurs secrets, et ce n'a pas été en vain que nous avons contemplé les tristes restes de nos ancêtres : ils furent braves, leur valeur les rendit redoutables aux plus anciens peuples civilisés ;, des idées superstitieuses environnent encore leurs dernières demeures. Nous avons vu quelques-uns de leurs descendants tirer des augures tantôt favorables, tantôt funestes, de la forme des nuages rapides qui passent sur les montagnes, sur les plateaux que couronnent encore les innombrables *Dolmens* de ces guerriers. Eux aussi, pendant leur vie, crurent sans doute aux présages ; mais, comme le héros d'Ilion, mort en défendant sa patrie contre l'invasion étrangère, chacun d'eux disait sans doute :

τῶν (ὀιωνῶν) οὔτα μεταρέπομ. ' οὐδ' ἀλεγίζω,
εἴτ' ἐπὶ δεξι'ίωσι πρὸσ ἠέλιόν τε,
εἴτ' ἐπι ἀριστερὰ τοίγε ποτι ζόφον ἠερόεντα.

. . . .

εἷς οἰωνος ἄριστος ἀμύνεσθ περὶ πάτρης.

« Mon courage ne s'affaiblira point au milieu des dangers ; que m'importe que les oiseaux volent à droite, vers l'aurore, du côté du soleil, ou à gauche, vers le couchant, où sont les ténèbres éternelles?... Le plus assuré des présages, le meilleur des augures, est de combattre pour son pays ! »

A l'instant où nous écrivons ces dernières lignes, un Recueil scientifique, digne du plus haut intérêt,[1] nous apprend qu'un savant moderne accorde en quelque sorte les honneurs de l'apothéose à la plupart des pierres brutes élevées en monument... Et ceci a une telle importance, que nous croyons que l'on ne saurait laisser passer inaperçue une telle opinion.

Quel est l'archéologue qui n'a point vu, ou qui, du moins, n'a pas entendu parler du gigantesque monument de Carnac?

---

[1] *Revue des Sociétés savantes.*

« On aperçoit longtemps le léger clocher de ce lieu avant
de l'atteindre. Quelques pierres longues, placées de main
d'homme sur des collines et sur des monceaux de sable, précèdent le grand théâtre que l'on cherche; sur la gauche,
dans le lointain, on voit, à l'horizon, des masses de pierres
que l'on pourrait prendre pour des pans de murailles ou
pour des forteresses démolies. On aborde enfin le monument
du côté de l'Ouest. On est surpris, et en quelque sorte ef-
frayé, à la vue de ces masses imposantes se prolongeant vers
l'horizon, au milieu du désert qui les environne; de ce monument si sévère, si majestueux, si prodigieux par son étendue et par les efforts qu'il fallut faire pour l'élever. Il est là,
seul avec le sable qui le porte et la voûte du ciel qui l'enve-
loppe; pas une inscription ne l'explique, pas une analogie
qui porte à le connaître ; les hommes que vous appelez, le
voyageur que vous interrogez, le regardent et tournent la
tête, ou vous racontent des folies [1]. »

Caylus, La Sauvagère, Latour-d'Auvergne, Pomereuil,
l'amiral Thévenard, Ogée, Deslandes, le général de Penhouet,
et une foule d'autres ont parlé de cette étrange colonnade de
granit, qui s'étend sur onze lignes, et que quelques-uns
croient composée de quatre mille pierres.

Cambry y cherchait une douzième ligne pour y reconnaître un monument solaire, une sorte de zodiaque... Mais il
se rappella que l'on n'avait d'abord reconnu que onze signes
dans la zone zodiacale, que les Grecs portèrent à douze, en
mettant la Balance à la place des serres du Scorpion et renfermant ce dernier dans l'espace que sa queue occupait auparavant... Ogée et Deslandes, *curieux antiquaires,* dit Cambry, mais qui certes, n'avaient pas des idées bien nettes sur
la castramétation romaine, y voyaient un camp établi par
César...

Les savants que nous avons nommés ne paraissent pas

---

[1] Cambry, *Monum. celt.,* II.

avoir en général des idées bien arrêtées sur cet étrange et vénérable monument. Le peuple qui, dans ces parages, a conservé quelques idées mythologiques à cet égard, y retrouve, tantôt une armée transformée en pierre, tantôt l'ouvrage des *Crions*, ou *Gorix*, nains que l'on suppose avoir porté ces masses dans leurs mains...

De nos jours, un système qui paraît se rapprocher en quelque sorte de nos idées, tend à retrouver un simulacre, une image divine, dans chacune de ces pierres droites élevées en monuments, et il cherche à établir que chacune des pierres de Carnac représente une divinité. C'est M. l'abbé Mouillard qui a émis cette idée. Ainsi les Celtes Armoricains auraient eu au moins *quatre mille dieux* différents, et ce nombre n'est pas sans doute exagéré, car, suivant Ogée, celles qui étaient en place de son temps occupaient une place évaluée à 670 toises, et en suivant les traces de celles qui ont été enlevées, ces onze lignes s'approchaient du lieu de la Trinité sur une longueur de 1490 toises !!!...

Que deviendraient après cela, les idées sur l'unité divine attribuées aux Gaulois? En recherchant dans le Languedoc, le Rouergue, la Guienne, c'est-à-dire dans *seize départements*, les traces des vieux Celtes, en étendant même nos explorations dans une notable partie de la Péninsule Hispanique, nous avons retrouvé un grand nombre de ces pierres brutes et isolées qui étaient peut-être autrefois, comme celles dont Pausanias a parlé, les simulacres d'une ou de plusieurs déités, dont les noms nous sont encore inconnus. Mais les *quatre mille pierres* de M. l'abbé Mouillard, les douze cents de quelques autres, ne nous paraissent être autre chose que les restes d'un vaste temple élevé sur les bords de l'Atlantique, lieu sacré où l'on invoqua les Dieux des mers et les vents qui soulèvent les flots, et les astres qui peuplent l'espace, globes enflammés qu'aucune construction ne dérobait aux regards d'une foule pieuse. Si l'unité divine fut la base des enseignements druidiques, on peut croire que ce dogme ne fut enseigné qu'aux initiés et à une époque bien antérieure à la conquête. Chacune des attributions de l'Etre unique, chacune même des formes de la matière, soit inerte, soit animée, fut divinisée, et reçut les hommages des populations qui avaient oublié les enseignements dont on croit retrouver des restes dans *Le mystère des Bardes de l'île de Bretagne.* Nous ne l'ignorons point, quelques savants s'étonneront de voir assimiler nos *Peulvans* à ces piliers, sans formes humaines, que Pausanias indique, que l'on vénéra longtemps, auxquels la Grèce avait donné des noms divins, et qu'elle honora, sinon comme ses Dieux, au moins comme leurs *Simulacres.* Les *Dolmens* font connaître leur véritable origine et leur destination : ils couvrent des ossements humains, ils recèlent des armes portées autrefois par les guerriers de nos contrées. Ce ne sont que des tombeaux, et ce n'est qu'à la fin de cet ouvrage que nous nous occuperons de cette immense série de monuments funèbres, dessinés, par nous, ou pour nous; ces monuments, quelquefois gigantesques, ne couvrent que des cendres ignorées, que des cadavres inconnus, et cependant, quelques-uns de ces êtres humains avaient, peut-être, rêvé l'immortalité!.., mais en ne traçant aucun signe épigraphique sur ces pierres, les Gaulois, qui connaissaient cependant l'usage des caractères grecs, ont enseveli pour toujours, dans les *contrées de l'ombre,* les premières, et sans doute, les plus intéressantes pages de leur histoire. Vouloir les restituer aujourd'hui, ce serait tenter une chose impossible. En voyant les monuments muets que nos aïeux nous ont légués, il faut seulement constater leur analogie avec ceux de quelques autres peuples antiques. Osons l'avouer, il existera toujours, malgré des tentatives, qui ne furent pas sans gloire, une lacune entre les premiers temps de la Gaule et l'époque de son entière soumission aux Romains. Dans la suite apparaissent des noms divins, que l'on peut, en partie, supposer Gaulois, et, dans le Sud-Ouest des régions qui vont

nous occuper , quelques-autres, que l'on peut croire His-
paniens, ou Ibériques, et apportés , après la mort vio-
lente de Sertorius et de Perpenna, par des fugitifs venus
d'audelà des monts, et qui, réfugiés en Aquitaine, y consa-
crèrent le souvenir des génies de leur antique patrie.

Lucain aurait sans aucun doute parlé de ces objets, auxquels on a de nos jours donné le nom d'autels , si la forêt
de Marseille, ce sanctuaire révéré par les Gaulois du Midi,
avait renfermé des monuments du genre des *Dolmens ;* il
les aurait décrits, et César lui-même , dans ses *Commentaires,* ne les aurait pas oubliés. Ce sanctuaire n'était
d'ailleurs autre chose qu'une forêt. Ses antres, comme le
Roc-Bramayre, du *Sidobre,* faisaient entendre de longs
mugissements. Là, les peuples apportaient leurs offrandes, mais sans approcher de ce lieu redoutable ; les Dieux
les en avaient chassés, pour y. habiter seuls en silence ;
les prêtres eux-mêmes, soit pendant le jour, soit durant la
nuit, n'y entraient qu'en frémissant ; et ils étaient saisis
d'une terreur profonde en approchant de leurs images [1].

Il en était peut-être de même du prétendu temple de *Tolosa,* ou plutôt du Lac sacré, consacré dans cette ville à
Belen, dieu qui a laissé son nom à l'une des forêts de nos
contrées [2]. N'oublions pas que le souvenir du culte de ce
dernier existe encore dans la Bretagne où le prêtre porte
encore un nom qui paraît dérivé de celui de ce Dieu *ur
BELec ;* c'est ainsi que le Breton désigne le prêtre qui l'instruit et le console.

Le voyageur venu des plaines de l'Armorique, et accou-
tumé, dès ses premiers ans , à la vue des monuments des
Celto-Bretons, s'étonne alors qu'il parcourt le désert du
Sidobre, à la vue des nombreuses masses mobiles qu'il y
découvre; s'il foule parfois le sol de la grotte de Saint-
Dominique ou de l'immense . *allée couverte,* dont on ne

[1] Lucan, *Pharsal.,* lib. III.
[2] *Archéologie pyrénéenne,* I.

doit sans doute attribuer la formation qu'à une cause physique, et sous le sol de laquelle s'écoulent, en grondant, les eaux torrentueuses du Lezert, il croit avoir atteint l'un des sanctuaires les plus remarquables du Druidisme ; l'examen attentif des lieux voisins, leur âpreté sauvage, l'absence de toute voie tracée aux temps antiques, semblent venir à l'appui de cette croyance. Ici, d'ailleurs, la nature paraît favoriser, par une circonstance remarquable, la pensée qui serait portée à retrouver sur ce point l'un de ces lieux destinés, par les prêtres des Celtes, à leurs cérémonies redoutables. Nous l'avons déjà dit, assez près des Pierres mobiles de Lacrouzette, on rencontre un rocher qui, par sa place, domine tous ceux qui l'environnent : c'est *lou Roc Bramayre* [1]. Il est en quelque sorte le Roi de cette contrée désolée. Les vents s'engouffrent dans les cavités profondes qui existent dans sa masse ; et si, lorsqu'ils sont faibles, il n'en sort que des murmures sourds et presque étouffés, alors que les vents redoublent d'intensité, ce roc isolé fait entendre des hurlements qui s'accroissent assez, quelquefois, pour étonner ceux qui ne sont point prévenus, et sans que, d'abord, on puisse en connaître la cause [2]. Les *Druides* n'auraient-ils pas su profiter de ce phénomène naturel pour porter la terreur dans l'âme de leurs néophytes ?

Nous sommes, d'ailleurs ici, comme l'a dit un orateur, dans les *régions de l'ombre*, dans les *tombeaux des Gaules ensevelies*, et il peut nous être permis de présenter quelques légères conjectures sur des objets, longtemps méconnus, dont les analogues sont signalés par l'auteur du poème sur les Argonautes, ainsi que par les anciens géographes, monuments que l'on retrouve en grand nombre dans les provinces de la France et de l'Angleterre.

---

[1] *Archéol. pyrén.*, II, 71. — *Atlas*, Pl. V, 2.
[2] Nayral, *Chroniques Castraises.*

Quelques auteurs ont écrit que le lieu où s'assemblaient les Tétrarques des *Galates*, se nommait DRYNEMETON, et que c'était un temple des Druides qui avaient suivi, dans l'Asie-Mineure, les *Tektosages*, les *Tolistoboii* et les *Trocmes*, partis de *Tolosa* et peut-être aussi des contrées voisines.

Selon le poète Fortunatus, il existait dans l'*Aquitaine*, non loin de *Burdigala*, un temple gaulois que les peuples de cette contrée nommaient, dans leur langue « le grand temple, ou VERNEMETIS [1]. »

Celui de *Tolosa*, dédié à Apollon, n'était apparemment qu'un monument en pierres brutes, élevé à *Belen* et consacré dans la suite au dieu correspondant, dans la hiérarchie céleste des Grecs, au fils de Latone et de Jupiter.

Ce ne fut qu'après que la civilisation hellénique ayant été apportée dans nos contrées, par les Phocéens de Marseille et par les Romains, vainqueurs de nos ancêtres, l'on abandonna l'usage des *Bethels*, des *Peulvans*, des *Menhirs*, et que l'on traça ces lignes élégantes, ces contours gracieux que l'on retrouve dans les monuments de la Grèce, de l'Italie et de la Gaule, devenue Romaine.

Malgré le triomphe du culte Helléno-Latin, en Gaule, le respect que les Druides avaient pour ces grands simulacres en pierres brutes que nous retrouvons çà et là sur le sol de la patrie, existaient et les traditions druidiques subsistaient encore plusieurs siècles après la chute de l'empire romain. Au huitième siècle Charlemagne défendit de rendre un culte aux *pierres et aux arbres* [2]. Le concile d'Arles avait, depuis longtemps, (en 452) [3], menacé de l'excommunication, les évêques

[1] *Carm*. IX.

> *Nomine Vernemetis voluit vocitare vetustas*
> *Quod quasi ingens Gallica linguæ docet.*

[2] *Capitul. lib. I, tit. 64.*

[3] Acta Concil. (452). Can. 23. *Si in alicujus episcopi territorio infideles aut faculas accendunt, aut arbores Fontes, vel Saxa venerantur, eruere neglexit, sacrilegii reum se esse cognoscat aut Dominus, aut Ordinator rei ipsius si admonitus emendare noluerit, communione privetur.*

qui permettraient de rendre un culte *aux pierres* , aux
Arbres et aux Fontaines.

Mais , en dépit des ordonnances des Rois , précédées des
peines canoniques prononcées par les conciles contre les ido-
lâtres, le culte des pierres, considérées sans doute comme simulacres de divinités , s'est perpétué jusqu'au dix-huitième
siècle , et dure encore dans quelques parties de la France.
Nous avons acquis la certitude qu'aujourd'hui même, on va
répandre de l'huile sur quelques-unes d'elles, et, dans son
Histoire, encore inédite , *du Quercy,* un auteur que nous
avons cité autrefois [1], Dominicy disait, en mentionnant ces
pierres monumentales : « L'erreur des passants les a encore en
vénération, s'étant figurée que de les couvrir de fleurs, sans
que personne les voie , cela préserve des fièvres , et il n'y
a pas longtemps que feu M. de Cahors , faisant sa visite ,
apprit que dans un village , le vulgaire superstitieux s'en
allait , à certain jour de l'année , oindre, en cachette , un
caillou d'une grandeur prodigieuse, planté sur un grand chemin , ce qui nous enseigne tout-à-fait *qualiter pagi sacra
faciunt,* et confirme ce que Apulée en rapporte au livre Ier
de ses *Florides ;* cet évêque fit arracher et rompre ce gros
caillou. »

Dans le pays des *Cadurci* , on n'a jamais trouvé , en
fouillant le sol, jusqu'à la base des *Peulvans,* à environ un
mètre de profondeur, ni ossements, ni fragments de poterie,
ni aucun autre objet provenant de l'industrie humaine [2].

C'est un monument de ce genre qui , sous le nom de
Fuseau de la Sainte-Vierge , est placé à Lacaune [3], chez
les *Albigenses ,* au milieu d'un vaste espace entièrement
inculte , et où l'on n'aperçoit pas même un arbuste. Là,
sans doute, autrefois , à certaines époques fixes , les tribus

---

[1] *Monuments Religieux* , 373 , 374.

[2] M. le baron Chaudruc de Crazannes, *Essais archéologiques et historiques sur
le Quercy ,* 3

[3] Département du Tarn , arrondis. de Castres.

habituées dans les lieux voisins, venaient exercer leur culte
et rendre hommage à la déité dont ce *Peulvan* était le simulacre.

Mais, il semble que le nom de la Vierge, donné à ce rocher,
élevé en monument, ne doit point passer inaperçu dans nos
pages, si l'on se rappelle surtout que le même nom est at-
attaché à beaucoup d'anciens monuments celtiques ; ce sont,
quelquefois à des Fées que l'on attribue l'existence de ces
objets. *Naurouse* a placé, dit-on, les pierres fameuses sur lesquelles on voit l'obélisque consacré à l'auteur du canal des
deux mers ; sur plusieurs points c'est à nos *Faytiliéros*
que revient l'honneur d'avoir érigé les *Peulvans* qui existent encore ; mais c'est surtout à la Vierge qu'on attribue
ces Pierres sacrées qui furent pendant longtemps l'objet
d'un culte public, et qui le sont encore de pratiques et
de superstitions secrètes. Il est probable qu'au temps où
la religion chrétienne triompha du Paganisme, nos premiers
apôtres ne pouvant détruire en entier les croyances populaires, imposèrent des noms sacrés à des monumens révérés par
tous, et qu'ils sanctifièrent, en quelque sorte, par ce moyen,
des rites coupables. Mais peut-être aussi qu'en ces temps
sur lesquels l'histoire, ne nous offre rien de déterminé, relativement au culte et aux divinités des Celtes, il en existait
une, vénérée de tous, comme les Vierges de l'île de Sain,
et dont le pouvoir était sans bornes. Symbole de la chasteté, modèle de toutes les vertus que devaient imiter les filles
de la Gaule, c'était la Vierge par excellence, comme l'Athéné
des Hellènes, ou la Minerve des Latins, et ce fut à cette
Déité que furent dédiés, par nos pères, les simulacres que
nous avons retrouvés et qui ne sont connus que sous le nom
de *Siége*, de *Palet*, de *Fuseau* de la Vierge. Nous parcourons, il faut l'avouer, comme nous l'avons déjà dit, *les contrées de l'ombre*, nous explorons, avec respect, *les tombeaux
des Gaules ensevelies*, et comme nous l'avons dit aussi, on
doit nous pardonner, de hasarder ici quelques conjectures ;

on le ferait peut-être, si nos lecteurs étaient en présence de
ce *Fuseau de la Vierge*, dominant un espace immense où
l'œil attristé n'aperçoit aucune végétation, et qui semble
condamné à une éternelle stérilité. Là finissent tous les
bruits du monde, et l'histoire ne peut nous instruire sur
l'époque contemporaine de cet objet. Les générations se sont
éteintes au pied du rocher monumental de Lacaune, sans
nous laisser les moyens de connaître son origine, et, jusqu'à
présent, le monde archéologique a ignoré l'existence de ce
témoin des anciens jours.

Les *Peulvans* ne sont et ne peuvent guère être autre
chose que des Simulacres, des pierres indicatives ou des
monuments commémoratifs. « Les *Dolmens* sont-ils des
tombeaux ou des autels?... Telle est la difficile question que
M. l'abbé Mouillard a traitée... Il établit, suivant lui, la
ressemblance qui existe entre les *Dolmens* et les autels du
culte primitif, » mais c'est une erreur, et il en conclut cependant que le *Dolmen* était, dans le culte druidique, l'autel
sur lequel on offrait des sacrifices... « Moïse nous apprend,
dit-il, que, ces pierres (les *Menhirs* ou Pierres Levées),
étaient devenues l'objet d'un culte idolâtrique »... Et il y
retrouve l'image des divinités de nos pères; par exemple,
chacune des pierres levées du monument de Carnac représente une divinité; et le monument, dans son ensemble,
forme l'assemblée des divinités en honneur dans le pays. On
a vu plus haut que *ces pierres sont au nombre de plus de
quatre mille*, selon les uns, mais seulement de plus de
douze cents selon d'autres....

Nous avons déjà dit[1], que ces pierres ne sont apparemment que les restes d'un temple élevé sur les bords de
l'Atlantique, et que, pour nous, comme pour beaucoup
d'autres observateurs consciencieux, les *Dolmens* ne sont
que des tombeaux. L'un de leurs côtés ouvert[2], leur donne

[1] *Suprà.* p. 32.
[2] C'est dans le sol que recouvre la Pierre horizontale que se retrouvent et les
ossements humains, et les armes, et les restes de poteries, les bijoux, etc.

l'apparence d'un petit temple ou d'une *Cella;* mais une
partie d'entr'eux se présente sous la forme d'un *tumulus;*
des terres et des débris de rochers s'élèvent sur eux en
forme de collines, comme on le voit [1] chez les *Rhuteni*,
et alors le *Dolmen,* proprement dit, n'est qu'une chambre
sépulcrale, quelquefois divisée en plusieurs compartiments,
où l'on trouve des ossements humains, des haches celtiques
en silex, en cailloux roulés et quelquefois en bronze.

Le culte des pierres pourrait avoir pris son origine dans
des fables antiques. Qui ne connaît le mythe de Deucalion
repeuplant la terre, privée d'habitants, en jetant derrière
lui des pierres tirées du sein de celle-ci :

> ....*quo tempore primùm*
> *Deucalion vacuum lapides jactavit in orbem,*
> *Unde homines nati, durum genus.....*

Chez les Grecs on supposait que des hommes pouvaient
naître soit d'un arbre, soit d'un rocher, et l'on se rappelle
ce passage d'Homère [2], dans lequel Pénélope ne reconnaissant pas Ulysse déguisé en mendiant, lui dit : *Quelle est ton
origine, quelle contrée t'a donné le jour, car tu n'es pas
né sans doute d'un vieux chêne ni d'une pierre?*..... Le
respect pour les Pierres remarquables était si grand dans le
Nord, que l'Edda désigne l'une d'elles comme mère des
hommes et des dieux : « Une vache se nourrissait en léchant
une pierre couverte de sel et de gelée blanche; le premier
jour, il en sortit des cheveux d'homme; le deuxième, un
homme entier. On le nomma *Bura.* Ce fut le père de
Boré qui épousa la fille du géant Baldorn. On la nommait
Beyz. Elle donna le jour à trois fils, Odin, Vile et Ve. Odin
gouverna avec ses frères l'immensité des cieux et de la
terre; il fut le plus puissant des dieux. » Si ce mythe du

---

1 *Archéologie Pyrénéenne,* tome V.
2 Odyss., lib. XIX.

Nord fut connu jusques dans les Gaules , on pourrait croire que, combiné avec la fable de Deucalion , il donna naissance au culte des pierres qui subsistait encore avec force à l'époque de Charlemagne, puisqu'il le proscrivit par l'une des dispositions de ses Capitulaires.

D'autres traces du vieux culte subsistent dans les provinces du sud-ouest de la France, et, entr'autres, la vénération pour le Gui.

M. de Métivier nous a fait connaître un hymne , traduit apparemment du celte en latin , puis en langue romane , et que l'on chante aujourd'hui dans notre Aquitaine. M. Noulens [1] a publié un autre chant sur le *Gui* de la nouvelle année, dans le dialecte populaire du Condomois. On sait que les jeunes hommes vont , le premier jour de janvier, demander , de porte en porte, de village en village, le *Gui de l'an nouveau* , et là se retrouve peut-être une réminiscence de ce qui avait lieu en Gaule, il y a vingt-cinq siècles. Suivant notre vieil ami Eloi Johanneau [2] , les différents noms du Gui *(viscum)*, sont Celtiques, *uc'hel-var,* rameau d'en haut, rameau du ciel; *dour-dero*, eau du chêne, sève du chêne; et chez les Gallois *uc'hel-wydd* arbre élevé, *uc'hel-fel* miel d'en haut. Cette plante parasite naissait ou acquérait de nouvelles feuilles au solstice d'hiver; et c'était sur le chêne, arbre sacré d'où les Druides tiraient leur nom, qu'il apparaissait, sans être, disait-on, le produit d'un germe nouveau ou d'une semence confiée à ce grand végétal. Il semblait par là, dit Johanneau [3], annoncer une époque où un nouveau soleil va renaître du vieux soleil de l'année précédente, et rendre la vie à la nature. C'est de là qu'il fut nommé en Celtique, selon Pline , d'un nom qui signifiait qui guérit-tout *(omnia-sanans)*; le Gui est tou-

---

1 *Revue de l'Aquitaine.*
2 *Monuments celtiques,* 330 et suiv.
3 *Ibid.*
4 *Hist. natural.*

ours vert, et en cela il est le symbole de l'éternelle jeunesse du soleil. Ses baies globuleuses sont blanches et transparentes comme des perles, et ses fleurs sont jaunes, *croceo vient*, comme le blond Apollon. C'est ce que Virgile indique dans les vers suivants, en comparant le Gui au rameau d'or d'Énée

> *Quale solet silvis brumali frigore viscum*
> *Fronde virere nova, quod non sua seminat arbos.*
> *Et croceo fœtu teretes circumdare truncos*
> *Talis erat species auri frondentis opacá*
> *Ilice.....*

L'un des actes les plus solennels de la religion Druidique était celui de la cueillette du Gui.

On se rappelle ce vers d'Ovide :

> *Ad viscum Druidœ cantare solebant.*

« Les Druides, disait Pline [2], n'ont rien de plus sacré que le Gui et le chêne qui le produit. Ils recherchent des forêts formées de chênes, et ne font aucune cérémonie, aucun acte religieux sans être couronnés des feuilles de cet arbre :... ils croient que tout ce qui naît sur celui-ci est un don du ciel et que c'est une marque que le chêne a été choisi par le Grand-Dieu : mais le présent du ciel, le Gui, est surtout révéré. Alors qu'on l'a trouvé, on le cueille en grande pompe. La lune doit briller alors pour la sixième fois dans les cieux. C'est à cette époque que commencent les mois, les années et les siècles même, qu'ils croient se renouveler après chaque trentième année révolue. Ils choisissent le sixième jour de la Lune, parce qu'ils croient que cet astre commence à être dans sa force la sixième jour de son apparition. Ils l'appellent en leur langue qui signifie qu'il guérit tous les maux. On prépare le sacrifice et un repas sous le chêne et brûle le... de... le... Gui. Deux taureaux blancs y sont amenés le sacrificateur est vêtu de blanc. Armé d'une serpe d'or

Ænéid. lib. VI.
Hist. Nat. lib. XVI. c. 44.

il monte sur l'arbre, coupe la plante sainte et la reçoit dans un *Sagum* blanc. Il immole ensuite les victimes et demande aux Dieux de la Gaule que l'oblation qu'il leur fait, soit favorable au peuple qui vient l'offrir. »

Pline ne dit point que cette pieuse cérémonie eût lieu, seulement, dans une forêt des *Carnutes*, ou du pays Chartrain. On a cru cependant pouvoir l'affirmer, parce que c'était là que se tenait l'assemblée générale des Etats de la Gaule, et que c'était là aussi qu'existait la principale association ou communauté des Druides ; mais, l'éloignement, les difficultés que présentait un si long voyage, pourraient faire croire que la cérémonie de la cueillette du Gui était pratiquée chez chaque peuple de la confédération gauloise et que les nombreuses forêts du sud-ouest de cette vaste région en ont souvent été témoins. Des *Tumuli*, des pierres Levées, des restes de retranchements, qui existent encore dans nos forêts si vénérables que la hache et la coignée font disparaître aujourd'hui, semblent annoncer que, sous leurs ténébreux ombrages, des mystères sacrés ont jadis été célébrés, et l'on se trompe, sans doute, en affirmant que la cueillette du *Viscum* n'était pratiquée que dans le pays Chartrain.

Il existe dans quelques parties de nos départements et entr'autres dans celui du Gers, qui fait partie du territoire de l'Aquitaine, et particulièrement dans les lieux voisins de l'antique *Oppidum* des Sotiates, vers *Elusa*, (Eause), à Condom, et ailleurs, des chants qui semblent rappeler le culte du Gui, et le don fait au peuple de cette plante salutaire. Nous n'avons point retrouvé de chants semblables dans cette partie du haut Languedoc où *Tolosa* existe encore. Mais au seizième siècle, époque de ces controverses religieuses qui devaient bientôt ensanglanter nos contrées, un écolier catholique, connu par d'autres productions [1], composa une

1 On le nommait François Salomonis, ce fut lui qui, en 1568 et en 1588, prononça le discours latin, que l'on désignait sous le nom roman de *Sermo del gay saber* et aussi *Sermo de las flors de Dona Clamensa.* Il remporta plusieurs prix aux jeux floreaux et fut capitoul, ou magistrat municipal de Toulouse

Ballade sur le Gui de chêne, plante à laquelle les Celtes avaient, comme on l'a vu, donné un nom que Pline traduit par les deux mots latins *omnia sanans*. Le poète toulousain décrit les cérémonies druidiques et rappelle la vénération des Gaulois pour ce don du ciel; il combat les sectaires qui niaient alors la présence réelle. Le sacrifice est offert, le *Viscum* est cueilli par un prêtre vêtu de blanc; il distribue à la foule empressée cet objet qui *guérit tous les maux*. Ainsi l'hostie consacrée apparaît à la foule empressée et, sous des voiles mystiques, vient réconcilier le peuple avec le Créateur, qui lui accorde l'entière guérison des âmes, l'absolution des fautes et un avenir à jamais fortuné.

Les vers de Salomonis, composés à l'époque où de nouvelles doctrines apportaient dans nos provinces, jusqu'alors heureuses et paisibles, des haines implacables, et toutes les horreurs des guerres civiles, sont un assez curieux monument de ce temps [1], et ils montrent que l'on se rappelait à Toulouse et de la cueillette du *viscum*, et de la pieuse ferveur des Gaulois, alors qu'ils voyaient cet autre rameau d'or placé dans le *sagum* du Druide qui le recueillait sur le chêne sacré.

Dans sa *Ballade*, François Salomonis décrit la cérémonie de la cueillette du Gui de chêne; puis, dans l'*Envoi*, il explique le sens mystique de son récit. L'arbre sur lequel croît, *sans semence*, la plante qui guérit de tous les maux, est la croix où le divin Fils de Marie expire. Le Druide qui monte sur cet arbre pour y cueillir le *viscum*, est le ministre du Très-Haut, et la plante elle-même, le rameau d'or, est Jésus-Christ immolé pour nous, comme gage du salut et du bonheur éternel[1]. Cette pièce, ingénieuse sans doute, mais très médiocre même pour le temps où elle fut composée, n'est apparemment qu'un souvenir poétique de la grande cérémonie décrite par Pline; mais rien n'indique que l'on chantât à Toulouse, dans la seconde moitié du

[1] Voyez note B.

seizième siècle, l'hymne vulgaire dont on retrouve ailleurs,
et même dans notre Aquitaine, comme on l'a vu, des imita-
tions ou des traductions plus ou moins fidèles. Le temps a
effacé de la mémoire ces chants naïfs dont l'origine remonte
apparemment aux temps druidiques. Nous avons montré une
notable partie des monuments de cette époque; le fer ne les
avait point façonnés et ils rappellent ceux que mentionnent
les livres saints. En voyant la *Peyro Martino* des *Cadurci*[1],
et *lou Roc Bramayre* de Castres [2], la pensée remonte à une
époque dont plus de vingt-cinq siècles nous séparent, à ces
temps où Rome n'avait point courbé sous le joug les Celtes
nos aïeux, et où les colonies de ceux-ci s'établirent dans les
campagnes de la Germanie et aussi sur les rives lointaines
de l'Alys, où de nombreux marbres inscrits rappellent encore aujourd'hui le souvenir des vieux et vaillants Tektosages.

[1] Il faut diminuer considérablement les dimensions exagérées données à ce
monument (*Atlas de l'Archéologie Pyrénéenne*, pl. V, 1.) Le dessin publié par
nous est dû à M. Gervais, agent-voyer à Figeac. Sa plus grande longueur est
de 7m 40c ; elle n'est large que de 2m 70c ; son épaisseur, presque partout égale,
est de 0m 60c ; elle cube 9m 283m ; son poids est de 23,208 kilogrammes. Les
supports sont convexes dans leur partie supérieure, ce qui lui permet d'osciller
sous la plus légère pression. De nombreux visiteurs ont gravé leurs noms sur
cet antique témoin de nos anciens jours. La manière dont les supports sont
disposés fait que leurs sommets sont exactement en face l'un de l'autre, ce qui
laisse l'axe d'oscillation sensiblement perpendiculaire à la grande dimension de
la pierre. Là tout annonce le travail de l'homme.

[2] Cet objet singulier placé près des Pierres *mouvantes* que nous avons décrites
et qui fait entendre quelquefois les hurlements qui lui ont fait donner le nom
qu'il porte, est placé à environ cinq cents mètres d'un ruisseau. Il s'appuie sur
une roche plate. Nous en donnons la vue prise à l'Est et au Sud, ainsi que des
coupes. Il a 7m 40c de longueur totale. Son cube est de 77m, et sa pesanteur
approximative est de 210,000 kilogrammes.

II.

Nous avons rapporté, en partie, les opinions diverses relatives aux croyances religieuses des Gaulois. Nous avons cru
retrouver, dans les pierres élevées en forme de colonnes
brutes (les *Peulvans*), quelques-uns des simulacres d'un
dieu que César nomme Mercure, mais que les Gaulois honoraient, apparemment, sous un nom national puisé dans
leur propre langue ; c'était peut-être leur plus puissante
déité, le génie divin auquel ils rendaient le plus d'hommages. César a cru devoir associer à celui-ci quatre autres
immortels, auxquels il donne les noms de Mars, d'Apollon,
de Jupiter et de Minerve. Or, à ces êtres puissants, il faudrait ajouter Pluton, ou *Dis*, encore invoqué aujourd'hui,
et duquel les Gaulois se disaient descendus. Les auteurs
de l'antiquité donnent aux Celtes d'autres Dieux encore,
Taranis, Esus, Theutatès et Belen ; les vieux marbres

---

[1] *Deum maxime Mercurium colunt ; hujus sunt plurima Simulacra..... post
hunc, Apollinem, et Martem, et Jovem et Minervam. (De Bell. Gall. lib. VI.)*
[2] *Galli se omnes ab Dite patre prognatos prædicant ; idque ab Druidibus pro-
ditum dicunt. (Ibid.)*

rappellent beaucoup de génies divins qui n'ont pas été connus par les auteurs anciens ou qu'ils n'ont pas cru devoir signaler. Ces témoignages, s'élèvent contre ceux qui ont
annoncé que les Celtes reconnaissaient seulement l'u-
nité divine. S'ils apportèrent de l'Orient ce dogme sublime, leur contact avec des nations d'une origine différente, dut le leur faire abandonner de bonne heure. Le
culte des Romains changea lui-même, ou se modifia,
par l'admission des cultes de la Grèce, de l'Egypte et de
l'Asie. Il en fut autant de la religion des Gaulois. A
l'époque de la conquête le système, auquel les Druides
avaient attaché leur nom, dégénéra aussi, et les prêtres gaulois
furent souvent se retremper, en quelque sorte, dans l'île
de Bretagne, et peut-être dans des contrées plus éloignées
encore, lieux sauvages, où l'on retrouve un grand nombre de
monuments pareils à ceux que nous avons décrits dans les
pages qui précèdent celles-ci. On a dit qu'ils attribuaient à
toutes les parties de l'univers une âme immortelle ; et, peut-
être, en subdivisant par la pensée le principe de toute existence, parvinrent-ils au polythéisme, ou à la pluralité des
Dieux. En rapportant l'une des anciennes *Triades* des Gaulois, Diogène Laërce [1] insinue, comme César, et beaucoup
d'autres, que les Druides reconnaissaient plusieurs Déités [2].

On a vu que nous avons cru les retrouver dans les symboles ou les simulacres, en pierres brutes, qui existent encore en grand nombre dans les contrées que nous avons parcourues, durant notre Mission archéologique, et qui s'étendent
des cimes et des vallées pyrénéennes jusques au-delà des rives
du Lot et de l'Aveyron. On a indiqué, comme une imitation
des habitudes orientales, inscrites dans les livres saints, l'érection des monuments auxquels le fer n'avait point touché ; mais
ce ne pouvaient être des *Dolmens*. La construction de monuments de ce genre exigeait beaucoup de temps et

----

[1] Lib. I.

[2] *DEOS colendos : 2. Nihil agendum mali ; 3. fortitudinem exercendum.*

plus d'efforts qu'il n'en fallait pour placer une simple pierre commémorative ; on sait qu'en souvenir du songe que fit Jacob en allant en Mésopotamie, ce patriarche prit la pierre sur laquelle sa tête avait reposé, l'érigea, répandit de l'huile sur elle, et donna le nom de *Bethel* à ce lieu, nommé Luz auparavant[1]. On voit dans nos livres saints[2], que le Seigneur dit à Jacob : « Je suis le Dieu de *Bethel*, où tu as oint la pierre que tu as érigée pour moi en monument. » On voit plus loin le même Jacob élevant *une pierre*, sur laquelle il fit des libations, et offrit de l'huile et du vin[3]. Telles sont les notions que nous fournit la Genèse sur les monuments en pierres brutes. Dans l'Exode[4], il est dit : « Vous ne ferez point l'autel de votre Dieu de pierres taillées, car il serait souillé, si vous y employiez le ciseau. » Dans le Deutéronome « Vous élèverez de[5] grandes pierres et vous les enduirez de chaux ; vous y écrirez toutes les paroles de la Loi, et vous les élèverez en monuments sur le mont Hébal. Là vous dresserez au Seigneur, votre Dieu, un autel de pierres où le fer n'aura point touché. » Après le passage du Jourdain, le Seigneur dit à Josué : « Choisis douze hommes, un de chaque tribu, et commande à chacun d'eux de prendre au milieu du Jourdain une des pierres qui doit servir de témoignage en Israël[6]. »

Dans ces passages de l'Ecriture, on voit d'abord un seul homme élevant une seule pierre, dont les dimensions, dont la pesanteur devaient être en rapport avec ses forces ; il en serait tout autrement s'il avait construit un *Dolmen*. Les trois pierres qui en forment les côtés sont d'une longueur, d'une épaisseur si grandes, qu'elles exigent pour

---

[1] Gen., c. xxvii.
[2] *Ibid.*, x, 49.
[3] *Ibid.*, xxx, 14 ; xxxi, 15.
[4] Exod., x, 25.
[5] *Ibid.*, x, 2, 3, 4, 5.
[6] *Ibid.*, ix, 2, 3, 6.

leur transport, pour les mettre en place, les forces d'un grand nombre d'hommes réunis; la pierre de recouvrement, toujours très épaisse, et ayant le plus souvent trois, et même jusqu'à six mètres de longueur, devrait, pour être placée en forme de toiture sur les rochers qui lui serviraient de soutien, réunir le concours de plusieurs personnes, et, d'abord, l'établissement d'une terrasse ou d'un vaste talus pour la conduire sur le faîte du monument. Les livres saints ne nous indiquent rien de semblable. C'est d'abord Jacob qui, *seul*, élève la pierre sur laquelle sa tête a reposé; puis ce sont douze hommes qui, viennent prendre, chacun, une roche roulée dans le Jourdain. Il n'y a là rien qui ressemble à ce qui eut lieu lors de la construction des *Dolmens;* mais il s'est trouvé des savants qui, sans s'occuper de la possibilité d'exécution de tels monuments, ont formulé leur avis, bientôt adopté par ceux qui se contentent de quelques assertions et qui ne s'appuient sur aucun examen sérieux, sur aucune étude consciencieuse. Les pierres debout, et les tables qui recouvrent les *Dolmens*, ne paraissant point avoir été façonnées par le fer, on en a tiré la conséquence que c'étaient des autels, comme ceux dont le Seigneur ordonna la construction, et dont les pierres ne devaient pas être touchées par ce métal. Mais celui-ci était-il connu, ou employé, en Gaule, lorsque la plupart de nos *Dolmens* ont été construits? En étudiant les blocs qui les forment, on reconnaît, souvent, que plusieurs d'entr'eux proviennent de montagnes dont les couches se délitent ou se détachent facilement; d'autres, dont la surface est couverte d'aspérités, montrent la roche telle qu'elle était accidentée sous l'action des météores; et il en est, et sans doute quelques-uns des plus modernes, où l'on ne saurait méconnaître l'emploi d'une matière extrêmement dure, telle que le bronze, ou le fer. Que si l'on cherche à se rendre compte de l'aspect du monument élevé par Jacob, l'on comprendra facilement qu'un seul homme a bien pu ériger, en témoignage, la pierre qu'il avait placée sous sa tête; mais là, rien ne rappellera les *Dolmens* qui, selon les explorations les plus exactes, les fouilles faites avec le plus grand soin, ne doivent être comptés que parmi les monuments sépulcraux.

On aurait peut-être été plus près de la vérité en retrouvant dans le *Bethel* de Jacob, dans les pierres élevées sur les hauts lieux dans la Syrie, des monuments analogues à nos *Menhirs*, à nos *Pierres droites*, à nos *Pierres Fites* isolées. Si le bloc élevé par Jacob, et devenu pour lui, et sans doute pour ses descendants, la *maison de Dieu*, (*Bethel*), des peuples venus de l'Orient auraient bien pu voir dans quelques-uns de ces objets, non point sans doute un temple ou la demeure d'un Dieu, mais le *Simulacre* d'un être divin. Néanmoins, il ne faudrait peut-être pas généraliser cette opinion, car plusieurs de ces pierres ne furent apparemment que des bornes de territoire, des monuments commémoratifs de victoires, d'alliances, ou de simples limites . Plusieurs qui subsistent encore peuvent être confondues avec celles qui, plus tard, indiquèrent les bornes des propriétés. Cambry disait [1] : « Les Romains, maîtres du monde, placèrent des pierres à l'extrémité des provinces et des cantons pour en établir les limites et l'étendue ; ces pierres étaient travaillées de main d'homme, elles portaient des inscriptions, des chiffres, des sculptures; mais quand le travail de l'homme fut effacé par le temps, on a pu les confondre avec les monuments bruts des Celtes.» Il y eut, dans des temps postérieurs à la conquête, et lorsque les mœurs furent profondément empreintes des mœurs et des coutumes des Romains, des *Pierres bornales*, des *Termes*, objets d'une vénération constante et d'un culte dont les rites nous ont été conservés par les auteurs de l'antiquité.

Les bornes, les limites des champs, étaient, chez les Romains, sous la protection du dieu *Terminus*. Numa avait institué en son honneur une fête nommée *Terminalia*. Il

---

[1] *Monuments Celtiques*, 272.

avait un temple sur le mont du Capitole, et quand il fallut bâtir sur cette hauteur le temple de Jupiter, le dieu *Terminus* ne voulut point céder le sol où il était adoré, imité en cela par *Juventus*, « ce que, dit un vieil auteur [1], les Romains prirent à bonne augure, s'imaginant par là que l'empire serait toujours florissant et que ses bornes seraient stables. » Les pierres bornales furent, dans la suite, nommées *Terminales Lapides*, et *Sacri Lapides*, parce qu'il n'était pas permis de les transporter ailleurs. Elles furent quelquefois remplacées par des arbres, des fossés, ou par de vieux troncs. Ovide [2] dit à ce sujet :

Termine, sive lapis, sive est defossus in agro
Stipes, ab antiquis tu quoque numen habes
Sacer lapis.

On les honorait, comme le dit Properce [3], et l'on sait que Numa avait ordonné que le laboureur qui les renverserait serait mis en interdit ainsi que ses bœufs : *qui terminum exarassit ipsos et boveis sacri sunto.* Il paraît qu'en Grèce, selon Plutarque [4], dans les sacrifices faits aux pierres bornales, on n'immolait point des animaux. Les rites étaient différents à cet égard chez les Romains. Horace [5] s'est exprimé ainsi :

Agna festis cœsa Terminalibus.

Et Ovide [6] nous apprend aussi que ces sacrifices avaient lieu comme pour les autres déités :

Spargitur et cœso communis Terminus in agro,
Nec queritur lactens cum sibi porca datur.

Dans nos plaines, loin des carrières, on plante quelquefois, aux angles des champs, et comme des bornes, des *cognas-*

---

[1] Duboulay, *Thresor des antiquités Romaines*, 192.
[2] *Fast, lib.* II.
[3] *Eleg, lib.* I.
[4] *Quest. Rom.* XV.
[5] *Od. lib.* V.
[6] *Fast, lib.* II.

siers ; c'est ce qu'en langue romane vulgaire, on nomme *Las Coudougnèros*.

Les bornes en pierre avaient, chez les Romains, des formes significatives sur lesquelles ont peut consulter Julius Flaccus, Julius Frontinus, Hygin, Simplicius et quelques autres. On peut sans doute confondre quelquefois les Pierres terminales, élevées après la conquête, avec celles qui furent érigées par les Celtes ; mais ces dernières sont brutes et les autres indiquent, quelque mutilées qu'elles soient, le travail de l'homme, et peuvent, par cela même être facilement distinguées. Nos Pierres élevées n'affectent point de formes régulières. Elles sont les témoins muets des premières civilisations. Vivant trente siècles après leur érection, nous essayons, mais, peut-être, en vain, de leur assigner une cause, une origine, et si des curieux nous demandent aujourd'hui comme le Seigneur l'avait prédit à Josué : « Vos fils vous interrogeront un jour, disant : que signifient ces pierres, *quid sibi volunt isti lapides ?* ... » Moins explicites que Dieu ne l'indique, nous répondrons seulement : « elles ont été élevées comme un monument éternel, *positi sunt in monumentum*[1]. »

Des écrivains, dont les recherches ont eu jadis quelque célébrité, n'ont pu, faute d'autorités suffisantes, essayer même de combler la lacune qui existe entre les premiers temps de la Gaule et l'époque où Rome vint imposer à nos pères sa civilisation, son culte, ses arts, ses habitudes et ses lois. De nos jours des esprits aventureux ont voulu le faire ; pour nous, qui, dans ce travail, n'avons voulu offrir que des faits incontestables, nous apercevons une époque où le midi de la Gaule a dû subir l'influence des peuples navigateurs qui en ont fréquenté le littoral, et qui ont pu même, par des comptoirs, situés dans l'intérieur, établir d'une mer à l'autre, en partant de *Massilia*, ou d'*Agatha*, une sorte de ligne commerciale qui a laissé, comme nous le verrons dans la suite, les

[1] *Jos.*, IV, 6, 7.

traces de son existence dans des noms de lieux et dans l'idiome vulgaire, traces qui, malgré les révolutions et les dominations diverses, subsistent encore. A l'époque de la Renaissance, alors que l'enthousiasme excité par l'étude des livres échappés à la destruction, portait à ne voir partout que des Hellènes et des Latins, on négligea les marques de la présence de nos aïeux, l'on oublia ce qui, dans les traditions locales, restait encore, comme un souvenir des croyances primitives, et on ne voulut expliquer que par les langues savantes les monuments de la patrie. Ce fut alors que les dieux de la Narbonnaise et de l'Aquitaine ne furent plus que des dieux grecs et romains.

La pureté des dogmes druidiques a dû s'altérer de bonne heure, dans le midi de la Gaule, au contact des civilisations Phéniciennes et Helléniques, et le polythéisme étranger a pu s'introduire, par là, dans la Gaule entière. On ne peut voir cependant sans quelque étonnement le nombre de déités indigènes adorées, aux temps romains, dans la Narbonnaise et dans l'Aquitaine; mais il n'est pas indifférent de remarquer, qu'à une seule exception [1], on ne voit point dans ces vastes contrées des marques de l'adoration de Taranis, d'Esus, de Theuthatès. Ici s'offre et se développe tout-à-coup une mythologie particulière, et l'on voit apparaître une série d'êtres divins, si nombreux, que l'on peut conjecturer que chaque *pagi*, chaque *vicus* même avait le sien. Parmi eux se trouvent beaucoup de divinités locales qui ont donné leurs noms aux lieux où l'on a retrouvé leurs autels. Quelquefois ces noms sont réunis à ceux de divinités grecques et romaines, sans doute à cause que les unes et les autres déités avaient des attributions semblables; quelquefois aussi on voit nos dieux gaulois et aquitains invoqués en même temps que les éternels habitants de l'Olympe Hellénique. Mais il en est beaucoup qui semblent avoir eu une existence particulière et qui, se dégageant de la foule, furent

---

[1] *Las parets de Troutat* (les murs de Teutat), chez les *Bigerrones*.

vénérés, non pas dans une seule localité, mais dans un grand nombre de cantons.

Tel fut *Abellion*. Les étymologistes du seizième siècle lui ont donné une origine Grecque, ou même Crétoise, et son culte fut adopté dans un grand nombre de *Pagi* assez éloignés les uns des autres; il s'est étendu, en effet, dans presque toutes les régions possédées par les *Onobusates*, les *Garumni* et les *Convenœ*. C'est là qu'ont été retrouvés et que l'on peut voir encore, les monuments assez nombreux qui lui furent consacrés, et c'est là, sans doute, que des recherches heureuses en feront retrouver d'autres encore.

Scaliger fit, le premier, connaître ce Dieu. Qui ne sait qu'à l'époque où il vivait, l'érudition grecque et latine étant en aussi grand honneur qu'elle l'est, malheureusement, trop peu, aujourd'hui, dans beaucoup de nos provinces, l'on trouva bientôt une origine hellénique à notre Dieu Pyrénéen? Ce n'était point d'ailleurs sans quelque vraisemblance que l'on croyait le nom de cet immortel tiré de quelque dialecte grec. Vossius [1], Struvius [2], Saumaise [3], Hésychius [4], Scaliger lui-même [5], et l'immense foule des copistes, regardèrent le dieu *Abellion* comme l'Apollon des Grecs, le Soleil que les Crétois appelaient quelquefois Ἀϐέλιον; et Hésychius ajoutait que les Pamphyliens nommaient Ἀϐέλιος Ἀϐέλης tout ce qui appartenait au soleil. »

C'est à Saint-Aventin, près des Thermes, déjà très célèbres à l'époque romaine, et qui, selon nous, seraient les *Thermes Onésiens*, vantés par Strabon, Thermes non moins renommés aujourd'hui, c'est à l'extrémité méridionale de la vallée de Larboust, qui débouche dans celle de Lu-

[1] *De Idol.* II. 17.
[2] *Syntagm. Antiq. Roman.* I, 116.
[3] *Syntagm. Inscrip.* I, n° 83.
[4] Voce Ἀϐέλιον.
[5] *Lectiones Ausonianœ.*

chon, que Scaliger a vu le premier autel dont nous donnons ici le dessin [1], et sur lequel le savant agénais a vu le nom d'*Abellion;* ce monument ouvre la série des planches où nous avons représenté les autels consacrés aux génies particuliers de la Narbonnaise et de l'Aquitaine primitive. Sur la face principale de ce marbre, encore encastré dans la maçonnerie de l'abside de l'église de Saint-Aventin, se trouve une inscription que nous avons déjà rapportée [2], et que Scaliger avait lue assez mal, ainsi qu'on peut le voir dans le passage indiqué dans la note [3]. Il devait lire : *Taurinus Boneconis Filius, Votum Solvit Lubens Merito,* tandis que sa copie, en supposant qu'elle n'a pas été viciée par les typographes, portait : *Taurinus Bone. Cons. Seusim.* Nous avons montré, autrefois, combien cette leçon s'éloignait de la vérité.

Le second autel, qui a fait connaître le nom d'*Abellion,* est représenté ici [4], il provient aussi du lieu de St-Aventin ; on ne voit que le côté principal sur lequel l'inscription est gravée, les côtés latéraux étant noyés dans la maçonnerie de l'abside de l'église. L'inscription nous apprend qu'un particulier nommé *Cisontem,* fils de *Cissobonnis,* avait acquitté le vœu qu'il avait fait au dieu *Abellion.*

C'est à une distance très grande des Thermes de Luchon et du chef-lieu des *Convenœ,* à Aulon, qu'a été retrouvé le troisième autel dédié à *Abellion,* et dont nous donnons ici l'image [5]. Ce marbre fait aujourd'hui partie des collections du *Musée Archéologique* de Toulouse. On lit sur la face principale une inscription publiée, d'abord par Scaliger, et qui contient l'expression de l'accomplissement du vœu fait au dieu *Abellion* par une femme nommée *Minutia Justa.*

---

[1] *Atlas de l'Archéolog. Pyrén.,* Pl. VI, n° 1.

[2] *Monuments Religieux des Volces Tectosages, des Garumni et des Convenœ,* in-8°, 1814, livre couronné par l'Institut en 1820.

[3] *Monuments Religieux des Volces,* etc., p. 195 et *Arch. Pyrén.* 11 *loc. cit.*

[4] *Atlas,* etc., Pl. VI, n° 2.

[5] *Ibid.* n° 3.

Le quatrième autel représenté dans cette planche[1], fut découvert par M. Cazes, membre de la première assemblée législative ; il existait dans le village d'Argut-Dessus. Millin l'a publié, assez inexactement, d'après le dessin de M. de Lasteyrie. Nous avons rectifié la leçon donnée par ce savant archéologue[2].

Cet écrivain s'est trompé, lors de son passage à Toulouse, en lisant l'inscription gravée sur un cinquième autel consacré au dieu *Abellion*[3], et qui était alors dans le cabinet du sculpteur statuaire F. Lucas ; il a changé les noms de la femme qui avait élevé ce monument. Ce marbre est placé aujourd'hui dans le Musée Archéologique et on peut s'assurer qu'au lieu d'y trouver, comme Millin, les noms *Titullatio Mullia*, il faut reconnaître que cet autel a été consacré, en exécution d'un vœu, au dieu *Abellion*, par *Hevila* fille d'*Homulus*[4].

Ce fut de la petite ville de Mauléon que l'on retira le sixième autel dédié à *Abellion*. Conservé pendant longtemps dans le cabinet de M. de Montégut, il fait aujourd'hui partie des collections du Musée Archéologique de Toulouse ; il était encore inédit quand nous l'avons fait connaître. Nous avons cru que le mot *Barhosis* qui accompagne le nom de *Sabinus,* particulier qui éleva ce monument, indiquait la patrie de ce personnage, c'est-à-dire la belle vallée de *Barousse* qui s'ouvre à peu de distance de la ville basse de *Lugdunum Convenarum*[5].

C'est dans le lieu de Cardaillac, à une très grande distance du chef-lieu qui vient d'être nommé, que nous avons découvert le septième autel sur lequel le nom d'*Abellion* est inscrit[6]. Ce marbre est encore dans le lieu où nous l'avons

[1] Même planche, n° 4.
[2] *Monuments religieux*, etc. , p. 196, 197, 198.
[3] *Voyage dans les départements du Midi de la France*, IV. p. 447.
[4] Du Mège, *Monuments Religieux des Volces, etc.*, p. 197, 198 et *Atlas* Pl. VI n° 5
[5] Même Pl., n° 6.
[6] Même Pl. n° 7.

retrouvé. L'inscription gravée sur le côté principal indique l'accomplissement du vœu fait au dieu *Abellion* par un particulier nommé *Sembus*, fils d'*Uriassus*.

Les noms gravés sur ces marbres sont, comme on le voit, particuliers à l'Aquitaine, et ce n'est guère que par exception qu'on y retrouve des noms romains. Nous aurons à nous occuper des premiers dans la partie historique de cet ouvrage.

Nous n'avons point vu le huitième autel rapporté ici [1] et qui a été découvert par M. Victor Cazes, dans le lieu de Bouccou, qui appartenait aux *Onobusates* [2]. On n'y lit plus distinctement que les mots *Abellioni Deo*...

Disséminés sur un territoire très vaste, (le Nébousan et le Comminges), les monuments consacrés à *Abellion* prouvent que l'adoration de ce Dieu n'était point renfermée dans une très petite contrée : trois peuplades considérables lui offraient des hommages, et nous croyons, comme nous l'avons déjà dit, qu'il faut le distinguer des *Dii locales*, dont le culte était le plus souvent renfermé dans les étroites limites d'un seul *vicus*. Nous avons rapporté les opinions des savants qui ont retrouvé dans la langue grecque le nom de ce génie aquitain, mais nous avons remarqué autrefois [3], que cette origine ne semblait pas confirmée par la figure même de cet immortel, que nous avons dessinée, bien jeune encore, en 1814, au temps où la frontière menacée, appelait tous les hommes de cœur, tous les Français à sa défense. On remarquait alors, dans la maçonnerie de la petite *chapelle de Saint-Pé*, à Garin, village situé à quelques kilomètres de Luchon, et plus rapproché de l'église de *Saint-Aventin*, où Scaliger découvrit les premières inscriptions qui ont conservé le nom d'*Abellion*, un autre autel

---

[1] Même planche, n° 8.
[2] A Bouccou, *en Sauveterre de Nébousan*.
[3] Du Mège, *Monuments Religieux des Volces*, etc., p. 194.

d'une conservation parfaite[1], et où paraissait, en buste, un être mythique, *Abellion* sans doute, puisque, au-dessous de cette image, inconnue avant nos travaux, on lit quelques lignes d'une conservation parfaite, qui nous apprennent que ce marbre a été élevé à *Abellion* en accomplissement d'un vœu fait par un particulier nommé *Fortis*, fils de *Sulicus :* *(Abellioni Deo, Fortis, Sulici Filius, Votum Solvit Lubens Meritò.)*

Il est probable que d'autres monuments, encore inconnus, enfouis dans le sol, ou noyés, comme simples matériaux, dans la maçonnerie de quelques anciennes constructions, seront rendus à la lumière, et qu'ils révéleront, sinon les rites même du culte rendu à *Abellion*, au moins les noms de quelques-uns de ses fervents adorateurs. Le temps, comme l'a dit Horace, saura rendre à l'histoire ce qui est caché dans cette terre que nos pieds foulent aujourd'hui, tandis qu'il ensevelira tout ce qui brille en cet instant :

> *Quidquid sub terra est in apricum proferet œtas*
> *Defodiet, condetque nitentia.....*

Mais est-il bien démontré, par l'étymologie grecque du nom de ce **Dieu**, que ce fut le **Soleil** ou **Apollon**? Nous en avons douté, et rien ne nous prouve que l'on doive y reconnaître le dieu du jour. L'image sculptée sur l'autel retrouvé à Saint-Pé, et qui, sans doute, représente ce génie divin, n'offre aucun des attributs qui pourraient nous le faire reconnaître[2]. Ses traits n'annoncent point l'éternelle jeunesse d'Apollon; il n'y a dans cette image aucun signe caractéristique qui vienne à l'appui de l'opinion des savants que nous avons nommés et au sentiment desquels nous serions heureux de nous soumettre. Ils ne soupçonnaient point l'existence de l'image de ce **Dieu**, que Scaliger n'a point vue et

---

[1] *Atlas de l'Archéol. Pyr.*, Pl. VI, n° 9.
[2] *Monuments Religieux des Volces Tectosages*, etc., p. 198.

que, le premier, nous avons fait connaître [1]. Le nom de ce Dieu est grec, mais d'autres encore dans notre Aquitaine sont connus sous des noms évidemment grecs aussi , et cela doit rappeler que, selon Ammien Marcellin, les Aquitains prétendaient descendre des Hellènes. Une foule de noms de localités , auxquels beaucoup de savants paraissent ne faire aucune attention aujourd'hui , sont évidemment grecs. Le langage vulgaire, les constructions grammaticales que l'on retrouve dans ce même langage, et des mots , *très nombreux*, viendraient à l'appui de ce témoignage ; mais la figure même du dieu *Abellion* n'a aucun attribut qui puisse justifier cette origine.

Ici se présente une question qui n'a pas encore été indiquée par nous et qui est cependant importante. Un de nos plus ingénieux et de nos plus savants archéologues, dans un ouvrage qui doit demeurer acquis à la science numismatique [2], M. A. de Longperier, frappé de la ressemblance des noms de *Cabellio* et d'*Abellio*, le premier appellatif du dieu ou du génie tutélaire de la ville gallo-grecque de *Cavaillon* , et figuré à ce titre, sur les monuments autonomes de cette colonie Massaliote, au pays des Cavares, et le second donné à un dieu particulier au midi de la Gaule, a pensé « qu'il y avait identité entre ces deux divinités, appartenant l'une et l'autre à la théogonie Helléno-Gauloise, si riche et encore si imparfaitement connue. »

MM. de la Saulsaye [3], Duchalais et de Longperier ont donné une médaille qui représente, au droit, une tête casquée que Morel, et après lui M. Duchalais, avaient pris pour celle de la déesse *Roma*, ou de *Pallas*, et qui aurait été

---

[1] Consignons ici qu'alors que nous avons vu et dessiné l'autel d'*Abellion*, il était encastré dans une maçonnerie épaisse qui couvrait ses faces latérales. Si celles-ci avaient été visibles, nous y aurions peut-être trouvé, à la représentation ordinaire des vases de sacrifices, ou celle de quelques attributs de ce Dieu.

[2] *Notice des monnaies composant la collection de M. Rousseau.*

[3] *Numism. de la Gaule Narbonnaise*, pl. XXIX, nos 2, 3 et 4,

une copie des deniers romains. M. de Longperier, avec la réserve et la modestie qui honorent et caractérisent le véritable savant, dit, au sujet de cette appréciation, dans l'ouvrage précité : « Je n'oserais rien affirmer après ces numismatistes, mais je rappellerai seulement qu'un dieu *Abellio* a été révéré dans le midi de la Gaule, comme le rapportent plusieurs inscriptions, et que, prononcé avec une aspiration forte, le nom de ce Dieu ressemble beaucoup à celui de la colonie *Cabellio*. »

Notre savant ami, M. Chaudruc de Crazannes, a embrassé une opinion différente [1], et dans la *Revue Numismatique* (1850), il oppose à la tête casquée de la médaille de Cavaillon, la tête nue de la figure d'Abellion, publiée par nous en 1814, et nous croirons, avec lui, que l'une n'a rien de commun avec l'autre; qu'il n'y a là qu'une ressemblance dans la dénomination, que le nom d'une colonie grecque ou massaliote, peut avoir, avec le nom grec de l'un des génies divins de l'Aquitaine, que des rapports qui se justifient par la prétention des Aquitains à descendre des Grecs et aussi par les formes helléniques que l'on retrouve même encore dans le langage. St Jérome [2] ne dit pas que les Aquitains voulaient être, comme on l'assure aujourd'hui, des descendants des Ibères, mais des Grecs. Dupleix, né à Lectoure, ville de l'Aquitaine, annonça [3] qu'il avait fait un Lexique de plus de *douze cents mots* de la langue vulgaire, purement grecs ou dérivés du Grec. Rien n'empêche donc de croire que le nom du dieu *Abellion* est grec, comme l'ont prétendu Vossius, Saumaise, Struvius, Hesychius et Scaliger. Il ne faut pas oublier que Bouche croyait aussi que ce nom venait de quelque lieu célèbre dans la Gaule, et que ce lieu aurait bien pu être *Cabellio* ou *Cavaillon;* mais quelle apparence que le culte du génie divin qui aurait donné

[1] *Revue Numismatique*, 1851 522.
[2] *Not. ad Gal.*
[3] *Mém. des Gaules*, IV, c. 22.

son nom à cette colonie Massaliote, ait été brusquement
transporté dans la Novempopulanie, sans que l'on retrouve
aucune trace de ce culte dans l'intervalle immense qui sépare cette petite cité, des champs, des montagnes et des vallées des *Garumni*, des *Onobusates* et des *Convenes?*

La petite ville de Saint-Béat, déjà mentionnée par nous,
comme ayant fourni de nombreux monuments antiques,
nous en a offert un des plus intéressants dont on ait eu jusqu'à
présent à s'occuper. Elle nous a fait connaître un Dieu dont le
nom était depuis longtemps oublié, c'est *Astoillun*. On a vu[1]
que ce marbre découvert par feu M. Cazes, fut d'abord dessiné par M. de Lasteyrie et publié par Millin, mais avec une
grande inexactitude. Il offre sur ses faces latérales de très beaux
vases de sacrifices[2], et, par une singularité remarquable, une
table en marbre s'ajuste exactement à la partie supérieure de ce
monument. Nous avons, il y a bien longtemps, lorsque de
graves devoirs nous appelaient sur nos frontières menacées,
et bientôt après envahies, dessiné avec exactitude ce marbre,
en présence de M. Victor Cazes, brave militaire alors, et actuellement possesseur d'une intéressante série d'autels votifs
qu'il a retirés de l'oubli. Qu'il nous soit permis, afin d'éviter
ici toute répétition, de renvoyer au second volume de cet
ouvrage[3]; mais qu'il nous soit permis aussi de dire que Millin
n'a point fait mention de la table qui s'ajuste avec la plus
grande facilité à l'autel d'*Astoillun*, ce qui étonne d'autant
plus que cet auteur a donné un dessin assez fidèle de cette
partie du monument.

On a vu que le commencement du nom de ce Dieu *(Asto)*
rappelle le *Val de l'Asto*, position peu éloignée de St-Béat,
et que le mot *illun* qui termine ce nom divin, est l'un des
surnoms d'Hercule, sur un autel qui fait partie du Musée Archéologique de Toulouse, mais qui provient de Narbonne,

---

[1] *Archéologie Pyrénéenne*, II, 130, 131 et suiv.
[2] *Atlas de l'Archéologie Pyrénéenne* Pl. VII, n° 1.
[3] Tom. II, p. 130 et suiv.

colonie célèbre et bien éloignée de la vallée de la *Garumna* dans laquelle la ville de Saint-Béat a été bâtie.

En retrouvant à *Lugdunum Convenarum*, ou Saint-Bertrand-de-Comminges, une table destinée au festins sacrés, ou aux offrandes présentées aux Dieux, nous l'avons décrite, après nous être occupés de la table qui s'adapte à l'autel du du dieu *Astoillun*, et l'on a cru pouvoir nous accuser d'avoir confondu ces deux monuments ensemble[1]. Si cette remarque était assez sérieuse pour appeler une réfutation, nous renverrions nos lecteurs au texte *incriminé*, et notre justification serait le résultat de cet examen.

Millin, n'ayant sous les yeux que les dessins de M. de Lasteyrie, a confondu avec le bel autel d'*Astoillun*, un autre monument découvert avec celui-ci, et que nous avons vu dans le jardin de M. Cazes, à Saint-Béat[2].

Ce dernier monument d'une forme simple, mais d'une proportion élégante, n'a point d'inscription ; on voit seulement, sur l'une de ses faces, un vase n'ayant qu'une seule anse. C'est une sorte de *bouilloire*, et l'on peut y reconnaître l'un de ces autels qui servaient durant les sacrifices, mais qui n'étaient point particulièrement consacrés au Dieu principal du temple ou de l'édicule[3].

Nous avons montré plus haut que Millin avait très mal lu la seconde et la troisième ligne de l'inscription gravée sur l'autel consacré à Abellion, et qui existait dans le jardin de M. Cazes, à Saint-Béat. Le vase et la corniche de ce monument avaient beaucoup souffert, mais l'inscription était intacte.

Un autre autel trouvé aussi à Saint-Béat, ou dans un lieu voisin de cette petite ville qui appartint d'abord à la Celtique, plus tard à la Province Romaine, et enfin au Languedoc,

---

[1] *Mémoires de l'Académie de Toulouse.*
[2] *Archéologie Pyrénéenne*, II, p. 123, 124 et suiv. vid. *Magasin Encycl.* et *Monuments antiques inédits*, par M. Millin.
[3] *Atlas de l'Archéologie Pyrénéenne*, Pl. VII, n° 2.

est chargé d'une inscription consacrée au dieu *Arard* que l'on peut, d'après son nom, placer sur l'Olympe Gaulois ; ce marbre a été en partie brisé. Le mot DAEO au lieu de DEO est une faute du lapidicide. A la troisième ligne, les sigles I. P. F. ne peuvent s'expliquer qu'en considérant la lettre I comme l'initiale du nom du personnage qui avait fait un vœu au dieu *Arard ;* le P serait la première lettre du nom du Père de celui qui éleva le monument. La lettre F indiquerait le mot *Filius* [1]. Nous ne croyons pas que l'on ait retrouvé, jusqu'à présent, une autre inscription où le nom d'*Arard* ait été mentionné.

De nouvelles constructions et des défrichements ont fait disparaître quelques monuments encastrés dans de vieux murs, ou trouvés, en creusant des fossés, dans le sol que couvraient autrefois les édifices de *Lugdunum Convenarum ;* ainsi j'ai vu extraire, des murs de la petite cité actuelle, un torse en marbre blanc et un fragment de corniche, en présence de M. le baron A[te] d'Agos ; l'autel consacré au Dieu *Armaston,* fut découvert près de la prairie que l'on désignait sous le nom de *Casernes ;* il n'a plus été retrouvé par nous, et a, sans doute, servi à quelque construction nouvelle. Depuis notre premier voyage à Saint-Bertrand-de-Comminges, nous n'avons point revu le cippe sépulcral où Lastrade [2] lisait, en 1752,

ALFIA
HOHISI.G
BVLLVCA

et où nous avions vu ces trois lignes :

ALFIA
LOHISI.F
BVLLVCA

---

[1] *Atlas de l'Archéologie Pyrénéenne.* pl. VII, n° 3.
[2] *Relation de la translation d'une relique de Saint-Bertrand-de-Comminges,* in-12. Toulouse, 1752, page 116.

au-dessous d'un bas-relief du style le plus barbare [1]. Ainsi, plusieurs livres connus, il n'y a pas trois siècles encore, sont aujourd'hui perdus, et l'on nie même leur ancienne existence ; ainsi un grand nombre de monuments ont péri, ou sont perdus pour nous, ayant été remis à l'échantillon moderne, noyés dans de nouvelles constructions, ou enfouis dans des collections particulières, formées et accrues suivant une pensée, toujours égoïste, et contraire à l'intérêt général.

Des autels assez nombreux ont été retrouvés à l'entrée de la belle vallée de Barousse, au lieu nommé Saint-Pé d'*Ardet*, ou plutôt d'*Artet*, nom qui rappelle que, dans la Péninsule Hispanique, il existe plusieurs bourgades connues sous celui d'*Arteta*. Cet être divin serait donc originaire d'au-delà des monts, et il aurait eu des autels et des adorateurs dans l'Aquitaine, depuis l'époque où Pompée réunit en corps de tribu une portion des débris des armées de Sertorius et de Perpenna, et où il toléra dans une portion de l'Aquitaine, l'établissement de quelques-uns de ces fugitifs, pressés alors sur l'extrême frontière de la Gaule. Nous ne croyons point que l'on ait trouvé, en dehors du territoire Aquitain d'*Artet*, aucun monument consacré à *Artehe*. Nous avons rapporté [2] les inscriptions gravées sur les autels qui lui furent consacrés. Ces objets sont fidèlement représentés dans l'atlas de cet ouvrage.

Nous n'avons jamais vu les autels dont l'existence a été signalée par le savant Oihenart [3] et par quelques autres, et nous craignons qu'ils n'existent plus, ou qu'ils soient enfouis dans le cabinet de quelque prétendu amateur qui en dérobe la connaissance aux gens de lettres. Le nom d'*Accion*, ou d'*Ageion*, était inscrit sur ces marbres, et associé, comme on le verra bientôt, à celui de nos montagnes apothéosées.

[1] *Atlas de l'Archéologie Pyrénéenne.*
[2] *Atlas de l'Archéologie Pyrénéenne* Pl. VII.
[3] *Not. utriusq. Vasconiæ.*

Oihenart a lu **AGEION** ; il peut y là avoir quelque incertitude, car un bel autel placé autrefois sur la toiture de
l'église du village d'Aventignan, chez les *Convenes*, et qui
fait partie, aujourd'hui, des collections du musée de Toulouse, nous offre le mot : **ACEION** [1]. Ce vieux marbre est
orné de vases de sacrifices sur ses faces latérales. Le nom,
soit qu'il faille y substituer un C à un G, ne fournirait-il
pas l'appellation de l'une de nos montagnes, ou de l'une de
nos vallées, aux temps romains? C'est ce que nous n'oserions
affirmer ; mais sur l'autel que le trop fameux Barrère fit
apporter à Toulouse et qui provient de la vallée de Campan, on voit que le culte des montagnes fut associé à celui
du Dieu **ACEION**, à celui de *Nethon* (**NETHONI**), qui désigne encore la plus haute sommité des Pyrénées [2].

En recherchant dans les huit mille communautés, bourgades ou hameaux, que nous avons dû visiter pour recueillir
les monuments qui y existent encore, nous avons retrouvé
un autel sur lequel on voit le nom d'un dieu Aquitain,
qu'il faut lire **APPENINO** ou **ARPENINO** [3]. Le nom de
celui qui éleva ce monument, **BELEX**, et celui de **BAELEX-
CON**, son père, sont très apparents. Ce nom de Belex,
connu par d'autres monuments Pyrénéens, se retrouve sur
un autel votif dont nous allons bientôt nous occuper, et
qui, ainsi que nous l'avons dit [4], fut découvert dans le lieu
d'Hautaget, qui fait partie de la vallée de la Neste.

On connait la malheureuse influence que l'école de Dupuis
exerça durant la fin du xviiie siècle et les vingt-cinq premières

---

[1] *Atlas*, etc., Pl. VII, nᵒ 5.

[2] Par l'abus déplorable d'*estamper* nos monuments, le nom de *Nethon* qui avait
été lu autrefois sur ce marbre par M. de Montegut, est moins apparent, aujour-
d'hui, qu'il ne l'était il y a peu d'années. Le marbre blanc des Pyrénées résiste
peu à l'humidité, il s'*egraine*, comme le disent les habitants, et pour recueillir ce
que l'on nomme *une bonne leçon*, on parvient souvent à détruire un texte entier.

[3] *Archéologie Pyrénéenne*, II, p. 145.
Atlas, Pl. VII, nᵒ 6.

[4] Ibid.

années du xixᵉ. Tous les systèmes théologiques n'étaient, pour les savants, que des émanations du Sabéisme, ou de l'adoration des astres. On recherchait partout des traces du culte du Dieu-Soleil, et nos Dieux Pyrénéens ne furent pas exempts des explications qui devaient les ranger parmi les preuves du système de ce membre de la Convention. Nous avons rapporté, à cet égard, l'opinion d'Eloi Johanneau[1], qui, dans le nom du dieu AEREDA, retrouvait le Dieu-Soleil, lors de son passage aux signes inférieurs[2]. Mais malgré toute notre estime pour l'écrivain qui vient d'être nommé, nous avons cru devoir ne reconnaître dans ce Dieu Pyrénéen, adoré aux lieux nommés Sainte-Marie et *Siradan,* où existait encore, vers 1814, son autel, que l'un de ces génies locaux, qui veillaient sur une seule contrée, et n'y retrouver que le Dieu du mont de *Gerd* ou d'*Erd,* assez voisin de *Siradan,* ce mont divinisé, *Erd,* pouvant être le même qu'*Aereda,* contracté et privé de sa terminaison latine[3]. L'autel que nous rapportons ici, était d'une forme très simple et n'avait point de vases de sacrifices sur ses faces latérales[4].

Alors que l'on se retrouve en présence des Pierres monumentales attribuées aux vieux Gaulois, et qui remontent peut-être à une époque pré-Celtique, alors que l'on étudie ces nombreux autels que les Pyrénées nous ont offert, soit sur leurs cîmes menaçantes, soit dans les vallées qui les sillonnent, on reconnaît combien les premiers temps de notre histoire sont encore couverts d'épaisses ténèbres et l'on s'étonne, en voyant que l'on a négligé ces vénérables témoins des siècles écoulés ; on ne comprend pas les motifs du silence de nos premiers historiens, de l'indifférence des savants, et de l'oubli qui environne ces précieux docu-

---

[1] *Archéologie Pyrénéenne,* II, p. 143, 144.
[2] *Mémoires de l'Académie Celtique.*
[3] *Archéologie Pyrénéenne,* II, *loc. cit.*
[4] *Atlas de l'Archéologie Pyrénenne,* Pl. VII, nᵒ 7.

ments des annales de la vieille France. La science étymologique essaie aujourd'hui des explications, rarement heureuses, et après même avoir consulté les textes des auteurs de l'antiquité, et compulsé tous les vocabulaires, on n'ose point, si l'on est sage, formuler une opinion, hasarder une conjecture ; seulement, comme les livres saints, on répète, en voyant ces pierres monumentales, ces mots du texte sacré : *Positi sunt in monumentum.*

C'est ce que nous avons dit à de savants orientalistes qui, en contemplant l'autel arraché par nous à la destruction, et sur lequel, aux temps romains, on inscrivit le nom du Dieu *Aherbel*[1] lui attribuaient une origine punique. La base de ce petit monument, découvert entre Landorthe et Saint-Gaudens, n'a pas été retrouvée, mais elle ne devait offrir que les sigles, indicatifs de l'accomplissement d'un vœu fait à ce génie des contrées Pyrénéennes[2].

Le danger de tomber dans des restitutions d'inscriptions frustes ou mutilées, n'a pas arrêté des hommes du plus grand savoir, et nous en avons montré un exemple dans le second volume de cet ouvrage. Millin, dont les travaux ont acquis une célébrité méritée, avait voulu restituer ce qui manquait à la dédicace d'un autel votif placé dans le cabinet du statuaire François Lucas, à Toulouse.[3] L'érudition ne fesait pas défaut à cet antiquaire si distingué; nous avons eu cependant l'audace de montrer une opinion contraire[4]. Quelques années plus tard, l'auteur de l'*Archéologie Pyrénéenne* retrouva, dans la belle vallée de Luchon, un autre autel votif sur lequel est inscrit, en entier, le nom du dieu *Alardos*[5]. En critiquant l'opinion de M. de Castellane relativement à l'inscription d'un troisième marbre découvert

[1] *Archéologie Pyrénéenne*, II, p. 147, 148.
[2] *Atlas*, Pl. VII, n° 8.
[3] *Voyage dans les départements du Midi de la France*, IV, p. 449.
[4] *Monuments religieux des Volces-Tectosages etc.*, (1814), p. 338.
[5] *Description du Musée de Toulouse*, (1835), p. 42, 43.

aussi dans la vallée de Luchon , un savant professeur a cru y reconnaître un monument dédié , comme les deux précédents, à *Alardos* [1]. Nous avons placé l'image de ce troisième autel près de celles des deux précédents [2].

Le nom de ce Dieu a, nous le croyons du moins, échappé au torrent des étymologies ibériennes et celtiques, qui ont souvent altéré les plus pures sources de l'antiquité. Ce nom n'est peut-être autre chose que celui d'une localité, soit de cette partie de la Gaule Aquitanique où ces monuments ont été trouvés, soit de l'une de celles de l'Hispanie, d'où les *Convenes* et les *Onobusates* tiraient leur origine.

En examinant les autels du dieu Arteho, autrefois vénéré dans le vicus d'*Arteta,* on a pu remarquer le peu de bon goût des marbriers des carrières voisines. L'art n'a guère présidé non plus à la sculpture des autels du dieu *Baicorix,* déjà mentionné par nous [3]. Ces monuments [4] retrouvés à une assez grande distance les uns des autres, semblent indiquer que le Génie auquel ils furent consacrés n'était pas seulement vénéré dans une seule localité, mais que son culte ayant existé en divers lieux, il peut être considéré , ainsi qu'Abellion , comme l'une des déités auxquelles une notable portion des Aquitains offrait des hommages et des sacrifices. La terminaison du nom de ce Dieu rappelle , de la façon la plus remarquable , des noms gaulois très connus , tels qu'*Orgetorix,* Dumno*rix,* Vercingeto*rix,*etc. Nous avons cru que l'origine de ce Dieu se rattachait à celle de la race celtique , et que l'Aquitaine ne fut pas, comme on le croit trop généralement aujourd'hui , entièrement séparée du reste de la Gaule par le culte et par le langage.

N'oublions pas, dans l'intérêt de la vérité, que les monu-

[1] *Annuaire de l'Académie des Sciences de Toulouse.*
[2] *Atlas de l'Archéologie Pyrénéenne ,* Pl. VII, nᵒˢ 9, 10, 11.
[3] *Archéologie Pyrénéenne,* II, 155, 156 et suiv. *et Description du Musée des Antiques de Toulouse ,* p. 38, 39.
[4] *Atlas de l'Archéologie Pyr.,* Pl. VII, nᵒˢ 12, 13.

ments de l'Aquitaine nous révèlent des noms de Dieux et des noms de particuliers, dont on ne retrouve point les analogues dans le peu qui nous reste de la vieille Gaule, et que l'on pourrait les attribuer aux peuplades venues d'au-delà des monts à des époques diverses. Un élément étranger à la Gaule, a pu, après la conquête romaine, imposer des dénominations et des cultes ignorés à des populations primitives. Nous avons remarqué [1] que le val de l'*Asto*, près de Saint-Béat, avait pu fournir la première partie du nom d'un Dieu local, dont l'autel a été retrouvé dans cette petite ville. Le Val de *Bassouie* et le *Port*, ou *Col*, du même nom, en auraient en quelque sorte, fourni la preuve dans le nom du dieu *Bascejandos*. Les formes de son autel sont peu remarquables [2]. Les montagnes voisines ont pu être divinisées sous la protection d'un dieu particulier, et il ne fallait point laisser ce monument parmi ceux qui demeureront inédits pendant longtemps encore.

Bascejandos n'est donc pour nous qu'un Dieu local, un de ces génies dont le culte, ne s'étant point étendu au loin, était renfermé dans un seul *Vicus*, ou dans un *Parsan* d'une étendue très restreinte.

Il en fut de même pour le dieu *Baesert* qui a laissé son nom à une petite portion d'un territoire peu éloigné de *Lugdunum Convenarum*. Les ruines d'une vieille chapelle semblent indiquer la place du temple ou du *sacellum* consacré jadis à ce Dieu. C'est à *Huos*, communauté peu éloignée de cette chapelle, et du quartier, ou *parsan*, où elle existe, que nous avons retrouvé l'autel dont on voit ici l'image [3]. Un sanglier est sculpté sur l'une des faces latérales de ce monument, un vase de sacrifices, qui affecte la forme d'une amphore, orne l'autre face. Nous croyons qu'à l'épo-

---

[1] *Archéol. Pyr.* II.
[2] *Atlas de l'Archéologie Pyr.*, Pl. VII, n° 14.
[3] Ibid., Pl. VIII, n° 1.

que où nous écrivons ces lignes[1], on ne connaît point
d'autre monument consacré à ce Dieu.

Si *Baesert* fut évidemment un dieu local, un de ces génies
dont le culte ne s'étendait pas au-delà d'une seule région, il
en fut de même de *Bocc*, ou *Boccou*, dont les autels ont été
découverts dans le lieu de *Bouccou*, enclavé dans cette partie du territoire des *Onobusates*, que l'on nomme la *vallée
de Sauveterre* en *Nébousan*. On pouvait craindre que le
premier de ces autels, indiqué d'abord par Scaliger[2], fût
perdu. Mais le chevalier Rivalz le retrouva, l'acquit, et en
ajouta un autre consacré au même Dieu.[3] Portés au musée
en l'an III, avec les autres objets antiques provenant de la
spoliation de l'Académie des sciences de Toulouse, ils sont
là encore, et ce sont ces deux marbres dont nous offrons ici
l'image. Des vases de sacrifices ornent les deux faces latérales de ces monuments[4].

Ce n'est pas seulement dans nos montagnes, mais dans
le bassin sous-Pyrénéen, que l'on retrouve encore des marques du vieux culte et de l'antique civilisation romaine. Des
statues, de nombreux autels votifs, qui ont échappé à la destruction, viennent encore nous retracer les pensées, les
croyances des peuplades qui ne sont plus. Aussi, c'est en deçà
des monts qui nous séparent de l'Hispanie, qu'a été découvert
le bel autel du dieu *Edelat*[5]. Le champ où il fut retrouvé
conservait, dans sa dénomination, le souvenir de son antique consécration[6]. Ce marbre, qui nous fut donné par M.
V[r] Cazes, fait aujourd'hui partie du musée archéologique
de Toulouse.

---

1 Mai 1861.
2 *Thesaur. inscrip.*
3 Vid. *Différents morceaux antiques que l'on voit à Toulouse, chez M. Rivalz,*
et *Archéologie Pyr.*, II, p. 164, 165.
4 *Atlas de l'Archéologie Pyr.*, Pl. VIII, n°s 3, 4.
5 Ibid.
6 Le champ du Saint (*Ech camp d'ech Sant*).

C'est encore assez loin de nos montagnes que l'on a retrouvé les autels consacrés à la déesse *Lahe*. Nous avons
montré autrefois, combien Millin s'était trompé en lisant
assez mal, à son ordinaire, hélas! l'inscription gravée sur l'un
des monuments consacrés à cette Déesse, monument qui
n'était pas le seul qu'il ait vu à Toulouse. Le nombre des
marbres sur lesquels le nom de *Lahe* se trouve inscrit n'est
encore que de quatre. Le plus ancien connu[1], fait partie aujour-
d'hui de notre collection particulière. Exprimant l'accomplissement d'un vœu pour les empereurs (PRO SALVTE DOMINORVM),
il est orné de vases de sacrifices sur ses faces latérales[2]. Le
second, qui provient du village de Castelnau de Picampeau,
était placé dans l'église, et y servait de bénitier. Il a d'abord
appartenu au chevalier Rivalz[3], puis à l'Académie des sciences
de Toulouse; nous l'avons aussi publié en 1814[4]. Sa conservation est remarquable; de beaux vases de sacrifices sont
sculptés sur ses côtés. Une guirlande de laurier orne la face
postérieure, ce qui semble indiquer que ce monument était
placé d'une manière isolée[5]. On s'aperçoit que sa base, dans
laquelle on a pratiqué une cavité assez profonde, correspond
à une légère ouverture pratiquée sur la face où se trouve
l'inscription. Dans l'état actuel, c'est évidemment une sorte
de tronc, et, si on lui donnait à celui-ci une origine antique
on y trouverait l'indication de la pieuse habitude d'offrir
en secret des dons pour servir aux frais du culte public. Mais
aucune autorité ne venant à l'appui d'une telle explication,
il ne faut voir ici que l'indice de l'usage auquel, dans les derniers temps, on avait consacré ce marbre, qui, renversé,
existait dans l'église de Castelnau; la cavité renfermait l'eau

---

[1] *Remarques d'un Russe sur la Colonie et le Capitole de Toulouse*, p. 6.
[2] *Atlas de l'Archéologie Pyrénéenne*, Pl. VIII, n° 5.
[3] Voyez l'opuscule intitulé: *Différents morceaux antiques que l'on voit à Toulouse, chez M. Rivalz*; in-4°, fig.
[4] *Monuments religieux des Volces-Tectosages*, etc.
[5] *Atlas de l'Arch. Pyrénéenne* Pl. VIII, n° 6.

bénite, et l'ouverture pratiquée sur l'une des faces, servait à évacuer l'eau, alors que l'on voulait renouveler celle qui d'abord y avait été versée.

Nous n'avons point vu le troisième monument consacré à *Lahe*, et trouvé près du village de *Lahas*. La copie de l'inscription, gravée sur sa face principale, nous avait été donnée par le docteur Sengez, médecin habile, ancien maire de Bagnères-de-Luchon, et, depuis, préfet de cette partie de la Catalogne que la politique impériale voulait, vers 1813, réunir à la France. L'autel, brisé en plusieurs morceaux, a servi à la construction du presbytère de Francon. Les faces latérales étaient ornés de très beaux vases que nous avons publiés et dont nous répétons ici la figure [1].

Enfin le quatrième autel connu, dédié à *Lahe*, provient des environs de la petite ville d'Alan, et est conservé aujourd'hui chez M. V^r Cazes, à Saint-Bertrand-de-Comminges [2].

La déesse nommée *Andli* était bien inconnue avant nos recherches [3]. Nous avons publié, en 1814, l'inscription gravée sur sa face principale. Un patère et un préféricule ont été sculptés sur les côtés latéraux de ce monument [4]. conservé aujourd'hui dans la bibliothèque publique du chef-lieu du département de l'Ariège.

Le sol que nous foulons sous nos pas renferme sans doute encore des documents historiques d'un haut intérêt ; les murs des anciens édifices contiennent aussi de précieux monuments, mais le plus souvent ce n'est que le hasard qui rend ces restes à la lumière. Quelques-uns demeurent exposés aux regards pendant plusieurs siècles sans attirer l'attention, sans être recueillis; le temps les détruit, et de vains systèmes remplacent souvent ce qui serait devenu une source d'incontes-

---

[1] *Atlas de l'Archéologie Pyrénéenne*, Pl. VIII, n°⁵ 7, 8.
[2] Ibid. Pl. VIII, n° 9.
[3] *Monuments religieux des Volces-Tectosages, des Garumni, etc.* (1814).
[4] *Atlas*, Pl. VIII, n° 10.

tables vérités. Scaliger, en parcourant la Novempopulanie, n'avait pas vu une notable partie des inscriptions encore apparentes à son époque; Sirmond, qui vint après lui, recueillit quelques textes épigraphiques, et Gruter les fit connaitre; mais il restait beaucoup à faire encore, et nos faibles écrits l'ont prouvé. Sirmond avait trouvé, ou l'on avait recueilli, pour lui, *dans le Comminges,* car il désigne ainsi le pays où furent trouvées deux inscriptions consacrées à un dieu nommé *Leherenn.* Ces monuments ont disparu, mais nous avons découvert à Ardiège, communauté du Nébousan, et siège d'une judicature royale, avant 1790, plusieurs autels votifs sur lesquels on voit l'annonce de vœux adressés à ce génie divin. Mais quel était ce dieu Leherenn que Millin aurait volontiers confondu avec la déesse *Lahe* [1]? Quelques-uns des marbres retrouvés par nous et placés dans le musée de Toulouse, indiquent qu'on le confondait quelquefois avec Mars, ou plutôt que ses attributions étaient les mêmes que celles de l'*Arès* des Grecs ou le Mars des Latins. Si l'auteur de cette découverte mythologique avait habité la capitale, on s'en serait sans doute occupé. Mais la province!!!... Enfin, un jour, on renverse les murs de l'église du village d'Ardiège, on fouille le sol environnant; là se retrouvent un assez grand nombre d'autels et de fragments d'autels. Les inscriptions votives dont ils sont chargés s'adressent presque toutes, à *Leherenn,* et le monde savant est invité à s'en occuper. On établit d'abord que ce Dieu n'était vénéré qu'à Ardiège, car sans chercher à démontrer que les premiers monuments consacrés à *Leherenn* proviennent de ce lieu, on l'affirme, et on en tire la conséquence que ce point du tertoire possédait l'unique sanctuaire où ce Dieu était adoré par les *Onobusates.* On a cru, plus tard que, de ce lieu, le culte de *Leherenn* s'était étendu jusques aux bords du Rhin. Un monument, conservé dans la bibliothèque de Strasbourg, et

---

[1] *Voyage dans les départements du midi de la France,* IV. p. 445.

que nous avons copié, d'après le dessin publié à Paris, a paru être l'image même de ce Dieu [1]. A Toulouse, on a nié le fait.[2] Pour nous, auquel reviendrait l'honneur d'avoir montré que, dans notre vieille Aquitaine, on adorait sous un nom local, et que l'on pourrait croire Celto-Breton, le Mars des Romains, nous avons dû garder le silence et exposer seulement les opinions contraires, car nous n'embrassons aucun système, et nous croyons devoir nous borner à recueillir, à sauver de l'oubli nos vieux monuments, à conserver, pour l'avenir, ces dernières traces de civilisations depuis longtemps éteintes. Nous avons inséré dans notre Atlas [3], la figure de quelques-uns des autels votifs consacrés à *Leherenn*. Mais nous ferons remarquer que ce ne sont pas les seuls marbres antiques découverts à Ardiège; des débris d'urnes sépulcrales et une inscription consacrée à Diane, prouvent qu'il y eut sur ce point, qui touche à la voie romaine d'*Aquæ Tarbellicæ* à *Tolosa*, autre chose qu'un sacellum consacré à *Leherenn* et que l'on y adorait aussi d'autres déités.

Une tête barbue et couronnée de laurier, a été retrouvée lors des fouilles opérées dans le territoire d'Ardiège, pour la construction d'une nouvelle église, et ces fouilles ont produit aussi la découverte d'un torse en marbre blanc; ce torse est, ainsi que la tête que nous venons d'indiquer, d'un style peu remarquable [4]. Les dimensions et le travail de ces objets prouvent qu'ils ont fait partie de deux monuments différents.

On a voulu montrer que les nombreux autels trouvés dans le village d'Ardiège, furent réunis jadis dans un temple, ou sacellum particulier, et nous adopterons volontiers cette opinion. Mais nous ne pouvons croire que ce *Sacellum* ne

---

[1] *Revue Archéologique*. Mémoire écrit par M. Mérimée, aujourd'hui Sénateur.

[2] *Monographie du dieu Leherenn*, par M. Barry, dissertation insérée dans les *Mémoires de l'Académie des Sciences de Toulouse*.

[3] Pl. IX, de n° 1 à n° 7.

[4] *Atlas de l'Arch. Pyr.*, Pl. IX, n°⁵ 8, 9.

fût autre chose qu'une *niche* creusée dans l'une de ces constructions que l'on a le plus grand soin de faire disparaître aujourd'hui, et que l'on retrouvait naguères sur les bords de plusieurs de nos voies antiques [1]; cette circonstance a fait considérer ces sortes d'obélisques, ou de *Piles*, comme des Monuments Itinéraires : nous en avons découvert chez les *Ausci*, chez les *Bigerrones*, chez les *Onobusates* et les *Convenes*. Les habitants de ces contrées les désignent, en général, sous le nom de *Stelou* ou de *Stèle*, et cette dénomination est devenue celle de quelques *Vicus* près desquels ils furent élevés. Ils ont donné aussi ce nom générique à plusieurs lieux où l'on en a retrouvés. Nous en avons recueilli les dessins que nous publions dans l'Atlas qui fait partie de cet ouvrage [2]. Mais la niche creusée dans ces constructions a peu de profondeur, et ne paraît pas propre à contenir des autels. Cette niche, a, ou avait, dans ceux de ces monuments que nous avons dessinés et mesurés, environ cinq mètres de hauteur. Ces monuments sont construits en pierres de très petite dimension ; la niche est ordinairement bâtie en briques. On a trouvé au pied de celle du village de l'Estelle, dans le département de la Haute-Garonne, les débris d'une statue colossale en marbre blanc. Ces débris, recueillis par M. C. de Ledesma, seigneur et baron de Saint-Elix, furent donnés par lui au sculpteur F. Lucas, chez lequel on les voyait encore en 1813. Nous ne croyons pas que les monuments de *Leherenn* aient été placés dans une niche de cette sorte, dont rien n'attestait l'ancienne existence, à Ardiège, au temps où nous avons parcouru toutes les communes du département de la Haute-Garonne, pour y recueillir des objets destinés à former le musée archéologique de Toulouse. Mais il est à croire que ces monuments, très nombreux, furent mis, si ce n'est dans un *sacellum*, dans un temple, dans un lieu consacré, ou, comme à Sost, sur un socle, tel que

[1] *Monuments Religieux*, etc.
[2] *Atlas de l'Archéologie Pyr.*

celui de *las Peyros marmés* [1] ; on y aurait placé en ordre les
monuments du culte de la déité protectrice du *vicus* ou de
la vallée. C'était là, devant ces pierres, qu'en 1823, encore,
on allait prier en tenant une branche d'arbre à la main ,
rameau que l'on jetait en offrande sur ces autels muets ;
car à l'exception d'un ou deux d'entre eux , sur lesquels on
avait tracé des sigles inexplicables sans doute [2], aucun d'eux
n'a accru nos richesses épigraphiques. Là, dans le site le plus
pittoresque , sur une montagne dont les flancs recèlent les
plus beaux marbres statuaires des Pyrénées, loin de toute
habitation, la jeune fille qui gardait habituellement ses troupeaux sur les hauteurs voisines, ou dans les prairies d'Ere-
chéde, le jeune pâtre, qu'une loi rigoureuse enlevait à sa

---

[1] On a dit, on a même imprimé, que le Musée des antiques à Toulouse, est
l'ouvrage de la Société *Archéologique du Midi de la France*. Etant l'un des Fonda-
teurs de cette Académie, qui a rendu et qui rend de notables services à la science,
nous nous permettrons, dans l'intérêt de la vérité, de réclamer contre cette assertion. Cette Société n'a été établie qu'en 1831, ainsi que le porte la médaille
qu'elle a fait frapper. Mais le catalogue du Musée de Toulouse, publié en 1817,
prouve que dès-lors l'auteur de l'*Archéologie Pyrénéenne* avait réuni, dans le grand
cloître du monastère des Augustins, un bon nombre d'autels votifs, et les
débris, les statues, les bas-reliefs, les chapiteaux provenant de la petite église
des Cordeliers (dite chapelle de Rieux), et tout ce qu'il avait pu sauver du cloître
de la cathédrale, démoli par ordre de l'administration, et du magnifique cloître et
des chapelles de N.-D. de la Daurade, abattus aussi par ordre du gouvernement,
en 1812, pour l'établissement de la manufacture impériale des tabacs. La *Notice
des monuments antiques et des objets de sculpture moderne conservés dans le musée de Toulouse* , volume in-8º, de 144 pages, publié en 1828, par le maire de
Toulouse , prouve aussi que l'auteur avait recueilli et fait transporter, dans
le Musée, les sculptures de toute espèce que ses recherches venaient de faire découvrir à Martres. Ce n'est que trois ans plus tard que la Société Archéologique a
été fondée; elle n'a donc pu créer cet établissement...... Ce fut après avoir examiné ce Musée que le savant *Costanzo Gazzera* écrivait, en 1838, ces lignes : Il
Museo (di Tolosa) oltre al racchiudere le preziose vetuste reliquie scoperte sul
luogo ove giaceva l'antica città di *Calagorris* , e le altre di forse maggior prezzo,
quali sono , per cagion d'essempio, la numerosa ed *unica* serie dei Busti degli
Imperatori Romani, che simile non si ritrova in altro museo, non esclusi nep-
pure il Vaticano e Capitolino di Roma..... (vid. *Notizia intorno ai codici manos-
critti di Cose italiane delle publiche Biblioteche del mezzodi della Francia, con un
cenno sulle principali antichità di quella contrada* , p. 67.)

[2] Voyez : *Les Pyrénées,* par le capitaine du génie Chaussenque.

famille, à ses affections les plus chères, allaient prier et
jeter sur *Las Peyros marmès*, la *Branche des suppliants*
comme on le faisait jadis à Athènes. Plus tard les curieux,
les touristes, ont enlevé tous ces monuments d'une piété
qui remontait peut-être jusques aux premiers temps de la
Gaule, et dont, à l'instant même où nous traçons ces lignes,
le souvenir est toujours vivant dans la vallée. Hélas ! je crois
les voir encore, ces jeunes filles, aux traits si purs et si doux, et
aux formes athlétiques, et ces rudes ouvriers de nos carrières,
prier avec ferveur au pied de ces autels comme le faisaient
sans doute, aux temps romains, les habitants du *Vicus* où
Leherenn était adoré. Ceci nous rappelle d'ailleurs les rochers
de *Touts et Flaüts*, où nous avons retrouvé, posé sur le roc
nu, l'un de ces autels que les peuplades pyrénéennes consa-
crèrent aux Montagnes apothéosées et invoquées par eux,
non dans un temple, mais sous la voûte du ciel.

Nous ne savons si la vallée de la Neste posséda des temples, mais il y eut, surtout à *Mons Ergé* ou Monsérié, et à
Hautaget, une masse, une réunion imposante de monuments
religieux qui ont accru notre nomenclature mythologique.
En voyant quelques vases et des figures d'animaux trouvés
dans ce lieu sur le point nommé *Cap del martel*, on pourrait croire qu'il y eut, là en effet, sinon un temple, au
moins une sorte de sacellum.

On nous assure qu'environ soixante autels ont été découverts
à Hautaget et dans les bois de Monsérié; ils attestent qu'à l'é-
poque de la domination romaine, il existait là, non loin des
bords riants de la Neste, un lieu célèbre, une sorte de sanctuaire où l'on venait invoquer un Dieu aquitain, connu sous le
nom d'Ergé. Ce nom est répété sur plusieurs autels qui existent
aujourd'hui à Tarbes [1]. Nous avons fait connaître, peu de
temps après leur découverte [2], ces marbres inscrits qui ont

---

[1] Chez M. Rumeau, receveur des finances.
[2] *Mémoires de l'Académie des Sciences de Toulouse.*

ajouté un nom divin à tant d'autres que l'Aquitaine conserve
et qui forment, à eux seuls, une mythologie particulière. Si les
rites du culte de ces déités nous étaient connus, et si les
hymnes qui furent chantés en leur honneur, étaient parve-
nus jusqu'à nous, comme les *Védas* de l'Inde, comme l'*Edda*
de l'Islande ou de la Scandinavie, une théogonie tout entière nous serait révélée... Mais le silence règne depuis quinze
siècles autour de ces vieux débris, et sans doute il ne
sera jamais interrompu... Nous n'ignorons, pas néanmoins,
que l'on a voulu, et que l'on veut peut-être encore, publier
sous la forme d'une *Cosmogonie,* une sorte d'explication
poétique des monuments nombreux qui existent dans notre
Novempopulanie. Mais si un nouveau Mac-Léan a travaillé
à cette œuvre, si un autre Mac-Pherson en est devenu le
traducteur, les savants sont prévenus et le public ne sera
pas trompé.

Nous donnons ici le dessin des principaux autels votifs
découverts à Hautaget et au bois de Monsérié[1]. On a vu
que la lecture de quelques-unes des inscriptions qui y sont
gravées, offrent des difficultés, que des estampages multipliés n'ont pu faire disparaître[2]. Remarquons que plusieurs de ces monuments, retrouvés sur les bords de la Neste,
sont consacrés à Jupiter et à Mars[3], sans que l'on voie que,
comme pour Leherenn, on ait assimilé Ergé avec les dieux que
nous venons de nommer. De cette circonstance, il faut conclure que le sanctuaire de Hautaget ne fut pas seulement
consacré au dieu local *Ergé;* on a vu qu'il en était de même
à Ardiège (*Suprà.*), puisque l'on y a retrouvé un autel

---

[1] *Atlas de l'Archéologie Pyrénéenne*, Pl. IX.

[2] Ce sont des réductions des dessins, très bien faits, que M. Rumeau voulut
bien nous adresser peu de temps après la découverte de ces marbres inscrits.

[3] Nous possédons plusieurs de ces estampages.

[4] Ces derniers monuments ont dû prendre leur place dans la série de ceux qui
sont relatifs au culte apporté par les Romains, et nous avons publié presque toutes
les inscriptions gravées sur ces différents marbres. Vid. *Histoire et Mémoires de
l'Académie des Sciences de Toulouse.*

consacré à Diane. Sur la face principale de l'un des marbres
d'Hautaget, on a gravé deux fois la lettre D. Ne serait-ce
point les sigles du nom de cette déesse et du mot *Deœ?*
Des autels consacrés à Mars ont aussi été découverts dans
ces mêmes localités ; un autel dédié à Jupiter y fut aussi
retrouvé. Ainsi Hautaget et le bois de Monsérié n'ont
pas seulement été consacrés au culte du Dieu Ergé, mais
aussi à celui de diverses déités helléniques et latines. Nous
avons donné [1] l'image de la plupart de ces monuments,
qui, échappés à seize siècles d'oubli, nous entretiennent des
antiques croyances des possesseurs des rives pittoresques de
la Neste. L'un des monuments provenant d'Hautaget, et que
nous avons représenté ici, a ses faces latérales ornées de vases de sacrifices d'un relief très prononcé. Sur un autre autel
on a sculpté un buste d'homme [2], la face est juvénile. Est-ce
l'image du dieu *Ergé?* Aucune inscription n'a été gravée
sur ce monument, et quelques autres sont de même dépourvus de tout texte épigraphique.

Si l'on n'apprend autre chose, d'après ces derniers autels, que l'existence antique d'un lieu de dévotion, ou d'une
sorte de sanctuaire, existant aux temps Romains, sur les
bords de la Neste, il en sera de même des autels isolés,
élevés au dieu *Alcas*, et au dieu *Illumber*. Un savant ecclésiastique a réclamé pour le premier, si ce n'est une origine
Ruthénoise, du moins une sorte d'acclimatation sur l'un des
plateaux élevés dont la base est arrosée par les flots de l'A-
veyron [3]. Le monument dédié à *Ilhumber*, dont l'adoration
pourrait avoir été apporté de l'Hispanie, a été retrouvé par
nous, il y a longtemps, à Saint-Béat, et est comme le précédent, conservé dans le musée archéologique de Toulouse.
Un savant Ariégeois [4] a cru reconnaître un monument con-

---

[1] *Atlas de l'Archéologie Pyr.*
[2] Ibid.
[3] *Mémoires de la société des Arts, des Sciences et des Lettres de l'Aveyron.*
[4] M. Garrigou; *Etudes historiques.*

sacré à ce Dieu, dans le Peulvan, nommé la *Quillo de Sou-loumbrié;* et il y introduit « *un prêtre* Euske, » ce qui dans un désert éloigné de toute habitation, sauf les *Couïlas* des tribus pastorales, qui ont détruit les forêts de cette partie des pyrénées, offre une mise en scène qui ne manque pas d'une sorte d'intérêt pittoresque.

Nous n'avons point vu l'autel qui, selon M. V^r Cazes, fut consacré au dieu *Ele;* mais nous avons cru devoir publier ici le dessin qu'il avait fait de ce monument[1]. Celui d'un autre génie pyrénéen, *Expercenn*[2], ne nous fait connaître que le nom d'un être mythologique dont les attributs nous sont inconnus et le seront apparemment toujours. Ce fut dans cette haute vallée de Larboust, qui, de col en col, de *montagne* en *montagne*, fait communiquer les Thermes de Luchon avec ceux du *Vicus Aquensis* que nous avons retrouvé deux autels[3] élevés au dieu *Iscitt*, qui n'est connu que par les marbres sauvés par nos soins de la destruction, ou ce qui est à peu près la même chose, de la main des touristes et de ces *Collectionneurs*, qui ont ravi à nos contrées, dans un simple intérêt de curiosité, et quelquefois par spéculation mercantile, une notable portion de ces archives de marbre, qui conservaient, pour nous et pour nos fils, des documents historiques, que rien ne saurait remplacer. Un autre dieu pyrénéen, *Idiat*[4], n'est connu que par un autel retrouvé par M. V^r Cazes. *Xuban* fut adoré chez les *Arebaci*, et c'est dans leur territoire que l'on a découvert le seul autel[5] qui nous ait fait connaître cet habitant de l'Olympe Gaulois. De même deux marbres trouvés chez les *Onobusates*, ont conservé le souvenir d'un Dieu local, dont le nom est *Bocco*, et qui rappelle celui de *Bucconis*, forêt

[1] *Atlas*, Pl. X, n° 1.
[2] Ibid., n° 2.
[3] Même atlas, Pl. n°s 2, 3.
[4] Même atlas, Pl. n° 5.
[5] Ibid., Pl. X, n° 6,

qui s'étendait jusques dans le territoire de Toulouse. A ce
nom qui indique peut-être le lieu d'où le culte de *Bocco* fut
importé, les inscriptions ajoutent celui d'*Harauson*, lieu
ou sanctuaire, on peut le conjecturer, qui existait chez les
possesseurs du *Nébousan,* petite contrée qui avait ses Etats
provinciaux et même sa nationalité particulière. Les monuments qui nous attestent le culte de Boccus sont conservés
dans le musée archéologique de Toulouse, et comme on l'a
vu, leurs formes ne sont pas dépourvues d'élégance. D'autres
monuments du même genre, employés peut-être aujourd'hui
comme simples matériaux, seront retrouvés par la science ;
ils révéleront d'autres noms, adorés autrefois, et dont
l'importance ne saurait être contestée, parce qu'elle nous
fera connaître un grand nombre de faits ignorés aujourd'hui,
et une mythologie qui n'a pas laissé de traces dans l'histoire.
Parmi les monuments qui rappellent, dans nos contrées, les
idées religieuses des Celtes, qui furent aussi celles des
Aquitains, on distingue ceux qui leur furent communs
avec d'autres peuples. Nous avons rapporté l'inscription
publiée, il y a longtemps, et qui est relative aux *Hères,* aux
Dominatrices, aux *Dames* des *Auscii*[1]. Nous avons rapporté
ailleurs le dessin de l'autel en pierre trouvé près de la petite
ville de Grenade[2], sur l'extrême limite des Celtes et des Aquitains. Les Thermes de Luchon, dans le pays des *Garumni,*
enclavé dans celui des *Convenes,* ont donné, lors des fouilles
exécutées par Bayen et Richard, dans ce lieu célèbre à l'époque romaine, un autel conservé à Auch aujourd'hui[3], et dont
l'inscription, mal lue, d'abord, a été rétablie par nous, et
aussi par M. Chaudruc de Crazannes[4] :

NVMINI
MATRVM
RVTAENVS
V.S.L.[5]

1 Nous n'avons point retrouvé ce monument, cité par plusieurs antiquaires.
2 Département de la Haute-Garonne.
3 *Notice sur le cabinet des antiques de la ville d'Auch,* p. 5.
4 « Le mot *Merito* est sous-entendu ou détruit. »
5 *Votum solvit libens....*

C'est-à-dire : *Rutænus a volontairement accompli le vœu qu'il avait fait aux Déesses Mères.* «On a tout dit sur le culte, les attributions des divinités connues sous les diverses dénominations de *Matres, Maires, Matrones, etc.*» On a voulu leur attribuer un monument trouvé lors de la construction du Pont-Canal, à Agen, et dont l'un des inspecteurs des travaux nous fit parvenir, dans le temps, le dessin [1]. Il avait paru à quelques savants que cet autel était dédié aux *Dames,* aux *Matrones* des *Nitiobriges,* comme le monument dédié aux *Hères,* aux *Dominatrices* des Auscitains. Nous ne pouvons d'ailleurs garantir, en aucune façon, le texte gravé sur cet autel, d'une assez belle forme, et dont la hauteur est de 0, 41 c.

MAGLO
MATONIS [2]
ATTO
MA MO
RARIVS
V.S.L.M. [3]

Il ne faut sans doute voir ici que le nom d'une divinité locale.

Nos provinces du Midi, subjuguées les premières par les Romains, ne nous offrent point ces chants confiés à la mémoire, et qui, dans le nord de l'Europe, existent encore. Pour nous, devenus Grecs et Latins, depuis plus de dix-huit siècles, il n'est demeuré que de vagues traditions, et au milieu des monuments de tant de Dieux, aujourd'hui complètement oubliés, qu'un respect transmis d'âge en âge pour les pierres sacrées (*Peyros Escrioutos, Peyros*

---

[1] *Atlas,* Pl. IX, n° 10.

[2] En supposant la lettre R entre le T et l'O de la seconde ligne, on aurait le mot MATrONIS que l'on trouve dans des inscriptions publiées par Spon (*Miscell*), p. 106), par Gruter et autres.

[3] Ne pourrait-on pas lire à la quatrième ligne MArMO ? Alors ATTON, nom connu par d'autres inscriptions de l'Agenais, aurait été un ouvrier, comme il y en avait beaucoup d'autres dans les Pyrénées, un simple marbrier.

Sacrados), qui nous révèlent seulement des noms révérés par nos aïeux. Ces documents qui enrichissent la science épigraphique , retirés presque tous, par nos soins , des mains de peuplades indifférentes , portent une consécration romaine, et elles constituent en quelque sorte une espèce de transition entre les mythes qui régnèrent chez les peuples auxquels nous avons succédé , les traditions des Hellènes, importées sur nos côtes par les colonies grecques , et par celles, qui, guidées par la victoire, dominèrent avec les Césars sur la Narbonnaise et sur la *Novempopulanie.*

Si les savants du dix-septième siècle ont cru , à l'aide du grec, retrouver, dans *Abellion*, le Dieu-Soleil des Aquitains, ils auraient de même assigné une origine hellénique à d'autres déités dont les monuments ont été découverts dans les contrées objets de nos constantes études. La partie inférieure d'un beau vase en terre cuite , trouvée dans les champs de Martres-Tolosanes, leur aurait fourni un de ces noms divins. Sur la partie la plus renflée de ce monument, on remarque une tête juvénile ornée d'un croissant et de sept rayons[1]. On lit au-dessous l'inscription suivante , tracée sans doute avec un ébauchoir, alors que l'argile était molle encore :

HELIOVGMOVNI

DEO

C.SARMVS.C.F

EX VOTO

Le nom d'*Héliougmouni* n'était pas encore connu des archéologues, lorsque nous avons retrouvé ce fragment sur le même sol qui devait plus tard enrichir le Musée de Toulouse. Nous avons dit, en ce temps, que ce nom nous paraissait formé de deux mots grecs réunis et qui décrivent parfaitement l'image qui orne ce vase ; c'est le mot *Helios,*

---

[1] *Monuments religieux des Volces-Tectosages, des Garumni et des Convenes, ou fragments de l'Archéologie Pyrénéenne* (1814), p. 208, 209, 210 ; second volume de l'*Archéologie Pyrénéenne*, tome II, p. 228 et suivantes, et *Atlas*, Pl. X, nº 7

(Ηλιος), *Soleil* et μονος, *monos*, seul. Nous avons déjà remarqué que la langue grecque était très connue chez les Aquitains, et que l'on croyait que le nom d'*Abellion* en était dérivé. Il est donc possible que celui d'*Heliougmouni* vienne de la même source. La figure modelée sur le monument rapporté ici, pourrait montrer d'ailleurs l'exactitude de l'étymologie proposée.

Qu'il nous soit permis de renvoyer ici, relativement à la figure symbolique d'*Heliougmouni*, à ce que nous avons dit ailleurs à ce sujet [1].

En donnant la figure de l'autel de Sir [2], que l'on pourrait croire être aussi un Dieu-Soleil, nous renverrons de même à ce que nous avons dit sur le nom de ce Génie Pyrénéen ; mais nous persévérons dans notre opinion, en ne reconnaissant ici que le monument élevé au génie tutélaire du lieu de *Sir*adan d'où provient cet autel antique.

Le dieu *Teotani*, dont le monument fut retrouvé par l'excellent Thomas Dassieu, avant 1814, a disparu du Musée de Toulouse où nous l'avions placé. Eloi Johanneau voyait ici un Dieu celtique, mais originaire de l'Orient, et, employant en cette occasion sa perspicacité étymologique, il trouvait en *Teotani* [3], un Dieu céleste, emprunté au Sabéisme; il nous suffira de renvoyer aux conjectures de ce savant, sans nous associer à ses idées, évidemment puisées dans le système de Dupuis.

C'est d'après le dessin qui nous a été donné par M. V[r] Cazes, que nous offrons ici les images des deux autels sur lesquels on lit *Ele Deo* [4]. Nous placerons cette déité parmi celles qui n'étaient révérées que dans un seul lieu, mais nous remarquons que la topographie locale des environs de

[1] *Monuments Religieux*, etc., et *Atlas de l'Archéologie Pyrénenne*, Pl. X, n° 8.

[2] *Monuments religieux*, etc. Atlas, Pl. X, n° 9.

[3] *Mémoires de l'Académie Celtique.*

[4] Pl. X. n° 10.

Lugdunum Convenarum ne nous a offert aucun nom qui se rapporte à celui de ce génie divin.

Il n'en est pas de même de l'autel consacré à la déesse *Barsa*[1]. On a vu que le territoire de *Lugdunum Convenarum* avait un quartier qui portait le nom d'*En Barsous*, qui rappelle évidemment celui de la déesse *Barsa (Barcæ Deæ)*.

Une inscription nous a appris qu'un Dieu nommé *Bopienn* était, aux temps romains, adoré non loin de *Lugdunum;* ce fut un particulier, (*Marcus Onsus*, fils de Taurinus), qui consacra l'autel représenté ici[2].

C'est l'auteur de l'*Archéologie Pyrénéenne* qui, le premier, a publié, mais sans avoir vu le marbre lui-même, le monument consacré à un Dieu local, *Isornaus,* découvert à *Izaourt*, près de *Lugdunum*, par M. Cazes[3]. Il faut laisser la responsabilité des indications inexactes, de ce genre, à ceux qui, sans donner le texte même des inscriptions, ont indiqué, comme des Dieux Pyrénéens, *Sosari*, dans le lieu d'Estenos, où nous ne l'avons point retrouvé; *Aplato,* à Luchon; *Ontalian,* à Luscan, nom que l'on a confondu avec celui d'Ontalian, particulier connu par deux inscriptions sépulcrales[4], mais qui a été apothéosé arbitrairement. Il en a été de même dans la vallée d'Aran. On est péniblement affecté en voyant des écrits, très estimables sous d'autres rapports, renfermer de telles erreurs qui devaient être évitées, surtout alors que l'on veut instruire, et les étrangers, qui chaque année visitent nos contrées, et la postérité qui ne saurait se méfier des notions erronées publiées dans les contrées même où s'élèvent les monts qui nous séparent de la Péninsule Hispanique.

Plusieurs monuments découverts dans les départements

[1] Pl. X, n° 11.
[2] Même Pl., n° 12.
[3] Ibid. n° 13.
[4] Gruter *Thesaur. Inscript.*

pyrénéens, offrent un nom, évidemment aquitain ; c'est celui de BELEX. Sur l'un des autels découverts à Monsérié, et, comme on le sait, très frustes, on lit[1] :

```
            ... V
          BELEX ·
          CON  IS
        FIL.V.S.L.M·
```

Sur un autre autel découvert dans le voisinage, à Hautaget, M. Rumeau a lu, et d'autres aussi, une inscription qui, ayant beaucoup souffert, offre encore, dans sa partie supérieure, au-dessus de la corniche, ces mots qui indiquent que le monument a été dédié à *Ergé* (... GE DEO), ce génie divin, dont nous nous sommes déjà occupé, sans pouvoir, il est vrai, indiquer la place qu'il occupait dans le Panthéon Gaulois. Sur le corps même de l'autel l'inscription semble annoncer l'hommage rendu à un autre Dieu Pyrénéen :

```
            ORO
       BELEX·EIVNIS
           TI.Г
        V·S.L.M. ²
```

Ici, comme dans les monuments précédents, on voit, en BELEX, un simple particulier accomplissant un vœu. Sur la face principale d'un autre autel, qui n'a que 0 m. 19 c. de haut, on lit :

```
          BELEX
        SAPAL°NIS
        .....S.L.M. ³
```

Et comme le nom de *Belex* occupe la première ligne, on a transformé ce pieux particulier en un Dieu adoré sur les bords de la Neste, tandis qu'il ne fallait y reconnaître que l'auteur d'un vœu volontairement accompli ; c'est ici qu'un

[1] Pl. XI, n° 1.
[2] Ibid. n° 2.
[3] *Atlas*, n° 3.

Mais ce nom avait-il été bien lu lors de la découverte du marbre sur lequel on l'avait inscrit? L'autel élevé par *Fabia Festa* a disparu, mais d'autres, encore conservés, soit à Bagnères-de-Luchon même, soit dans le musée de Toulouse, nous fournissent une autre leçon, et il paraît qu'il faut lire ILIXON. La première syllabe, ou la racine de ce nom, nous paraît Ibérienne, elle nous rappelle *Ilunnus, Illiberis, Illumber*, etc. Ignorant le lieu où existe aujourd'hui l'autel cité par d'Orbessan, Richard Bayen et autres[1], nous ne pouvons donner ici que le dessin de ceux que l'on conserve à Bagnères et à Toulouse. Un grand nombre de monuments, trouvés dans les ruines des Thermes, sont privés d'inscriptions; quelques autres offrent des textes qui vont bientôt nous occuper, mais qui sont étrangers au culte dont le Dieu Ilixon fut l'objet. Les deux autels que nous rapportons ici, sont d'une forme très simple[2], tandis que quelques-uns, dédiés aux Nymphes de ces sources salutaires, sont remarquables par leurs proportions et leur élégance.

Au point où la vallée de Luchon jette, à l'Est, une branche qui se dirige vers le val d'Aran, d'où sort la *Garumna*, s'élève une chaîne considérable, dont le point le plus avancé porte le nom de *Pic de Gar*, et forme une notable portion de l'enceinte de ce val, considérable d'ailleurs, et qui, par sa position, semble avoir appartenu primitivement à la Gaule; il a fait même partie de la France jusques au xiiime siècle; là se trouve le sanctuaire célèbre de *Nuestra Señora de Montgarri*. C'est à l'entrée de cette contrée,

---

[1] D'Orbessan écrivait, en 1764 : « Le marbre où le nom de Lixon est inscrit, est au pouvoir de M. l'abbé Seguin, chanoine de Chartres, qui avait suivi le Prince de Lambesc dans son voyage. » On nous a dit que cet autel avait, dans la suite, été acquis par M. l'abbé de Tersan, grand-vicaire de l'évêque de Lectoure, qui possédait beaucoup d'autres monuments de nos contrées, et entr'autres les vases en argent découverts à Caubiac, et dont nous donnerons bientôt la gravure.

[2] *Atlas de l'Archéologie Pyrénéenne*. Pl. XI, n° 4.

que nous avons retrouvé les autels d'un Dieu local, *Car*, *Gar*,
ou *Garun*[1]. Ces deux monuments peu remarquables, comme
objets d'art[2], ont beaucoup d'importance comme objets
mythologiques; ils indiquent que le *Pic de Gar* fut divinisé, et qu'on lui adressa des vœux. Ce pic dont les fondements sont battus par les flots rapides du plus beau fleuve
de nos montagnes, avait sans doute donné son nom à la
peuplade que les géographes désignent sous celui de *Ga-*
rumni, peuplade dont la position ne paraît pas mieux être
indiquée ailleurs, et qui s'étendaient sur les deux rives de la
Garumna, tribu qui a dû d'ailleurs appartenir, en partie à la
Celtique, en partie à l'Aquitaine, ainsi que toute cette portion
de la vallée qui, de St-Béat[5], s'étend jusques au confluent
du fleuve avec l'*Onne*, ou la *Pique*, près du village de
Cierp-de-Luchon.

Dans la montagne de *Gar*, quartier de la fontaine de
Vignoles (*Hount de Vignoles*) dans la *Chapelle des Puts*,
(des hauteurs), sur un point très élevé, a été découvert un
autel votif où se trouve inscrit le nom du *Carre* ou *Garre*
qui ne diffère peut-être pas de *Car* ou *Garunius*. Le culte de
ce Dieu Pyrénéen se trouve associé, sur ce marbre, avec
celui de *Diane*, déité protectrice des Montagnes et portant
ici un surnom qui pourrait dériver du mot grec, Ορος, qui
signifie aussi montagne. Voici cette inscription que nous
avons fait connaître il y a longtemps. Ce marbre est conservé
dans la collection de M. Vᵉ Cazes.

DIANÆ
HOROLATI
ET CARRE
DEO NAN
TO:::::SV
V.S.L.M.[4]

[1] Du Mège, *Monuments religieux*, etc. (1814), p. 337. Le même, *Description*
du musée de Toulouse, (1835), p. 39, 40.
[2] *Atlas*, Pl. XI.
[5] Ce *Passus Lupi* du vieux scel de ce lieu, faisait partie de la province de
Languedoc, avec onze autres communautés, bien qu'elles fussent enclavées
dans le diocèse de Comminges.
[4] *Atlas de l'Archéologie Pyrénéenne*, Pl. XI, nᵒ 6.

On a vu [1] que le vénérable marquis de Castellane, l'un de nos regrettables confrères, avait lu le premier mot de l'inscription de l'autel dont nous rapportons ici le dessin :

NARDOSIONI

mais on a dit qu'à ce mot il fallait substituer, ALARDOSTO[2], en retrouvant sous cette forme le nom de ALARDOS, que nous avions indiqué sur deux monuments consacrés à ce Dieu, l'un, assez mal restitué par Millin [3], l'autre, retrouvé par nous. Mais la correction proposée par M. Barry, n'ayant pas encore été adoptée par tous les archéologues, nous nous bornerons au soin de donner ici la figure de l'autel sur lequel on voit cette inscription. Une photographie, faite avec soin, a servi de type à ce dessin ; le monument étant conservé dans le Musée archéologique de Toulouse, on pourra juger, et de l'exactitude de la reproduction, et du mérite de la lecture proposée[4].

Il n'y a aucune incertitude sur l'inscription d'un bel autel circulaire, publiée d'abord par M. Chaudruc de Crazannes[5]. Ce monument, conservé à Urs et transporté de la station d'Ussubium, nous fait connaître *un Dieu de plus*, où l'un de ces génies locaux qui étaient, les uns, protecteurs d'une cité ou d'une contrée, les autres, d'un simple *Vicus* et quelquefois même d'une maison des champs, d'une *villa*. Ainsi, l'un des points de cette partie de l'Aquitaine, attribuée, tantôt aux *Elusates*, tantôt aux *Auscii*, a fourni au musée de Toulouse, le bel autel rapporté ici ; ce fut un particulier, nommé *Titulenus*, qui l'éleva à la déité *Tutèle*,

---

1 *Archéologie Pyrénéenne*, II.

2 M. Barry. *Annuaire de l'Académie de Toulouse*, p. 17, *et suivantes*. — *Un Dieu de moins dans la mythologie des Pyrénées*. M. de Castellane croyait qu'il fallait lire : NARDOSIONI, tAVRVS, SOSIONIS *Filius. Votum Solvit Libens Merito*.

3 *Voyage dans les départements du midi de la France*. IV.

4 *Atlas de l'Archéologie Pyrénéenne*, Pl. XI, nº 7.

5 *Ibid.*, nº 8.

ou au génie du lieu où il habitait sans doute : *Tutelæ loci hujus*.

Le second monument, ayant aussi une consécration pareille, *Tutelæ,* existe à Agen [1]. Ses formes sont communes, et c'est une chose remarquable que le territoire des *Nitiobriges*, ait fourni si peu d'objets dignes de l'attention des archéologues, qui doivent rejeter, avec mépris, les dessins mensongers de Beaumenil, et n'avoir de confiance qu'à ce que nous ont appris à ce sujet, **MM.** de Saint-Amans et de Crazannes.

On a transporté, de Bordeaux à Fronsac, un autre monument du même genre [2], marbre qui, placé aujourd'hui, comme décoration dans un jardin, sera peut-être bientôt détruit sous le ciel brumeux de la contrée.

Ce fut, a-t-on dit, du célèbre temple de Bordeaux, connu dans les derniers temps de son existence, sous le nom de *Piliers de Tutèle*, que l'autel, existant aujourd'hui à Fronsac, avait depuis longtemps été enlevé.

Nous avons rappelé que chaque ville, chaque contrée [3] avait un génie protecteur, une divinité tutélaire, et les inscriptions déjà rapportées, en fournissent la preuve. Bordeaux avait aussi une Divinité tutélaire ; le temple qui lui fut érigé avait survécu à toutes les révolutions religieuses et politiques ; mais tout-à-coup, sous le règne de Louis XIV, on crut que cet admirable reste pourrait nuire à la défense de la forteresse connue jadis sous le nom de *Château-Tropeyte,* et cet édifice disparut ; nous en avons conservé l'image dans l'une des lithographies qui sont jointes aux *Prolégomènes* qui servent d'introduction à ce livre [4].

---

[1] Même planche, n° 9.

[2] Nous donnons ici (même planche, n° 10) le dessin de cet autel qui nous fut envoyé par **M.** l'abbé Dassieu, curé de la paroisse de St-Jean à Tonneins ; c'est le digne fils de cet excellent Thomas Dassieu, de Valcabrère, que nous avons cité plusieurs fois.

[3] Archéol. Pyrén., II, 244.

[4] Atlas des Prolégomènes de l'Archéol. Pyren., Pl. 17.

On a vu que ce fut de cet édifice que fut retiré, à ce que l'on assure, l'autel votif dont nous avons déjà donné le dessin et qui est conservé dans le lieu de Fronsac.

En perdant le magnifique temple de *Tutéle*, la ville de Bordeaux a conservé avec soin l'autel que cette cité avait consacré à Auguste et à sa divinité *Tutélaire*, ou au génie de la ville; nous en avons rapporté l'inscription qui indique d'ailleurs que Bordeaux était le chef-lieu des *Bituriges Vivisques*. Ce monument vénérable devait, nécessairement, faire partie de l'*Atlas* de cet ouvrage [1].

On ne pouvait oublier, non plus, le beau cippe qui supportait, peut-être autrefois, une statue de la Déité protectrice des *Bituriges-Vivisci* et qui, depuis peu d'années, a été découvert à Bordeaux [2].

On a vu que ce monument fut érigé par C. OCTAVIUS VITALIS, en accomplissement d'un vœu, sous le second consulat de Julien, qui avait alors Crispinus pour collègue; le lieu où ce monument s'élevait avait été donné par un décret des Décurions.

Les champs voisins de *Lugdunum Convenarum* ont fourni la partie supérieure d'un autel sur lequel on lit :

TVTELAE
SACRVM [3]

Le temps a sans doute privé nos contrées d'un grand nombre de monuments, analogues aux derniers, qui viennent de nous occuper; mais l'examen de ceux qui existent encore indique, suffisamment, que les peuples dont nous sommes les successeurs, avaient chacun une Déité protectrice ou *Tutélaire;* celle-ci donnait quelquefois son nom au pays où elle était honorée; et quelquefois aussi, le sentiment patriotique aimait à diviniser le lieu que l'on ha-

---

1 *Atlas de l'Archéol. Pyrén.*, Pl. XI, n° 11.
2 *Ibid.*, n° 12.
3 *Archéol. Pyrén.*, II, p. 247. Vid. *Atlas* Pl. XI, n° 13.

bitait, ou l'une des parties les plus remarquables de la contrée. Ainsi, chez les *Convenes*, on déifia le mont *Averan*, et nous avons retrouvé l'un des autels qui lui furent consacrés [1].

Cette adoration de l'une des sommités les plus remarquables de la vieille Aquitaine, nous conduit à l'examen du culte rendu aux Montagnes, culte qui ne fut point particulier à cette partie de la Gaule, mais qui y compta de nombreux et fervents zélateurs.

[1] *Atlas de l'Archéol. Pyrén.* Pl. XII, nº 1.

III.

Monumemts consacrés aux montagnes. Elévations en terre rapportées et que l'on a cru être des images des montagnes adorées par les anciens peuples. Culte des Arbres.

L'observateur attentif, habitant de nos plaines monotones, et qui vient visiter ces parties du globe terrestre que des soulèvements, dont l'époque est inconnue, ont créées, et qui les voit lever majestueusement leurs têtes superbes, comprend bientôt le sentiment qui porta les peuples primitifs à vénérer, et à redouter même ces immenses chaînes de Rochers. S'il est retenu durant quelques jours dans leurs anfractuosités, ou dans leurs pittoresques vallées, s'il atteint leurs vallons de neige, leurs glaciers resplendissants, leurs sommités qui se perdent dans les nues, s'il considère les torrents qui s'en échappent, si le hasard le rend spectateur des avalanches détachées des flancs de ces monts, et qui, roulant avec impétuosité, portent au loin le ravage et la terreur, il comprend aussi que, de tous les sentiments que fait naître l'aspect de ces masses gigantesques, a dû naître le culte qui leur fut rendu. On peut bien, au temps où nous vivons, trouver ce culte étrange, mais si, par la pensée, on remonte vers les anciens jours, on reconnaîtra bientôt que, chez des peuples qu'aucune révélation n'avait éclairés, il était assez naturel d'adresser des hommages et des vœux à ces chaînes de monts qu'entoure une zône de verdure, qu'un hiver éternel couronne de frimats, et dont les cîmes sont souvent frappées par la foudre. La mythologie des Hellènes et des Latins peupla les monts de déités, et l'on sait que, soumis au joug des Césars, les Gaulois unirent l'adoration de ces êtres mythiques à celle des hauts-lieux. Nos ancêtres eurent sans aucun doute, leurs fables pieuses, leurs légendes sacrées, toutes choses qui s'effacèrent graduellement lorsque leur nationalité disparut devant le système religieux et gouvernemental des Romains, et quand le culte apporté par les conquérants, altéra, ou remplaça même, les vieilles croyances druidiques ; alors la série des traditions fut rompue, les chants, qui avaient retenti des bords du Rhin jusques à l'extrémité de la Péninsule Hispanique, furent oubliés de tous, et, après vingt siècles, il ne reste plus de ces temps éloignés, que d'incertains et vagues souvenirs. On ne saurait donc rattacher, à l'époque où nous vivons, les premiers siècles de la Gaule, que par les trop faibles ressources de l'érudition, ou mieux encore, peut-être, par les monuments ; là, seulement, existent les dernières traces de ces époques reculées.

L'un des marbres qui nous rappellent le culte des Montagnes, a été retrouvé, vers 1764, dans les ruines des Thermes de Luchon[1], cet autel votif existe encore aujourd'hui dans la bibliothèque de la ville d'Auch[2].

Construite sur une hauteur escarpée que domine le Sacon, *Lugdunum Convenarum* ne négligea pas le culte des Montagnes, et parmi les marbres antiques qui y existent encore, on trouve, comme nous l'avons dit[3], un autel dédié aux montagnes[4].

[1] *Archéol. Pyrén.* II, 229.
[2] *Atlas de l'Archéologie Pyrén.* Pl. XII, n° 2.
[3] *Archéol. Pyrén.* II, 297.
[4] *Atlas de l'Archéol.*, Pl. XII, n° 3.

Le nom d'un Dieu Pyrénéen, dont la première syllabe
(*Dun*), est celtique, et signifie *élévation, hauteur*, nous
a paru se rattacher aussi au culte des montagnes, et nous
avons placé son image près de celles des autels qui leur furent consacrés [1].

Le président d'Orbessan avait recueilli et publié [2] un autel
dédié aux Montagnes. Ce marbre est placé dans le Musée de
Toulouse. Plus tard [3], d'Orbessan retrouva dans la bourgade de Beaudéan, chez les *Campani*, un autre marbre
consacré aux Montagnes, et en rendant compte de sa
découverte, il s'exprimait ainsi :

« J'ai rapporté dans ma Dissertation sur les bains de Bagnères-de-Luchon, une inscription gravée sur un autel votif
que je possède : cette inscription, dédiée aux Montagnes,
par *Quintus Gamobnus*, était alors unique ; les livres des
antiquaires n'en présentant aucune de consacrée spécialement aux Montagnes. On en a découvert, depuis peu, une
semblable à Beaudéan, près de Bagnères, en Bigorre ; ainsi
que la première, elle est dédiée, *Montibus*, aux Montagnes
apothéosées. Ce mot, clairement énoncé sur cet autel votif,
ne peut laisser aucune équivoque sur son objet ; les caractères qui suivent, dans l'inscription, formaient sans doute le
nom de celui qui la dédiait. Je ne chercherai pas à en fixer
le sens, cet autel porte toutes les marques de la consécration, la patère, le vase dont la forme s'est conservée, malgré
les mutilations survenues aux endroits marqués dans la corniche, et au bas du panneau de ce petit monument ; ce
qui nous donne lieu de penser qu'il fut érigé par un sentiment de gratitude : cet autel a deux pieds et onze pouces de
hauteur, sur un pied deux pouces de largeur. »

Le trop fameux B[d] de Barrère ne connaissait point appa-
ramment le Mémoire du président d'Orbessan, et, voulant se

---

[1] Ibid. , n° 4.
[2] *Mélanges*, tome. II, p.
[3] *Variétés littéraires*, II, phy. 36, 37.

montrer digne du titre de membre de l'Académie des Sciences de Toulouse, société où l'étude des antiquités occupait
plusieurs savants recommandables[1]. Il fit transporter, dans
cette ville, l'autel découvert à Beaudéan, et, plus hardi que
d'Orbessan, qui n'avait lu, avec certitude, que le premier
mot inscrit sur ce marbre *(Montibus)*, il affirmait que l'on
devait y lire, MONTIBVS, DICAVIT CAESAR. Cette leçon ne
fut pas adoptée, comme on doit le penser, par l'Académie
de Toulouse, mais son auteur en fut si content que, bien
longtemps après, échappé aux tempêtes révolutionnaires, il
rappelait le souvenir de ce travail archéologique dans les *Mémoires* qui ont été publiés sous son nom [2]. Montégut avait
été bien loin d'adopter un texte si étrange [3], et il ne voyait
sur ce marbre, après le mot MONTIBVS, que les noms de
quelques montagnes, célèbres sans doute à l'époque romaine,
et l'indication du particulier qui avait élevé cet autel, en
accomplissement d'un vœu, circonstance parfaitement
justifiée d'ailleurs par les sigles V.S.L.M. qui terminent
l'inscription.

Chargé de la conservation de nos monuments, nous avons
vu, et avec peine, qu'à notre insu, on a opéré des estampages multipliés de cette inscription, estampages, qui ont fait
disparaître une notable partie des mots gravés, peu profondément, sur cet autel, et nous avons dû nous rappeler, et
les copies faites, en 1788, par Montégut, et bien plus tard
par nous. Là se trouvait, *très lisiblement,* le mot ACEIONI
ou AGEIONI, connu il y a plus de deux siècles, comme
un nom mythique, par Oheinard [4] et naguères par
nous. Le troisième mot, NETHONI, nous a rappellé le *Pic de
Nethon,* ce sommet, le plus altier des Pyrénées [5], que les habitants de la Péninsule révéraient aux temps de la domina-

[1] D'Aignan d'Orbessan, de Montégut, l'abbé Magi, et quelques autres.
[2] Tome I, p. 220.-223.
[3] *Notice sur un autel antique,* (manuscrit.)
[4] *Not. Utr. Vascon.*
[5] Cette montagne ne fait point partie des Pyrénées françaises.

tion romaine, et qu'ils avaient identifié avec Mars [1]. Ainsi nous croyons que les premières lignes de l'inscription gravée sur ce marbre, doivent être lues, comme on peut les voir, sur la figure de ce monument [2].

MONTIBVS,AG
EONI
NETHONI
::::::::::::::
. . . .
V.S.L.M.

Le culte des Montagnes fut, en Gaule, comme ailleurs, associé à celui des divinités grecques et romaines. Le nom du dieu Sylvain et celui de Diane se trouvent sur le même autel, découvert sur l'*Artigue de Salabre*, hauteur environnée, comme on l'a vu [3], de celles d'*Onéïde*, de *Tous es Flaüts*, de *Cot de Laouet*, de *Nerepugn* et d'*Areign*. Là, avant que ce marbre vînt prendre une place dans le musée archéologique de Toulouse [4], tous les habitants des lieux voisins, tous les bergers qui conduisaient leurs troupeaux dans les vallées voisines, venaient encore, il y a moins de vingt-cinq années, prier et offrir en hommage des branches d'arbres et des fleurs. Cette habitude, qui remontait, sans doute, aux temps antiques, avait, nous le croyons, été sanctifiée au moyen-âge. Des signes, gravés sur cet autel, semblent justifier cette idée, et nous verrons dans un autre chapitre, que ce marbre ne fut pas le seul qui reçut peut-être une consécration chrétienne. Les formes de cet autel sont d'ailleurs peu remarquables [5].

Nous avons fait connaître l'attachement que les popu-

---

[1] *Archéol. Pyrén.* II. Voyez Macrob. *Saturn*, lib. I, c. 19.

[2] *Atlas de l'Archéol. Pyrén.* Pl. XII, n° 5.

[3] *Archéol. Pyrén.* II. Voyez aussi *Monuments religieux des Volces-Tectosages*, des *Garumni*, etc. (1814), par Du Mège, 292, 307, *Atlas*, etc.

[4] Ce fut M. Chaton, horloger, à Saint-Gaudens, qui, d'après la demande de l'auteur de l'*Archéol. Pyrén.*, a procuré la possession de ce marbre au Musée de Toulouse.

[5] *Atlas de l'Archéol. Pyrén.* Pl. XII, n° 6.

lations pyrénéennes montrent encore pour leurs belles
vallées, pour leurs montagnes escarpées, où paissent de nombreux troupeaux. Ainsi seize siècles au moins se sont écoulés, sans affaiblir, dans ces contrées pittoresques, le saint
amour de la patrie.....

Les Montagnes, qui couvrent en partie l'isthme qui sépare
l'Océan de la Méditerranée, possèdent des marbres d'une
grande beauté; les carrières, qui y furent ouvertes autrefois,
ont fourni, sous la domination romaine, et au moyen-âge, les
décorations des temples, puis des cloîtres, des églises.
Placée au centre de cet isthme, et à une médiocre distance des
Pyrénées, la ville de Toulouse renfermait, avant l'année 1790,
de nombreux cloîtres dont les colonnes étaient formées de ces
marbres. Des flancs du Canigo jusques à Louvie-Soubiran,
c'est-à-dire dans presque toute l'étendue de la chaîne, nous
avons vu le marbre blanc se montrer à nos regards, et appeler en quelque sorte le ciseau du statuaire; mais ce
marbre est, en général, peu susceptible de résister à l'influence d'une atmosphère dont l'humidité détruit facilement
ces matériaux précieux. Sous le règne de Louis XIV, une
partie de nos carrières, abandonnées depuis longtemps, fut
remise en valeur. Un avocat[1], originaire de la vallée d'Aure,
tige d'une famille de nobles magistrats qui existe honorable-
ment encore, fut chargé du soin de faire extraire de ces montagnes, pour les palais du grand Roi, une énorme quantité
de blocs de marbre, qui, façonnés habilement, ornent
encore Versailles et Marly, le petit Trianon et le Louvre.
Les carrières de la montagne de Rie, près de la ville
de Saint-Béat, fixèrent surtout l'attention à cette époque.
L'extrême blancheur des marbres, qui en furent ex-
traits, excita l'enthousiasme; mais, bientôt, l'architecte
Félibien signala les défauts qu'il y remarquait, et tandis
que Veyrède, Campan et Sarrancolin fournissaient abon-
damment de beaux marbres de couleur, les carrières de

[1] Le sieur de Lassus.

Rie, jadis exploitées par les Romains, furent en quelque
sorte oubliées; on aurait pu sans doute en extraire des blocs
d'une très forte dimension, mais la difficulté des transports
semblait d'ailleurs apporter un obstacle insurmontable à leur
exportation. On disait cependant, qu'à une époque reculée,
nos carrières avaient fourni, à l'Italie même, des matériaux
pour la capitale de l'empire. Le marbre *Noir-anti-
que*, était très apprécié à Rome, mais les fragments qu'on
en retrouve encore dans la ville éternelle, proviennent-
ils des belles carrières de Moulis [1], chez les *Consorrani?*
nul n'oserait sans doute l'affirmer. Alors que Galabert
conçut le magnifique projet du *Canal des Pyrénées,* on
put espérer que les richesses minérales de nos montagnes seraient facilement transportées dans toute l'Europe. Déjà on
établissait des ateliers de sculpture à Saint-Bertrand-de-
Comminges (l'ancienne *Lugdunum-Convenarum*). A l'extrémité de la vallée de Barousse, les carrières de Sost
recevaient des marques de l'intérêt du gouvernement [2]. Ces
carrières avaient été ouvertes par les Romains, et sous le
règne de Louis XV, l'ingénieur Le Roi les avait de nouveau
rendues aux arts [3].

Les carrières de Rie, près de Saint-Béat, ont fourni une
portion des marbres sur lesquels sont inscrits les noms des
déités protectrices des Pyrénées. D'autres ont été retirés
d'Estadens, de Louvie et d'autres lieux. Il s'était, à ce que
l'on peut croire, établi, aux temps anciens, des ateliers
de sculpture près de ces carrières. Celles de Saint-Béat

[1] Village du département de l'Ariège, arrondissement de Saint-Girons. On a
découvert à Toulouse de belles colonnes formées de ce marbre. L'une d'elles est
placée au milieu du préau du Musée.

[2] De nombreuses commandes furent faites par le ministère, vers 1821, 1823,
à la compagnie qui, sous notre direction, exploitait une notable partie des carrières des Pyrénées.

[3] Vid. *Rapport présenté à la Société pour l'encouragement de l'industrie
nationale*, par M. Hericart de Thury; une médaille d'or fut décernée à l'auteur de l'*Archéologie Pyrénéenne,* par la même Société.

n'avaient, si l'on en juge par les monuments existants, aucun ouvrier habile. Mais ce ne furent pas seulement les marbres saccharoïdes dont l'exploitation eut lieu dans nos montagnes. On retrouve quelquefois à Saint-Bertrand-de-Commingcs, des restes de colonnes en marbre de couleur[1]; les fouilles que nous avons exécutées à Martres-Tolosanes, de 1826 à 1830, ont fourni plusieurs tronçons de colonnes en marbre de Campan, et l'église même de ce lieu renferme quatre belles colonnes antiques formées de cette matière[2]. A Saint-Béat, l'attention fut arrêtée par un rocher immense, connu aujourd'hui sous le nom de *Pene de Saint-Martin*. Ce n'est qu'une *Brèche*, mais remarquable d'ailleurs par la grandeur et la beauté de ses accidents; et comme on n'en a point trouvé de fragments ou de traces dans les édifices du moyen-âge, on a cru que cette carrière, ouverte par les Romains, était abandonnée depuis quinze siècles; de nos jours on en a retiré quatre socles lampadaires qui existent sur l'une des places de Toulouse. Nos recherches ne nous en ont fait retrouver d'autres traces, dans les Pyrénées, qu'un seul tambour de colonne, existant encore, en 1812, au milieu du cloître de Saint-Bertrand, et qui était dans le plus déplorable état de conservation; il a été enlevé depuis de ce lieu où il supportait, jadis, disait-on, une croix. L'église de Marignac, située dans la vallée de la *Garumna,* à une petite distance de Saint-Béat, et de la *Pene de St-Martin*, renfermait encore, en 1814, deux autels votifs, de forte dimension; l'un d'eux était formé de cette Brèche. A peine pouvait-on y lire avec facilité la première ligne de l'inscription gravée sur sa face principale; c'est à M. V[r] Cazes que le musée de Toulouse est redevable de la possession de ces objets antiques. Des estampages multipliés, et une étude suivie, ont fourni d'abord à M. Barry une resti-

[1] *Archéologie Pyrénéenne*, II, 300.
[2] Elles y supportent la voûte de la chapelle de Saint-Vidian.

lution que voici, nouvellement corrigée, et qui a reçu les éloges de l'un des plus savants épigraphistes de notre époque[1].

SILVANO DEO ET
MONTIBVS NIMIDIˢ
Q. IVLIANVS ET PVBLICI
VS CRESCENTIVS QVI PRI
MI HINC COLVMNAS VICE
NARIAS CELAVERVNT ET
EXPORTAVERVNT
V. S. L. M.

C'était alors, et ce serait même aujourd'hui, une entreprise difficile que d'extraire, de cette carrière, et de transporter au loin, des masses aussi pesantes que les colonnes indiquées ici. Il fallait parcourir un assez grand espace entre le *Pujo de Géri*, et le marais nommé l'*Estagnau*, pour atteindre la voie qui, de la basse ville de *Lugdunum*, conduit aux thermes de Luchon, et c'est apparemment à l'aspect des difficultés qui se présentaient, que Q. Julianus et Publicius Crescentius, firent un vœu au dieu Silvain et aux Montagnes apothéosées, vœu qui fut exaucé, et qu'ils acquittèrent, ainsi que l'indique la formule inscrite sur la partie inférieure de l'autel, *Votum Solverunt Libentes merito* [2].

Nos Montagnes avaient des dieux particuliers ainsi que l'indique l'inscription gravée sur l'autel découvert sur l'*Artigue de Salabre*, puisqu'après les mots abrégés : **DIS MONT**, la conjonction **ET**, qui précède les noms de Diane et de Silvain, indique que ces deux dernières déités, étaient adorées aussi comme protectrices des Montagnes ; mais ce n'étaient point les seules divinités qui y furent révérées, et ce n'était, sans doute, que pour se conformer aux idées du sacerdoce romain, qu'on les unit, dans une même adoration, aux génies locaux, aux dieux spéciaux, honorés dans cette immense chaîne, qui s'étend de l'une à l'autre

[1] M. le professeur Henzen, directeur du *Bulletin Archéol. de Rome*.
[2] *Atlas de l'Archéol. Pyrén.* Pl. XII, n° 7.

mer. Mais quels étaient les noms de ces dieux? Ici la science archéologique est trop souvent muette : néanmoins elle offre quelques noms qui se retrouvent encore sur les monuments que nous avons rapportés, et il faut, peut-être, en s'appuyant sur une étymologie grecque, s'arrêter sur le mot ORO, dénomination mythique que l'on voit sur l'un des autels découverts dans les *Hautes-Pyrénées*, et qui pourrait provenir du grec Ορος, *Montagne*. Personne n'ignore que les Nymphes de la suite de Diane, déité dont le culte était uni à celui des Monts, étaient distinguées par le nom d'*Oréades :* on sait que les anciens donnaient le nom de *Montana*, à Diane, et dans un bas-relief découvert à Auch, nous voyons cette déesse courant au milieu des rochers. On vénérait les Dieux des Montagnes, *Montanenses Dii*. Un Dieu particulier, nommé *Montinus*, leur était attribué; Arnobe[1] en parle en ces termes : *Quis Montinus montium deum esse credat ?*

Ces Monts, apothéosés, et devenus l'objet d'un culte solennel, furent peut-être aussi vénérés dans nos plaines, d'où l'on apercevait leurs cimes se dessinant à l'horizon et revêtant en quelque sorte les teintes éthérées de l'immensité déserte des cieux. Il est probable, qu'en deçà des monts qui nous séparent de l'Hispanie, quelques collines remarquables, telles que le Saint-Puy, purent aussi être adorées. Ce seraient les *Hauts-lieux* de la Celtique, et l'on y aurait offert aux Dieux Gaulois les hommages du peuple; mais, pour le prouver, il faudrait retrouver des documents authentiques, et de simples présomptions ne sauraient les remplacer. Sur un grand nombre de points de l'Aquitaine et de la province Narbonnaise, on remarque des hauteurs factices, dont l'objet monumental, peut, nous le savons, être contesté ; les unes doivent être considérées comme de simples *Tumuli ;* d'autres, qu'environnent tantôt un fossé large et profond, tantôt une enceinte de

[1] *Advers. Cont. Gent.*

pierres, plus ou moins élevées, pourraient être regardées, soit comme des autels, soit comme des sanctuaires sacrés, d'où la multitude devait toujours être éloignée. On peut être incertain sur l'origine de ces monceaux de terres rapportées que l'on trouve chez les *Lauracenses*, et que l'on y désigne encore sous le nom d'Autels de Sacrifices [1], mais la plupart de ces vastes amas de terres, ne sont que des sépultures antiques; c'est dans cette catégorie qu'il faut placer les *Tombelles*, et les *Barows*; mais parmi ces élévations, dûes à la main des hommes, il faut aussi distinguer les buttes qui servaient à l'établissement des fortifications et des postes militaires, sous la domination romaine, et dont nous nous occuperons dans la suite. Il faut, d'ailleurs, ne pas oublier que, durant le moyen-âge, un assez grand nombre de ces élévations factices (nommées en général *mottes*), reçurent des constructions féodales, et que plusieurs d'entr'elles nous offrent encore des débris de châteaux existants à cette époque. On peut croire cependant qu'alors qu'il existe, au sommet de l'une de ces élévations une pierre debout, ou *Peulvan*, ce point a été consacré par le culte d'une divinité gauloise, dont ce *Peulvan* était le symbole ou le simulacre; mais que l'on ait considéré ces hauteurs, façonnées par la main des hommes, comme représentant les Montagnes divinisées, nous ne saurions le penser, car ces images ne pouvaient être que très imparfaites, et ne pas offrir aux regards tout ce qui se rattachait au culte de la Nature. Les torrents, les sources bienfaisantes, qui s'échappent des flancs de nos montagnes, ne pouvaient être représentés, par l'art, dans ces monceaux, et quelques plantes chétives, ne pouvaient y rappeler les bois qui recouvraient les déclivités des monts pyrénéens.

Les forêts furent adorées, et nous avons ailleurs fait connaître le culte dont elles étaient l'objet. Elles furent

---

[1] *Aolitas de sacrificis.*

considérées comme l'asile de plusieurs divinités, et la
crainte écartait les profanes de ces lieux révérés; la coignée
en respectait les ombrages sacrés et les *Tribus pastorales*,
comme on les nomme aujourd'hui [1], n'y portaient point la destruction en y conduisant de rares et maigres troupeaux. Nous
avons fait connaître [2] le culte rendu aux arbres par les nations antiques; nous avons rappelé que chaque temple était
environné d'un bois sacré. En étudiant les *Cartes*, dites *de
Cassini*, et encore mieux les *Cartes du Cadastre*, on voit
qu'un grand nombre de points géographiques ont conservé
dans le nom de *Luc* qui les distingue, le souvenir des bois
où les peuples allaient adorer les dieux de la Celtique et
de l'Aquitaine. Nous avons montré [3] que l'adoration
des arbres fut très répandue en Gaule. Dans le premier
livre de ses Capitulaires, Charlemagne dit : « S'il se trouve
dans une paroisse des infidèles qui allument des flambeaux,
et qui rendent un service religieux aux Arbres, aux Fontaines et aux Pierres, le curé qui négligera de corriger
cet abus doit savoir qu'il se rend coupable de sacrilège. »
« Vous vous êtes rendus, est-il dit, dans un des Canons recueillis par l'évêque de Worms, vous vous êtes rendus à
une Fontaine, à un Carrefour, sous un Arbre, ou devant
une Pierre, et là, par vénération pour ce lieu, vous avez
allumé un flambeau. » Le concile d'Arles, tenu l'an 452,
porte, can. 23 : « Si dans la juridiction d'un évêque, des
infidèles allument des torches, ou rendent un culte aux
Arbres, aux Fontaines et aux Pierres, et que l'évêque néglige
de détruire ces objets d'idolâtrie, qu'il sache qu'il est coupable de sacrilège; si le Seigneur, ou l'ordonnateur de ces
pratiques ne veut pas y renoncer après avoir été averti,
qu'il soit privé de la communion. »

Le concile assemblé à Nantes, en 658, s'élève contre le

---

[1] M. Garrigou, *Etudes historiques sur le pays de Foix.*
[2] *Archéologie Pyrénéenne*, II.
[3] *Monuments religieux des Volces-Tectosages, des Garumni, etc,*

culte rendu à des chênes et à des Pierres. Ces objets d'idolâtrie étaient placés dans des forêts épaisses, et dans des
lieux couverts de ruines. « Le concile ordonne d'arracher ces
arbres et de les brûler ; de déterrer les Pierres et de les placer dans des endroits inconnus, afin qu'elles ne puissent être
retrouvées par leurs adorateurs. »

Saint Eloi, évêque de Noyon, conjurait son peuple de ne
point faire passer le bétail par un Arbre Creux ; il le priait
de ne point aller aux Fontaines, ni aux Arbres, ni aux chemins, ni de mettre en usage les Phylactères. « C'est par une
suite du culte rendu aux Arbres, que, dans quelques parties de la France, le peuple croit encore que l'on peut se con-
fesser au pied d'un chêne, faute de prêtre, et qu'on suspend
encore des offrandes à un vieux chêne sur la montagne de
Chaumon, près de Beauvais ; usage bien ancien, dit M. Johanneau, puisque Phryxus suspendit de même à un chêne
la dépouille du Bélier dans un bois consacré. »

Nous avons souvent rappelé combien le culte des forêts et
même celui de chaque arbre était en honneur chez les peuples des temps antiques ; nous avons cité à ce sujet plusieurs
textes remarquables. Il ne fut donc point particulier aux Gaulois. Suivant le mythe d'Erésichton, raconté par Callimaque [1],
les Pelasges avaient consacré, à Dotium, un bois planté d'arbres touffus, et où le jour ne pénétrait qu'avec peine. Mais Erésichton, fils infortuné de Triopas, conçoit le projet insensé de
porter le ravage dans ce saint asile. Suivi de vingt esclaves
armés de haches tranchantes, il s'avance ; là s'élevait un
peuplier immense ; frappé le premier, il annonce en gémis-
sant la destruction de la forêt. Cérès l'entend, et sous les
traits de Nicippe, sa prêtresse, elle demande à Erésichton de
ne point profaner ce Bocage. L'insensé ne répond que par
des menaces ; mais la punition n'est point retardée. Il voulait, disait-il, bâtir un palais pour y rassembler ses amis

[1] Hymn., III, de vers 1 à vers 68.

dans de somptueux festins... Némésis écrivit ce blasphème, et le coupable fut livré aux tourments de la faim... Ovide [1] a, lui aussi, raconté cette ancienne légende. Il décrit, comme le poète grec, la forêt sacrée de Cérès ; comme lui, il parle de l'arbre frappé d'abord par Erésichton. Cet arbre touchait aux astres,

αἰθέρι κῦρον

Ovide dit que lui seul était une forêt :

Una nemus.....

Suivant Callimaque au temps où le soleil brille au plus haut des cieux, l'ombre du peuplier sacré favorisait les jeux des Nymphes des bois.

Ovide montre un chêne, orné de guirlandes et de ban-delettes, couvert de pieuses offrandes et annonçant le pouvoir de la Déesse :

.... *vittæ mediam, memoresque tabellæ,*
Sertaque cingebant, voti argumenta potentis.

On sait avec quel art le Tasse [2] a imité Callimaque et Ovide, alors qu'il a décrit la forêt où les chrétiens venaient chercher les matériaux destinés à former les machines qui devaient battre les murs de la Sainte Cité.

L'Aquitaine nous a fourni, comme nous l'avons dit dans le second volume de cet ouvrage, quelques exemples du culte rendu aux Arbres. D'Orbessan [3] a, le premier, fait connaître un marbre sur lequel est inscrit un vœu fait à six arbres (**SEX ARBORI**), et Millin s'est occupé de ce monu-ment [4]. Ce savant ne voyait d'ailleurs dans les six grands végétaux indiqués dans l'inscription, qu'un bouquet d'arbres vénérés par l'auteur du vœu [5].

---

[1] *Métamorph.*
[2] *Gerusal. Lib.* XVIII.
[3] *Mélanges littéraires,* etc.
[4] *Voyage dans les départements du Midi,* IV.
[5] *Ibid.*

Nos recherches ont prouvé que la réunion de ces Six Arbres était regardée comme constituant un seul Dieu, (SEX AR-BORI DEO). Les deux beaux autels où se trouve inscrite cette formule, ont passé, de nos collections particulières, dans le Musée archéologique de Toulouse ; rien n'indique dans les inscriptions, déjà rapportées, la nature ou l'essence de ces arbres ; mais nous avons acquis la certitude que l'un de ceux qui furent révérés dans la *Novempopulanie* était le Hêtre.

Un autel trouvé aussi par nous, non loin de la ville de St-Béat, il y a longtemps[1], ouvre la série des vœux adressés à cette sorte d'arbres ; trois autels conservés, aujourd'hui dans le château de Tibyran, montrent que ce culte s'est étendu, de la rive gauche de la *Garumna*, jusqu'au côté droit de la vallée que la Neste arrose de ses flots rapides[2]. L'on peut croire que le chêne, le pin, et quelques autres arbres furent aussi vénérés par les Aquitains.

Les mythographes ont écrit longuement, sur le respect que les anciens professaient pour les arbres, pour les arbrisseaux et quelquefois pour de simples plantes. On sait qu'ils avaient mis les forêts sous la garde des Dryades et que chaque arbre avait sa nymphe particulière, son Hamadryade ; les poètes ont profité de cette croyance, et Callimaque, Ovide et quelques autres, nous ont laissé à ce sujet des vers toujours admirés. Le Tasse en a profité dans son poème immortel. Personne n'ignore que l'on consacra des Arbres à des hommes même. Qui n'a pas lu la délicieuse Idyle de Théocrite, dans laquelle les filles de Sparte chantent le Palmier d'Hélène ? L'histoire nous entretient du Cornouiller de Romulus, sur le mont Palatin ; c'est là que se trouvait aussi le *Figuier Ruminal* sous lequel Rémus et Romulus furent allaités par une louve. On révérait surtout les arbres remarquables par l'étendue de l'ombre qu'ils projetaient sur la terre ; on y at-

[1] *Monuments religieux* (1814).
[2] *Atlas de l'Archéologie Pyrénéenne*, Pl. XII. nᵒˢ 8, 9, 10, 11.

tachait des tablettes votives et des couronnes; Ovide [1] a dit
à ce sujet.

Stabat in his ingens annoso robore quercus,
Una nemus : vittæ mediam, memoresque tabellæ,
Sertaque cingebant, voti argumenta potentis.

Le Pin était l'arbre de Cybèle, le Hêtre particulièrement
honoré chez les *Convœnes* et chez les *Bigerrones,* était consacré à Jupiter, ainsi que le Chêne, etc; mais quelles étaient
les essences forestières les plus en honneur chez les Gaulois ?
On pourrait créer à ce sujet plusieurs systèmes ; nous n'essaie-
rons point de le faire. Les monuments pyrénéens, souvent
grossiers dans leurs formes, nous donnent peu d'indications
à ce sujet ; mais ces marbres antiques nous apprennent que
l'adoration des Arbres était généralement répandue dans nos
contrées ; on a vu déjà des autels, chargés de textes épigraphiques, nous attester, avec des circonstances particulières,
cette vérité ; d'ailleurs beaucoup de monuments, dépourvus
d'inscriptions, nous offrent des images d'Arbres, et ces objets
sont sans doute des marques de l'adoration de ces grands
végétaux ; nous avons cru devoir rapporter le dessin de quelques-uns de ces autels [2]. Plusieurs sont conservés dans le
Musée de Toulouse ; ils furent recueillis par nous, dans les
vallées d'Ossau, de la Neste et de Luchon ; ils sont peu remarquables sans doute par leurs formes, et par l'art qui
a présidé à leur confection ; on en connaît deux autres, l'un
est dans le cabinet de M. Cazes à St-Bertrand ; un très petit
autel, trouvé à Loures, existe à St-Gaudens, dans le cabinet
de M. Morel, notaire, membre distingué de la société archéologique.

L'image d'un arbre est sculptée aussi sur de très petits
autels provenant, l'un du village d'Argut-Dessus, l'autre de
celui de Mont-de-Galier. Ces objets sont conservés encore à
Toulouse dans le cabinet de notre regrettable et savant ami

[1] *Metamorph.* VIII, a décrit comme on l'a vu l'un de ces arbres sacrés.
[2] *Atlas de l'Archéol. Pyr.*, Pl. XII, nᵒˢ 12, 13, 14, 15, 16, 17. etc.

le colonel d'Etat major Dupuy [1]. Les images sculptées sur ces
autels sont grossières, sans doute, et ne peuvent que confirmer ce que nous avons avancé sur l'adoration des Arbres
dans nos provinces pyrénéennes. Au reste la Gaule entière,
même sous la domination des Romains, révérait les Arbres.
Quelquefois nos aïeux croyaient y retrouver l'image de leurs
plus puissantes déités. L'histoire ecclésiastique donne à cet
égard de curieux détails. Vienne des Allobroges, possédait
un Arbre dans lequel les habitants de cette ville adoraient
Cent Dieux à la fois. Saint Sévère fit abattre cet Arbre sacré,
et, plus tard, on grava près du lieu qu'il ombrageait, cette
inscription commémorative :

ARBOREM DIVOS SEVERVS
EVERTIT CENTVM DEORVM [2].

Nous avons déjà dit que les arbrisseaux et les plantes
furent aussi l'objet d'une sorte de culte. Le *Selago* et le
Samolum, cueillis en pratiquant des cérémonies superstitieuses, étaient des plantes placées sous la protection des
Dieux, et on leur attribuait des propriétés presque merveilleuses, ainsi qu'à la Verveine *(Verbena),* dont le nom, suivant
Johanneau [3], vient du Celto-Breton *Bar*, en construction
Var, branche, rameau, et *pen* en construction *Ben*, tête.» Ainsi
Verveine signifie *Herbe de la tête;* les anciens en décoraient
leur front, et particulièrement les ambassadeurs, les hé-
rauts de paix, qui marchaient vers l'ennemi, la tête ceinte
de verveine et une branche de cette plante sacrée à la main.
Verbena tempora vincti, dit Virgile; elle s'appelle encore,
en Celto-Breton, *Varlen,* de *Var*, pour *Bar*, branche, rameau,
et de *Glan*, en construction *lan*, pur, saint, très saint : c'est
donc l'herbe sainte, *le Saint rameau* ; aussi Virgile nous

---

[1] Voir la note A, à la fin de ce volume.
[2] *Tableau des provinc. de France* t. 2, p. 107. *Joan à Bosco. Vienn. antiq.* p. 4.
[3] *Monuments Celtiques* p. 332.

apprend-t-il qu'on le faisait brûler sur les autels en l'honneur des Dieux [1] :

> Cinge hæc altaria vittâ......
> Verbenasque adole Pingues et mascula tura.

Mais, comme nous l'avons dit, ces Herbes vénérées, ces saintes branches, n'étaient pas l'objet d'une vénération pareille à celle qu'inspirait le *Gui de chêne*, ce rameau d'or des Gaulois. Cueilli au milieu d'une pompe nationale, et religieuse, cet arbrisseau parasite était, en quelque sorte, le *Palladium* de la Confédération Celtique. On a prétendu qu'on l'avait représenté sur plusieurs des plus anciens monuments de notre patrie. Un orateur a dit que, dans ses recherches, «La Tour d'Auvergne avait vu le *Gui de Chêne* gravé sur des granits déchus de leur antique importance» ; mais nous ne l'avons point retrouvé sur nos *peulvans*, sur nos *menhirs*, sur les *dolmens* qui existent en grand nombre dans les contrées que nous avons parcourues. Peut-être, cependant, faut-il reconnaître l'image de cet arbrisseau sacré, sur quelques marbres qui ne remontent qu'à l'époque de la domination romaine. Plusieurs autels, de très petites dimensions, ont, à diverses époques, été découverts dans les vallées des *Onobusates*, des *Convenes*, des *Garumni* et des *Bigeronnes*. Sur la face principale des ces monuments, dépourvus d'inscriptions, on a sculpté un vase d'où s'échappe une feuille ou un arbrisseau, dont la partie supérieure est en forme de pointe assez aigüe ; l'un d'eux provient des environs de Bagnères-de-Luchon ; un autre a été déposé par nous dans le musée de Toulouse[2]. Nous n'insisterons pas sur cette attribution ; nous ferons remarquer, néanmoins, qu'une image, à peu près semblable, orne la face principale d'un autel découvert par nous dans la chapelle ruinée du *Pujo de Gery*, autel votif sur lequel nous avons lu le nom du Dieu

---

[1] *Bucol. Ecl.* VIII. 64.
[2] *Atlas de l'Archéologie Pyrénéenne*, Pl. XIII, n° 1.

ETEIOI, déjà mentionné par nous. Si nos conjectures sur ces derniers autels étaient adoptées, si l'on y retrouvait des traces des vieilles et saintes croyances de la Gaule, encore libre, nous terminerions ces recherches sur nos monuments celtiques en montrant combien furent persistantes les traditions, les superstitions même du grand peuple qui occupait cette partie de l'Europe que nous possédons aujourd'hui. On a cru, pendant longtemps, que l'on ne pouvait y retrouver que des traces de la domination romaine ; des savants ont à ce sujet, soutenu un système déplorable. On a essayé d'infirmer nos recherches à cet égard ; des écrivains, estimables d'ailleurs, n'ont voulu voir dans le midi de la France que les marques de la puissance des Césars ; puis, passionnés pour une architecture, importée au treizième siècle, ils ont rejeté tout ce qui tendait à nous rendre les plus anciens monuments de nos pères. De longues recherches, encouragées par de nombreux amis, ont montré, nous osons l'espérer, que le Sud-Ouest de la Gaule est encore couvert de monuments antérieurs à la conquête, et que l'Armorique elle-même n'était pas plus riche en ce genre. Des contrées où habitaient les *Bituriges-Vivisci* jusques au-delà des étangs des Volces, *(Stagna Volcarum)*, et des bords du *Tichis* jusqu'à ceux de l'Adour, nous avons montré que des *Peulvans*, des *Dolmens*, des *Roches mouvantes*, existaient encore ; et, par les soins d'un habile professeur, [1] les *Monuments Celtiques* de la belle vallée d'Ossau sont venus accroître, depuis peu, notre certitude en ce genre.

On a nié d'abord, pour nos contrées, l'existence de ces monuments que l'on nomme *Celtiques* ou *Druidiques*, puis, alors que des observations faites avec soin, ont démontré que l'on en retrouvait un grand nombre même dans l'Aquitaine primitive, ou dans la Novempopulanie, on a dit que du moins il n'y existait point de *Pierres Oscillantes*, ou

[1] M. Couaraze, de Laa.

Branlantes, pour nous servir ici de la dénomination la plus usitée. C'est, a-t-on dit, que l'on devrait en retrouver *partout où la dureté des matériaux* assurait l'existence de leur fonction oscillante; mais on a ajouté que c'est là justement ce qui n'existe pas.... Cependant, si les archéologues les plus instruits, anciens ou modernes, en indiquent dans des contrées granitiques, il en est dans d'autres où le sol est calcaire. Ce genre de monuments est placé au premier rang par les écrivains qui, depuis M. de Caumont, ont publié des *Éléments* et des *Manuels d'Archéologie*. On a objecté que l'on ne voit point de rocs oscillatoires dans des lieux où l'on a cru reconnaître des sanctuaires de la religion druidique; mais là il ne faut peut-être attribuer l'absence de ces objets qu'à la facilité de les renverser et d'en employer les débris à des constructions modernes; il est possible que quelques roches éboulées, ou roulées, aient été confondues avec des monuments élevés par les Gaulois nos aïeux; mais le plus grand nombre ne doit cette faculté *oscillatoire* qu'à l'art avec lequel elles furent posées en équilibre. On a vu[1] que Cambry, qui écrivait à Paris, a dit[2] : « Dans les Pyrénées on trouve une *pierre mobile*; si vous la mettez en mouvement, le peuple croit qu'aussitôt se forment des foudres, des tonnerres et des pluies. » Nous n'avons point retrouvé cette pierre, ou, du moins, les traditions qui lui étaient attachées ont disparu; mais, aucentre du pays des *Bigerronnès*, existe encore aujourd'hui une pierre oscillatoire qui a donné son nom à la contrée où elle est placée.

Au-delà du remarquable château, propriété du comte de Roquette-Buisson, s'étend la petite ville d'Argelès; plus loin sont les restes pittoresques du castel de *Vieuzac* qui donnait le titre de baron au fameux B[d]. de Barrère. La partie inférieure des hauteurs où existent ces ruines est limitée par la route impériale. En face, à l'angle formé par la jonction

[1] *Arch. Pyr*, II, 67.
[2] *Monuments Celtiques*. 200.

de deux vallées, est un quartier que recouvraient jadis de profondes forêts; on lui donne le nom de *Balandraou*. Cette dénomination provient d'un énorme bloc *oscillatoire*, placé sur le sommet d'un autre rocher, et auquel les bergers se plaisent à donner un mouvement de va et vient très marqué. On le désigne sous le nom roman de *Balandraou*[1] et l'on peut s'étonner que tant de gens d'esprit qui ont publié des *Statistiques*, des *Itinéraires*, des *Voyages*, dans les Hautes-Pyrénées, aient négligé ce vieux monument de l'Aquitaine primitive, placé de manière à être remarqué par tous ceux qui viennent visiter cette partie de nos montagnes.

Notre Mythologie, déjà très riche, doit offrir aux recherches, et pendant longtemps encore, de nouveaux noms, de nouvelles richesses épigraphiques. Un génie pyrénéen, (*Sutugion*), oublié depuis bien des siècles, vient de nous être révélé. Ce nom est gravé sur un autel votif encastré dans le mur de l'église de Saint-Plancard[2]. Sur la face principale de ce monument on lit :

> SUTUGIO
> GEREX-CALV. F
> ....
> V........

Ce marbre a beaucoup souffert[3]. Sa base ne subsiste plus. Des volutes terminées par des Mascarons assez mal sculptés, s'appuyaient sur la corniche, détruite aujourd'hui, une guirlande orne la face principale, et renfermait la formule ordinaire *Votum solvit libens meritò;* on peut le conjecturer en remarquant la lettre V qui semble commencer la ligne inscrite dans cette guirlande.

Les grands simulacres vénérés avant la conquête, et une partie des nombreux autels consacrés à des divinités gauloises et Ibériennes, ont offert à nos regards toute une mythologie inconnue. On a retrouvé les dieux, les génies protecteurs

---

1 *Qui se balance.*
2 Indication fournie par M. Vʳ Cazes.
3 *Atlas de l'Arch. Pyr.* Pl. XII, nᵒ 20.

de nos pères... Recherchons maintenant les divers monuments qui rappellent parmi nous le culte des Hellènes et des Latins, et ceux qui sont relatifs à la domination des Césars dans la première Narbonnaise et dans la *Novempopulanie.* Ces monuments sont nombreux ; ils feront voir quelle fut la civilisation de ces contrées ; l'on verra aussi que les colonies helléniques avaient répandu dans ces régions l'amour des lettres et des arts, et qu'ainsi que Justin l'a dit [1], on pouvait affirmer que ce n'était point la Grèce qui était passée dans cette partie des Gaules , mais que c'était plutôt celle-ci qui avait passé dans la Grèce.

Des savants, qui n'ont guère étendu leurs recherches que dans les étroites limites de leur canton , ou de leur département , ont avancé que les Monts Pyrénéens et notre vieille Aquitaine n'offraient aucun de ces monuments en pierres brutes que l'on nomme *Celtiques,* et ils nous ont, quelquefois, adressé des reproches sur notre persistance à reconnaître, dans cette immense chaîne de Monts, une foule de ces objets qui y attestent la présence d'un peuple ayant les mêmes coutumes , les mêmes habitudes que les habitants de l'Armorique. Nos assertions, disait-on , n'étaient que des fantaisies d'antiquaire, que des paradoxes plus ou moins ingénieux ; et voilà qu'aujourd'hui ces paradoxes sont d'incontestables vérités. Chaque jour des explorations consciencieuses viennent à l'appui de nos assertions. Les vallées les plus éloignées de Toulouse nous offrent des monuments semblables à ceux de la Bretagne et de l'Angleterre ; et il nous a été possible de montrer que , partout, les Gaulois ont laissé des traces, en quelque sorte ineffaçables, de leurs croyances et de leurs habitudes.

Après avoir combattu pendant trente années pour la vérité , il nous a été donné de voir nos idées confirmées par des découvertes qui prouvent que nous ne nous étions pas

[1] Lib. XLIII, C. 4.

abusé. Le val d'Ossau a présenté, dans ses sites pittoresques, de nombreuses traces des peuplades gauloises qui l'ont habité. Là sont des *Trilithes*, ou *Lichaven*, et aussi des *Dolmens*, antiques sépultures des héros celtes, morts dans cette contrée, trop peu connue, trop peu visitée[1]. La Montagne de Beost y conserve encore quelques autres monuments celtiques. Ainsi l'influence gauloise, trop peu appréciée par les écrivains Hellènes et Latins, et niée par quelques auteurs modernes, se montre encore dans nos monuments pyrénéens, et si l'ami de la Tour d'Auvergne et d'Eloi Johanneau (Le Brigant) eut tort de faire graver sur son cachet, relativement à la langue de nos pères, *celticâ negatâ, negatur orbis*, on peut dire que l'on s'élève contre l'évidence, contre la vérité historique, en plaçant, aux temps primitifs de la Gaule, un autre peuple que les Celtes dans les monts qui nous séparent de la Péninsule Hispanique.

[1] M. Couaraze de Laa a reconnu, naguère, un *dolmen* sur la route d'Urdos en Espagne, non loin du pont jeté près du fort; quatre autres monuments de ce genre existent près d'Arudy; l'un est au quartier de Lamiza. Deux *Trilithes*, dont l'un imposant par ses dimensions, se montrent encore dans le quartier de Houza, à l'ouest d'Arudy; un autre est sur la route d'Arudy à Oloron, dans le lieu nommé Archoeche : ce sont d'antiques et irrécusables témoins de la présence des Celtes dans l'Aquitaine.

IV.

CULTE DES DIEUX GRECS ET ROMAINS DANS LA PROVINCE, OU
PREMIÈRE NARBONNAISE, ET DANS L'AQUITAINE, OU NOVEM-
POPULANIE ; MONUMENT REPRÉSENTANT JANUS ; AUTELS
CONSACRÉS A LA MÈRE DES DIEUX ; TAUROBOLES CÉLÉBRÉS
DANS CES DEUX PARTIES DE LA GAULE.

Quelques poèmes, de savants traités, des dissertations
nombreuses sur l'origine et la nature des Dieux de l'antiquité, surchargent les rayons de nos bibliothèques, et cependant des voiles épais couvrent encore la Théogonie des
Hellènes et des Latins. Aux temps antiques même, les
hommes sages ne voyaient que les personnifications de quelques parties de l'univers, ou des fantômes allégoriques, dans
les êtres divins qui recevaient les hommages des peuples.
Aux époques reculées où vivaient Homère et Hésiode, les
récits mythologiques, déjà fortement altérés peut-être, mais
revêtus de formes poétiques et parés de tous les charmes de
l'imagination, n'étaient, pour tous les esprits distingués,
que des fables plus ou moins heureusement conçues. L'auteur de la *Théogonie* s'écriait alors : « Heureux le mortel
que les Muses protègent ! la persuasion est sur ses lèvres,
les grâces du langage embellissent ses chants. — Venez,
filles de Jupiter ! inspirez-moi des hymnes dignes des Immortels. Dites-moi quels sont les Dieux nés de la Terre, du
Ciel, de la Nuit ou des Eaux Apprenez-moi comment, et la

Terre, et les Fleuves, et la Mer orageuse, et le Ciel, et les Astres, furent les premiers Dieux ; dites-moi comment sont venues ensuite les Intelligences bienfaisantes qui répandent sur la terre les richesses de la nature ; comment les diverses portions de la puissance furent partagées entr'elles, et en quels temps ces suprêmes Intelligences ont choisi leurs demeures sur les hauteurs de l'Olympe. O Muses, qui habitez les cieux depuis la naissance des choses, apprenez-nous ce secret ; dites-nous quel a été le Premier de tous [1]. »

Après cette invocation, Hésiode, inspiré par les filles de Jupiter, dit [2] que le Chaos fut avant tout ; qu'ensuite apparut la Terre, séjour tranquille des Immortels qui habitent les sommets de l'Olympe; que le ténébreux Tartare s'ouvrit ensuite et qu'enfin parut l'Amour, le plus beau des Dieux. Il ajoute que « du *Chaos* naquirent, et l'Erèbe, et la Nuit, et que de l'union de ceux-ci sortirent le Jour et la clarté ; que Ghé, ou la Terre, produisit d'abord le Ciel parsemé d'étoiles ; qu'elle enfanta les hautes montagnes où se plaisent à errer les Nymphes des forêts... Qu'unie au Ciel, ou à Uranus, elle fit naître l'Océan et ses gouffres profonds, Cœus, Créus, Hypérion, Rhéa, Thémis, Mnémosyne, Phœbé à la couronne d'or... Qu'elle enfanta aussi les Cyclopes terribles, qui ont donné le tonnerre à Jupiter et qui ont forgé ses foudres redoutables. » Les hymnes attribués à Orphée [3], et qui nous paraissent supposés, mais qui, selon Dupuis [4], contiennent la plus ancienne théologie des Grecs, sont adressés, à la Nature en général, et en particulier au Soleil, à la Lune, au Ciel, à l'Ether, aux Etoiles, au Jour, à la Nuit, à l'Aurore, aux Saisons, à la Terre, à l'Océan, au Feu et aux Vents, qui furent adorés dans notre Aquitaine ainsi que dans la Narbonnaise. Mais de ces croyances vagues, il ne res-

---

[1] *Théogonie.* V. 95 à 115.
[2] Ibid. V, 116 à 460.
[3] *Poet. Græc.*
[4] *Relig. univer.*

sort aucune doctrine constante et fixe de religion ; on rencontre d'ailleurs, à des époques bien plus rapprochées de nous, les savants qui établissent, dans leurs ouvrages, des systèmes qui ne sont que des explications ou des commentaires des croyances générales, et qui en sapent les fondements, en voulant les faire connaître. Des contradictions remarquables existent dans les écrits des anciens sur les Dieux qu'ils invoquaient. Ainsi, dans l'un des prétendus hymnes d'Orphée, on montre Rhéa comme mère du Ciel ; et, dans un autre, le poète dit que le Ciel est le père de cette déesse. Des mythologues modernes ont remarqué, d'après Strabon [1], que Rhéa ayant été révérée sous un grand nombre de noms, a été transformée en autant de divinités particulières qu'elle eut de noms en divers lieux. Berecynthe, Rhée, la *Mère des Dieux, la grande Déesse, la Mère Idéenne*, Pessinuntia, Cybèle. En vain, aux siècles de Périclès et d'Auguste, la critique put exercer un empire absolu, on n'en a pas plus connu les sources du Polythéisme, les origines de l'adoration des Êtres, prétendus divins, qui furent l'objet d'un culte public, ou secret, et qui eurent des temples et des autels. Il n'y eut point de croyance générale fondée sur des dogmes arrêtés, et telle fut peut-être la cause de l'institution de ces *Saints Mystères,* longtemps cachés à la multitude, de ces *Initiations,* dans lesquelles on proclamait, disait-on, des vérités ineffables, et où la vraie lumière éclairait l'intelligence des néophytes. Il ne fallait point rendre vulgaires les révélations qui leur étaient faites, et cependant il en est qui ont été connues et qui n'ont pas contribué à raffermir le système qui donnait un grand pouvoir aux pontifes et aux augures. Il en résulta, pour les hautes classes, une indifférence raisonnée, qui n'attaquait point les formes extérieures du culte, qui respectait en apparence les rites sacrés, mais qui ne croyait plus qu'aux jouissances des sens et qui ne

[1] *Géograph.*

cherchait que les moyens de les accroître et de les prolonger.

Quelque soit le mérite des mythologues anciens et modernes, on peut affirmer que le code religieux des Gaulois est à peu près inconnu, et que, sans doute, il le sera toujours. Nous avons rapporté quelques-unes des *Triades* des Bardes de l'Île de Bretagne, mais il aurait fallu en prouver l'authenticité. Dans notre héroïque Gaule, limitée ainsi que l'indique le héros qui en fit la conquête, nous retrouvons, presque partout, des monuments en pierres brutes, qui, de même que ceux qui ont été mentionnés par les livres saints, n'ont pas été souillés par le fer. Mais ces Pierres, élevées en monuments, appartiennent-elles aux Gaulois, ou bien à des hordes nomades, inconnues à l'histoire, et qui auraient précédé nos pères dans cette vaste étendue qui, des rives du Rhin, se prolongeait jusques aux Alpes, jusques aux Pyrénées, et peut-être jusques à l'extrémité méridionale de la Péninsule, où l'on en remarquait encore des restes au temps où Strabon écrivait sa Géographie? C'est ce que l'on pourrait conjecturer, mais ce que l'on doit se garder d'affirmer. On niait, il y a peu d'années encore, l'existence de ces monuments étranges dans notre Aquitaine primitive, sur nos monts et dans la Gaule Narbonnaise. Nous avons prouvé le contraire, et grâce aux recherches de quelques-uns de nos honorables amis [1], on les retrouve aujourd'hui, des rives de l'Adour, jusques aux vallées qui dominent et le Canigo, et les hauteurs de Puig-Prigue, et celles de Puig-Valador. Mais ces blocs informes, érigés en monuments (*positi sunt in monumentum*), faut-il, ainsi que tous les modernes, les attribuer aux Celtes, ou à ces hordes inconnues, comme nous le disions tout à l'heure? faut-il adopter les noms sous lesquels les Gaulois de l'Armorique les désignent encore?

---

[1] MM. Chaussenque, Jaubert de Reart, Ve Cazes, Garrigou, Couaraze de Laa, abbé Cérès, Valadier, etc., etc.

Faut-il reconnaître en eux ces nombreux *Simulacres* mentionnés par César [1], en se rappelant que, selon Pausanias,
les dieux des Hellènes ne furent d'abord représentés que
par des Pierres non sculptées? Nous donnons, comme on l'a
vu dans l'Atlas de ce livre, le dessin de ces monuments, méconnus par de prétendus savants, mais vénérés encore par des
populations où les vieux souvenirs se sont transmis d'âge en
âge. Ainsi les premières planches de notre *Atlas* ont dû être
consacrées à ces monuments et précéder ceux des divinités
indigènes, qui, eux-mêmes, devaient paraître avant les marbres rappelant le culte imposé par les vainqueurs, qui
substituèrent de nouvelles croyances aux peuplades, jusques
alors fidèles aux enseignements druidiques.

Si l'on croyait que les *Mystères des Bardes de l'île de
Bretagne* [2] sont authentiques, et qu'ils conservent, dans leur
pureté, les enseignements des Druides, il en résulterait que
nos ancêtres auraient reconnu l'unité divine, en lui attribuant
diverses qualités qui en étaient des émanations directes.
Mais les monuments et les témoignages des anciens auteurs,
loin d'être explicites à cet égard, nous montrent, au contraire,
toute une Mythologie Gauloise, différente, par les noms, par
les rites, de celle des Romains. Un écrivain, mort depuis
quelques années, disait, avec beaucoup de raison [3], que « l'on
s'est jeté dans mille erreurs différentes pour vouloir nous
donner des explications suivies de toute la mythologie. Chacun y a découvert, ajoute-t-il, ce que son génie particulier
et le plan de ses études l'ont porté à y chercher... Le physi-
cien y trouve, par allégorie, les mystères de la nature ; le
politique, les raffinements de la sagesse des gouvernements ;
le philosophe, la morale la plus belle ; l'alchimiste même, les
secrets de son art. Enfin, chacun a regardé les fables comme
un pays à conquérir, où il a cru avoir le droit de faire des ir-

[1] *De Bello Gall.*. III.
[2] *Arch. Pyrén.*
[3] Mongez: *Dictionn. d'Antiq.* IV. 226.

ruptions conformes à son goût et à ses intérêts. » De nos jours,
on a voulu rapporter toutes les religions au Sabéisme ou
au culte des astres. On a dit [1] qu'il faisait le fond de la religion des Indiens, des Egyptiens, des Grecs, des Romains ;
on a prétendu que les idoles étaient des images des constellations ; que l'on s'adressait aux astres, etc. Mais si l'on conçoit, en l'absence de toute révélation, un peuple enfant,
adorant les objets les plus éclatants , le Soleil, répandant
la lumière et la fécondité , la Lune, parcourant en silence
l'immensité des cieux, les constellations répandues dans
l'espace , si ces objets excitèrent l'admiration, s'ils furent
l'objet d'un culte quelconque, celui-ci dut être pendant
longtemps grossier , sans cérémonies et sans rites. Les
observations et la théorie du lever et du coucher des astres
et le passage du soleil dans les divers signes , a pu donner
naissance à des romans devenus, assez tard, des mystères
sacrés ; ce qui a fait dire à un auteur français , essayant
de prouver que les anciens révéraient les Etoiles comme des
génies et des agents de l'âme universelle, dépositaires d'une
portion de la force motrice de l'univers : « ils ont dû la chan-
ter, lui offrir des sacrifices et des louanges. » On trouve dans
plusieurs écrivains des traces et même des preuves de cette
religion primitive , traduite pour les masses , auxquelles
il fallait une adoration matérielle, des légendes poétiques,
des fables et des allégories dont on ne put pénétrer le
sens, ni découvrir les absurdités. Alors on inventa pour
le vulgaire une Cosmogonie, et, partant, une généalogie
des Dieux. Hésiode se chargea de ce dernier soin pour les
Hellènes ; mais le commencement même de sa Théogonie
n'étant qu'une invocation aux Muses [2], devait rendre sus-

---

[1] Dupuis; *Origine de tous les cultes*. III.

[2] Μουσάων Ἑλικωνιάδων ἀρχώμεθ' ἀείδειν,
αἵθ' Ἑλικῶνος ἔχουσιν ὄρος μέγα τε ζάθεόν τε,
καί τε περὶ κρήνην ἰοει δέα πόσσ' ἁπαλοῖσιν
ορχεῦνται και βωμὸν ἐρισθενέος Κρονίωνος·

pects les faits qu'il allait raconter ; et nul ne pouvait prendre
au sérieux la série successive des êtres divins , exposée
par lui en vers, que l'on trouve beaux, même après avoir lu
ceux d'Homère. D'ailleurs son système théogonique a été in-
firmé par ceux d'Hérodote, de Diodore de Sicile et de quelques autres écrivains grecs. Les Latins ont eu des idées
qui se rapprochaient aussi de celles de leurs prédécesseurs
en ce genre d'étude. Cicéron, Varron , Virgile , Ovide ,
Horace, et quelques autres, montrent dans leurs livres, ou
dans leurs vers, qu'il n'y avait pas une doctrine constante
sur la nature de tous les Dieux. Macrobe [1] a avancé un système qui aurait ramené à l'unité du Grand Être, en faisant
soutenir par Avienus que tous les Dieux se rapportaient au
Soleil (*omnes Deos referri ad solem.*) Il applique cette
définition d'abord à Apollon et à Dionysus ; il rapporte
qu'Orphée, voulant définir le Soleil, a voulu montrer que
celui-ci était le Dieu unique, changeant, et de noms, et de formes, selon les époques et les saisons [2].

Le peuple gaulois s'occupait fort peu sans doute des
vaines explications des philosophes. Il lui fallait une
croyance, et il ne discutait point, surtout aux premiers temps
de sa soumission au culte Helléno - Latin importé par les

καί τε λοεσσάμεναι τέρενα χρόα Περμησσοῖο,
ἠ᾽Ἴππου κρήνης, μ᾽Ολμειοῦ ζαθέοιο
ἀκρατάτω Ἑλικῶνι χοροὺς ἐνεποιήσαντο,
καλοὺς, ἱμεροεντας· ἐπερρωσαντο δὲ ποσσίν.
Ἔνθεν ἀπορνύμεναι, κεκαλυμμέναι ἠεριπολλῆ.....

[1] *Saturn.*

[2]
Τῆλων αἰθέρα, δῖον, ᾽ακίνητον πρὶν ἐόντα,
᾽Εξανέφηνε θεοῖς ὥραν κάλλιστον ἰδέσθαι,
Ὃν δή νῦν καλέουσι φάνητά τε καὶ Διόνυσον,
Εὐβουλῆά τ᾽ ἄνακτα, καὶ ἀνταύγην ἀρίδηλον·
Ἄλλοι δ᾽ ἄλλο καλοῦσιν ἐπιχθονίων ἀνθρώπων
Πρῶτος δ᾽ ἐς φάος ἦλθε, Διόνυσος δ᾽ἐπεκλήθη,
Οὕνεκα δινεῖται κατ᾽ ἀπείρονα μακρὸν Ὄλυμπον
᾽Αλλαχθεὶς δ᾽ὄνομ᾽ ἔσχε, προσωνυμίας τε ἔκαστον
Παντοδαπὰς κατὰ καιρὸν, ἀμειβομένοιο χρόνοιο.

conquérants. Les prêtres, les augures ne se livraient point à des discussions théologiques ; et, en adoptant ce grand nombre d'êtres divins qu'adoraient la Grèce et l'Italie, ils n'examinaient point leurs origines impossibles, leurs mythes, toujours absurdes, et dans lesquels les savants ne voyaient, les uns, que de sublimes allégories, les autres que la personnification des astres et des allusions aux mouvements des corps célestes. Les ministres du culte imposé à la Gaule avaient établi plusieurs catégories parmi les Génies qu'ils supposaient présider aux événements qui changent la face des États et les destinées des particuliers. Il y eut les Dieux du Ciel, les Dieux de la Terre, les Dieux de la Mer et les Dieux des Enfers, et une foule d'autres ; ce qui faisait dire à Quartilla, comme nous l'avons déjà rapporté, d'après Tite-Live : *Notre patrie a tant de Divinités qui l'honorent de leur présence, que l'on y trouverait plutôt un Dieu qu'un homme.* On a divisé les Dieux en deux grandes classes : les uns furent nommés *Deos Majorum Gentium*, et les autres *Deos Minorum Gentium.* Les premiers sont ceux qu'Ovide [1] appelle *Nobiles et Potentes;* ceux de la seconde sont compris par ce poète sous le nom de *Plebs.* Presque tous les mythologues comptent, dans la première, douze êtres divins : *Neptunus, Mars, Mercurius, Vulcanus, Apollo, Jupiter, Juno, Minerva, Ceres, Vesta, Diana, Venus.*

Suivant quelques-uns, la première classe se composait de *Deos Consentes et Electos.* Les *Consentes* étaient les douze que nous venons de nommer ; les élus, ou *Selecti*, étaient au nombre de huit. Nous rapporterons les noms de tous ces Génies; nous allons les retrouver en partie dans la Narbonnaise et dans l'Aquitaine primitive, ou telle que César en avait in-

1 *Metamorph.* I.

.... *Dextrâ lævâque Deorum*
Atria nobilium valuis celebrantur apertis :
Plebs habitat diversa locis ; à fronte potentes
Cælicolæ, clarique suos posuere penates.

diqué les limites, et nous donnerons successivement les monuments qui furent élevés à une partie d'entr'eux. L'absence actuelle de marbres ou d'images qui auraient rappelé le culte de quelques-uns, ne prouverait pas qu'ils ne furent point adorés dans ces deux vastes parties de la Gaule, mais seulement que les monuments qui leur furent consacrés n'existent plus.

En rapportant ici les divers monuments Helléno-Latins que renferment nos contrées, ou que l'on y a retrouvés autrefois, nous allons retracer toute une époque religieuse où l'on n'aperçoit plus que de légères traces de notre vieille nationalité et des rites druidiques. Cependant, les premiers temps du moyen-âge et même des traditions, parvenues jusqu'à nous, bien que vagues et défigurées par des légendes modernes, rappellent à l'érudit, au savant laborieux, les siècles qui ont précédé la conquête. Mais il fallait se hâter de dessiner les *Simulacres* en pierres brutes, révérés par nos plus lointains aïeux, et qui disparaissent chaque jour sous le poids du temps et les efforts de l'ignorance ; il fallait ne point négliger le culte local, l'adoration des Génies particuliers de chaque contrée, adoration qui, bien qu'exprimée en langue latine, semble appartenir à des siècles antérieurs à la domination romaine et avoir été continuée sous celle-ci. Après avoir retrouvé ainsi dans la Narbonnaise et dans l'Aquitaine, ce que, dans l'Armorique, noble patrie des aïeux de notre sainte mère, on nomme, en langue celtique, des *Peulvans*, des *Menhirs*, nous en avons donné les images [1], et ces dessins se rapportent à une portion des pages du second volume de l'*Archéologie Pyrénéenne*. Nous avons d'ailleurs cru y retrouver des monuments pareils à ceux que Pausanias désigne dans ses écrits, alors qu'il nous apprend que la Grèce honora autrefois des *Simulacres* en pierres brutes. « C'était, dit-il, l'usage chez tous les Grecs

[1] *Suprà*, et *Atlas de l'Archéol. Pyrénéenne.*

de rendre des hommages divins à des pierres non travaillées, qui alors tenaient lieu de statues[1]. » Ainsi, pour nous, la pierre de Malves, non loin de Carcassonne, celle de Vieux, dans l'Albigeois ; la pierre de Crechets, dans la vallée de Barousse ; celle de Miech-Aran, dans la vallée où la *Garumna* prend sa source ; celle de Souloumbrié dans cette province que l'on nomme le département de l'Ariège, et une foule d'autres, ne sont que des *Simulacres,* des représentations informes des Dieux vénérés par les premières tribus qui ont habité nos contrées[2]. Nos pierres *oscillantes* qui, selon le peuple, s'ébranlent sous l'impulsion la plus légère et même au souffle des vents, et que nous retrouvons partout[3], sont aussi les premiers monuments de ces époques reculées, monuments que nos historiens ont méconnu et à l'aide desquels ils auraient pu restituer les pages perdues de l'histoire de la Gaule antique. De nouveaux écrivains, qui ne recherchent que la vérité, qui repoussent les origines prétendues, les étymologies hasardées, les excentricités romantiques ou aventureuses, verront, dans ces vieux simulacres, les plus anciens monuments religieux des contrées pyrénéennes. Ces objets et les autels consacrés aux Divinités locales ont dû ainsi s'offrir dans nos recherches, et dans l'*Atlas* de cet ouvrage, avant les autels et les images des Dieux grecs et romains, imposés aux peuples conquis.

Le premier de ces monuments aurait indiqué, parmi nous, le culte de Janus, génie que Dupuis nomme, d'après Macrobe, le *Père des Dieux*. Selon Montégut[4], il fut trouvé dans les ruines de l'église de la Daurade, à Toulouse. Nous n'avons point vu ce monument demeuré inédit, et peut-être

[1] *Achaïq.*
[2] *Archéol. Pyrén.* II.
[3] *Ibid.*
[4] *Histoire et Mémoires de l'Académie des Sciences de Toulouse.* 1re série, format in-4o, tome I.

perdu. Macrobe [1], qui s'est occupé particuliérement de cet immortel, rapporte que, selon Xénon [2], Janus fut le premier qui éleva en Italie des temples aux Dieux, et qui institua des rites sacrés, ce qui lui procura l'honneur d'être invoqué au commencement de tous les sacrifices.... On prétendit aussi, en abandonnant cette idée qui le classait seulement au nombre des hommes, que Janus était à la fois le même qu'Apollon et Diane, ces deux divinités étant voilées sous un seul nom. « D'autres, ajoute Macrobe, ont voulu prouver que Janus était le soleil, et qu'on lui donnait deux visages, parce que les deux portes du ciel étaient soumises à son pouvoir, et qu'il ouvre le jour, en se levant, et le ferme en se couchant... » Gavius Bassus, dans son *Livre des Dieux,* disait qu'on représentait Janus avec deux faces, comme étant le portier du ciel et de l'enfer. Il était célébré dans les très anciens chants des Saliens comme le Dieu des Dieux (*Deorum Deus.*) Marcus Messala, collègue, dans le consulat, de Cn. Domitius, et qui fut augure pendant cinquante-cinq années, disait, en parlant de Janus : « Celui qui a créé toutes choses et qui les gouverne, lui seul, a combiné ensemble l'eau et la terre, pesantes par elles-mêmes, et dont l'impulsion les précipite vers la partie inférieure, avec l'air et le feu, substances légères et qui s'échappent vers la partie supérieure, dont la pression puissante a uni ensemble ces deux forces contraires. » Macrobe ajoute : « Dans nos saintes cérémonies, nous invoquons *Janus-Geminus,* ou à deux faces, Janus Père, Janus *Consivius*, Janus *Quirinus*, Janus *Patulcius* et *Clavisius*. On lui donne le nom de Père, comme étant le Dieu des Dieux ; sous celui de *Junonius,* comme présidant non-seulement au commencement de janvier, mais encore au commencement de tous les mois dont les calendes sont dédiées à Junon. *In sacris quoque invocamus Janum Geminum, Janum*

[1] *Saturnal.* I. 9.
[2] *Italicon.* I.

Patrem, Janum Junonium... Patrem, quasi Deorum Deum; Junonium, quasi non solum mensis Januarii, sed omnium mensium ingressus tenentem. In ditione autem Junonis sunt omnes kalendæ. »

Nous n'avons retrouvé qu'un seul monument représentant Janus[1] ; il est en marbre blanc et d'un assez mauvais travail. Il existait, lorsque nous l'avons dessiné, à Trouvat, ou Troubat, dans la vallée de Barousse, et servait à la décoration de la fontaine de ce village, sur la rive droite de l'Ousse. On donnait le nom de Janus à une étoile placée près des pieds de la Vierge céleste ; cette étoile se levait à minuit, au solstice d'hiver, et semblait ainsi ouvrir la nouvelle année. Janus présidait aux portes du ciel : *Præsideo foribus cæli, cum mitibus horis : inde vocor Janus,* et il en tenait les clefs, ainsi que le disent Ovide[2] et Macrobe[3]. Selon Varron[4], douze autels, symboles des douze mois, étaient érigés près de ce Dieu : *Jano aras duodecim pro totidem mensibus dedicatas.* On plaçait quelquefois aussi, près de ce dieu, un autel quadrangulaire pour désigner les quatre saisons de l'année, et c'était pour indiquer la même chose que ses images eurent quelquefois quatre faces différentes. Mais comme il paraît impossible de présenter ces quatre figures dans un dessin, plusieurs peintures, qui datent des treizième, quatorzième et quinzième siècles, donnent seulement trois visages à Janus : l'un de face et les autres en profil[5]. Des vers très anciens, que l'on chantait encore dans les vallées des *Consoranni,* il y a peu d'années encore, mentionnent les *trois* visages de Janus :

---

1 *Monuments Religieux, et Atlas de l'Arch. Pyr.* Pl. XIII, nº 1.

2 *Fast.* I.

       Ille tenens dextrâ baculum, clavemque sinistrâ.

3 *Loc. Cit.*

4 *De Ling. Lat,*

5 Et entr'autres dans un beau Missel conservé dans la bibliothèque publique de Toulouse.

Hech mes de Gé
Tres caros hé.

Nous avons publié le marbre découvert à Trouval dans nos *Monuments Religieux*, il y a bien longtemps, et nous le donnons de nouveau dans l'*Atlas de l'Archéologie Pyrénéenne*.

Nous aurions pu sans doute nous borner à indiquer ou à rapporter dans ce livre les diverses inscriptions antiques de nos contrées ; mais si ces monuments sont les vrais documents de notre histoire primitive, il fallait écrire celle-ci, et c'est surtout en faisant connaître le culte des peuples qui nous ont précédés; et comment aurions-nous pu le faire si nous n'avions point donné l'explication de ces divers objets vénérés par les peuples , passant successivement de l'adoration des dieux de la Celtique à celle des dieux grecs et romains? Recueillir seulement des inscriptions, c'eût été se borner au simple rôle de copiste, ou de compilateur.

Les monuments qui rappellent le souvenir du culte de Cybèle, ou de la Mère des Dieux dans l'Aquitaine et dans la Narbonnaise sont nombreux et ont même une assez grande importance historique.

Varron[1] reconnaît pour premiers et seuls Dieux, sous différents noms : le Ciel et la Terre, appelés, en Egypte, Sérapis et Isis ; en Italie, Saturne et Ops (nom que portait aussi la Mère des Dieux ; Saturne, *à satu*, parce qu'il est, disait-on, l'auteur et la semence de tout, et Ops, *ab opere*, parce que la Terre fournit la matière de tous les travaux entrepris pa les hommes pour soutenir leur vie , de là le nom de Mère donné à Ops et à la Terre..... *Principes Dei Cœlum et Terra. Hi Dei idem qui Ægypti Serapis et Isis... quare quod cœlum principium, ab satu est dictus Saturnus... Terra Ops, quod hic omne opus et hac opus ad vivendum ; et ideo dicitur Ops, Mater, quod Terra Mater.*

---

[1] *De Lingua Latina.*

Jupiter et Junon, d'après le même auteur, étaient d'autres dénominations du Ciel et de la Terre. L'ancien nom de Jupiter, qui était *Dies Piter*, signifiait *le Père du Jour;* Junon, *à Juvando*, sa sœur et son épouse, était la Terre. Celle-ci, Ops, Berecynthie, ou Rhée, à laquelle une inscription grecque [1] donne le titre de *Mère commune des Dieux et des Hommes*, fut principalement honorée sous les noms de Cybèle, de Grande Mère (*Magna Mater*), et de Mère des Dieux (*Deorum Mater.*) Suivant Lucrèce [2], on a donné à cette Déesse les noms brillants de *Mère des Dieux,* de Nourrice des hommes et des animaux, parce qu'elle contient les sources des fleuves qui vont renouveler les flots des vastes mers, parce qu'elle renferme les éléments des feux qui brûlent dans les régions souterraines, et aussi les flammes que l'Etna vomit dans sa fureur ; enfin, parce qu'elle recèle dans son sein fécond les germes des fruits qu'elle offre à l'homme et des pâturages dont elle nourrit les hôtes des montagnes.

On a vu que Varron croyait que la Mère des Dieux était la même qu'Isis, ou la Nature. Cette opinion, qui fut celle d'une notable portion des hommes instruits, est confirmée par le discours qu'Apulée met dans la bouche de la Nature en lui faisant dire qu'elle est, à elle seule, toutes les Déesses.

« Je suis la Nature, Mère des choses, Maîtresse des Eléments, le commencement des siècles, la Souveraine des Dieux, la Reine des mânes, la première des natures célestes, la face uniforme des Dieux et des Déesses. Je régis la sublimité

---

1 Cette inscription en six vers grecs a été traduite de la manière suivante:

 Cunctorum Cybele genitrici, hominumque, Deumque
  Excelsoque, Atti, quem nihil orbe latet,
 Qui facit ut pura celebremus mente quotannis,
  Crioboli festos Taurobolique dies,
 Qui cognomen habet de munera Apollinis, aram
  Sacrorum antistes marmoream hunc statuit.

          Gruter XXVIII. 1.

2 *De Rerum Nat., lib.* III.

lumineuse des cieux, les vents salutaires des mers, le lugubre silence des enfers. Ma Divinité, *unique*, est honorée dans l'univers entier, mais sous différentes formes, sous plusieurs noms et par des cérémonies diverses. Les Phrygiens, les premiers nés des hommes, m'appellent la *Pessinuntienne, Mère des Dieux;* les Athéniens, *Minerve Cecropienne;* les habitants de Cypre, *Vénus de Paphos;* les Crétois, *Diane Dyctinne;* les Siciliens, qui parlent trois langues, *Proserpine Stygienne;* les peuples d'Eleusis, l'*Ancienne Déesse, Cérès;* d'autres *Junon*, d'autres *Bellone*, quelques-uns *Hecaté*, plusieurs *Rhamnusie;* mais les Egyptiens, qui sont instruits de la doctrine primitive, m'honorent par des rites qui me sont propres et convenables, et m'appellent de mon vrai nom : *la Reine Isis.* »

La prétendue statue de Cybèle, tombée du ciel, n'était qu'une pierre non sculptée et devait avoir beaucoup de rapports avec les monuments bruts des Gaulois. Ovide [1] nous apprend en effet que cette statue n'était qu'une roche informe :

Est moles nativa loco, res nomina fecit
Appellant Saxum, pars bona montis ea est.

Suivant quelques auteurs, cette pierre, divinement animée, avait été extraite du Mont Agdus, d'où provenaient aussi les pierres communes dont Deucalion et Pyrrha se servirent pour repeupler la terre. Arnobe [2] dit à ce sujet : *In Phrygiœ finibus inauditœ per omnia vastitatis petra est quœdam, qui nomen est Agdus, regionis ejus ab indigenis sic vocatœ, ex eâ lapides sumptos (sicut Themis mandaverat prœcinens) in orbem mortalibus vacuum Deucalion jactavit et Pyrrha ex quibus cum cœteris et hœc magna quœ colitur informata est Mater, atque animata est Divinitas.*

1 *Fast.* lib. VII.
2 *Contr. Gent.*, lib.

Un ancien poète donne à Cybèle l'épithète de *Montige-nam Deam* :

Ades huc , ades Cybele Dea, montigena Deæ.

Théodoret [1] appelle la *Mère des Dieux*, Ρ'εαν πετρωση και ορειον, *Petrosam montanamque portionem.*

L'épithète de *Pessinuntienne* fut donnée à la *Mère* des Dieux , soit à cause de la ville de Pessinunte où elle était particulièrement révérée , soit parce qu'il tomba, dans les champs de la Phrygie, un aérolithe que l'on crut être la statue de Cybèle, et que les peuples, pour conserver la mémoire de cet évènement, la nommèrent πεσινος [2].

Suivant Lucrèce [3], les anciens poètes grecs représentaient Cybèle assise sur un char élevé, traîné par des lions , montrant par là que la Terre, suspendue dans l'espace, ne pouvait avoir pour base une autre terre ; les lions soumis au joug signifiaient que les tendres soins des parents doivent vaincre les cœurs les plus farouches ; enfin , la tête de la déesse était ornée d'une couronne murale , parce que la Terre est couverte de villes et de forteresses.

Virgile disait aussi que le char de Cybèle était traîné par des lions dociles.

Alma parens Idæa Deum , cui Dyndima cordi.
Turrigerœque urbes bijugique ad frena leones.

Les savants qui recherchent les origines des cultes dans les fables astronomiques, ont remarqué que le Lion qui précède la Vierge , ceux que l'on voyait auprès de la Mère des Dieux, ceux qui portent quelquefois les images de Junon et de Cérès, n'étaient qu'un même symbole, qu'un même signe distinctif, qu'un même caractère astronomique. C'était, d'ailleurs , dans le signe du Lion que l'on plaçait Cybèle. C'est Manilius [4] qui nous l'apprend.

[1] *Orat,* III.
[2] *Hérodian. lib.* I.
[3] *De Rerum Nat.*
[4] *Astronom., lib.*

On sait que l'image de Cybèle était portée en triomphe dans les cités de la Phrygie, comme le modèle d'une admirable fécondité, que les peuples la félicitaient d'avoir un grand nombre de Dieux pour enfants et de pouvoir presser cent petits-fils sur son sein maternel.

> .... *Invehitur Phrygias turrita per urbes*
> *Læta Deum partu centum complexa nepotes.*

En Gaule on imita les Phrygiens dans les honneurs rendus à Cybèle. Grégoire de Tours [1] nous apprend que « les peuples de cette contrée portaient, à travers les vignes et les champs, Berecynthie [2] sur un char traîné par des taureaux. On espérait obtenir ainsi de la *Mère des Dieux* la conservation des biens de la terre. Le peuple chantait des hymnes religieux en accompagnant la déesse et formait des danses sacrées autour de son char. » Les actes de saint Symphorien, publiés par D. Ruinard, confirment ce récit.

Les nombreux monuments consacrés à Cybèle, dans l'Aquitaine et dans la Narbonnaise, prouvent que le culte de la *Mère des Dieux* y fut en honneur durant le haut empire et aussi dans des temps assez bas, et même alors que le polythéisme, fortement ébranlé par l'indifférence des hautes classes, par les systèmes des philosophes et par la doctrine évangélique, allait disparaître pour toujours. Les peuples dont nous descendons s'occupaient très peu, sans doute, des interprétations théogoniques des philosophes, de l'examen consciencieux des mythes, plus ou moins absurdes, plus ou moins contradictoires, dont chaque déité était l'inépuisable sujet; les peuples de nos contrées se prosternaient devant les autels, ils contribuaient à la pompe des solennités; ils croyaient....... cela suffisait aux ministres de la religion officielle. On voyait partout s'élever des tem-

---

[1] *In Vit. S. Simpl.*

[2] On sait que Cybèle ou la Mère des Dieux, a tiré son surnom de *Berecynthie*, de celui de la ville de Berecynthe, située sur le Sangarius, en Phrygie, où elle était principalement adorée.

ples, on faisait des vœux publics, et les particuliers, dans la Narbonnaise et dans l'Aquitaine, soit qu'aucun doute ne traversât leur esprit, soit que l'empire de l'habitude fût plus puissant chez eux que celui de la raison, donnaient de nombreuses marques de leur profonde vénération pour les êtres divins que l'Etat adorait, et à la faveur desquels on assurait qu'était attachée la perpétuité de la puissance romaine. Les deux vastes provinces, objet de cet ouvrage, vont nous offrir des indications non équivoques de l'adoration de Cybèle, ou de la *Mère des Dieux*, dans cette portion de la Gaule qui, de l'embouchure de la *Garumna* s'étend jusqu'aux Pyrénées et aux bords de la mer intérieure.

Le premier de ces monuments est un autel trouvé dans le chef-lieu du *Pagus Reddensis,* qui, suivant nous, faisait partie du territoire des Volkes Tektosages. Cet autel votif, en marbre blanc, servait de bénitier dans l'église d'Aleth [1] ; des vases de sacrifices sont sculptés sur ses faces latérales ; sur le côté principal on lit cette inscription :

MATRI DEVM
CN. POMP
PROBVS
CVRATOR TEM
PLI. V. S. L. M.

A la Mère des Dieux. Cneius Pompeius Probus, curator (curateur ou intendant du temple), *a volontairement accompli le vœu qu'il avait fait.* Nous avons remarqué autrefois [2] que l'emploi qu'occupait Cneius Pompeius Probus n'était pas dédaigné, puisque Cicéron fut, lui aussi, *Curateur* du temple de la Terre, qui, selon les idées reçues à cette époque, était la même déesse que Cybèle : *Ædes Telluris est curationis meæ,* dit cet homme illustre.

Nous avons placé dans le Musée des Antiques [3] de la ville

1 Plus tard cathédrale.
2 *Monuments Religieux*, etc. (1814). Atlas Pl. XlII, nᵒ 2.
3 *Atlas*, Pl. XIII, nᵒ 3.

de Toulouse un autre autel consacré à la *Mère des Dieux*. Il provient de la ville de *Lugdunum Convenarum*. Ce beau monument, publié par nous peu de temps après sa découverte [1], avait été porté dans le village de Labroquère, à environ un kilomètre de *Lugdunum*. Sur sa face principale on voit, dans un cadre, une inscription qui nous apprend qu'un particulier nommé *A. Flavius Athenio*, éleva cet autel pour accomplir le vœu de *Sabina, fille de Sabinus*, son épouse :

Ce monument est d'une très bonne conservation ; ses formes sont remarquables. Il est placé dans le musée de Toulouse.

MATRI DEVM
A . FLAVIVS
ATHENIO
EX VOTO
SABINAE . SABIN . F
VXSORIS

Les personnages nommés dans l'inscription gravée sur ce beau monument [2], habitaient, sans doute, la cité de *Lugdunum*. Les masures d'un temple, consacré à Cybèle existaient, autrefois, selon divers manuscrits, dans l'un des champs situés dans le territoire de Valcabrère, sur la rive gauche de la *Garumna*. On a, presque sous nos yeux, découvert, dans l'un de ces champs, les restes d'un lion en marbre blanc. Les auteurs et les monuments nous apprennent que l'on mettait des lions auprès de la statue de la Mère des Dieux et qu'on les attelait à son char. On pourrait donc conjecturer que celui dont on a trouvé les débris, ornait à *Lugdunum*, le temple de Cybèle. L'autel élevé par *Antonius Flavius Athenio*, fut peut-être aussi placé dans le même édifice.

---

[1] *Monuments Religieux*, (1814).
[2] *Supra*, Pl. XIII, n° 3.

Une inscription sépulcrale découverte à Rome, a conservé le souvenir d'un *Flavius Athenio.*

Le nom de Sabina se retrouve sur quelques autres monuments découverts dans l'Aquitaine ; *Ausone,* le poète décoré de la dignité consulaire , et qui était né à *Burdigala,* a consacré quelques vers à une femme qui portait aussi le nom de *Sabina* et qui avait, peut-être, reçu le jour dans la même province, qu'elle honorait par des talents divers [1].

La plus auguste des cérémonies du culte rendu à Cybèle, était celle où l'on répandait le sang d'un taureau et que l'on nommait *Taurobole,* mot composé de ταυρός, *taureau* et de βολη, *effusion,* ou *effusion du sang d'un taureau ;* C'était, comme on l'a dit mille fois, une sorte de sacrifice expiatoire et purificatoire, qui n'était point connu avant le règne d'Antonin Pie. Ce sacrifice offrait les plus bizarres et les plus étranges cérémonies du paganisme. C'est un poète chrétien, Aurelius Prudentius, qui les a décrites [2] avec le plus de détail , et l'on doit croire que les partisans de l'ancien culte, voulurent l'opposer, comme symbole d'expiation et de régénération, au baptême des disciples de J. C. Quoiqu'il en soit, on creusait une fosse profonde près de l'autel de la déesse. Cette fosse était recouverte par un plancher percé d'une grande quantité de trous ; le prêtre chargé de la partie la plus importante du sacrifice, descendait dans cette excavation ; des bandelettes sacrées ceignaient son front, une couronne pressait ses cheveux ; le taureau que l'on allait sacrifier avaient ses cornes dorées et des lames d'or étaient placées avec symétrie sur sa tête ; décoré de guirlandes de fleurs, il était amené sur la fosse. Bientôt un victinaire le frappait avec un couteau sacré. Le sang coulait dans l'excavation et celui qui y était descendu recevait, avec respect, cette ablution ; il y présentait sa figure, ses bras, ses épaules, son corps tout entier, et cherchait à ne pas laisser

[1] *De Sabina tetr. et carmina faciunt.*
[2] *Peristephanon.*

tomber une seule goute de ce sang sur la terre ; enfin il
sortait de la fosse, hideux, souillé du sang qui dégouttait de
ses cheveux, de sa barbe, de ses vêtements ; mais il se
croyait purgé de tous les crimes qu'il avait commis, et régé-
néré mystérieusement pour l'éternité... Dans des inscriptions, on lit en effet [1] : *Taurobolio in œternum renato.*
Mais les prêtres insinuaient cependant aux dévots qu'il fallait
renouveler cette cérémonie tous les vingt ans, si l'on voulait que l'absolution, qui en était la suite, étendit son pouvoir pour eux dans tous les temps, ou pour un nombre fixe
d'années [2]. On offrait des Tauroboles, non-seulement pour des
particuliers, mais aussi pour les maîtres du monde, et sans
doute alors, les légions, les pontifes, les magistrats, le peuple, les affranchis, et les esclaves, semblaient prendre
part à cette cérémonie, aux vœux formés, même pour les plus
méchants princes. Les contrées du sud-ouest de la Gaule
conservent encore des témoignages de ces solennités ; c'est
ainsi que l'on voyait à Narbonne plusieurs monuments de ce
genre. Sur le premier que nous ne connaissons que par des
copies manuscrites, qui indiquent même que les dernières
lignes n'existaient plus, on avait gravé ces mots :

MATRI . DEVM
TAVROBOLIVM . INDICTVM
IVSSV . IPSIVS . EX . STIPE . CONLATA
CELEBRARVNT . PVBLICE NARBON...

Nous ne savons si ce fragment a été publié avant son
insertion par nous dans les *Mémoires de la Société Archéologique du Midi de la France* [3].

Scaliger, dont les travaux se rattachent aux époques les
plus intéressantes de notre histoire ancienne, copia l'inscription suivante , qui nous conserve la mémoire du Taurobole

[1] Gruter, XXVIII, 2.
[2] Ibid. 5. *Iterato viginti annis et perceptes Tauroboliis aram constituit.*
[3] Tom. VI.

fait au nom de la province Narbonnaise et d'après la volonté de Cybèle, par C. Batonius, alors premier flamine des Augustes, pour la conservation des empereurs : Lucius Septimus Severus, Pieux, Pertinax, Auguste, Arabique, Hadiabenique, Grand Parthique, et pour Marcus Aurelius Augustus[1].

Scaliger admirait les têtes des taureaux sculptées sur l'autel élevé pour conserver à jamais le souvenir de cette cérémonie. Il dit, en effet, en indiquant cette belle inscription : *In vetusta lapide Narbone, cum multis boum capitibus miræ pulchritudinis.*

IMPERIO . D . M [2]
TAVROPOLIVM . PROVINCIAE NARBONENSIS
FACTVM . PER . C . BATONIVM . PRIMVM
FLAMINEM . AVGG . PRO . SALVTE . DOMI
NORVM . IMPP . L . SEPTIMI . SEVERI . PII
PERTINACIS . AVG . ARABICI . HADIABENI
PARTHICI . MAXIMI . ET . M . AVRELI
AVG

Ce monument n'est pas antérieur à l'année 951 de Rome (198 de J.-C.), époque où *Caracalla,* qui avait déjà pris, en 949, les noms de *Marcus Aurelius,* qu'il porte sur ce marbre, fut décoré du titre d'*Auguste* par son père ; il n'est pas non plus postérieur à l'année 965 de la ville, ou 211 de l'ère chrétienne.

L'inscription suivante provient aussi de Narbonne ; elle a peut-être été gravée à la même époque que la précédente. Beaucoup de particuliers affectaient d'offrir de semblables sacrifices, lorsque le peuple en corps invoquait les Dieux pour la conservation des maîtres de l'empire. On flattait, comme on l'a fait plus tard, même alors qu'on ne semblait s'occuper que des intérêts religieux, ceux qui possédaient la puissance politique, ceux qui dispensaient les richesses et les honneurs.

[1] Gruter VI.
[2] *Deæ Magnæ.*

Voici les lignes à demi-effacées que Scaliger retrouva sur ce monument taurobolique, découvert à Narbonne, et où l'on voyait des têtes de taureaux (ou *Bucranes*) et des *Egy-cranes*, ou des têtes de bouc [1] :

MATRI DEVM
TAVROBOLIVN IMIP...!
ACCEPIT LIGVRIA TYMELE
A. M. SACRIS˙:.: POST.:˙.
;.:˙˙˙..˙..˙.....,˙......

Imitant en cela *Liguria Tymele*, une autre femme de Narbonne, *Axia Paulina*, fille de Caius, fit célébrer aussi un Taurobole. Ce fut le prêtre Quintus Pasquius Chrestus qui accomplit la cérémonie :

MATRI. DEVM
TAVROBOLIVM
QVOD. FECIT
AXIA. C. F. PAVLINA
SACERD
Q. PASQVIO CHRESTO *. [2]

Nous avons cru ne voir qu'un fragment dans cette autre inscription taurobolique, qui appartient aussi à Narbonne, et qui ne contient plus que ces mots, en caractères d'une très grande dimension :

MATRI. DEVM TAVROBOLIVM

Un autel, qui existait, il y a peu d'années, et que l'on voit peut-être encore dans la courtine flanquée par les bastions de Saint-Côme et de Saint-François, à Narbonne, indiquait, par les têtes de taureaux et de bouc qui y furent sculptées, un Taurobole et un Criobole, sortes de sacrifices pratiqués quelquefois en même temps ; on lisait encore,

---

[1] *Imperio?*

[2] On verra bientôt que, le plus souvent, le nom du prêtre qui avait accompli les cérémonies du Taurobole, était inscrit sur le monument qui devait éterniser le souvenir de cet acte religieux.

selon quelques manuscrits, sur la partie supérieure de cet autel :

IVNIA BABIN...
L. IVNO. DON. DE·· XII

Au-dessous des têtes de taureaux était l'indication de la date du sacrifice. C'était, en effet, les noms des Consuls en charge à cette époque. Suivant presque tous les manuscrits de Narbonne, ces noms étaient ainsi tracés :

NVMIO BALBINO
FVLVIO. AELIS. COS

N'ayant point vu cette inscription, nous ne la rapportons que d'après des copies, sans aucun doute très inéxactes. On sait que, pour remplir les gouvernements des provinces, dévolus à des personnages consulaires, les Empereurs ne donnaient que pour quelques mois le titre de Consuls à ceux qui leur paraissaient avoir mérité cet honneur, et qu'ils leur en substituaient d'autres, qu'on appelait *Consuls subrogés.* Les noms gravés sur le monument de Narbonne ne paraissent point, dans les Fastes, tels qu'on les trouve ici ; on pourrait donc croire d'abord qu'ils indiquent des Consuls *subrogés* ou *substitués,* oubliés dans ces mêmes Fastes; mais on s'aperçoit bientôt que ces noms ont été mal lus et que l'on doit reconnaître ici *M. Nummius Primus Senecio Albinus,* au lieu de *Numio Balbino,* et *Lucius Fulvius Rusticus Aemilianus,* dont des copistes, ont fait les mots *Fulvio Aelis.* La lettre P de *Primus* aura été prise pour un B, et, jointe aux lettres suivantes, elle aura formé le surnom de Balbinus, alors qu'il fallait lire seulement *Albinus.* Le nom *Aemilius,* abrégé peut-être sur le monument, n'a pas de même été reconnu par les copistes qui ont écrit *AElis.* Les deux consuls *Nummius Primus Senecio Albinus* et *Lucius Fulvius Rusticus AEmilianuS,* étaient en fonctions l'an 959 de la ville, qui

1 *Manuscrit de Garriques* et autres.
2 *Atlas de l'Arch. Pyrén.* Pl. XIII, nᵒ 4.

répondait à l'an 206 de notre ère. La ville avait, dans le Taurobole, dont on a déjà lu l'inscription, montré son attachement à la famille impériale, et nous en trouverons d'autres
marques encore.

Un bas-relief, fracturé et découvert à Narbonne, représente, à ce que l'on croit, Cybèle et Atys, dont le nom a
été écrit quelquefois avec des variantes qui n'influent que
médiocrement sur les fables qui le concernent. Amant de
Cybèle, et appelé par quelques-uns le *Dieu de Pessinunte*,
cet être mythique a été le sujet d'un poème de Catulle. C'est
surtout dans la manière dont on raconte les amours d'Atys
et de Cybèle que les poètes et les mythologues varient. Ici [1],
la déesse est indiquée par les rochers qui paraissent au fond
du bas-relief. Ce sont apparemment ceux du Mont-Ida, et l'on
sait que Cybèle porte souvent le titre de *Grande Mère*
Idéenne, dans les inscriptions qui sont parvenues jusqu'à
nous. L'un des beaux médaillons découverts dans les
fouilles de Martres, représente Cybèle portant la couronne
murale [2].

On croit retrouver à Narbonne les images de quelques-
uns de ses prêtres, et nous nous en occuperons dans la
suite.

Si le culte de la *Mère des Dieux* fut en grand honneur
dans la Gaule Narbonnaise, il ne le fut pas moins dans
l'Aquitaine primitive ou *Novempopulanie*. Nous avons rapporté l'autel élevé par *A. Flavius Athenio ;* on a retrouvé,
sous nos yeux, dans les champs de Martres, non loin de la
position que nous avons cru pouvoir assigner à la bourgade
romano-ibérienne de *Calagorris,* le fragment d'un autel
dont la face principale contenait quelques-uns des mots
que l'on retrouve souvent sur les autels tauroboliques, sorte de
formulaire qui indique un sacrifice pour la conservation des
Augustes, alors sur le trône. Ce serait, non pas *la Cité ,*

[1] *Atlas de l'Archéologie Pyrénéenne.* Pl. XIII, n° 5.
[2] *Ibid.* n° 6.

comme on l'a dit, mais les habitants du lieu, les Calagorritains, qui auraient célébré ce Taurobole :

. . . .
PRO SALVTE IMP
. . . .
... CALAGUR .....
. . . .
. . . .
SACERDOTE......
. . . .
. . . .

Le municipe de *Lactora*, (aujourd'hui *Lectoure*), que l'on a voulu transformer autrefois en une *Colonie romaine*, se distingua surtout par les Tauroboles qui furent célébrés dans son enceinte , et dont une série très remarquable de marbres inscrits a conservé le souvenir.

Le plus remarquable par sa forme élégante et la beauté des caractères qui y sont gravés[1], est celui qui indique le Taurobole fait par la *République*, (c'est-à-dire par le Municipe des *Lactoratenses*) pour la santé et la conservation de la *Maison Divine* ou de la famille impériale :

PRO SALVTE
ET INCOLVMI
TATE DOMVS
DIVINAE . R . P
LACTORAT . TAV
ROBOL . FECIT .

C'est-à-dire « *pour la santé et la conservation de la Famille divine, la République des Lactorates a fait ce Taurobole.*

Aucune indication d'une époque, par les noms des consuls en charge, lorsque ce monument fut élevé, n'en fait connaître la date. Mais la formule que l'on y remarque et que créa la plus insigne flatterie, semble nous apprendre

---

[1] *Atlas de l'Archéol. Pyr.* Pl. XIII n° 7.

que ce marbre ne remonte guère plus haut que le troisième siècle, époque où chaque Famille, chaque Maison *régnante*, fut saluée de l'épithète de *Divine*. Les lettres R. P. désignent ici, non point une république particulière, un état indépendant, mais un Municipe, qui, soumis à l'autorité des empereurs, avait cependant le privilège de se régir par ses propres lois, par ses coutumes et par ses magistrats particuliers. On y trouve l'empreinte du système municipal dont les villes de nos provinces du Midi ont joui, avec plus ou moins de restrictions ou d'entraves, jusqu'en l'année 1789. Ce mot *République* était même conservé, et, durant le seizième siècle, la capitale du Languedoc formait ce que les actes publics, encore existants, nomment *la République Tolosaine*.

Au commencement du dix-septième siècle, temps ou Scaliger recueillit les inscriptions tauroboliques de la cité des *Lactorates*, elles étaient au nombre de vingt ; on n'en remarque plus que seize aujourd'hui. La plus ancienne que notre savant ami, M. le baron de Crazannes, n'a point retrouvée et que nous avons de même cherchée en vain, n'était point dédiée à la *Mère des Dieux* par les *Lactorates*. Sur la face principale on lisait :

```
IMP. CAES. DIVI. ANTO
NINI. F. DIVI. LVCII. PARTH
MAXIMI. FRATRI. M. AVR
ANTONINO. AVG. GERMANIC
SARMAT. P. M. T. P. XXX
IMP. VIII. COS. III. PP. LACTO
RAT.
```

Et il ne faut voir là qu'un monument politique, une sorte d'hommage à l'empereur régnant, mais non point un Taurobole célébré pour lui, puisque le marbre ne fait mention ni d'un sacrifice de ce genre, ni de la *Mère des Dieux*. Cette inscription a été mêlée, sans examen, par le compilateur

Gruter à trois autres qui sont réellement tauroboliques, et qui, ont été placées par lui, sous le même numéro.

Presque tous les autels tauroboliques existant encore aujourd'hui à Lectoure, peuvent être considérés comme ayant été élevés à peu près à la même époque et pour l'empereur Marcus-Antonius Gordianus, alors consul, en l'année 992 de Rome, ou 239 de J.-C. et surtout en 994, ou 241 de l'ère chrétienne.

Nous n'avons point retrouvé à Lectoure l'inscription, suivante qui peut-être a été assez mal copiée par Augustin Piersonius :

```
MATRI . DEVM
POMP . PHILVMENE
Q . PRIMA . LACTOR —
TAVROBOLIVM
FECIT
```

On ignore les motifs qui excitèrent, en 992, et deux ans après les *Lactorates* à offrir de nombreux sacrifices à la *Mère des Dieux* pour l'empereur Marcus Antonius Gordianus. Nous ignorons si la belle inscription que nous avons donnée et qui indique que la *République des Lactorates* offrit une Taurobole pour la conservation de la *Maison Divine* est de l'une de ces années ; mais une inscription qui porte la date du consulat de Gordien et d'Aviola, et qui provient aussi de Lactora, se trouve, selon les Fastes, de l'an 992 de la ville, qui correspond à l'année 239 de l'ère chrétienne. Elle nous apprend qu'une femme, *Valeria Gemina*, fit offrir les *forces* (*vires*), sans doute les cornes dorées du taureau immolé à la *Mère des Dieux*, le 9 des kalendes d'avril, Trajanius Nundinius, étant revêtu du sacerdoce, sous le consulat de Gordianus et d'Aviola. Cette inscription, offre quelques difficultés. La voici, d'après la copie de M. Chaudruc de Crazanne.

S. M. M.
VAL . GEMINA
VIRES . ESCE [1]
PIT . EVTICHE
TIS . VIIII KAL
APRIL . SACER
DOTE . TRAIA
NIO NVNDI
NIO . D. N. GORDI
ANO . ET AVIOLA Cos

Les sigles S. M. M. gravés au-dessus de la corniche signifient *Sacrum Magnæ Matri.*

Les caractères sont d'une assez mauvaise forme : la lettre R est unie à l'O de *Gordiano ;* l'I n'est que le jambage perpendiculaire du D. La lettre E est retournée en sens contraire et joint au T de la dernière ligne. L'I du nom *Aviola* est renfermé dans le V. Tout annonce la maladresse du lapidicide.

On a vu le Municipe, ou la *République des Lactorates,* célébrer un Taurobole pour la santé et la conservation de la maison régnante, à laquelle on donnait l'épithète de *divine* (PRO SALVTE ET INCOLVMITATE DOMVS DIVINAE). L'inscription ne portait point les noms des consuls, alors en possession de cette dignité, jadis la première dans Rome. Nous n'avons pu fixer la date de cette solennité, mais nous serions portés à la rapporter à l'année 992, où, comme on l'a vu, Valeria Gemina consacra à la *Mère des Dieux* les *forces,* (*vires*), du taureau immolé en cette occasion, et ici cette date remonte au 9 des kalendes d'Avril. Gordianus et Marcus Aviola étant consuls, ce qui correspond à l'année 992 de la Ville, ou 239 de J.-C. La belle inscription qui va nous occuper fut gravée en 994. Elle occupe la face principale d'un très bel autel conservé à Lectoure [2] : elle est ainsi conçue :

[1] *Sic.*
[2] *Atlas* Pl. XIII, n° 8.

```
PRO SALVTE IMP. M
ANTONI. GORDIANI
PII. FEL. AVG ¹. ET SA
BINAE. TRANQVI
LINAE. AVG . TOTI
VSQ. DOMVS. DIVI
NAE. PROQ. STATV
CIVITAT. LACTOR
TAVROBOLIVM. FE
CIT. ORDO. LACT
D. N. GORDIANO
AVG. II. ET. POMPEIANO . COS
VI . IDVS . DEC . CVRANTIB
M . EROTIO . FESTO . ET . M
CARINIO . CARO . SACERDOT
TRAIANIo . NVNDINIO ¹
```

On peut traduire de la manière suivante les seize lignes gravées sur la face principale de ce monument :

Pour la conservation de l'empereur Marcus Antonius Gordianus, Pieux, Heureux, Auguste, et de Sabina Tranquillina Augusta, et de toute la Maison Divine, par la volonté des Lactoratenses, l'Ordo (ou le Sénat), *a fait ce Taurobole. Notre seigneur Gordien étant consul pour la seconde fois, avec Pompeianus, le 6 des ides de décembre. Par les soins de Marcus Erotius Festus, et de Carinius Carus. Trajanius Nundinius étant Pontife.*

¹ Les titres de PII, *Felici,* AUG*usti,* accompagnaient ordinairement, sur les marbres et sur les médailles, les noms des empereurs. C'était autant de marques de l'insigne et honteuse flatterie des Romains pour leurs maîtres. Ils avaient déifié Octave, Octave qui avait livré Cicéron à la vengeance d'Antoine !!! Ils atteignirent le comble de l'avilissement en plaçant dans l'Olympe chacun de ceux qu'ils appelaient leurs *Maîtres (Dominorum)* et en donnant à la famille de chacun de ces tyrans le titre de *Divine (Domus Divinæ).* De Rome l'abaissement moral se propagea dans toutes les parties de l'empire, et il n'est pas sans intérêt pour l'histoire de notre Aquitaine primitive, pour celle de la Narbonnaise, et même pour celle des vieux Galates, établis dans l'Asie Mineure, de voir ces peuples, si fiers autrefois, oubliant leurs origines, et ne se souvenant plus de leurs antiques vertus, durant les loisirs d'une fallacieuse paix et même durant les calamités publiques.

¹ *Atlas de l'Archéol. Pyr.* Pl XIII, nº 9.

La forme des lettres, quelquefois liées ensemble et de différentes grandeurs, annoncent bien une époque de décadence, et l'on voit [1] que l'ouvrier n'avait pas même calculé le nombre de lignes que pouvait recevoir le monument, et qu'il a été obligé de rejeter sur la base de l'autel les noms du Pontife qui avait, pour remplir le vœu de la cité des *Lactorates,* reçu sur sa figure, et sur ses vêtements, l'effusion du sang répandu lors de cette grande solennité.

On vit alors à Lectoure, comme on l'avait vu à Narbonne, des personnes pieuses imiter l'*Ordo*, ou le Sénat des Décurions, en offrant aussi des tauroboles, le même jour que celui où ce corps faisait un sacrifice de ce genre pour Gordien, pour Sabina Tranquillina son épouse et pour toute la *Maison Divine*. Les femmes se distinguèrent en cette occasion. Sur un autel, encore existant, et consacré à la Grande Mère, (*Magnæ Deum*), on lit cette inscription, qui nous apprend que *Verina Severa* offrit alors un Taurobole; la victime fut reçue par le Pontife Trajanius Nendinius, le 6 des ides de décembre, c'est-à-dire le même jour où la cité offrait le sacrifice solennel dont nous venons de parler ; ce fut sous le second consulat de Gordien, et de son collègue Pompeianus.

```
        S.  M . M
      VERIN.  SEVE
      RA.  TAVROPO
      LIVM.  ACCEP
      IT. HOSTIS . SV
      IS . SACERDOT
      E. TRAIANIO. N
      VNDINIO.  D. N
      GORDIANO  II
      ET.  POMPEIANO
     COS. VI. ID . DEC.
```

L'un des vases de sacrifices, (le préféricule), paraît sur l'un des côtés latéraux qui n'est point couvert par la maçonnerie moderne.

---

[1] *Atlas de l'Arch. Pyrén.*, Pl. XIII, n° 10.

Ce fut aussi le 6 des ides de décembre qu'une autre femme habitant à Lectoure, *Pompeia Flora*, offrit par le ministère du même Pontife une victime pour le Taurobole. On remarquera que la même formule reparaît ici comme sur tous les autres autels consacrés pour perpétuer la mémoire de cette cérémonie, ainsi que les noms des personnes pieuses attachées au culte de la Mère des Dieux :

S . M . D
POMP. FLORA
TAVRoPOLIV
M. ACCEPIT. H.
OSTIS . SVIS. SA
CERDoTE. TRA
IANIO. NVND
INIO . D . N . GOR
DIANO II et Po
MPEIANO . CoS
VI ID . DEC

Les caractères, unis entr'eux, et leurs formes, déjà barbares, indiquent parfaitement l'époque où le monument fut élevé. Un préféricule, d'un dessin peu élégant, et une patère à manche sont sculptés sur les côtés latéraux du monument[1].

L'inscription peut être traduite ainsi : *A la Mère des Dieux. Pompeia Flora a reçu ce Taurobole fait avec ses propres victimes. Etant prêtre, Trajanus Nundinius; Notre seigneur Gordien étant consul pour la seconde fois avec Pompeianus, le 6 des ides de décembre.*

Le mot *accepit* indique peut-être ici, comme dans les autres inscriptions du même genre où on le trouve, que la personne qui avait fourni les victimes avait vu couler sur elle tout leur sang épanché; et l'on peut avoir une idée du hideux spectacle qu'elle offrait en sortant de la fosse où elle s'était placée pour recevoir cette effusion prétendue régénératrice.

Servilia Modesta, autre femme de Lectoure, imita le zèle

---

[1] *Atlas de l'Arch. Pyrén.*, Pl. XIII., n° 44.

dévotieux des précédentes, et nous avons encore l'autel qui consacre le souvenir du Taurobole offert par elle. Sur la face principale de ce monument on lit cette inscription :

```
SERVILIA Mo
DEST . TAVR
OPOLIVM . AC
CEPIT . HOSTIS . S
VIS . SACERDOTE
TRAIANIO NVND
NIO . D . N . GORD
NO . II . ET POMPE
IANo COS . VI . ID . DECᴵ
```

Sur l'un des côtés (le seul apparent de cet autel), on voit un bélier passant, ce qui semble indiquer qu'un *Criobole* fut célébré en même temps que l'effusion du sang d'un taureau, ou le *Taurobole*.

La formule inscrite étant ici la même que la précédente, doit être traduite aussi dans les mêmes termes ; il n'y a de différence que dans les noms des personnes. *Servilia* reçoit aussi, *accepit*, le Taurobole ; les victimes avaient été fournies par elle. Remarquons que les sigles **S. M. D.** n'ont pas été gravés ici, ou qu'ils ont disparu.

Une autre femme de Lectoure, (*Julia Nice*), offrit aussi à la même époque (le 6 des ides de décembre de l'an 994 de Rome, ou 241 de J.-C.), un *Taurobole*. Nous donnons aussi le dessin [2] de l'autel qu'elle éleva et sur lequel on lit :

```
S . M . D .
IVL · NICE . TAV
ROPOLIVM . AC
CEPIT . HOSTIS
```

[1] *Atlas de l'Archéologie Pyr.*, Pl. XIII, nᵒ 12.
[2] *Ibid.*, nᵒ 13.

```
SVIS . SACERD
TRAIANIO
NVNDINIO . D . N
GORDIANO . II . ET
POMPEIANO
COS . VI . ID . DEC
```

Ne pourrait-on pas attribuer le zèle pieux des femmes de *Lactora* en cette occasion, à leur attachement, vrai ou supposé, pour *Sabina Tranquillina*, épouse de Gordien et assise alors sur le trône du monde?

Junia Domitia dont, grâces au monument que nous rapportons, le nom est parvenu jusqu'à nous, vivait, ainsi que ses compagnes, déjà indiquées, à *Lactora*, alors que le Municipe de ce nom voulut montrer tout son attachement à l'empereur Gordien; elle offrit, elle aussi, un Taurobole. Le monument [1] offre, sur l'une de ses faces latérales, un *Bucranium* ou tête de taureau. On lit sur le côté principal l'inscription suivante :

```
S . M . D
IVNIA DOMI
TIA . TAVRO
POLIVM ACE   (sic)
PIT . HOSTIS . SV
IS . SACERDOTE
TRAIANIO . NV
NDINIo . D . N . GOR
DIANo . ET PO
MPEIANO COS VI ID . DEC
```

Nous n'avons pas épuisé la longue série des inscriptions tauroboliques de Lectoure. Une autre femme, nommée Severa, fille de Qurtius (*sic*), donna, mais à une époque qui n'est point déterminée, une marque de sa vénération pour la *Grande Mère*, en faisant un *Taurobole*. Sur l'autel, peu remarquable par ses formes [2], qu'elle éleva alors, on lit:

---

1 *Atlas de l'Arch Pyrén.*, Pl. XIII, nº 14.
2 *Ibid.* nº 15.

```
SACRVM
M . MI[1]
SEVERA . QVR
.TI . F . TAVROPOL
FECIT . HOST
SVIS
```

Nous ne savons si le monument taurobolique qui suit, était décoré de vases de sacrifices[2]; il fut élevé à la Grande Mère (*Magnœ Matri*), par une femme nommée *Valentina*, et peut-être aussi par *Valeria*, sa fille. On lit sur la face antérieure :

```
M . M
VALENTIA
VALENTIS . F
TAVROPOL . F
HOSTIS . SVIS
.·.·..LERIA FIL .
```

Caius Julius Secundus offrit aussi, sous le second consulat de Gordien, un Taurobole. Sur l'un des côtés de l'autel, commémoratif de ce sacrifice, on a groupé une patère et un préféricule[3]; la face principale contient une inscription pareille à la plupart de celles que nous avons rapportées. Il n'y a de changé que le nom de celui qui fit offrir le sacrifice. L'autel est consacré à la *Mère des Dieux :*

```
S . M . D
C . IVL . SECVND
VS . TAVROPO
LIVM . ACCEPIT
HOSTIS . SVIS
SACERD . TRA
IANIO . NVN .
DINIO . D . N ·
GORDIANO .
ET POMPEIANO
COS . VI . ID . DEC.
```

---

[1] *Sacrum Matri Deum.*
[2] *Atlas,* Pl. XIII, n° 16.
[3] *Ibid.* n° 17.

Viator, fils de *Sabinus*, alors habitant de *Lactora*, ou d'une localité voisine, a fait de même élever un autel en mémoire d'un Taurobole public fait en ce lieu, et il offrit et consacra les *forces* du taureau ; un flambeau est sculpté sur l'une des faces latérales du monument. L'inscription est ainsi conçue :

VIATOR
SABINI. FIL
VIRES . TAVRI
QVO. PROPRIE
PER TAVROPO
LIVM . PVB . FACT
FECERAT
CONSACRAVIT *

Nous avons rapporté une inscription évidemment taurobolique, gravée l'an 992 de la ville (239 de J.-C.), sous le consulat de Gordien, ayant pour collègue *Marcus Acilius Aviola*. D'autres monuments du même genre portent une indication différente : ce n'est plus le même pontife qui préside à la cérémonie, et d'autres personnages sont revêtus de la pourpre consulaire, enfin ce n'est plus le 6 des ides de décembre que s'accomplit la cérémonie, c'est aux kalendes de novembre. Sur l'un de ces monuments, assez frustes, on trouve le nom de deux femmes : Julia Valentina et Hygia ou Hycia... qui ont célébré ensemble un Taurobole :

M. DEVM
IVL . VALENTINA
ET HYCIA . SELIN. F,
TAVROBOLVM FE
CERVNT . XVI . K. NOV
POL. ET. APRO. CoS
SACERDOTE . ZMIN. ··
THIO. PROCVLIAN....

C'est-à-dire : « *à la Mère des Dieux, Julia Valentina*

---

* *Atlas de l'Archéol.* Pl. XIII, n° 18.

*et Hygia (ou Hycia) Selena, firent le Taurobole le 16
de novembre , Pollion et Aper étant consuls. Zminthius
affranchi de Proculianus était prêtre.* »

Suivant les Fastes consulaires, Titus Vitrasius Pollio fut
consul pour la seconde fois avec *Marcus Flavius Aper* , qui
possédait aussi pour la seconde fois cette dignité ; Ce fut
l'an 929 de la ville éternelle , et 176 de J.-C [1].

Si, comme un savant, qui, au dix-septième siècle, s'est
occupé des monuments de *Lactora*, on reconnaît que les consuls indiqués ici ne sont pas différents de *T. Vitrasius Pollio*, consul pour la deuxième fois, et de *M. Flavius Aper*,
cette date remontant à l'an 929 de la Rome, ou 176 de J.-C.,
et le Taurobole n'ayant pu être célébré pour Gordien, il re-
monterait à l'époque des Antonins, et c'est vers ce temps que
plusieurs critiques ont cherché, en effet, à fixer l'établissement
de ces sortes de sacrifices. *Zminthius* était pontife ; l'inscription n'étant pas entière, n'indique point que ce prêtre fût
affranchi de *Proculianus*, mais c'est ce que d'autres monuments vont nous apprendre.

Marciana, fille de *Marcianus* (sic), fit un Taurobole sous le
pontificat du même *Zminthius*. Nous n'avons point retrouvé
le monument qui constatait ce fait à Lectoure, et nous empruntons à Scaliger [2] l'inscription qui y était gravée ; la
voici :

S . M . M.
MARCIANA . MARCIANI . FILIA
TAVROPOLIVM . FECIT . HOSTIIs
SVIS . SACERDOTE . ZMYNTHIO
PROCVLIANI . LIB . [3]

Severus, fils de Julius, habitant de *Lactora*, obtint l'honneur
de consacrer les Forces, (*vires*), du taureau immolé dans le

[1] *Atlas de l'Arch. Pyrén.* , Pl. XLV, nº 1.
[2] *Thesaur. inscript.*
[3] *Liberto.* Ainsi des affranchis s'élevaient jusqu'au rang révéré des pontifes !!

sacrifice public. L'autel sur lequel on lit l'inscription qui constate ce fait religieux est décoré avec goût [1] :

SEVERVS
IVLLI . FIL
VIRES . TAVR
QVO PROPRI
PER . TAVROPO
LIVM . PVB . FAC
TVM . FECERAT
CONSACRAVIT

Antonia Prima, qui appartenait aussi à la cité des *Lactorates*, fit de même un taurobole sous le pontificat de *Zminthius*, affranchi de *Proculnianus*, le 15 des kalendes de novembre :

SACRVM
M . M . [2]
ANT . PRIMA
TAVROPO
LIVM . FEC
HOsTIS SVIS
SACERDOTE ZM
INTHIO . PROCVLIANI . LIB
PACIO . AGRIPPAE
POLLIONE . II. ET.
APRO II. COs . XV KAL
NOVEMB... [3]

Tant de monuments, encore conservés, prouveraient, à défaut d'autres témoignages, que le culte de la *Mère des Dieux,* ou de *Cybèle*, était en très grand honneur dans la province Narbonnaise et dans l'Aquitaine, telle que César en a indiqué les limites. Les anciens auteurs, en nous donnant de très curieux détails sur ce culte et sur ses ministres, font connaître une partie de l'histoire morale et religieuse de nos pères. Nous avons vu que les Gaulois portaient en pompe au tra-

[1] *Atlas de l'Archéol, Pyrén.* Pl XIV, n° 2.
[2] *Magnæ Matri.*
[3] Atlas, Pl. XIV, n°. 3.

vers de leurs champs l'image de cette puissante déité. Quel est l'homme, même médiocrement instruit, qui ne connaît ce que l'on a écrit sur les prêtres nomades de la Mère des Dieux et sur le mépris qu'ils inspiraient? Distingués des autres pontifes par une honteuse mutilation, ils parcouraient les villes et les campagnes en offrant aux populations l'image de la Grande Déesse, et recevant les dons de la foule étonnée. Mais l'infamie était presque toujours le prix de leur turpitude. Ces prêtres tiraient leur origine de la Phrygie, comme la déesse dont ils transportaient partout l'image. On a confondu celle-ci avec la déesse de Syrie. Apulée distingue [1] l'une de l'autre, et il fait dire aux Galles, poursuivis comme voleurs, et que l'on trouva munis d'une coupe d'or prise par eux dans le temple de la Mère des Dieux, que c'était un présent de celle-ci, *à sa sœur*, la déesse de Syrie. Prêtres de Cybèle, ou de *Berecynthie*, les Galles avaient pris leur nom de celui d'un fleuve de Phrygie nommé *Gallus*. Leur institution se répandit, de cette contrée, dans la Grèce, dans la Syrie, dans l'Afrique et dans tout l'empire romain. On a cru retrouver à Narbonne des images de plusieurs de ces Galles, et nous en donnons quelques-unes. Elles représentent des hommes à figures efféminées, vêtus d'une courte tunique et ayant des anaxyrides. Leurs longs cheveux, bouclés avec soin, retombent sur leurs épaules. Nous avons publié autrefois ces images [2]. On voyait aller ces prêtres de ville en ville, faisant entendre le son des cymbales et des crotales, portant des images de leur déesse, pour séduire les gens simples, et ramassant des aumônes qu'ils tournaient à leur profit. « C'était, dit Mongez [3], des fanatiques, des furieux, des misérables, qui, en portant la *Mère des Dieux*, chantaient des vers et rendaient par là, selon Plutarque, la poésie des oracles fort méprisable. Il leur était permis, dit Ci-

1 *Métamorph.*
2 *Monuments Religieux*, etc.
3 *Dictionnaire d'Antiquités.*

céron, de demander l'aumône à certains jours, à l'exclusion de tout autre.» On ne peut guère comparer ces devins, ces diseurs de bonne-aventure, qu'aux Gypsies, ou Bohémiens, qui parcourent en troupes nombreuses quelques-unes de nos provinces pyrénéennes, et entr'autres le Béarn et le Roussillon. Les Galles avaient un chef qu'on appelait *Archigalle,* ou souverain - prêtre de Cybèle ; bien distingué des autres, il était vêtu de pourpre et portait une tiare d'or. Les inscriptions, que nous avons rapportées, prouvent que Cybèle eut des temples dans nos contrées et que les sacrifices solennels qui lui étaient offerts avaient, comme on l'a vu, une grande célébrité.

Au nombre des cérémonies qui avaient lieu en l'honneur de Cybèle, il faut compter les *Dendrophories* qui consistaient à porter en pompe au sein des villes, et après quelques sacrifices, un Pin, arbre consacré à cette déesse, en mémoire de celui sous lequel le berger Atys, aimé de cette déesse, s'était mutilé. Des guirlandes décoraient cet arbre, son tronc était environné de bandelettes de laine ainsi que la poitrine d'Atys. [1] Le nom que l'on donnait à cette cérémonie était tiré de deux mots grecs δένδρον, *arbre*, et φέρω *porter ;* Tatien [2] disait en parlant du culte de Rhéa ou de Cybèle, que cette déesse devenait, selon l'opinion vulgaire, un arbre Δένδρον ἡ ῥέα γινται. Arnobe [3] mentionne l'usage où l'on était de couper un Pin et de le porter dans le sanctuaire du temple de la mère des Dieux. *Quid enim sibi vult illa Pinus, quam semper statis diebus in Deûm Matris intromittitis sanctuario! Nonne illius similitudo est arboris, sub qua sibi furens manus et infelix adolescentulus intulit, et genitrix divûm in solatium sui vulneris consecravit..... Pinus illa solemniter quæ in ma-*

---

[1] *Artemidori*, lib. II, n° 42.
   Strabo., lib. X.
[2] *Or. Ad. Græc.*, § 16.
[3] *Advers. Contr. Gent*, lib. V.

*tris inferitur sancta Deœ, nonne illius imago est arbo-
ris serbi, Attis virum, demissis genitalibus abstulit, et
quam memorant divam in solatium suî consecravisse
mœroris.*

Cette portion du culte de Cybèle fut en honneur en
Aquitaine, et un bas-relief, conservé dans le Musée de
Bordeaux, et dont nous donnons ici le dessin [1], prouve
qu'elle fut honorée dans cette cité; sans doute, le reste
de la *Novempopulanie*, et apparemment la *Narbonnaise,*
où nous avons retrouvé tant de traces de l'adoration de cette
cette déesse, imitèrent cet exemple.

[1] *Atlas de l'Archéol. Pyr.* Pl. XIV, n° 4.

V.

CULTE ET MONUMENTS DE JUPITER ET DE JUNON DANS L'AQUITAINE, DANS LA NARBONNAISE ET DANS LA GALLO-GRÈCE.

Le dix-huitième siècle avait vu naître un homme qui, par de longues études, parvint à acquérir une immense réputation d'érudit; ce fut l'un de ces esprits infatigables qui, ayant dirigé toutes leurs forces vers un seul but, croient l'avoir atteint et pouvoir devenir l'un des réformateurs des croyances générales. Jeté, presqu'à son insu, au milieu des dévastateurs de la France, devenu membre d'une assemblée dont l'histoire ne peut être écrite qu'avec du sang, il n'en partagea ni les fureurs, ni les crimes, mais, dans un volumineux ouvrage, presqu'oublié de nos jours, il entassa tout ce qu'il croyait pouvoir servir à détruire la religion chrétienne. Après avoir ramené toutes les autres à un principe unique, emprunté d'ailleurs en grande partie à quelques anciens auteurs, il crut ne voir partout que le Sabéisme, ou le culte des astres, et ne retrouver dans nos livres saints qu'une fable cosmogonique ou astronomique, inventée en Orient, il y a dix-huit siècles. La faction impie qui tourmentait depuis longtemps l'Europe toute entière, crut trouver un élément de succès dans le volumineux ouvrage de Dupuis. Par là sans doute, le mal a été produit pendant quelque temps, mais la raison et la vérité ont triomphé des citations tronquées et des erreurs, et l'on ignore généralement aujourd'hui jusqu'à l'existence du livre qui, selon son auteur, «devait faire une révolution dans le monde religieux et dans le culte de plusieurs grandes nations. » Mais, on ne peut nier que, souvent, dans ses recherches relatives à la mythologie grecque et latine, Dupuis a montré de la sagacité, et qu'il a fait même, de temps à autre, des remarques qui ne manquent ni de vérité, ni de profondeur, ni d'importance.

Cet écrivain, qui n'a vu, dans toute la mythologie des anciens peuples, que des allégories, des romans cosmiques, des fables astrologiques, a dû, lui qui repoussait comme absurde toute révélation, avoir quelque peine à combiner son système, à croire et à se rendre compte de la science des prêtres qui, par de longues observations, auraient jeté les bases de toutes les religions et trouvé dans les aspects et la marche des constellations qui roulent dans les cieux, l'origine de toutes les religions qui existaient sur la terre. Il avait été précédé dans ses idées et même inspiré par une foule d'écrivains dont les sentiments n'ont pas toujours été exprimés par lui avec le charme qui séduit, avec la force d'une conviction irrésistible. En parlant de Jupiter et de Junon, dont les monuments vont nous occuper dans ce chapitre, il voit dans le dieu la planète à laquelle les hommes ont donné ce nom, et aussi le Soleil, et il traduit, ou paraphrase plusieurs fragments des auteurs qui en ont parlé et qui ont, par leurs explications, répandu, non la lumière sur l'histoire de ce Dieu, mais les ténèbres qui enveloppent l'origine des religions de l'antiquité. On doit croire que le bon sens des masses populaires aurait rejeté les explications savantes que l'on trouve dans les livres, et que, si elles environnèrent de respect les autels des Dieux, c'est qu'elles adoptèrent des récits prétendus historiques, qui n'auraient pu résister à un examen sérieux, mais qui s'offraient sous l'apparence de vénérables récits, consacrés par le temps. Varron, qui assure [1] que l'on connaissait trois cents Dieux du nom de Jupiter, dit aussi : « *Jupiter* et *Junon* sont les mêmes Dieux que le Ciel et la Terre. Notre Jupiter, suivant Ennius, est le même Dieu que les Grecs appellent Αήρ, c'est-à-dire le vent qui engendre les nuées, puis la pluie, d'où provient le froid qui ramène le vent ou l'air. Or, tout cela a été nommé Jupiter, c'est-à-dire le dieu qui fait vivre, (*Juvat*), les hommes et tout ce qui existe ; comme tout provient de lui, ce poète le désigne par les titres de *Père et de Roi*, ou de *Dieu des Dieux et des hommes*. Le nom de *Pater* (père) vient de *patera* (se manifester), parce que du père sort la semence qui produit la conception et la vie. L'ancien nom de *Jupiter* confirme cette étymologie, car on l'appelait anciennement *Dijovis* et *Diespiter*, c'est-à-dire père du jour... De même que *Jupiter* est le *Ciel*, la *Terre*, son épouse, a été nommée *Junon*, parce qu'elle concourt avec lui à la vie, (*Juvat*), et Reine, parce que toutes les choses terrestres sont sous sa puissance. »

Selon Phérécyde *Jupiter* et *le Temps unique* existaient de toute éternité avec la *Terre*.

Quelques théologiens disaient que *Jupiter* était l'*Ame du monde*.

Aratus commence son poème sur les constellations par des vers dont voici le sens : « O Muse, chante d'abord *Jupiter*. Ce dieu remplit le monde entier ; il circule dans toutes ses parties : dans les eaux de la mer, dans les ports, dans l'homme qu'il guide, dans les astres qui éclairent et règlent nos travaux.»

Onomacrite avait recueilli des vers très anciens où l'on trouvait ce passage : « Joupiter, que l'on peint la foudre à la main, est le commencement, l'origine, le milieu et la fin de toutes choses ; puissance une et universelle, il régit le ciel, la terre, le feu, l'eau, le jour et la nuit. Toutes ces choses

[1] *De Ling. Latin.*

forment son corps immense. Ses yeux sont la Lune et le Soleil : il est l'Éternité, l'Espace ! » Selon Porphyre, *Jupiter* était l'Univers, ce qui constitue l'existence et la vie de tous les êtres.

Lucain a mis [1] dans la bouche de Caton des vers qui montrent la tendance de ce sage vers l'unité divine, ou plutôt vers le panthéisme.

« Le lieu où Dieu réside, est-ce la terre, l'eau, l'air ou le ciel et sa vertu ? dit-il. Pourquoi cherchons-nous Jupiter en ces lieux ? Jupiter est tout ce que nous voyons, et tous les lieux où nous nous mouvons. »

C'est sous le nom d'*Æther* que Virgile [2] désigne ce Dieu.

Tum Pater Omnipotens fecundis imbribus Aether
Conjugis in gremium lætæ Descendit, et omnes
Magnus alit, magno commixtus Corpore, fetus.

Selon Sénèque [1], l'Être que l'on nommait *Jupiter*, était le créateur, le gardien, le maître et le gouverneur de l'univers, et tous les noms lui convenaient : « Si vous l'appelez *Fatalité*, ou *Destinée*, vous ne serez pas dans l'erreur. Le nommerez-vous *Providence ?* votre expression sera juste, car c'est par lui que le monde existe et c'est lui seul qui sait en empêcher la ruine et la confusion. Le désignerez-vous sous le nom de *Nature ?* vous ne vous tromperez pas ; car c'est ce Dieu qui produit tout et dont l'esprit nous donne et la mort et la vie. Si vous dites qu'il est le *Monde,* vous aurez raison, car tout ce qui paraît à vos yeux c'est lui-même qui est tout dans ses ouvrages » [3].

Ces phrases ne sont que l'expression d'une sorte de panthéisme, ou de naturalisme, depuis longtemps adopté par les philosophes, et dont on a reproduit le système à diverses époques.

[1] *Pharsal.*
[2] *Georgiq.* lib. II.
[3] *Quest. Nat.* Lib. II.

Un ancien poëte assurait que Jupiter était le même dieu que Pluton, le Soleil et Bacchus :

Jupiter est idem Pluto, Sol et Dionysus.

C'était l'*Æther*, comme on l'a vu, selon Virgile.

N'oublions pas les paroles que Lucain met dans la bouche de Caton.

C'était, suivant Nonnus, de Panopolis, le même dieu que le Soleil, que l'univers entier invoquait sous des dénominations différentes.

Ce fut avec l'aide de ces dénominations diverses, données à un seul être, non différent de la Matière, ou plutôt n'étant autre chose que la Matière, qui n'aurait d'autre principe qu'elle même, que l'on parvint à proclamer l'*Univers-Dieu ;* à ne voir pour l'homme, aucun appui créateur, mais seulement la Nature disant aux initiés : *Je suis tout ce qui est, tout ce qui a été, tout ce qui sera, et nul mortel n'est parvenu à soulever le voile qui me couvre.* Bonté d'un Etre créateur, récompenses assurées à la vertu, espoir qui console d'un malheur passager, qui doit produire, pour les bons, des récompenses qui n'auront point de fin, existence d'une justice éternelle, toutes ces idées consolatrices ne furent plus que des chimères. Ainsi, selon toute apparence, cette doctrine devait porter à croire qu'il n'y avait pas de compensation pour les maux de la vie, et il eut paru ridicule d'espérer une rémunération pour la vertu ; ainsi, toutes les idées morales ne pouvaient paraître que de ridicules fantômes : ainsi, l'antiquité précédait, dans cette voie fatale, ceux qui, dans les temps modernes, ont voulu détruire la société, et bannir la religion de tous les cœurs, en lui substituant des doctrines délétères qui, de nos jours même, ont inspiré une partie de ceux qui, en renversant l'ordre établi, voulaient effacer et bannir les plus vénérables croyances et les plus saintes vertus.

Les vieux peuples, dont nous nous occupons, furent assez heureuxpour ne pas comprendre de vains systèmes qui tendaient à détruire toutes les doctrines religieuses, à remplacer, par des abstractions, des légendes, enseignées, commentées par les augures et les pontifes, et chantées par les poètes ; ils persévérèrent dans leur foi, et la Narbonnaise et la Novem-populanie eurent de nombreux monuments consacrés aux Dieux de l'empire, et surtout à Jupiter, qu'Hésiode considérait comme étant la source des biens et des richesses, et qu'on salua des titres de *Tout-Puissant*, de *Très Bon*, de *Très Grand*, de *Père des Dieux et des hommes*.

Nul culte n'a eu autant de sectateurs dans l'Aquitaine et dans la Narbonnaise, que celui du *Maître des Dieux et des hommes*. Bordeaux, cette noble cité, nous a laissé plusieurs marques de sa vénération pour Jupiter. Une inscription nous a conservé le souvenir du vœu fait, par un habitant de cette ville, à Jupiter *très bon et très grand*, ce particulier était nommé Antinoüs ; et c'est [1] Gruter qui nous a conservé l'inscription gravée sur ce monument :

ANTINOVS. EX. VOTO. FECIT
AC. IO. OPT. MAX
D. D

Une porte de Bordeaux conservait, a-t-on dit, dans sa dénomination, le souvenir du culte rendu à Jupiter.

A l'époque du dix-septième siècle un assez grand nombre de monuments antiques furent découverts à Bordeaux. Florimond de Remond en recueillit quelques-uns : d'autres furent placés dans l'hôtel du président de Nesmond. Parmi ces derniers, on remarquait une statue de Jupiter, tenant la foudre dans sa main gauche, près de lui était un aigle, et sur la plinthe on lisait :

DEO. INVICT. O. M.

Nous ignorons ce qu'est devenu ce monument indiqué par Gruter [2].

[1] Fol. XVI, nº 45.
[2] Fol. M. IX, nº 7.

Décoré du titre imposant de *Maître des Dieux et des hommes*, Jupiter fut adoré sous les noms de Zeus et de Jupiter par les peuples Hellènes et Latins. Des fables, des légendes, que l'on a voulu justifier en leur donnant le nom d'astronomiques, offrent des tableaux, que souvent la morale repousse, que le sentiment de la pudeur, la moins timorée, ne peut comprendre, et qui firent partie de l'histoire de ce Dieu redoutable.

Les monuments religieux ont trop souvent retracé les turpitudes de cet être mythique. Bordeaux nous a offert à ce sujet un bel autel quadrangulaire chargé de bas-reliefs, malheureusement mutilés ; l'un d'eux représente Jupiter assis sur un trône et plaçant l'une de ses mains sur l'épaule d'un jeune homme qui n'est autre, sans doute, que Ganimède ; un bandeau presse la tête du Dieu, sa main gauche tenait la haste pure ou le sceptre. L'aigle du Maître des Dieux, est placée entre les deux personnages. Sur la seconde face on remarque la figure de Junon, épouse et sœur de Jupiter. La haste pure est placée derrière elle. A ses pieds ont voit le paon, symbole ordinaire de cette déesse.

La troisième face de l'autel rappelle l'une des plus scandaleuses aventures de Jupiter ; là, le Dieu s'est transformé en cygne, et va donner à Léda des marques de sa tendresse adultère [1].

Il paraît assuré qu'il y eut jadis dans la ville d'Agen un temple où Jupiter fût adoré. Saint-Amans a même indiqué la position de cet édifice [2] ; l'auteur que nous venons de nommer affirme que l'existence du temple de Jupiter à *Aginnum* est incontestable, il dit à ce sujet : « Une inscription authentique, des traces de ce temple, très visibles encore, ne peuvent laisser subsister aucun doute à cet égard. »

Notre savant ami M. Chaudruc de Crazannes a fait

---

[1] *Atlas de l'Archéologie Pyr.*, Pl. XVI.

[2] *Essai sur les Antiquités du département de Lot-et-Garonne.* p. 28.

connaître, le premier, l'inscription autrefois placée sur le tombeau des jeunes ministres du culte de Jupiter à Agen. Son temple était au nord de l'ancienne ville, il occupait le lieu où fut ensuite fondé l'Hospice desservi par les frères de Saint-Antoine, édifice qui depuis appartint à une confrérie de Pénitents blancs, et devint, à l'époque de la révolution, une propriété particulière.

L'inscription dont il s'agit, trouvée à *Aginnum*, avait été encastrée dans l'un des murs du cloître, et ne fut guère connue qu'en 1793, lorsqu'il y fut établi un atelier pour la fabrication du salpêtre.

Elle est ainsi conçue :

DIS. MANIBVS
IVENES. A. FANO
IOVIS
SIBI. ET. SVIS

Voilà donc la preuve d'un temple consacré à Jupiter, et au service duquel furent attachés de jeunes Néophites. Et comme l'indique le savant M. Chaudruc de Crazannes, les restes de ce temple sont encore visibles. On s'aperçoit aisément que le mur du chevet de l'église s'élevait sur celui de l'ancien temple. Ce mur, actuellement l'un de ceux de la maison de M. de Lecussan, ou de l'une de ses dépendances, décrit une portion de cercle et peut se reconnaître par la fabrique romaine de la maçonnerie, si on l'observe du côté de l'est, dans un jardin adjacent. Le mur s'élève même de quelques pieds au-dessus du sol. Les petites pierres dont il est revêtu, et le ciment qui les unit, le caractérisent d'une manière incontestable.

M. de Saint-Amans nous a fait connaître une statuette en bronze de Jupiter [2]. Ce petit monument provenait sans

---

[1] IVENES pour IVVENES ?

[2] Au temps où M. de Saint-Amans écrivait sa *Huitième Notice*, cette statuette appartenait à M. le vicomte de Vivens; nous en donnons ici le dessin.

doute d'un Laraire. Le Dieu tient la foudre dans la main droite, et s'appuye de l'autre sur la haste pure. Cette figure est remarquable par ses formes et sa conservation [1], les yeux et l'extrémité du penis sont en or. Elle fut découverte à Mas-Saint-Côme.

Auch eut aussi un temple dédié à Jupiter, mais nous ne pensons pas qu'il soit possible d'indiquer aujourd'hui la place qu'occupait cet édifice dans la métropole des *Auscii*, seulement, et bien en dehors de la ville basse, près du château du Garros, nous avons retrouvé une statue en pierre représentant cet immortel. Le Dieu est assis ; dans le socle est un bas-relief qui représente Ganimède. Le travail est au-dessous du médiocre ; la conservation est presque entière [2], ce monument était sans doute placé dans un *Sacellum*, mais on n'a retrouvé aucune inscription consacrée à ce Dieu par les anciens habitants de la ville d'Auch.

Çà et là, dans nos campagnes, existent des habitations qui portent le nom de *Fanjeau*, dénomination qui provient de *Fanum Jovis*. Sur la droite, et à une médiocre distance de la voie qui, d'*Aquæ Tarbellicæ*, conduisait à *Tolosa*, existait autrefois un lieu dont le nom semblerait indiquer, ou le culte de ce Dieu, ou une image de Jupiter. Ce lieu nous est représenté aujourd'hui par une ferme qui, sur les cartes géographiques, prend le nom de *Cap de Lovis*, corruption de *Jovis ;* c'était autrefois la mutation dite *Ad Jovem* [3].

Sur un point plus rapproché de Toulouse, dans le village de Blagnac, (*Balneacum ?*) existait, au point nommé la *Sarasinière*, un temple, ou *Sacellum*, consacré à Jupiter, si l'on en juge par la principale figure qui y a été découverte sous nos yeux ; c'est une statue en pierre [4]. L'une des

---

[1] *Atlas de l'Archéologie Pyrénéenne*, Pl. XIV, n° 5.

[2] *Atlas*, Pl. XIV, n° 6.

[3] Le département du Tarn renferme une petite ville nommée Saint-Paul-Cap-de-Joux : c'est, dit-on, une tête de Jupiter, *Caput Jovis*, trouvée dans des fouilles, qui lui firent donner le surnom de *Cap de Joux*, ou, par corruption, *Cadajoux* ; mais cette origine nous paraît très suspecte.

[4] *Atlas*, Pl. XIV, n° 7.

mains devait tenir la foudre; le Dieu est entièrement nu ; une barbe épaisse couvre son menton; une bandelette ou *Strophium*, presse ses cheveux ; le torse actuellement conservé dans le Musée de Toulouse, est d'un meilleur style que la statue du même Dieu découverte à Auch.

Dans plusieurs Mémoires, encore inédits, on a donné le nom de Jupiter à l'une des deux têtes d'un hermès grec, découvert à Toulouse lors des fouilles exécutées en 1790, pour la plantation d'un arbre de liberté, sur la *Place* dite *du Capitole*.

Cet hermès à dû être porté en Gaule à l'époque Romaine.

Le style de cet objet précieux indique parfaitement son origine grecque ; l'une des têtes est barbue, les cheveux de la partie supérieure forment sur le front une foule de boucles arrondies [1] ; ceux des côtés se déroulent sur la poitrine; la seconde tête est juvénile ; les cheveux forment aussi sur le front trois lignes de boucles arrondies. Un *Strophium* presse cette tête, considérée comme celle de Jupiter. Les traits de la seconde indiquent l'âge de seize à dix-sept ans, tout au plus; nous pourrions y reconnaître Ganimède si la tête placée du côté opposé était incontestablement celle de *Zeus*, ou de Jupiter ; mais si l'antiquité figurée offre souvent de faciles solutions, elle offre aussi quelquefois, pour nous surtout, des problèmes insolubles. Un autre monument, remarquable comme objet d'art, provient de Toulouse et a été découvert sur les côteaux, près du point où existait au moyen-âge une *villa* du comte souverain de Toulouse [3]. Ce monument, assez bien conservé, et d'un très bon style, représente une tête

---

[1] *Atlas de l'Archéol. Pyrén.*, planche XIV, n° 8.

[2] Une portion de tête en marbre blanc découverte dans la ville basse d'Auch, ou d'*Augusta Auscorum*, a de très grands rapports avec celle-ci (Pl. XIV, n° 9). Les cheveux sont de même bouclés sur le front; les yeux ont été creusés afin de recevoir des prunelles en métal, ou en pierres de couleur ; le caractère de la figure semble annoncer qu'elle représente réellement Jupiter. Ce petit monument, comme les précédents, fait partie de nos collections archéologiques.

[3] *La Borio del Comte.* Archives de la ville, *ancien Cadastre* de 1478.

barbue ceinte du *Strophium*; le travail est très remarquable
et la conservation parfaite; on a cru y reconnaître aussi une
image de Jupiter[1].

Un petit buste en bronze, découvert dans les champs voi-
sins de la ville de Muret, est conservé maintenant dans le
Musée de Toulouse, auquel il a été donné par M. le docteur
Lay, habitant de Muret; c'est encore une image de Jupiter[2].

On a découvert aussi à *Vieille Toulouse* une figurine en
bronze représentant ce Dieu. Une autre, découverte à Caraman, offre l'image de Jupiter foudroyant, ou *Capitolin;* un
petit manteau flotte sur l'épaule gauche du Dieu. Bien que
cette statue soit mutilée, on s'aperçoit encore qu'elle représentait le vainqueur des Titans tenant la foudre et levant
le bras pour la lancer [3].

Jupiter fut particulièrement révéré dans nos montagnes.
La vallée d'Aure, possède encore un monument qui lui fut
consacré. Dans celle de la Neste, à Héches, un autel en
marbre blanc offre dans sa partie supérieure les trois lettres :

I. O. M.

initiales des mots *Jovi Optimo Maximo*. Un buste orne la
face principale de l'autel; des vases sont sculptés sur les
côtés latéraux. Une tête de taureau, une patère ronde et une
amphore, sont représentées au-dessous du buste [4].

L'un des bas-relief de l'autel trouvé à Bordeaux, représente Jupiter ayant une barbe épaisse, mais quelquefois il
est, comme sur l'autel que nous venons de décrire, privé
de cette marque de la maturité de l'âge.

Sur un autre monument, découvert dans le village de Marignac, à plus de cent vingt kilomètres de Toulouse, et à

---

[1] *Atlas de l'Archéologie Pyrénéenne,* Pl. XV, n° 1.

[2] *Ibid.* même Pl. n° 2.

[3] Même Pl. n° 3.

[4] Cet autel est conservé dans le cabinet de M. Rumeau, receveur des finances, à Tarbes. *Atlas.* Pl. XV, n° 4.

près de trois de Saint-Béat, dans les Pyrénées, a été découvert un autel où on lit la formule ordinaire :

I. O. M.

(*Jovi Optimo Maximo*). La tête du Dieu est sculptée au-dessus de l'inscription [1].

A une assez forte distance de la grande chaine, le village de Charlas nous a fourni un autel qui fut de même orné du buste de Jupiter; au-dessous on lit cette inscription [2] :

I. O. M.
C. FABIVS
LASCIVOS.
V. S. L. M. [3]

On peut se rappeler que *Caius Fabius Lascivos* nous était déjà connu par un autre monument très remarquable par ses formes, et qu'il consacra au Dieu *Atoillunnus*. Charlas est placé sur un point assez éloigné de Saint-Béat, lieu où l'on adorait *Astoillunnus*; mais, comme de nos jours, les sentiments pieux n'étaient point affaiblis par le calcul des distances, et nous allons en trouver un autre exemple dans la vallée de Barousse. Là existe un village presque inconnu ; on le nomme Ilheu. On y a découvert, depuis peu de temps, un autel élevé en accomplissement d'un vœu à *Jupiter très bon et très grand*. Le particulier qui fit le vœu, se nommait *Antonius Vindemialis*, et nous avons déjà trouvé ce particulier mentionné sur un autel consacré au Dieu *Ageion,* qui provient du village d'Aventignan; l'inscription, inédite encore, est ainsi conçue :

I. O M..
ANTONI
NVS VINDE
MIALIS
V. S. L. M. [4]

L'entrée de la vallée de la *Garumna*, ou de la vallée

[1] *Atlas*, Pl. XV. nº 5.
[2] *Jovi Optimo Maximo. Caius Fabius Lascivos. Votum Solvit Lubens Merito.* *Atlas*, Planche XV, nº 6.
[3] *Atlas*, Pl. XV, nº 7.
[4] *Atlas* Pl. XV, nº 8.

d'*Aran*, offrait, il y a peu d'années encore, dans l'église de
Marignac, un bel autel dont l'inscription nous apprend
qu'un particulier, nommé *Fortunatus*, avait élevé ce marbre en
accomplissement d'un vœu à Jupiter, Très Bon et Très Grand,
pour la conservation, la santé et le retour d'une femme,
appelée Petronia Magna, pour la conservation particulière de
celui qui faisait le vœu et pour celle de tous les siens. *Fortunatus* avait, en cette occasion, offert un sacrifice; voici l'inscription gravée sur cet autel :

I. O. M.

PRO SALVTE ET

REDITV PETRONIAE

MAGNAE. FORTV

NATVS. ACT. ARAM

CVM HOSTIA. FECIT

ITEM PRO SALVTE SV

V. S. L. M. [1]

Le mot abrégé ACT, qui se trouve à la cinquième ligne,
immédiatement après le nom de celui qui érigea le monument,
pourrait être considéré comme le nom du père de celui-ci,
si l'on voyait ensuite la lettre F, initiale de *Filius*, et on li-
rait alors : FORTVNATVS ACT*i filius*. Mais l'inscription
n'offre aucune trace de la lettre F. Il faut donc reconnaître
ici l'indication de la profession de *Fortunatus*; mais cette
abréviation, pouvant être remplie de différentes manières, doit
laisser beaucoup de vague dans cette détermination. Faut-il y
reconnaître un ACT*or causarum*, un avocat, ou un comédien,
ACT*or*, ou une sorte de Notaire, de Scribe, ACT*uarius?* Gruter ne s'en est point occupé. Cependant le mot ACT*or* se
montre quelquefois, comme le titre d'un officier de la maison
des empereurs; ainsi, on nous a fait connaître D. CLODIVS
FELIX, ACTOR CAES. N. [2], un ACT*or a Frumento Domi-
tiæ Aug* [2]. un ACT*or ad argentum*, un ACT*or adgentum*

<hr>

[1] *Mémoires de la société archéologique; Atlas.* Pl. XV, n° 9.
[2] Fol. DXCIII, 4.

potiorum L. CÆSARIS [1]. On trouve aussi, avec le seul titre d'ACT*or* plusieurs personnages que l'on peut regarder comme ayant appartenu aux différents théâtres existant dans l'empire [2].

Par une sorte de coïncidence fortuite, l'inscription votive D. *Claudius Felix*, déjà indiquée, contient aussi la même formule : PRO REDITV[3], que l'on voit sur celle de *Fortunatus*[4].

Nous avons retrouvé dans le pays des *Convènes*, quelques autres monuments consacrés à Jupiter. Le premier est un fragment d'autel votif, sur lequel on lit :

```
I. O. M.
ATAE LIB.
FAVSTO. AN.
.... CON .... 5
```

Il provient de la ville basse de *Lugdunum Convenarum* et était inédit, ainsi que le précédent, avant nos recherches. Un autre marbre est encastré dans la partie supérieure de l'escalier de l'église de Valcabrère ; on y lit l'inscription suivante :

```
I. O. M.
NIGRINVS AP
TI. F. ET. OPTIMI....
V. S. L. M. 6
```

Scaliger et d'autres ont recueilli dans les pays des *Convènes* et des *Onobusates* quelques autres monuments consacrés à Jupiter ; l'un d'eux offrait l'inscription suivante :

```
DEO
IOVI.
CLAM
OSA. CI
VIS. TR
```

[1] Fol. DLXXXII, 6.
[2] Fol. DLXXII, 9
[3] *Ibid*, fol. XX, n° 9. — XXV, 5 — XLIV, etc.
[4] HERCVLI DEFENSORI PRO REDITV ET ITV D. CLODI SEPTIMI ALBINI. CAESARIS. D. CLODIVS D. L. FELIX ACTOR CAES N. D. D.
[5] *Monuments religieux des Volces Tectosages, etc.*, par du Mège. P. 458.
[6] *A Jupiter très bon et très grand : Nigrinus, fils d'Aptus, et Optimius, ont volontairement acquitté le vœu qu'ils avaient fait.*

EVERA
V. S. L. M. [1]

Gruter a publié un autre monument consacré aussi à Jupiter et découvert chez les Convènes [2] ; cette inscription est conçue ainsi :

IOVI. O. M.
OB. C. S.
S. S...
V. S. L. M.

On voit, qu'à l'exception de deux mots, cette inscription ne consiste qu'en des lettres initiales, ou en sigles ; les deux premières lettres, O. M. indiquent les mots *Optimo Maximo*. Dans son chapitre intitulé *Notarum ac litterarum singularium vocumque* ABREVIATURUM INTERPRETATIO, Gruter rapporte ces sigles, mais ne les explique point ; nous croyons y voir une épithète, donnée peu communément à Jupiter, et commune sur les médailles de quelques empereurs, et particulièrement de Trajan, nous lirions donc ici : **OB** *Cives Servatos*. La dernière ligne étant composée des sigles **V. S. L. M.** offre la formule ordinaire **V**otum **S**olvit **L**ibens **M**erito, nous ne cherchons pas d'autre explication, car il nous parait impossible de remplir par des noms propres l'abréviation S, deux fois répétée. Nous sommes assuré cependant qu'elle désigne le personnage qui avait accompli le vœu qu'il avait fait à Jupiter en lui élevant cet autel.

Selon Gruter [3] on aurait aussi trouvé dans le Comminge l'inscription suivante :

I. O. M.
CN. POMPEIVS
MARTVS
V. S. L. M.

[1] D'après des renseignements qui nous ont été transmis, la partie supérieure de ce monument n'existerait plus ; mais la partie inférieure de l'autel est encore conservée à Tybiran, chez M. le baron de Fiancette d'Agos. Voir *Atlas de l'Archéologie Pyr.*
[2] *Atlas*, Pl. XV. n° 40.
[3] Page MLXIV, n° 8,

Elle doit être lue ainsi : *Jovi Optimo Maximo. CNeius* POMPEIVS MARTVS *Votum Solvit Libens Merito*. « A *Jupiter* très bon et très grand. Cneius Pompeius Martus a justement et volontairement acquitté le vœu qu'il avait fait. »

Une autre inscription découverte dans la même contrée annonce aussi que Jupiter y était honoré et qu'on lui donnait l'épithète de *Salutaire* :

IOVI
SALVTARI
VLPIANVS
GRAVI. INFIRMI
TATE. LIBERATVS

« A Jupiter Salutaire. Ulpianus, délivré d'une fâcheuse infirmité, a élevé ce monument. »

L'épithète de *Salutaris* fut très rarement donnée à ce Dieu. Le gaulois, *Ulpianus*, ayant été délivré d'une infirmité, crut qu'il devait sa guérison à cet immortel dont il avait peut-être invoqué souvent le pouvoir : maîtrisé par cette pieuse idée, il consacra un autel sur lequel il traça l'expression de sa reconnaissance. Si quelque chose pouvait justifier les égarements de l'esprit humain, a dit un homme célèbre, ce serait ce sentiment seul qu'on pourrait alléguer pour excuse.

Le village de Valcabrère, situé sur le sol de la ville basse de *Lugdunum*, possédait un monastère de l'ordre des Cordeliers de la Grande Observance; nous avons vu, quelque mois avant sa destruction, le magnifique cloître de cette maison religieuse. Les Piliers angulaires étaient formés du beau marbre rouge que fournissent les carrières de Signac, et que l'on peut comparer au marbre griote d'Italie; les arcs, les colonnes, les bases et les chapiteaux, provenaient des carrières de marbre blanc de la montagne de Rie; de nombreuses inscriptions sépulcrales étaient encastrées dans les murs, et, parmi ces monuments du moyen-âge, on voyait poindre, çà et là, quelques restes de monuments romains ; parmi ces derniers on distinguait, avant nos recherches, un bel autel votif consacré à Jupiter. Ce marbre antique fut remarqué par le chevalier Rivalz qui en obtint la cession [1]; il fait aujourd'hui partie des monuments réunis dans le Musée de Toulouse. De beaux vases de sacrifices sont sculptés sur les côtés latéraux ; sur la face principale on lit une inscription ainsi conçue :

I. O. M.
L. POMPEIVS
MASCLINVS
V. S. L. M. [2]

Le nom de Masclinus n'est peut-être ici que la contraction du mot *Masculinus* ou *Masculus*, connu par beaucoup d'autres inscriptions [3].

Quelquefois on n'inscrivait point le nom des Dieux sur les monuments qui leur étaient consacrés, ainsi sur un autel remarquable qui fut découvert, par feu notre ami M. Cailhol fils, près des murs de *Lugdunum Convenarum,* on s'était contenté de représenter le dieu tenant d'une main la Haste et de l'autre la foudre. Ce marbre n'était point sculpté en relief, la figure était seulement dessinée en creux; c'était un simple trait gravé profondément par le ciseau, et c'est peut-être, du moins pour nos contrées, le premier *specimen* de ce genre de sculpture employé si longtemps durant le moyen-âge [4].

La petite ville de Saint-Plancard dont le nom antique n'est point parvenu jusqu'à nous, mais où, comme on l'a

---

[1] Rivalz, *Différents morceaux, antiques,* avait parfaitement copié cette belle inscription. *Atlas,* Pl. XV, n° 11.

[2] *Atlas de l'Archéol. Pyrénéenne.* Pl. XV, n° 12.

[3] Le bon Lastrade avait lu : (*Relation de la translation d'une relique de saint Bertrand,* publiée en 1742).

S O M.
L POMPEIVS
MASCLINVS
V. S. L. M.

[4] *Atlas,* même Pl. n° 13.

vu [1], on adorait le Dieu Aquitain Sutugion. Il avait, aux temps romains, des adorateurs de Jupiter. Un autel votif, placé dans le mur de l'église de ce lieu, offre l'inscription suivante qui était encore inédite :

I. O. M.
ANTONIVS
OPTATI. F
V. S. L. M. [2]

En concevant le plan de cet ouvrage, nous avions résolu d'y rassembler tous les souvenirs historiques qui se rattachent à l'ancienne existence des Aquitains et des Tektosages, et nous ne pouvions oublier les colonies que ces derniers ont jetées au-delà du Rhin, vers la forêt Hercynie, et surtout dans l'Asie-Mineure. Pour atteindre ce but, nous avons sollicité, mais en vain, une mission scientifique dans ces contrées lointaines; il nous semblait que nous retrouverions là des traces de ces Tektosages autrefois si célèbres ; nous ne sollicitons point d'allocation onéreuse pour tel ou tel ministère, nous ne réclamions qu'une protection complète, et des marques officielles d'une haute sympathie. Nos amis le savent; toute notre vie n'a été qu'une série de sacrifices ; et, dans des dangers que nous pouvions éviter, nous avons souvent redit en des temps désastreux pour la France :

Dulce et decorum est pro patriâ mori.

Mais nous n'avons rien obtenu, et cela devait être ; un provincial, qui n'était connu que par son zèle et par les regards bienveillants de l'Institut, pouvait-il être exaucé? Ainsi nous n'avons point recueilli les dessins des *Grands Simulacres* en pierres brutes, des *Menhirs*, des *Peulvans*, des *Dolmens* élevés, sans doute, dans l'Asie-Mineure par nos ancêtres, et où reposent les cendres de ces héros des premiers âges. C'est ainsi que nous avons été réduit, pour une très faible portion de notre ouvrage, et à notre grand regret, au simple rôle de co-

[1] *Supra.*
[2] Même Atlas. Pl. XV bis, n° 5,

piste. Ainsi nous reproduirons ce que d'autres ont recueilli, et nous répéterons ce que nos Tektosages, habitués sur les bords de l'Halis, ont gravé sur les marbres de l'Asie-Mineure, en langue grecque, devenue commune parmi eux, bien que selon le témoignagne imposant de saint Jérôme [1], les Galates eussent conservé le langage de la Celtique. Placés au milieu des nations où la civilisation des Hellènes dominait en souveraine, ils adoptèrent le culte en honneur dans ces contrées, sans peut-être oublier entièrement les croyances druidiques. L'adoration de Zeus, ou de Jupiter, fut en honneur parmi eux, et tandis que la vieille patrie gauloise élevait aux pieds des Pyrénées des autels au *Maître des Dieux et des hommes*, ils unissaient au culte de ce Dieu, surnommé quelquefois *Sérapis*, celui d'*Isis*, d'*Anubis*, d'*Harpocrate* et des *Dioscures*, ainsi que le prouve l'inscription suivante, expression du vœu fait par Apollonius, fils d'Apollonius, pour la Victoire, et l'Eternité de *Marcus Aurelius Antoninus*, de *Marcus Aurelius Commodus*, pour leur Maison, et pour le sénat et le peuple de la métropole, *Ancyre des Tektosages*.

ΔΙΙ ΗΛΙΩ ΜΕΓΑΛΩ ΣΑΡΑΠΙΔΙ ΚΑΙ ΤΟΙΣ ΣΥΝ
ΝΑΙΟΣ ΘΕΟΙΣ ΤΟΥΣ ΕΩΤΗΡΑΣ ΔΙΟΣΚΟΥΡ
ΟΥΣ ΥΠΕΡ ΤΗΣ ΤΩΝ ΑΤΤΟΚΡΑΤΟΡΟΝ ΣΩΤΗ
ΡΙΑΣ ΚΑΙ ΝΕΙΚΗΣ ΚΑΙ ΑΙΩΝΙΟΥ ΔΙΑΜΟΝΗΣ Μ
ΑΥΡΗΛΙΟΥ ΑΝΤΩΝΕΙΝΟΥ ΚΑΙ Μ ΑΥΡΗ
ΛΙΟΥ ΚΟΜΜΟΔΟΥ ΚΑΙ ΤΟΥ ΣΥΜΠΑΝΤΟΣ
ΑΥΤΩΝ ΟΙΚΟΥ ΚΑΙ ΥΠΕΡ ΒΟΥΛΗΣ ΚΑΙ
ΔΗΜΟΥ ΤΗΣ ΜΗΤΡΟΠΟΛΕΩΣ ΑΓΚΥΡΑΣ
ΑΠΟΛΛΩΝΙΟΣ ΑΠΟΛΛΩΝΙΟΥ

[1] Cette inscription a été traduite en latin de la manière suivante :

Jovi soli magno Serapidi et ejusdem
Templi Diis, Servatores, Dioscuros
Pro Imperatorum salute,
Et Victoria et perennitate M. Aurelii
Antonini et M. Aurelii
Commodi, et universæ
Ipsorum Domus, et pro Senatu, et
Populo, Metropolis Ancyræ.
Apollonius Apollonii (Filius.)

[2] Vid. Montfaucon. *Paleog. Gr.* P. 463.
Tournefort, *Voyage au Levant* II, p, 449. Muratori, *Thesaur.* 1020, 3.
Roudil de Berriac, *Monumentorum Gallaticorum* 74, etc.

Toutes les tribus des Tektosages demeurées dans la vieille Gaule, et les peuplades voisines, rendirent un culte solennel à ce *Maître des Dieux ;* mais le temps en a souvent effacé les traces. Nous avons, dans notre première jeunesse, entendu les habitants de nos contrées jurer *per Jou !* et, fidèles à une coutume transmise de génération en génération depuis vingt siècles peut-être, prendre ce Dieu à témoin de la vérité d'un fait dont quelques personnes semblaient douter. De même, dans une portion de l'Aquitaine, les femmes de notre époque attestent encore Junon pour affirmer l'exactitude d'un récit; on les entend s'écrier souvent dans les villages situés entre l'Isle-en-Jourdain, Cologne et Auch : *Per Joun !* comme leurs aïeules, qui avaient chacune leur protectrice, leur déité tutélaire, leur Junon. Et comme on lit quelquefois dans les inscriptions consacrées par des hommes, *Genio suo,* on trouve sur quelques-unes dédiées par des femmes, *Junoni suæ,* ce qui atteste, dit D. Martin [1], que si chaque homme adressait un hommage à son *Génie,* chaque femme faisait son vœu à sa *Junon,* et ce souvenir des vieux temps existe encore dans notre *Aquitaine.*

Considérée simplement comme épouse du puissant *Maître des Dieux,* Junon partagea dans la même contrée le culte rendu à celui-ci. On voit la figure de cette Déesse sur le bel autel découvert à Bordeaux, et que nous avons déjà fait connaître [2]. Mais dans cette même ville, les *Junons,* les protectrices des femmes, étaient adorées; une inscription, qui existait à Bordeaux chez le savant Florimond de Remond [3], était ainsi conçue :

IVNONIBVS

IVLIAE ET

SEXTILIAE

[1] *Religion des Gaulois* II. 162, 163.
[2] *Suprà*   et *Atlas ,* Pl. XVI.
[3] *Gruter ,* XXV, n° 11.

et c'est, comme on le voit, deux femmes qui avaient érigé ce monument aux *Junons*.

Des recherches exactes et des fouilles quelquefois heureuses, fournissent de nouveaux documents sur l'universalité du culte de Jupiter. En 1842, feu M. V. Cazes, de bien regrettable mémoire, retrouva, dans la vallée d'Aure, sur le mur d'une vieille église en ruines, cette inscription encore inédite :

I. O. M
CILEX. SALINI F
V. S. L. M

Si de cette pittoresque vallée, nous nous transportons à l'extrémité méridionale des Pyrénées, le lieu d'Angustrina, situé sur les bords de la Sègre, entre Mont-Louis et l'antique Livia, sur la route qui conduit aux Thermes des *Escaldas*[1], avait conservé encore, en cette même année 1842, un autel antique dédié à Jupiter, et sur lequel on lit cette inscription qui annonce qu'un particulier nommé C. P. *Polibius* avait accompli le vœu qu'il avait fait à Jupiter-Très-Bon et Très-Grand :

I. O. M
C. P. POLI
BIVS
V. S. L. M[2]

[1] *Les Chaudes*, ou *les Eaux-Chaudes*. « Les Romains, dit M. Henry, avaient un établissement thermal aux *Escaldas*. Ce qui en restait encore a entièrement disparu dans les dernières restaurations faites au local. D'après Marca, il semblerait que les bâtiments romains devaient être assez bien conservés de son temps, puisqu'il les qualifie de *somptueux*. En 1787 ces bains ne consistaient qu'en un *lavacrum* de 8m 76c de longueur sur 4m 50c de largeur et 0m 97c de profondeur; ils étaient pavés en larges dalles. On descendait dans ce *lavacrum* par trois escaliers en marbre blanc, courant sur les quatre faces. A la même époque, on voyait encore quelques traces du *sudatorium*. En 1817, nous avions encore retrouvé une partie de ces constructions; mais tout a disparu dans la reconstruction faite en 1824. »

[2] M. de Basterot qui découvrit, en 1838, cet autel votif dans le cimetière du village, lut d'abord:

D. O. M

Le pays des *Consorani* donna aussi des marques de sa vénération pour Jupiter. Non loin du chef-lieu de ce peuple antique, une montagne conserve encore dans sa dénomination actuelle, Montjoy (*Mons Jovis*), le souvenir du culte rendu à ce Dieu.

Un autel votif, qui a été trouvé dans l'église de Lescure, et que l'on a placé dans la Bibliothèque publique de la ville de Foix, autrefois capitale du comté de ce nom, offre, sur sa face principale, l'inscription suivante, publiée par nous dans les *Mémoires de la Société Archéologique* :

I . O . M

AVTOR

BONARVM

TEMPES   (*sic*)

TATIVM

. . VAL . IVSTVS

Jupiter était, selon les croyances des anciens peuples, le plus puissant des Dieux. On lui attribuait, en général, et les châtiments subis par les nations et par les particuliers, et les biens qui récompensaient la piété et les vertus. L'influence que lui reconnaît ici l'inscription retrouvée à Lescure, rappelle que, quand le prêtre de Jupiter plongeait une branche chêne dans la fontaine du Mont-Lycée, les moissons, les qu'une longue sécheresse allait faire périr, recevaient de une pluie abondante, reprenaient une nouvelle vie ; fruits c'est peut-être sous l'empire d'une idée semblable à celle-ci que Valerius Justus éleva le monument que nous rapportons, et qu'ailleurs l'on donna à ce Dieu l'épithète de *Plu-*

mais cette formule devait commencer par un I, et non point par un D. Elle aurait pu cependant être altérée pour lui faire signifier *Deo Optimo Maximo*, mots qui se trouvent ainsi abrégés sur beaucoup de monuments religieux du seizième et du dix-septième siècles. Mais les Romains les inscrivaient aussi sur les marbres consacrés à Jupiter, et nous en donnons ici, page 463, un exemple dans l'inscription gravée sur la plinthe d'une statue découverte à Bordeaux. La formule ordinaire, *V. S. L. M*, qui termine l'inscription, suffit d'ailleurs pour montrer que le monument retrouvé par M. de Basterot, est réellement antique.

vius d'*Innoxius*. C'était le *Jupiter* bienfaisant. Cet être divin, adoré par Valerius Justus, n'était peut-être pas différent de celui qui, selon saint Augustin, portait le nom d'*Almus*, nourrissant, ou d'*Alumnus*, père nourricier, ou qui nourrit, parce qu'il était considéré comme donnant la vie à toutes choses.... Dans la Grèce et dans l'Italie, une notable portion des montagnes était consacrée à Jupiter; il en fut de même des Alpes et des Pyrénées. Les anciens peuples aimaient à lui dresser des autels sur les hauteurs et à y ériger des temples en son nom.

Aucun culte n'a été plus célèbre, ou au moins plus répandu que celui de Jupiter chez les peuples auxquels nous avons succédé. Les fouilles exécutées dans les localités les plus anciennement habitées, et les travaux agricoles nous rendent, chaque année, des monuments qui représentent ce Dieu ou qui le rappellent. Son image faisait partie de l'ornementation des nombreuses *villa* dont on retrouve les ruines dans nos contrées. Le magnifique palais, bâti non loin des champs où nous avons cru pouvoir indiquer la place de l'ancienne *Calagorris* des *Convenœ*, nous en a fourni la preuve. Là, une longue suite de médaillons, sans doute encastrés autrefois dans les murs, formaient, depuis quinze ou seize siècles peut-être, une riche décoration intérieure. Parmi ces objets, retirés par nous du milieu des ruines entassées, nous avons retrouvé un magnifique buste de *Jupiter*, environné d'un cadre. La tête du Dieu est ceinte du *Strophium*, large bandeau qui orne souvent ses images. Sa barbe descend sur sa poitrine en larges torsades parallèles; ses cheveux sont, de même, disposés des deux côtés d'une manière uniforme. L'épaule droite de ce buste, qui est d'un très grand relief, a été restaurée; la face avait peu souffert. Ce marbre a soixante-quatre centimètres de diamètre [1].

Un autre médaillon du même style a été retrouvé près de

---

[1] *Atlas de l'Archéologie Pyrénéenne*, Pl. XVII, n° 1.

celui que nous venons de décrire ; il représente une déesse : un diadème décore sa tête, les cheveux sont disposés avec art, les traits ont de la grandeur et de la majesté[1]. Nous avons cru y reconnaître *Junon*, la sœur et l'épouse de *Jupiter*, et notre opinion a été confirmée par le comte de Clarac, accouru au bruit des fouilles heureuses qui, en 1826, rendaient à l'art, à la mythologie et à l'histoire, une longue suite de monuments depuis longtemps ensevelis dans le sol de la vieille Aquitaine ; restes précieux et qui ont enrichi l'un des plus importants Musées de nos provinces.

C'est dans la salle, que nous venons de mentionner, et qui fut décorée par ces deux médaillons, que nous avons retrouvé, en 1826, un monument de même forme, de même dimension et qui représente la Mère des Dieux, dont la tête est ornée de la couronne murale[2], et un autre représentant le berger chéri de la Déesse, reconnaissable d'ailleurs au *Corno* qui recouvre sa chevelure.

On a cru, depuis la renaissance des lettres, que Toulouse avait, aux temps romains, possédé un temple consacré à Jupiter ; mais on n'a pu déterminer le lieu où s'élevait cet édifice. Guillaume de Catel, qui a rendu d'importants services à l'histoire locale en réunissant et en plaçant par ordre chronologique, dans son *Histoire des Comtes de Tolose*, une foule de chartes inconnues avant lui, n'a rien entrepris de remarquable sur nos antiquités proprement dites, et a même montré la plus grande indifférence à ce sujet. Ce qu'il a écrit sur le prétendu Capitole de Toulouse ne fait connaître que le peu d'aptitude de ce magistrat qui dédaigna, ou méconnut complètement les monuments de sa patrie.

---

[1] *Ibid.* même Pl. XVII, nᵒˢ 3 et 4.

[2] Cette image nous rappelle, qu'à Bordeaux, la Grande Mère avait des adorateurs ; une rapportée par Gruter, XXXI, nᵒ 7, est en effet connue en ces termes :

MAGNAE MATRI
C. IVLIVS

mais on ne sait point dans quelle partie de la ville était le lieu consacré particulièrement à cette Déesse.

Paul Hentznerus[1] et le P. Brouver[2] ont annoncé que le Capitole de Toulouse était situé dans le lieu où existait de leur temps la *Maison de l'Inquisition ;* mais ce sentiment ne peut être adopté, bien que Nicolas Bertrand semblerait être de cette opinion. Catel[3] avait conjecturé que cet édifice était plus rapproché de l'Hôtel-de-Ville actuel : « Il semble, dit-il, y avoir plus d'apparence que le *Capitole* estoit anciennement à la maison de M. Puget, dans la *Rue de la Porterie*, joignant Saint-Quintin, où l'on voit encore des masures et ruines de grandes tours, et crois-je qu'en ce lieu-là, il y eut jadis une porte de ville, d'autant qu'il est certain que le *Capitole* estoit toujours un lieu fort, et le plus souvent une porte de ville, comme l'on voit que sont aujourd'huy les bastilles ou citadelles. S. Hiérosme, en son *Commentaire sur Isaïe,* expliquant ce mot de *Capitolium*, dit que c'est un arsenal ou forteresse; et bien que Saint-Quintin soit aujourd'hui une bien petite chapelle, néanmoins j'ai remarqué que c'estoit par le passé quelque chose de plus grand. Car, outre qu'en bâtissant les murailles on y employoit sans ordre d'anciennes pierres entaillées de quelques figures, j'ai lu, dans un acte fait en l'an 1175, que les *Capitouls* assembloient quelquefois le Conseil dans ladite église. » Nous avons rapporté ailleurs l'entier passage de Catel ; mais si ce n'est l'indication précise des ruines qui, de son temps, existaient sur ce point, on n'y trouve rien d'assuré, rien de certain sur l'édifice qui aurait en même temps été une forteresse et un temple de *Jupiter.* N'oublions pas de faire remarquer que le nom que portaient les officiers municipaux de Toulouse, n'a pu être pris de celui du *Capitole.* Ces magistrats faisaient partie d'un corps nommé *Capitulum*, ou Chapitre, et ils sont désignés dans les anciennes chartes, tantôt par le titre de *Consuls*, tantôt

[1] *Itiner.*
[2] *Fortun. Comment.*
[3] *Mémoires de l'Histoire de Languedoc.*

par celui de Capitulaires, *Capitularii*, (ou *Capitoliers*, en langue romane); leurs images, peintes dans l'église de Saint-Quintin, ne prouvent rien sur l'identité de cet édifice avec une partie du *Capitole*. Ils sont aussi représentés dans les peintures murales de la chapelle de Saint-Exupère, qui existe dans la bourgade de Blagnac, mais ces peintures ne remontent qu'au quinzième siècle. Des fouilles assez profondes ont eu lieu, il y a peu d'années, sur le sol indiqué par Catel, et elles ont produit la vue de la partie inférieure de l'enceinte de Toulouse, au temps de la domination romaine, les fondements d'une tour et aussi d'un mur qui se prolongeait vers la rue de Saint-Rome ; mais rien qui pût indiquer sur ce sol l'existence d'un ancien temple.

Une porte, assez large, mais n'ayant aucun ornement architectural, fut retrouvée, il y a longtemps, près de l'église de Saint-Quintin, et l'on a cru y reconnaître la *Porta Arietis* qui aurait donné son nom à la rue qui longeait cet édifice et que l'on appelait *la Portarie ;* quelques écrivains du pays ont avancé qu'elle était décorée de l'image d'un Bélier, et l'on a songé à *Jupiter-Ammon,* dont la tête était chargée des cornes de cet animal. Mais d'autres ont assuré que cette figure était triple, et ils l'ont nommée l'*Idole des Trois Béliers ;* des légendes absurdes sont venues à l'appui de l'origine donnée à cette figure monstrueuse. Il a fallu enfin renoncer à ces fables et n'y voir que le produit d'une imagination peu ingénieuse, ou l'une de ces légendes qu'au moyen-âge on livrait à la crédulité populaire.

Si l'on n'avait point les vers de Sidonius Apollinaris, on ne serait pas très assuré sur les circonstances du martyre de saint Saturnin, et il faudrait reconnaître qu'il n'existe aucune trace du culte de *Jupiter* dans Toulouse, à moins que des restes de sculpture qui servaient de décorations dans les demeures de quelques habitants, ne soient regardés comme des marques de ce culte. Aucune inscription n'a d'ailleurs fourni d'indice à cet égard.

Le Capitole de Toulouse avait une sorte de renommée durant les premiers siècles du Christianisme, et elle était fondée sur de pieuses croyances et sur quelques passages pris dans des poèmes qui existent encore. C'est dans le Capitole de Toulouse que saint Saturnin, premier évêque de cette ville, aurait trouvé une mort glorieuse pour avoir refusé d'offrir ses hommages à *Jupiter* et à *Minerve* : on sait que le Capitole était, à Rome, non-seulement un ouvrage de défense, mais aussi un temple où Jupiter était adoré. Sidonius s'exprime ainsi :

> *Nunc Saturninum pia turba cantet,*
> *Qui Tolosatum tenuit cathedram,*
> *De gradu summo Capitolorium*
> *Præcipitatum.*

> *Quem negatorem* Iovis ac Minervæ
> *Et crucis Christi bona confitentem,*
> *Vinxit ad Tauri latus injugati*
> *Plebs furibunda.*

> *Ut per abruptum bove concitato*
> *Spargeret cursus lacerum cadaver,*
> *Cautibus tinctis calida soluti*
> *Pulte cerebri.*

On peut croire que, par imitation, *Jupiter* fut vénéré dans le Capitole de Toulouse, mais il ne faut pas conclure des strophes de Sidonius que nous venons de citer, que *Minerve* y fût aussi l'objet d'un culte particulier. Saturninus refusa d'adorer les Déités protectrices de l'empire romain, et le poète ne pouvant toutes les nommer, a choisi le *Maître* des Dieux et Minerve, sa fille immortelle. Lafaille [1], en rapportant les vers de Sidonius, a remarqué que le poète latin a écrit *Capitoliorum* au lieu de *Capitolii,* pour faire le vers. Mais, selon l'abbé Magi [2], le président Bertier [3] se sert du mot *Capitoliis* dans sa préface en prose, et il ajoute que « c'est le terme qu'ont employé les auteurs grecs et

---

[1] *Annales de Toulouse*, I.
[2] *Remarques d'un Russe sur la Colonie et le Capitole de Toulouse*, 53.
[3] *Philippi, Berterii. Tolosa, sive Iconum.*

latins pour distinguer des forteresses, des temples. Une médaille grecque porte pour légende : ΚΑΠΙΤΩΛΙΑΣ ΙΕΡΑ, *forteresse sacrée.* »

Nous avons dit autrefois que le *Capitole* de Toulouse pouvait être un édifice de ce genre[1] ; il servait à la défense de la ville et *Jupiter Capitolin* y était adoré. On sait que ce Dieu chérissait les forteresses. « Rien n'est plus saint que les Rois, dit Callimaque à Jupiter[2], aussi toi-même en as fait ton partage : tu leur as confié la garde des villes; mais *du haut des citadelles,* tu veilles sur ceux d'entr'eux qui dirigent ou détournent les voies de la justice.» Une médaille, frappée à Smyrne, et sur laquelle on donne à *Jupiter* le surnom d'ΑΚΡΑΙΟΣ[3], montre que les habitants de cette ville croyaient qu'il présidait à la conservation de leur forteresse.

Remarquons que le poète latin Fortunatus, en parlant du *Capitole* de Toulouse, ne nomme point les Dieux qui y étaient révérés :

Sed vitiata malis, et plebs infecta venenis,
Curari effugiens, œgru jacere volens,
Comprendit malesana virum, et Capitolia *duxit*
Atque sum medico vulnera plura dedit.

Nous avons dit ailleurs que selon une tradition transmise d'âge en âge, la petite ville de *Fanjeaux,* dont le nom est *Fanum-Jovis* dans plusieurs chartes, tirait sa dénomination d'un temple où *Jupiter* était adoré.

Lors de nos premières recherches dans le département de l'Aude, en 1821, une tradition que l'on retrouvait dans toutes les classes de la population, portait que l'église de ce lieu avait été bâtie sur le sol même du Temple consacré au *Roi des Dieux et des hommes.* On montrait, au centre de la ville, une mare, un étang, portant le nom de

[1] *Monuments Religieux,* etc.
[2] *Hymn.*
[3] Saint Amans, *Comm. histor., 221.*

que sous le règne d'El Hescham, on s'empara de la célèbre ville de Narbonne, et qu'entr'autres humiliations auxquelles elle dut consentir, fut le transport d'un certain nombre de charges des matériaux qui formaient ses murs, et qu'il fallut charrier jusques devant la porte du roi El Hescham , à Cordoue; il ajoute que, « ce prince fit employer ces débris à la construction de la grande mosquée qui est vis-à-vis les jardins » .

C'est donc aux Arabes qu'il faut attribuer la destruction des monuments de Narbonne[1], et alors que les historiens de ces conquérants indiquent un fait de cette nature, il faut bien les en croire. On ne saurait non plus les contredire , alors qu'ils placent aussi au nombre des trophées de la conquête de Narbonne , le pillage des statues de l'une des églises de cette ville , « dont la prise figura longtemps dans les traditions des Arabes Andalousiens, comme l'incident le plus merveilleux de la conquête de Narbonne. » Ces étrangers avides ont sans doute plus fait de ravages dans la Province Romaine que les autres conquérants de cette riche contrée. Nous n'ignorons point qu'un préjugé favorable aux ennemis de l'Évangile, a eu quelque influence sur beaucoup d'écrivains français; nous savons que ces écrivains ont vanté les connaissances , la civilisation des Sarrasins établis dans la Péninsule Hispanique. Mais l'on sait que ces exagérations furent dictées par le désir d'abaisser les sociétés chrétiennes du huitième siècle, de les avilir en les comparant aux Musulmans de cette époque, et de les montrer à la fois ignorantes et barbares. Tout était bon , tout était applaudi, même les plus grossiers mensonges, alors qu'il fallait exalter les vertus de ces dévastateurs de la terre. Leurs successeurs, encore campés à l'une des extrémités de l'Europe, et que la vraie civilisation repousse, n'ont que trop justifié la haine de nos aïeux. Nous désirons que l'on conserve toujours la trop

[1] *Histoire générale de Languedoc*, II. *Additions et notes* 51. Nouv. édit.

célèbre mosquée de Cordoue et les capricieux ornements de l'Alhambra, que nous avons dessinés autrefois ; mais à ces traces, d'un goût étrange, nous préférerons le style hellénique et les vieux temples de Narbonne dont nous signalons dans cet ouvrage les quelques restes qui rappellent, parmi nous, les nobles conceptions de l'architecture en Gaule à l'époque de la domination des Césars.

Nous avons copié, avec le plus grand soin, cette frise [1] et trois autres fragments qui devaient l'accompagner ; on croit que le temple, décoré par ces restes, fut élevé par Auguste pour remercier les dieux d'avoir été préservé de la foudre pendant le séjour qu'il fit en Espagne afin d'assujettir les peuples de cette contrée qui résistaient encore aux armes romaines [2].

Des frises et des métopes éparses çà et là dans les murs, et ornées de têtes de taureaux, ont pu faire partie de quelques temples consacrés, soit à Cybèle, soit à Jupiter dans Narbonne [3].

On a cru pendant longtemps, à Bordeaux, que le nom imposé à l'une des portes de cette ville, la *Porte Dijeaux*, indiquait à peu près la place, ou le voisinage d'un temple de Jupiter. Un auteur du seizième siècle, Zinzerling, mentionne [4] l'inscription que nous avons rapportée. Il s'exprime à peu près ainsi : « En sortant de l'Hôtel-de-Ville nous avons parcouru un lieu chéri des Muses, c'est-à-dire les jardins du savant Rémond. Nous y avons remarqué une statue de Jupiter tenant la foudre dans sa main gauche. Près de lui était jadis un aigle, mais on n'en voit plus aujourd'hui que les serres. Sur la base est l'inscription DEO INVICT. O. M ; ce monument fut trouvé dans une cour près de la *Porte Dijeaux ;* elle sert encore de nouvelle

---

[1] *Atlas de l'Archéologie Pyrénéenne.* Pl. XVIII, nos 2, 3, 4 5 etc.
[2] Tournal. *Description du Musée de Narbonne,* 67.
[3] *Atlas,* Pl. XVIII-XIX, nos 1, 2, 3, 4, 5, 6, etc.
[4] *Jodoci Sinceri. Itinerarium. Appendix,* 38.

preuve que le temple de Jupiter, était, ainsi que nous
l'avons dit, voisin de cette porte. »

Cette opinion a été examinée de la manière suivante par
M. J. M. F. Jouannet [2], qui a si bien mérité de la ville de
Bordeaux et du département entier de la Gironde, par ses
nombreuses et importantes publications. « Zinzerling ne
plaçait point le temple de Jupiter dans la ville ; mais hors
des murs, au mont Judaïc, à l'endroit même où furent
trouvées, en 1591, plusieurs antiquités. Pour arriver à cet
endroit, on passait sous la porte Dijeaux (*Porta Iovis*).
Mais ce mot *Dijeaux*, veut encore dire, en patois du pays,
Porte des Juifs. Or, au seizième siècle les Juifs logeaient au
mont Judaïc et dans la rue du Pont-Long. »

On a découvert un autre monument consacré à Jupiter
dans les fondements de l'ancienne Tour de Gassies, sur la
ligne orientale de l'ancienne enceinte romaine de Bordeaux.

Ce monument est un autel dont les deux faces principales portent une même inscription [3]. Elle est conçue ainsi :

IOVI AVG.
ARVLA. DONAVIT
S. S. MARTIALIS CVM
TEMPLO. ET OSTI.

« La forme des caractères, dit Jouannet, nous paraît
appartenir aux premiers temps. » L'examen du monument
pourrait faire naître une opinion contraire ; la forme de ces
mêmes caractères, le mélange de lettres de diverses grandeurs et l'union de quelques-uns, pourraient ne faire remonter la date de cet objet qu'à la fin du second siècle.

Jouannet lit ainsi : IOVI AVGVsto, ARVLA DONAVIT *sanc-
tus sacerdos* (ou *sacro suscepto*), MARTIALIS CVM TEMPLO
ET OSTIO *Consecravit*.

1 *Académie royale des Sciences, Belles-Lettres et Arts de Bordeaux*, 1832;
p. 122 et seq.

2 *Atlas de l'Archéol. Pyrén*, Pl. XVIII-XIX, n° 7.

A la vue de cet autel, privé de sa base et de sa corniche, et qui n'a que 0 m. 60 c. de haut, Jouannet s'est demandé si *Arula* est ici un nom propre, ou bien un diminutif d'*Ara*, «mot peu usité dans les inscriptions, mais que l'on croit synonime de *Foculus*, et désigne comme lui un petit autel destiné à brûler des parfums. Dans le premier cas la femme *Arula* aurait offert à Jupiter ce petit autel, et le prêtre Martialis l'aurait consacré en même temps que le Temple et à sa porte. Dans l'autre hypothèse, ajoute l'Académicien Bordelais, l'offrande et la consécration appartiendraient au prêtre Martialis; mais alors *Arula* serait à l'ablatif, et il faudrait, ou sous-entendre un mot, ou donner une autre interprétation aux deux initiales qui précèdent le nom du prêtre; ou, peut-être encore, admettre l'oubli d'un M, à la fin du mot *Arula*, oubli dont toutes les époques nous offrent des exemples... »

Jouannet a interprété par le mot *ConSecravit*, le c minuscule qu'il a cru reconnaître à la dernière ligne, et l'S qui la termine. Un savant étranger qui venait d'examiner avec nous les inscriptions tauroboliques de Lectoure, et qui se rappelait que dans la plupart, le nom du prêtre se trouvait rappelé presque toujours à la fin, et quelquefois aussi vers le milieu de l'inscription [1], croyait en négligeant le c minuscule qu'il fallait lire, non pas *Consecravit*, mais *hostis Suis*.

Nous reconnaîtrons nous, seulement ici, la pieuse *Arula*, comme ayant fait élever cet autel dans le temple de Jupiter, à Bordeaux, par le prêtre Martialis, et ce qui nous paraît important, c'est l'existence d'un Temple de Jupiter, à Bordeaux, prouvé par cette inscription.

[1] *Suprà.*

VI.

MONUMENTS QUI PROUVENT LE CULTE DE BACCHUS DANS L'AQUI-
TAINE PRIMITIVE ET DANS LA GAULE NARBONNAISE, SOUS LA
DOMINATION ROMAINE.

Les documents épigraphiques, auxquels ont doit tant d'indications précieuses, tant de suppléments aux récits des auteurs de l'antiquité, nous manquent très souvent ; mais d'autres documents les remplacent quelquefois, et· c'est avec ces derniers que l'on peut suppléer aux indications qui n'existent plus. Nous croyons l'avoir dit ailleurs, l'absence des monuments consacrés à une déité n'indique point que celle-ci n'a pas été adorée dans telle ou telle contrée. En Gaule, le culte Helléno-Latin avait, sans aucun doute, été adopté, non-seulement dans les cités les plus importantes, mais aussi dans les plus chétives bourgades, dans les *vicus* les plus éloignés des grands centres politiques et militaires. Ainsi l'Aquitaine, ou *Novempopulanie,* et la Narbonnaise, ne nous ont offert aucune inscription consacrée à Bacchus, mais, en revanche, la sculpture nous a montré ce Dieu comme ayant, lui aussi, des adorateurs dans ces contrées, et ses images y conservent encore la preuve du culte qui lui fut rendu.

S'appuyant sur les *Dionysiaques* du poète Nonnus, qui vivait dans le cinquième siècle, Dupuis affirme que Bacchus fut une divinité de la même nature que Jupiter en

Grèce, Pan et Osiris en Egypte, et que l'Hercule Thébain ; il ajoute que c'était l'âme du monde, le *Spiritus*, Moteur des sphères, peint avec les attributs du taureau céleste et du signe équinoxial du printemps, dans lequel s'incarnait le Dieu de la lumière, l'âme du soleil et du monde, quand la nature recevait le germe de la fécondité que lui communiquait l'*Æther*..... Mais peu nous importe, ici, que cette explication soit regardée comme un fait démontré pour l'auteur de la *Religion universelle!* Toutes les subtilités de son école sont loin de nous convaincre. Nous ne voulons d'ailleurs que tracer le tableau des croyances des peuples qui possédaient nos contrées, et ces peuples, civilisés d'abord par leur commerce avec les Grecs, et soumis ensuite aux Romains, adoptèrent toutes les légendes, prétendues sacrées, tous les mythes que les Pontifes racontaient, et que les poètes avaient revêtu des charmes d'une imagination brillante et féconde. Pour le plus grand nombre, Bacchus, ou Dionysus, était le fils de Jupiter et de Sémélé. Euripide [1] et Ovide [2] redisent à ce sujet la fable la plus accréditée. Les Hyades furent ses nourrices, suivant Apollodore [3] et Ovide . Le poète que nous avons sous le nom d'Orphée, donne les deux sexes à Dionysus. Macrobe [4] dit que selon les idées mythologiques d'Orphée, Bacchus pourrait être considéré comme la force qui donne le mouvement à la nature, l'intelligence qui l'organise et l'âme qui s'insinue dans toutes ses parties, et qui, bien que multiple dans ses effets, est cependant une dans son principe. Des explications de ce genre ne pouvaient devenir populaires. Il

---

[1] *In Bacchis,*

[2] *Metam. lib. XXX.*

[3] *De Diis.*

[4] *Somn. Scip. c XII.* Le même auteur (*Saturnal. lib. I.*), dit qu'au solstice d'hiver on représentait Bacchus sous la forme d'un enfant ; au printemps, sous celle d'un adolescent ; sous les traits d'un homme fait, au solstice d'été ; et sous ceux d'un vieillard, en automne.

fallait aux peuples des croyances simples, faciles à saisir, propres à se graver dans la mémoire, et ce n'était pas assuré-
ment ces explications scientifiques qui auraient motivé le
culte rendu à Bacchus. Il fallait n'en présenter le système
qu'en secret, dans les cérémonies mystérieuses où l'on assurait
que la lumière véritable était dévoilée aux Initiés. Les fidèles
vulgaires offraient des sacrifices à Bacchus, comme fils de
Jupiter et de Sémélé ; ils lui élevaient des temples et des
autels ; ils en possédaient de nombreuses images, et ce sont
ces images et les objets employés au culte rendu à ce Dieu
qui vont bientôt nous occuper.

Tout ce que dit Strabon [1] d'un temple de Bacchus existant dans une petite île des Gaules, vers l'embouchure de
la Loire dans l'Océan, ne nous paraît qu'une fable. Au temps
où ce géographe écrivait, la Gaule était peu connue, et
nous croyons que l'on admettait alors, avec une légéreté in-
qualifiable, les récits des marchands romains qui se hasar-
daient dans des contrées nouvelles. Aux yeux de la critique,
ce prétendu temple de Bacchus n'est qu'une invention mala-
droite, et que le célèbre géographe aurait dû dédaigner. Mais,
aux derniers temps de l'Empire Romain, le culte de Dionysus
fut en très grand honneur dans la Gaule. Il avait, depuis plusieurs siècles, un grand nombre d'autels dans la Province Romaine et dans l'Aquitaine. Les mythes de ce Dieu avaient
chez nos pères une telle célébrité, qu'ils furent représentés,
comme dans d'autres provinces, jusques sur le marbre même
des tombeaux. Narbonne, cette colonie si célèbre, eut, nous
le croyons, un édifice où le culte de ce Dieu fut célébré.

Malgré les ordres des Empereurs, malgré les décrets des
conciles et les efforts des Chrétiens des premiers siècles
contre l'idolâtrie, le Paganisme subsista bien longtemps encore, et, jusques à nos jours même, on en retrouve des traces. Au quatrième siècle, les savants, les philosophes ont

[1] *Géogr. lib. IV.*

confondu le culte de Bacchus, ou plutôt ce Dieu lui-même avec les autres êtres mythologiques. Le peuple n'adopta pas, ou bien ne connut point les systèmes des savants. Un ancien poète avait dit, mais en vain :

Jupiter est idem Pluto, Sol et Dionysus;

tous ceux qui dans notre Aquitaine, lisaient les vers du poète bordelais Ausone, savaient que le fils de Jupiter et de Sémélé, était l'*Osiris* des Egyptiens, le *Phanacès* des Mysiens, le *Bacchus* des vivants; *Adonis* parmi les morts; l'*Engendré par le feu*, celui dont le front est orné de deux cornes, le vainqueur des Titans et *Denys*.

Le même poète avait fait l'inscription suivante pour une des statues qui décoraient la *Villa* qu'il a souvent célébrée dans ses vers [1] :

Ogygia me Bacchum vocat.
Osirin Ægyptus putat.
Mystæ Phanacen nominant.
Dionyson Indi existimant.
Romana sacra Liberum.
Arabica gens Adoneum.
Lucaniacus Pantheum.

« Les Ogyges me nomment Bacchus; les Egyptiens trouvent Osiris en moi; les Mysiens me nomment *Phanacès;* les Indiens croient que je suis leur *Dionysus*, les Romains m'invoquent sous le nom de *Liber;* chez les Arabes, je suis *Adonis*, et, pour les Lucaniens, leur *Panthée*. »

C'est ainsi qu'un Aquitain illustre, tant par ses écrits, que par les hautes fonctions qu'il avait exercées dans l'Empire, faisait, au quatrième siècle, parler Bacchus. Cet immortel réunissait donc, à cette époque, pour Ausone, les attributs de plusieurs autres êtres mythiques, mais le peuple ne s'en apercevait pas.

Cependant, s'il fallait en croire Dupuis, dont le système

---

[1] Ausonii, *Epigrammata.* Cette inscription a pour titre : *Myobarbum Liberi patris, signo marmoreo in villa nostra omnium Deorum argumenta habentis.*

fut d'abord publié par Lalande [1], Bacchus ne serait que le
Soleil voyageur dans le zodiaque, aux équinoxes et aux sols-
tices. « Ceci est tiré des *Dyonisiaques* de Nonnus, dont le
poème, divisé en quarante-huit chants, renferme dans plus
de vingt et un mille vers, tout ce que la mythologie a de
plus intéressant; Bacchus fut, dit encore Dupuis [2], une divinité astrologique de la même nature que Jupiter en Grèce,
Pan et Osiris en Egypte, et que l'Hercule Thébain : c'était
l'âme du Monde et le *Spiritus*, Moteur des sphères, pris
avec les attributs du taureau céleste et du signe équinoxial
du printemps...... Fréret, disait [3] en particulier de Bacchus
et d'Hercule, qu'ils étaient des dieux du premier ordre, l'âme
du monde, ou qu'ils possédaient ses attributs, ou, suivant
notre système, ajoute Dupuis, les Formes de l'Intelligence
démiourgique; ce que ce savant pensait d'Hercule et de Bacchus, nous le pensons de tous les grands dieux du Paganisme, qui se réduisent tous à la seule force motrice de la
nature et à l'œuvre du monde, multiple seulement dans ses
noms et ses formes. » Mais l'idée exprimée par Ausone,
dans les vers que nous venons de citer, ne fut pas adoptée
par les peuples dont nos monuments retracent l'histoire religieuse. Les paroles de ce poète n'ébranlèrent point les
croyances des Aquitains, et ils honorèrent le fils de Jupiter
et de Sémélé jusqu'au temps où le Paganisme succomba
sous les efforts du Christianisme. Alors le nom de Bacchus
ne fut plus prononcé, on ne le rencontra plus que sur quelques monuments; mais le peuple conserva dans ses habitudes quelques traces du culte qui lui avait été rendu, et on en
retrouva le souvenir dans nos contrées jusques à l'époque
des troubles civils de 1789. Ce souvenir était conservé,
surtout dans la capitale du Languedoc, et il se renouvelait
chaque année dans ce que l'on nommait : *Le Ramelet*

---

[1] *Astronom.*
[2] *Ibid.* et *Relig. universell.*
[3] *Défens. de la Chronologie.*

Moundi , époque où Toulouse célébrait à la fois les *Vinalia* et les *Brumalia* des Romains.

On sait que ceux-ci avaient une fête pour le vin nouveau, (*Vinalia priora*[1]). Au mois d'août, une autre fête était dédiée à la déesse *Meditrina* , et c'était alors qu'il était permis de goûter le vin nouveau : *Novum vetus vinum bibo, novo veteri vino morbo medeor.* Selon Festus, cet usage venait des Latins : *Meditrinalia dicta hac de causa mos erat Latinis populis quo die quis primum gustaret mustum, dicere ominis gratia. Vetus novum vinum bibo, veteri novo morbo medeor.....* Le dix-neuvième jour du mois d'août était la seconde fête des *Vinales*, nommée *Vinalia altera.* C'était alors que l'on ouvrait les vendanges. Le Flamen diale offrait alors en sacrifice un agneau femelle, et avant d'examiner les entrailles de la victime, il cueillait une grappe de raisin et en faisait sortir la liqueur, *inter cœsa et porrecta Flamen vinum legit.* Plusieurs peuples attendaient la venue de l'automne [2] avant d'employer le vin nouveau [3].

C'était aussi à peu près à cette époque de l'année que l'on commençait à en user dans la Province Romaine, devenue plus tard le Languedoc.

Le jour où l'Eglise célèbre la fête de saint Caprais (*Caprarius*), presque toute la population de Toulouse se portait à environ deux kilomètres des portes , près de l'église bâtie sous l'invocation de ce saint évêque.

Pour mieux veiller à la tranquillité publique, ou peut-être pour se conformer à un ancien usage observé par les Décurions, alors que la ville était soumise aux Césars, les magistrats municipaux, ou Capitouls, Chefs des nobles et Gouverneurs de la ville , montaient à cheval , et, revêtus de leurs robes comtales, parcouraient les flots d'une multitude im-

[1] On y sacrifiait à Jupiter. Quelques-uns placent cette fête au 24 avril.
[2] Vers le 11 octobre.
[3] *Alex. Neapol.,* lib. vi, c. 8.

mense qui se rendait en ordre et sous des bannières de diverses couleurs , dans le village de *Saint-Caprais*, et dans les
vastes prairies situées sur la rive gauche de l'Ers (*l'Ircius*).
Au centre du cortège , et environné de chanteurs, parmi
lesquels on vit plusieurs fois , dit-on , Géliote et quelques
autres virtuoses devenus, comme lui, célèbres dans la suite,
on remarquait un homme du peuple, connu par sa gaîté. Il
était placé sur l'animal qui, sur les monuments antiques,
porte Silène , ce père nourricier de Bacchus. Près de lui
flottait l'étendard de la ville [1], aux cravattes duquel était suspendue une tête de bouc ou de chèvre, *(Capra)* animal souvent
sacrifié à Bacchus. Le Silène Toulousain [2] improvisait alors,
ou était sensé improviser des hymnes en l'honneur du
Dieu des vendanges. Vers le milieu du dix-huitieme siècle,
les cornes de bouc, regardées, par un homme, puissant alors,
comme une allusion à des infortunes domestiques , allaient
être supprimées ; mais on objecta qu'aux temps antiques le
bouc était sacrifié à Bacchus et qu'il était nécessaire d'en
conserver l'image. On l'a vue de nouveau en 1798 , mais
sans l'inscription en langue romane qui avait surtout provoqué l'animadversion du personnage offensé , et qui ne
pouvait plus avoir d'application [3] comme en 1746.

On avait choisi sans doute le lieu où s'élevait l'église de
saint Caprais, parce que le nom de ce bienheureux rappelait celui de la chèvre (*capra*) , ou du bouc que l'on sacrifiait à Bacchus. Nous verrons bientôt une tête de bouc , re-

[1] Ce drapeau , ainsi que celui de la garde des magistrats populaires, était
blanc d'un côté et semé de fleurs de lis d'or. Sur l'autre face, il était de
gueules, ou incarnat; au milieu on voyait l'écusson de la capitale du Languedoc.

[2] Ce personnage fut pendant longtemps représenté par un simple ouvrier,
nommé *Verduret*. Il ne vivait plus lorsque , sous le règne du *Directoire,* on
essaya de rétablir cette fête bachique, qui n'existe aujourd'hui que dans les
souvenirs du peuple.

[3] Un sculpteur avait fait en carton une tête de bélier qui ressemblait beaucoup au personnage que l'on voulait offenser; et c'est au-dessus des cornes
qu'avait été placée l'inscription.

présentée sur un autel, dans un bas-relief qui décore un vase d'argent destiné au culte de ce Dieu. Cet animal était sacrifié au fils de Sémélé, à cause des ravages que sa dent, que l'on croyait vénéneuse, faisait dans les vignobles. Virgile [1] dit que

> ..... Le Dieu du vin pour expier ce crime,
> Partout sur ses autels, veut un bouc pour victime.

Ovide [2] a écrit :

> Rode, caper vitem ; tamen huc stabis ad aram,
> In tua quod fundi cornua possit erit.

Recherchons maintenant les monuments qui rappellent parmi nous le culte de Bacchus. Ce souvenir se retrouvera plus tard sur quelques-uns de nos marbres sépulcraux ; mais ils se rapportent à une autre division de l'*Archéologie Pyrénéenne*.

Ce fut près du *Château-Narbonnais*, au sud-est de la ville de Toulouse, que l'on découvrit, durant la première moitié du dix-huitième siècle, les deux fragments de bas-reliefs que nous rapportons [3] et qui représentent des Bacchants, dont l'un tient un thyrse. Nous croyons que ces fragments sont depuis longtemps perdus.

La villa impériale dont nous avons exploré les ruines près de Martres, de 1826 à 1830, a fourni plusieurs monuments qui se rapportent à Bacchus.

Il faut compter au nombre de nos plus beaux restes de sculpture, un torse recueilli et conservé par nous, et qui est aujourd'hui dans le Musée de Toulouse. Cet objet qui n'a plus que 0 m. 68 de haut et qui a dû faire partie d'une statue ayant environ 1 m. 70 de hauteur, n'a pas, nous le croyons, été placé dans un édicule, mais il a dû servir à l'ornement de l'une des plus somptueuses salles de ce palais [4]. Les formes sont entièrement juvéniles et nous indiquent, évi-

---

[1] *Georg., lib.* II ; traduction de Delille.
[2] *Métamorph.*
[3] *Atlas de l'Archéologie Pyrénéenne*, Pl. XXVIII.
[4] Nous avons retrouvé, près de ce torse, quelques feuilles de vigne en schiste vert, et des raisins en schiste noir. Ces objets décoraient peut-être la niche où la statue était placée.

demment ou Bacchus, ou Apollon, ou Mercure; la langueur de l'attitude, les cheveux bouclés qui descendent avec grâce sur les épaules, l'ensemble général, tout nous rappelle les diverses figures de ces Dieux, conservées en Italie et en France [1].

Le comte de Clarac, directeur du Musée du Louvre, nous disait, en se servant d'expressions qui appartenaient à Visconti : « La grâce du modèle, les formes arrondies, juvéniles et délicates de cet admirable débris, tout concourt à exprimer cette langueur voluptueuse dont les anciens avaient fait le caractère distinctif de Bacchus. »

Ce torse, trouvé sous nos yeux, en 1829, et bientôt transporté à Toulouse, excita l'admiration de tous ceux qui, dans cette grande ville, savaient apprécier le sublime de l'art chez les peuples auxquels nous avons succédé. On retrouva assez près de ce torse, quelques restes des bras qui lui avaient appartenu, et l'un d'eux a même été rajusté au tronc. Ce monument placé sur un cippe ou fragment de colonne en marbre vert et rouge, est isolé dans l'une de nos galeries, près de cette imposante série de bustes impériaux, que nous avons eu le bonheur de retirer de l'oubli et qui ne dépareraient point les Musées les plus célèbres.

Les rapports que l'on a cru exister entre le Soleil et Bacchus, sont les causes qui ont fait donner à leurs statues ces formes gracieuses et juvéniles que l'on admire encore aujourd'hui. On sait que les Bacchantes chantaient, dans les Orgies, « *l'Enfant éternel qui brille au haut des cieux,*» Ovide [2] dit aussi :

> *Tu Puer Æternus, tu formosissimus alto*
> *Conspiceris Cœlo.*

Nous avons parlé des cheveux qui descendent en boucles sur les épaules du beau torse que possède le Musée de Tou-

---

[1] *Atlas de l'Archéol. Pyrén.*, Pl. XXXI.
[2] *Métamorph.*, IV.

lousc. Tibulle [1] mentionne la longue chevelure de Bacchus et de Phœbus :

Solis perpetua est Phœbo, Bacchoque juventa ;
Nam decet intonsus crinis uterque Deum.

Selon des systèmes très anciens, on affirmait que Bacchus était tantôt homme, tantôt femme [2] ; et ceci n'était
pas un attribut particulier de Bacchus, puisque tous les
autres immortels avaient cette prérogative [3].

Notre marbre [4] montre la jeunesse idéale qui distingue
presque toujours Bacchus dans les anciens monuments.
L'image de ce Dieu, dit Mongez [5], « est celle d'un beau
jeune homme qui entre dans le printemps de la vie et de
l'adolescence. »

Lebret [6] avait cru reconnaître les figures de Bacchus et
d'Ariadne parmi celles que M. de Bertier, évêque de Rieux,
avait réunies dans son palais épiscopal et qui provenaient de
Martres-Tolosanes ; nous n'avons pu y reconnaître, en général, que des masques scéniques ; mais si, en présence du
magnifique torse que nous venons de signaler, l'on formait
quelques doutes sur l'attribution de l'un des plus précieux
morceaux possédés par le Musée de Toulouse et où nous
croyons retrouver le reste d'une statue de Bacchus, il ne
saurait en exister aucun sur l'objet que nous publions ici,
monument remarquable, et que nous avons eu le bonheur
de découvrir dans les mêmes champs. Ce petit buste en marbre jaune est une heureuse représentation d'Ariadne [7]. Sa
conservation ne laisse rien à désirer ; plus de vingt siècles,
sans doute, ont passé sur ce petit monument sans en altérer

---

[1] Lib. I.
[2] *Aristid., Orat. in Bacchum.*
[3] *Servius, in Æneid. (Loquitur secundum eos qui dicunt utriusque sexûs participationem habent Numina.*
[4] *Atlas*, Pl. XXXI, n° 4.
[5] *Diction. d'Antiq.*, I.
[6] *Lettres diverses.*
[7] *Atlas*, Pl. XXXI, nos 2, 3

les formes enchanteresses. Les cheveux sont ceints d'une couronne de feuilles de lierre, de corymbes et de grappes de raisins. Quelques-uns de ces objets retombent avec grâce autour du col et sur la poitrine.

Ce monument est uni dans sa partie postérieure [1], ce qui semble indiquer qu'il faisait partie d'un Hermès ou d'un buste à deux têtes.

On a retrouvé en effet le complément de cet objet précieux à quelques pas seulement de celui qui vient d'être décrit. C'est une tête barbue ; les cheveux sont ceints du *strophium* ou bandelette, signe ordinaire de la divinité. Conquérant de l'Inde, Bacchus reçut des artistes une barbe épaisse. Notre monument le représente avec cet attribut. C'est donc le Bacchus *Pogon*, ou le Bacchus Indien. Le marbre est aplati dans sa partie postérieure, pour se joindre sans doute à la figure d'Ariadne [2] ; et l'on peut être assuré que ces deux objets ont formé, autrefois, un Hermès à deux faces. Ici le travail est peut-être encore plus digne d'attirer l'attention : les cheveux, artistement arrangés, sont pressés, comme on le voit, d'une sorte de diadème. La barbe est coupée d'une manière uniforme [3]. Les yeux sont creusés et contenaient peut-être autrefois des prunelles en métal ou en pierres précieuses.

Le Musée de Toulouse possède une autre image de Bacchus. Le travail de cette tête en marbre blanc est médiocre; une couronne de lierre entremêlée de grappes de corymbes, fait reconnaître ici ce fils de Jupiter et de Sémélé [4].

Les divers monuments que nous avons rapportés indiquent suffisamment le culte de Bacchus dans les contrées que nous habitons; et si quelques inscriptions ne viennent point ajouter à ces témoignages, on peut néanmoins conjecturer que ce Dieu eut un temple à Narbonne. En

[1] *Atlas de l'Arch. Pyrén.*, Pl. *ibid.*
[2] *Ibid.*, n° 4.
[3] *Ibid.*, même planche, n° 3.
[4] *Ibid.*, n° 5.

lisant les lettres de Lebret, que nous avons citées plusieurs fois, on apprend que l'on avait cru retrouver, près de l'ancienne *Calagurris* des *Convenes*, une tête d'Ariadne, mais que cette tête pouvait bien aussi être celle de Cérès. Cette incertitude provenait sans doute, de ce qu'aucun attribut particulier ne déterminait d'une façon précise quelle était la déesse qu'on avait représentée. On ne saurait élever des doutes par le monument dont nous rapportons ici l'image, et qui, découvert sous nos yeux, à Martres, est maintenant l'un des plus importants objets du Musée de Toulouse [1].

La tête, en marbre blanc, veiné de rouge dans sa partie inférieure, est bien celle d'Ariadne. Mais ce n'est plus l'amante de Thésée, abandonnée par lui sur les rochers de Naxos. C'est l'épouse du fils de Jupiter et de Sémélé, dans toute la jeunesse et l'éclat de la beauté. La couronne bachique, formée de feuilles de lierre et de grappes de corymbes, presse ses cheveux ajustés avec grâce et relevés en arrière. Le vêtement qui couvre le buste, sans dissimuler les formes les plus heureuses, est en marbre rouge ; c'est un nouvel exemple de la sculpture Polycrôme. Ce monument, retiré par nous de la terre qui le recouvrait depuis seize siècles, n'a exigé que peu de restaurations. Il est dû, sans doute, à un artiste grec d'un rare mérite. La grâce et la pureté des contours, la légèreté du travail mettent ce buste au rang des morceaux les plus précieux que possède le Musée de Toulouse.

L'antiquité figurée, qui doit tant aux travaux de Winkelmann, et de nos jours, à ceux de Visconti et de Raoul Rochette, nos illustres maîtres, offre quelquefois des problèmes que l'analogie, que l'étude des attributs peuvent résoudre, mais qui aussi laissent des doutes que l'homme prudent ne saurait négliger. Ainsi, dans le département du Tarn, où

---

[1] *Atlas de l'Archéol. Pyrén*, Pl. XXXII, n° 1

nous avons rencontré tant d'amis, tant de sympathies, et où l'on a bien voulu conserver la mémoire de quelques hommes de notre nom, qui nous ont devancé de plusieurs siècles dans la vie, on a retrouvé une statue mutilée qui est conservée dans l'Hôtel de la Préfecture. Ce monument est en pierre; il se rattache, nous le conjecturons, au culte de Bacchus, ou plutôt à celui de son épouse immortelle.

Il y a peu d'années, des travaux agricoles firent découvrir, près de la petite ville de Réalmont, ce monument assez grossier de formes, sans doute, mais dont l'antiquité ne saurait être douteuse [1]. On crut d'abord y reconnaître un saint prélat, dont la main, chargée d'anneaux, aurait reçu, avant l'époque du Calvinisme, les baisers chaleureux des chrétiens de la contrée; mais nous n'avons pu y reconnaître que la statue d'une femme et même celle d'Ariadne, cette amante célèbre de Thésée, devenue l'épouse de Bacchus.

La tête de cette statue n'a pas été retrouvée.

Ce monument offre, dans son état actuel de dégradation, l'image d'une figure lourdement drapée. Sous le marche-pied qui supporte la statue, est un tigre, qui se retrouve fréquemment dans les scènes bachiques. Le char de Bacchus est très souvent tiré par des tigres, et l'on en voit quelquefois aux pieds des Bacchantes.

Nous retrouverons bientôt cet animal sur un autre monument.

Près de la déesse, et debout, est un Faune, ou un Satyre, reconnaissable à sa forme et à son appendice caudal; il présente un canthare, ou un vase rond, à la figure principale.

Serait-ce l'un des suivants de Bacchus, offrant à l'heureuse épouse de ce Dieu puissant, la liqueur qui sait, dit-on, faire oublier les peines et qui montre le pouvoir du Dieu fils de Jupiter et de Sémélé [2].

Nous n'offrons cette explication que sous les formes du

---

[1] Cette découverte nous fut annoncée par M. Cl. Compayre, alors chef de division à la préfecture du Tarn, membre de la *Société Archéologique du Midi de la France.* — [2] *Atlas*, Pl. XXXII, n° 2.

doute, et l'on sait que nous aimons à répéter, avec Montaigne, *que sais-je?* même alors, que le doute pourrait faire place à la conviction la plus entière.

Une frise retrouvée à Narbonne ou plutôt une série de métopes représentant des Bacchantes portant des guirlandes formées de divers fruits et de raisins, a peut-être fait partie des ornements extérieurs d'un temple consacré à Bacchus. Les blocs qui forment cette frise décrivent une ligne courbe, et ont dû servir à un édifice circulaire. Ces débris, indiqués depuis longtemps par divers manuscrits, étaient cependant inédits encore. On les voit dans le Musée archéologique de cette ville [1].

Les fragments de bas-reliefs, découverts à Toulouse, ont pu aussi faire partie de la décoration d'un temple du fils de Jupiter et de Sémélé.

On peut conjecturer qu'un édifice consacré au même Dieu existait autrefois dans le territoire de *Caubiac*. Une tradition constante indique, en effet, que sur une colline qui existe dans cette Bourgade, située bien au-delà de la rive gauche de la *Garumna*, et par conséquent en Aquitaine, à une distance d'environ trente kilomètres de Toulouse, il y avait autrefois un temple. Ce lieu aurait, peut-être, tiré son nom des mots latins *Collis Bacchi*, Colline de Bacchus. « C'est sur ce point qu'en 1784, un laboureur, conduisant sa charrue, éprouva une forte résistance.... Il força cet obstacle, et vit sortir de terre quelques fragments d'un métal grisâtre; il fouilla et découvrit, à un pied seulement de profondeur, quelques vases antiques, qu'il emporta chez lui; mais, bientôt, instruit que l'on avait volé dans une abbaye voisine une certaine quantité d'objets en étain, il craignit que ces pièces ne fissent partie des vases volés et il les porta chez les propriétaires du sol »; ceux-ci les

---

[1] *Atlas de l'Arch. Pyr.*, Pl. XX, n° 1. — L'un de ces blocs détachés, et offrant aussi l'image d'une Bacchante, existait en 1821, dans l'une des faces de l'un des bastions qui flanquent encore l'enceinte de cette cité.

montrèrent à M. de Montégut ; cet antiquaire les fit dessiner et publia à ce sujet une dissertation, insérée dans les mémoires de l'Académie de Toulouse. Dans la suite, ces objets précieux furent cédés à M. l'abbé de Tersan, qui les fit graver, et voulut en faire le sujet d'un travail particulier; mais il ne le fit point. A la mort de ce savant ecclésiastique, les vases furent achetés par un riche amateur, et l'on nous assure qu'ils font aujourd'hui partie du *British Museum.*

Ces vases ont évidemment appartenu à un temple consacré à Bacchus, ou à un particulier qui aimait les images qui se rapportaient au culte de ce Dieu. Le plus remarquable de ces objets est un plat circulaire, orné dans tout le pourtour de figures en relief où l'on voit des génies dont les uns jouent de la flûte auprès d'un autel, et d'autres tenant une sorte de tympanon non loin d'un autel sur lequel on voit une tête de bouc. On remarque un autre autel sur lequel se trouve une boule ou tout autre objet sphérique. Des arbres, des têtes de bacchantes, ou des masques, des thyrses, des loups et un lion se trouvent représentés dans toute la longueur de ce bas-relief. Des tympanons, quelques canthares, et un génie tenant la flûte à sept tuyaux, enrichissent cette composition [1].

De Montégut a cru retrouver dans l'une des têtes les plus remarquables, la figure de la déesse *Libera* ou d'*Ariadne.* Une outre, placée près d'une tête de vieillard, semble indiquer que c'est celle de *Silène.* On pourrait reconnaître aussi, dans l'une des têtes de ce bas-relief, l'image de Bacchus ; elle a les cheveux disposés avec soin ; au-devant d'elle est le bâton pastoral recourbé, auquel est nouée une bandelette. On donnait aussi, comme on le sait, cet attribut aux Faunes et aux Satyres.

---

[1] *Atlas de l'Arch. Pyr.*, Pl. **XXV - XXVI.** Nous rapportons ici les dessins de tous ces objets. Ce sont ceux-là même que M. de Tersan voulait publier. Les cuivres, gravés pour lui, nous ont été donnés par notre savant ami, M. le baron Chaudruc de Crazannes.

Ce plat, ou bassin circulaire, est bordé d'un ornement à demi effacé par l'usage. De Montégut a fort bien remarqué que ce vase a été dédié à Bacchus.... et vraisemblablement destiné à l'usage de l'un de ses temples ; on y voit les têtes de ce Dieu et celles de *Libera*, de *Silène*, et de quelques *Bacchantes ;* les nœuds, les thyrses, les bandelettes dont il est parsemé, les cippes, les autels, les génies jouant de divers instruments devant ces vases et ces autels, tandis que sur l'un de ceux-ci on voit le feu allumé ; sur un autre, une tête de bouc qui rappelle que le sacrifice de cet animal fut toujours cher à Bacchus ; les amphores destinées à contenir le vin ; la vigne aux rameaux tortueux, tout annonce un vase dédié à ce Dieu et qui servait à son culte.

Parmi les animaux dont cette frise est décorée, on voit le porc qu'on immolait à Bacchus, le Lion dont il avait pris la forme pour vaincre le géant Rhœcus :

> *Rhœcum retorsisti leonis.*
> *Unguibus horribilique mala,*

et qu'on représente aussi traînant le char du Dieu lorsqu'on le voit revenant de la conquête de l'Inde ; les globes désignent les pelotons qui étaient renfermés dans les corbeilles sacrées. Tous ces attributs appartiennent au **Dieu des raisins** [1].

---

[1] De Montégut remarquait que, « sous le pied de ce bassin, on voit une inscription en caractères ponctués, et qu'il est difficile d'expliquer ; ils forment les lettres suivantes : un Z renversé (Ƶ), un I, une F, un P entre deux points, une L adaptée à une autre L renversée (I.˙ſ). On peut regarder ces trois premiers caractères comme formant le commencement du nom de l'ouvrier, ou de la personne qui a fait don de ce vase aux prêtres de Bacchus ; le P comme désignant le mot *pondo ;* l'V comme exprimant le nombre cinq ; les deux L réunies comme formant le nombre 100, qui est composé des deux nombres 50 désignés chacun par une L (*). En adoptant cette explication, la valeur de cette pièce serait fixée à cinq cents nummes ou deniers, ce qui, à peu de chose près, équivaudrait à sa valeur en 1784. Le denier romain pesait quinze sols de notre monnaie. Cinq cents deniers valent trois cent soixante-quinze livres. Le bassin pèse neuf marcs ; le marc a été évalué à quarante-deux livres, ce qui forme une valeur de trois cent soixante-dix-huit livres, ou francs ».

(*) *Duo L opposita centum efformant, nempè ex binis 50 fit 100.* — Frolech, p. 13.

L'abbé de Tersan a fait graver même le revers des vases découverts à Caubiac, et il en a donné le profil, très élégant, et dont la conservation est parfaite[1].

Une patère d'un très beau travail a été aussi retrouvée à Caubiac ; on y voit, comme sur le grand plateau, les têtes de Bacchus, de *Libera,* de *Faune,* de *Silène,* appuyées contre des autels ; quelques animaux, poursuivis par un chien et par un lion, remplissent les vides entre les différentes têtes que nous venons d'indiquer. Les cheveux et la barbe des figures, la crinière du lion, le collier du chien, les cerfs, le bouc et l'agneau sont dorés. Les attributs gravés sur cette patère sont conformes à ceux que l'on voit sur le grand plateau. Une inscription grecque est gravée au-dessous[2].

En décrivant ces objets, que nous n'avons point vus, que nous ne pouvons juger que par les dessins donnés par M. de Montégut et par les planches gravées pour M. de Tersan, nous éprouvons quelques difficultés en en reproduisant les images. A Toulouse, le dessinateur Lucas a souvent suppléé à ce qui manquait aux originaux. Les gravures de M. de Tersan paraissent plus fidèles ; mais comme M. de Montégut avait ces vases sous les yeux, nous avons cru devoir répéter, le plus souvent, le texte même de ce dernier. En s'occupant de l'un de ces monuments découverts à Caubiac, il s'exprime ainsi : « Cette pièce est ronde ; elle mérite la préférence sur toutes les autres par la finesse du travail, l'exactitude du dessin, la beauté des attitudes, l'expression des têtes dont elle est ornée. Les attributs qui décorent ce petit vase se rapportent aux précédents, et annoncent le culte du Dieu auquel il était consacré. On y voit une tête de vieillard d'un très beau caractère, le front chauve et le menton barbu ; on la reconnaît pour celle de *Faune* à l'outre qui est à côté d'elle. A la suite paraît un bouc, animal toujours sacrifié à Bacchus ; on voit dans le champ un instrument ovale

[1] *Atlas de l'Archéol.* Pl. XXX.
[2] *Ibid.,* Pl. XXVII

percé de neuf trous; c'est une espèce de cymbale. Suit une autre tête de vieillard appuyée sur un petit autel ; on peut croire que c'est celle de *Faune*. Au devant est un thyrse orné d'un nœud de ruban. On voit à côté une figure de jeune homme nu et en pied ; son bras gauche est couvert d'une draperie ; il tient de la droite un bâton pastoral recourbé , tel qu'on le plaçait dans la main de *Silène* et de *Silvain*.

« On voit à la suite une tête de femme avec les cheveux rattachés à la manière des dames romaines. Au devant est un thyrse orné d'un nœud. On pourrait croire que c'est la tête de *Libera*, si elle était entourée de feuilles de pampre ou de lierre. Ne pourrait-on point l'attribuer à Vénus ?

« On trouve tout auprès l'un de ces animaux que l'on voit souvent dans les pompes bachiques ; il est là, la tête haute et les oreilles dressées. Cet animal était la monture ordinaire de *Silène* et de Bacchus, et était particulièrement consacré à *Priape*, fils de ce Dieu. Suit une tête de jeune homme, au-devant de laquelle est un thyrse ; elle paraît être la tête de Bacchus. Dans le champ on voit une corbeille, ou ciste[1], posée sur des raisins ; le couvercle est entr'ouvert, il s'en échappe un serpent. Cette corbeille est un attribut ordinaire du Dieu du vin. Plus loin , on remarque une capsule qui laisse voir l'extrémité de quatre manches de glaives. Ces objets sont relatifs aux vendanges et aux sacrifices. Enfin , on remarque la figure d'un jeune homme nud et debout , qui tient dans la main droite un cep de vigne.

« Tous ces emblèmes réunis prouvent que ce joli vase était consacré à Bacchus, comme les précédents. »

[1] C'est la ciste mystérieuse, renfermant ordinairement un serpent ou dragon consacré à Bacchus. « Dans les monuments qui représentent des Bacchanales et sur les médailles, on voit souvent, dit Mongez (Dict. I, 71), la *ciste* entr'ouverte (comme ici), avec un serpent qui en sort. Quelquefois la statue de Bacchus est placée sur la *ciste*, quelquefois elle est aux pieds de ce Dieu. » Dans notre Aquitaine, où la langue populaire est semée de mots grecs, ou dérivés du grec, on la nomme *Cistaïl*.

En les arrachant à la terre qui les recouvrait depuis un grand
nombre de siècles, quelques-uns de ces vases furent mutilés.
L'un d'eux [1] a eu sa partie supérieure presqu'entièrement
brisée ; c'était un vase circulaire dont les côtés étaient formés par ce que l'on appelle généralement des godrons ; une
anse était attachée à la partie extérieure ; le fond est orné
d'un médaillon en relief. Dans le milieu paraît Vénus
presque nue ; sa tête est ornée d'un diadème, et de longs
cheveux retombent sur ses épaules ; sa main droite est élevée et tient une pomme ; dans la gauche est un thyrse. A sa
droite, on voit l'Amour qui s'élance vers elle ; dans l'une de
ses mains est un objet que l'on peut croire être un miroir ;
l'autre soutient un flambeau allumé qui s'appuie sur l'épaule.
De l'autre côté est l'image du Dieu des jardins , caractérisé
par son attribut ordinaire. Le culte de ces trois divinités se
confondait le plus souvent avec le culte de Bacchus. Une inscription formée de caractères ponctués fait connaître l'auteur
de ce vase, et, selon toute apparence , celui des autres qui
furent trouvés dans les mêmes lieux. Cet artiste, nommé
Eucrates, était, sans doute, du nombre de ces Hellènes qui,
durant les derniers siècles des Césars, s'étaient établis, non-
seulement à Rome, mais dans toutes les provinces de l'empire [2].

On peut être étonné que les vases découverts à Caubiac
n'aient pas été conservés à Toulouse ; une dépense très faible aurait suffi, puisque le tout ensemble ne pesait que

---

[1] *Atlas de l'Arch. Pyr.*, pl. **XXVIII** et **XXIX**.

[2] Montégut a dit à ce sujet : «On voit au-dessus de cette cuvette, qui devait
servir à contenir l'eau lustrale, des caractères ponctués qui forment l'inscription
suivante : EUCRA. FL. P. IIII $\overset{\text{C}}{\text{X}}$. Je crois pouvoir l'expliquer ainsi : *Eucratis
filius pondo quadrigenta denariorum.* Les premières lettres forment évidemment
un nom propre ; il est ordinaire de voir, sur de pareils monuments, le P désigner le mot *pondo ;* les quatre I et le C expriment quatre cents ; l'X qui est au-
dessous du C est la note employée pour exprimer le mot *denarius.* Le vase, dans
son intégrité, devait peser environ sept marcs une once, valant trois cents
livres de notre monnaie. »

trente-huit marcs, et la dépense totale ne se serait élevée qu'à un peu moins de seize cents livres ; mais, ni les amateurs, ni l'administration de cette époque, ne comprirent l'intérêt historique et artistique de ces objets. Ainsi Arles a perdu son admirable statue de Vénus ; ainsi, bien plus tard, les tombeaux découverts à Saint-Médard-d'Eyran, et sur l'un desquels on avait représenté Bacchus allant consoler Ariadne de l'infidélité de Thésée, et Diane, contemplant Endimion endormi, ont été transportés dans le Musée du Louvre ; tristes exemples du peu de soins apportés à ce que nous nommerions volontiers l'honneur historique et artistique de nos provinces.

Les annalistes de Toulouse ont constamment négligé les antiquités de cette ville ; ennemis des études sérieuses, ils se contentaient de répéter, en se copiant les uns les autres, que cette ville avait jadis été une colonie romaine, et que les Capitouls étaient les successeurs des Duumvirs et des Décurions de cette colonie ; assertion qu'ils n'auraient pu prouver. Pour eux, l'Université fondée en 1229 et le Parlement institué en 1444, suffisaient à la gloire de leur patrie. On les voyait nier les faits consignés dans leurs propres archives ; le sol leur rendait en vain des inscriptions, des statues, ils négligeaient ces documents qui leur révélaient les temps passés. Catel, le plus renommé d'entr'eux, qui n'apercevait pas, dans la cour du palais où il allait chaque jour rendre des arrêts, quelquefois absurdes et trop souvent cruels, disait seulement que l'on avait découvert, dans le même édifice, plusieurs statues et même une inscription qu'il désigne comme un Sénatus-Consulte [1] ; mais il ne rapporte aucun

---

[1] *Mémoires de l'histoire de Languedoc.* Ce fut, comme on le sait, Catel qui obtint la sentence de mort de Lucilio Vanini, qui fut jeté dans un bûcher ; Lafaille a célébré cet acte de barbarie, et dans l'inscription placée au-dessous du buste de ce magistrat, il a fait écrire : *Uno memorandus, quòd eo relatore, omnesque judices suam in sententiam trahente,* Lucilius Vaninus, *insignis atheus, flammis damnatus fuerit.*

dessin de ces statues ; il ne donne point une copie de cette inscription..... Lafaille, homme d'esprit d'ailleurs, ne cite pas même les chartes qu'il rapporte comme preuves dans ses Annales[1]. Il affirme que les registres des Conseils de la ville ne contiennent rien sur les crimes commis en 1572, et qui furent une suite de l'affreux évènement de la Saint-Barthélemy. Et voilà que, plus d'un siècle après sa mort, nous trouvons dans ces registres les plus amples détails sur cette époque déplorable[2]..... Durosoy a publié[3] un plan inexact et un dessin extérieur de l'amphithéâtre de Toulouse, toutes pièces de pure invention. L'Académie des Sciences de cette ville était entrée avec succès dans les études archéologiques, mais les troubles civils interrompirent bientôt ses recherches.

La longue absence de tout travail à cet égard était due à l'opinion généralement répandue, que Toulouse ne renfermait et même ne pouvait renfermer aucun objet digne de l'attention des Archéologues. Cependant, si l'on avait recueilli avec soin, et placé dans un dépôt public, tous les monuments retrouvés dans cette ville ou dans les localités voisines, on aurait acquis la certitude qu'il n'existe en France que très peu de contrées aussi fertiles en antiquités; et s'il était vrai que les édifices élevés à l'époque romaine ne subsistaient plus, parce que l'on n'avait point su respecter ces vieux témoins des siècles écoulés, on aurait pu en reconnaître les débris et les reconstruire en quelque sorte par la pensée : on aurait, par là, acquis la certitude que les sculptures qui décoraient ces monuments étaient presque toutes d'un travail correct et même élégant.

---

1 Et entr'autres, la *Philippine*, pièce importante pour la dénomination de la vieille ville (*Veterem Tolosam*). Il est vrai qu'elle contrariait le sentiment de cet auteur. Mais on voit, par ce qu'il dit sur les origines de Toulouse, qu'il n'a pas connu cette pièce, qu'il a cependant fait imprimer.

2 *Mémoires de l'Académie de Toulouse*, et *Archives de la Mairie.*

3 *Annales de Toulouse*, I.

Nous avons mentionné un hermès à deux têtes, découvert, en 1790, sur la *place* dite *du Capitole,* et dans lequel les savants toulousains de cette époque [1] crurent trouver Jupiter et Ganymède, et où nous aurions cru pouvoir plutôt reconnaître le Bacchus indien, ou *Pogon,* si sa tête avait, en outre du *strophium*, porté des pampres et des corymbes. C'est sur le même point que M. Pascal Virebent, savant architecte de la ville, retrouva, il y a un peu plus de trente ans, un autre hermès, que nous croyons aussi d'un travail grec, et dont nous donnons ici le dessin [2]. Ces figures accolées, sont remarquables sous le rapport de l'art et sous celui de la conservation presque entière. Elles représentent une Bacchante, reconnaissable au bandeau qui paraît sur sa tête, et aux feuilles de lierre dont elle est couronnée. L'autre tête est celle d'un vieux Faune ; elle est ombragée de feuilles de vigne et de grappes de corymbes : une large bandelette descend sur la poitrine de ce Faune. On remarque un serpent vers l'extrémité de la bandelette.

Les images des suivants de Bacchus, Faunes, Satyres, Silvains, Bacchants, se retrouvent en grand nombre dans nos contrées, et quelquefois le travail artistique de ces divers objets est digne d'une haute estime.

Parmi ces marbres antiques, nous devons placer, en première ligne, le fragment de statue trouvé à Sauvian, près de l'antique *Betherra*, non loin de la Méditerrannée. C'est le reste d'une figure de Faune ; un tigre est sous lui dans une cavité du rocher sur lequel la figure repose, sans doute accidentellement, car l'artiste l'a représentée en mouvement. La queue indique parfaitement ce génie rustique, et si, d'après quelques passages des écrivains de l'antiquité, on a donné aux Faunes des cuisses et des pieds de chèvre, ainsi qu'aux Satyres, on peut avancer, d'après les monuments,

---

[1] MM. de Montégut, Magi, Bertrand, Daignan d'Orbessan, etc.

[2] *Atlas de l'Arch. Pyr.*, Pl. XXXII, n° 3.

que les artistes ont presque toujours représenté les Faunes
sous des formes entièrement humaines. On a seulement vu
quelques-unes de leurs têtes, ayant des oreilles pointues. Celle du beau fragment dont nous donnons ici l'image
manque, et sans doute depuis longtemps; la première ayant
été brisée, une autre lui avait été substituée, et l'oxide du
tenon en fer qui la retenait a coloré la partie supérieure
de la poitrine; la jambe gauche avait de même été l'objet
d'une restauration; ces travaux indiquent le cas que l'on
faisait de ce beau morceau de sculpture, inaperçu en
quelque sorte, dans la collection que nous avions formée
pour la ville de Toulouse, et qui, nous le craignons, va nous
être enlevée. Dans son état actuel [1], ce beau fragment n'a
de hauteur que 0 m. 56 c. Le tigre que l'on y remarque
rappelle que très souvent les Faunes, accompagnés de cet
animal, font partie du cortége de Bacchus.

Ce cortége formait quelquefois l'ornement de la principale face des tombeaux, et on peut le reconnaître dans les
restes d'un monument de cette espèce, encastré avec
beaucoup d'autres, dans la maçonnerie de la porte de l'é-
glise de Saint-Aphrodise, à Béziers.

Une tête de Faunisque, ou de jeune Faune, qui avait fait
portion d'un bas-relief, fut découverte, à Martres, en
1827, et placée dans le Musée de Toulouse, sous le n° 184;
on ne la retrouve plus aujourd'hui.

Une autre tête, en marbre rouge, provient du lieu de
Nissan, situé entre Béziers et Narbonne; elle est de petite
dimension, mais d'un travail précieux; c'est celle d'un
Faune âgé ou d'un suivant de Bacchus [2]. Les cheveux sont
relevés en mèches aiguës, le front est fortement ridé,
les sourcils saillants et rapprochés, les yeux caves,
les pommettes des joues très saillantes, le nez arqué, la

---

[1] *Atlas de l'Archéol. Pyr.* Pl. XXXII, n° 4.
[2] *Atlas de l'Archéologie Pyr.*, Pl. XXXIII, n° 4.

bouche entr'ouverte, le menton à fossettes, la barbe touffue ; la chevelure est couronnée de feuilles de lierre et de
fleurs.

Le Musée de Narbonne s'est enrichi, depuis peu, d'une
statue [1] que nous croyons représenter un Faune ; le bras
droit manque ; il en est de même des pieds et de la main
gauche. Dans l'état actuel, cette statue a 1 m. 10 c. de hauteur. Ce monument ancien est une nouvelle preuve de la
richesse artistique du sud-ouest de la France, avant les in-
vasions des Barbares.

Nos anciens Palais, les *Villa* dont on retrouve chaque
jour des ruines, n'étaient pas seulement remarquables par
la majesté de leur architecture, elles l'étaient aussi par les
objets d'art qui en décoraient les parties intérieures. En
tamisant en quelque sorte le sol sur lequel elles existaient,
nous avons retrouvé des figures, des bas-reliefs, qui faisaient,
sans doute, partie de leur *mobilier*. Nous y avons rencontré même des restes de statuettes en ivoire. Le très petit monument dont nous offrons ici le dessin [2], ne peut être placé que
parmi les objets de décor. Il représente deux Faunes, de
sexe différent, avec des pieds de chèvre ; l'état de mutilation
de ce marbre excite des regrets. On peut croire qu'il existait,
dans cette partie de la *Villa*, un autre objet en marbre où
l'on avait de même représenté des Faunes ou des Satyres ;
car on a trouvé dans les fouilles quelques débris qui semblaient l'indiquer.

Les anciens ont souvent représenté les *Faunes*, ces divinités champêtres que l'on voit à la suite de Bacchus. On
les a souvent confondus avec les *Satyres*, les *Pans*, les
Egipans. On les voit le plus souvent ayant toutes les formes
humaines, sauf quelquefois des oreilles pointues et une
protubérance caudale. On leur donne aussi pour unique

[1] *Atlas de l'Arch. Pyrén.*, Pl. XXXIII, n° 2.
[2] *Ibid*, n° 3.

vêtement, la *nébris,* ou peau de chèvre, ou bien la *pardalis,* ou peau de panthère. On ne remarque l'indication d'aucun de ces vêtements sur la statuette trouvée à Martres en 1824[1]. La tête manque, ainsi que l'un des bras et une cuisse. Le torse prouve que l'auteur de ce morceau imitait avec succès la nature. Une petite cavité dans le mamelon gauche, et destinée, sans doute, à recevoir un boulon de bronze ou de fer, annonce que ce Faune tenait près de sa poitrine un objet détaché qui avait besoin de soutien. La cuisse gauche était relevée; des tenons en marbre laissés par le sculpteur, montrent que cette figure faisait partie d'un groupe. Les formes de la partie inférieure étant celles de la chèvre, on ne peut guère se méprendre en donnant le nom de *Satyre* à ce morceau. Il est passé, de notre cabinet, dans le Musée archéologique de la ville de Toulouse.

Non loin de la salle que nous avons cru être l'*Atrium* de la *Villa* retrouvée près de Martres-Tolosanes, l'un des ouvriers employés aux fouilles retira, d'un amas de ruines, le reste d'une petite statue en marbre blanc, ouvrage d'un sculpteur grec. C'est peut-être l'image de Bacchus encore enfant. La tête n'a pas été retrouvée; le bras gauche, une partie du bras droit et les pieds sont perdus. Une zône, ou ceinture, environne le corps entre le nombril et la poitrine; à cette bandelette qui se termine sur les reins, sont attachées, de distance en distance, des grappes de corymbe. Sur la plinthe est gravée une inscription, qui faisait connaître le nom de l'auteur de cet intéressant morceau; mais le marbre ayant été mutilé[2], on ne peut restituer ce nom. On ne voit plus en effet, sur cette plinthe, que ces caractères à moitié détruits:

I NIIΓΚΑΙΣ
Ͻ ΕΠΟΥΟΥ

[1] *Atlas de l'Archéol. Pyr.*, Pl. XXXIV, n° 1.
[2] *Ibid.* Pl. XXXIV, n° 2.

La jolie tête de Bacchus jeune, dont nous donnons le dessin [1], n'appartient pas à cette statue. Les autres, représentées dans la planche XXIX, furent retrouvées à Martres. Celle dont les traits annoncent la plus grande jeunesse avait été placée dans l'orangerie du Palais de Rieux. Elles étaient encore, en 1829, confondues avec des ruines informes, près de la margelle du puits dont les eaux s'épanchaient dans le jardin de cette résidence épiscopale.

On peut être incertain sur l'attribution d'une très belle tête qui faisait partie d'un bas-relief et qui a été découverte à Martres, en 1828. Cette tête barbue est d'un très bon style et pourrait bien être prise pour celle de Bacchus *Pogon*. Le *strophium* qui la presse semble annoncer, d'ailleurs, qu'elle a dû appartenir à un être divin.

Un très bel autel en pierre jaunâtre, découvert depuis peu de temps près de la vieille enceinte romaine de Toulouse, à l'est de la cathédrale de cette ville, appartenait peut-être au culte de Bacchus. Cet autel, très bien conservé, a encore sa base et sa corniche, que surmontent d'élégantes volutes. A chaque angle est une tête humaine supportant une guirlande de fruits. Deux de ces têtes ne sont qu'ébauchées; celles qui existent du côté principal offrent les traits, l'une d'un vieillard à barbe touffue, l'autre est juvénile; les oreilles de toutes deux sont pointues, comme celle des Faunes et des Satyres. On pourrait donc conjecturer que ce monument, d'ailleurs très remarquable [2], fut élevé en l'honneur de Bacchus. Il est maintenant placé dans l'une des galeries du Musée de Toulouse [5].

Le nombre des monuments qui rappellent parmi nous le culte de Bacchus, ou de *Dionysus* (ΔΙΟΝΥΣΟΣ) [4], et les souvenirs qui en existaient avant la Révolution, à Toulouse

---

[1] *Atlas de l'Arch. Pyr.*, Pl. XXVIII.
[2] *Ibid.* Pl. XXXIV, n° 3.
[5] *Atlas*, même planche, n° 4.
[4] Ce nom de Διόνυσος, se traduit en latin par *bis natus*, ou deux fois né.

(*suprà,* p. 195), doivent porter à croire que nos aïeux célébraient, comme beaucoup d'autres peuples, les *Dionysiaques* ou *Dionysies* ; que des femmes parcouraient alors nos
cités, travesties en Bacchantes, et s'écriaient comme celles-
ci : *Evohé ! Bacche ! Evohé !*

VII.

Monuments qui rappellent le culte d'Apollon ; — son temple prétendu et son lac a Toulouse. — L'or de cette ville. — Esculape et Hygée. — Étrange méprise d'un savant, qui crut reconnaitre ces deux déités dans un bas-relief qui représente quelques miracles de J.-C.

Fruit d'un adultère, ainsi que Bacchus, Apollon fut cependant l'un des Dieux les plus révérés par les peuples de l'antiquité. On disait qu'il ne se manifestait qu'aux justes, et que celui qui le voyait était toujours grand [1].

Ce Dieu était, dit Callimaque[2], « toujours beau ; jamais le moindre duvet n'ombragea ses joues. De sa tête s'échappait une essence parfumée, ou plutôt c'était la Panacée même, ce baume salutaire, qui découlait des cheveux d'Apollon. »

Tous les arts étaient sous le patronage de ce Dieu ; tous ceux qui portaient un arc et lançaient des flèches l'invoquaient, ainsi que les poètes. C'était le Dieu des Sorts et des Augures, et c'était de lui que les médecins avaient

---

[1] Callimac., *Hymn.*
[2] *Ibid.*

appris les moyens de prolonger la vie des mortels.....
Il naquit à Délos..., « terre ingrate, qui voit sur ses rives, dit le poète, moins de coursiers agiles que de sauvages oiseaux des mers..... La force des autres îles est dans
leurs tours, celle de Délos est dans Apollon... Souvent
le souffle impétueux de Borée renversa les murs les plus
épais ; mais un Dieu n'est jamais ébranlé. Ile fameuse !
ton gardien ne peut être vaincu ! » Avant même d'être
sorti du sein de Latone, il adressa de terribles menaces à
Thèbes, menaces qui ne furent point vaines. Ce fut alors
que, touché des plaintes de sa mère, poursuivie par l'implacable haine de Junon, et sachant qu'elle ne trouvait
pas un asile, il lui dit : « O ma mère ! il existe une petite île
errante sur les flots ; comme une fleur, elle surnage et flotte au
gré des vents et des ondes ; porte-moi dans cette île, elle te
recevra sans crainte. » Cette île c'était Astérie ; elle avait
quitté depuis peu les bords de l'Eubée, et s'écria, émue de
pitié, en voyant Latone prête à succomber : « Junon nous
menace en vain ; que sa colère éclate. Viens Latone, viens
sur mes bords hospitaliers ! »

Ce fut là, que près des rives de l'Inopus, dont les flots sacrés s'accroissaient à la même époque que le Nil, qui, grossi
sans que les mortels en connaissent les causes, inonde les
champs de l'Egypte, Latone, détachant sa ceinture et
s'appuyant sur le tronc d'un palmier, « déchirée par les
douleurs les plus aiguës, inondée de sueur, donna le jour
à Apollon. »

Son temple le plus célèbre sur le continent de la Grèce fut
à Delphes. Apollon était considéré comme le Dieu particulier
des Muses, et, sur le Mont-Parnasse, il présidait à leurs con-
certs. Un savant moderne [1], après avoir raconté comment Apollon avait été chassé du ciel par Jupiter, comment il devint le pasteur des troupeaux d'Admète, et depuis

[1] Mongez, *Diction. d'Antiquités*; 1, 230.

le serviteur de Laomédon, ajoute qu'après quelques années d'exil, le maître des Dieux le rétablit dans les droits de la divinité, lui donna le soin de répandre la lumière dans l'univers, et qu'en un mot il devint le Soleil ; « mais, ajoute Mongez, qui est-ce qui éclairait le monde et faisait les fonctions du Soleil, avant qu'Apollon eût cette charge? C'est ce que les poètes se sont peu inquiétés de nous expliquer. » Cependant de nombreux passages, sans nous donner la solution demandée par cet auteur, nous montrent Apollon comme étant le Soleil lui-même. Macrobe, après avoir dit [1] que tous les Dieux se rapportent au Soleil (*omnes Deos referri ad Solem*), a voulu prouver, par les noms divers portés par Apollon, que ce Dieu est le même être divin que le Soleil. Puis, il cite Orphée, qui dit que le Soleil a été désigné par le nom de Dionysus :

Ἥλιος ὃν Διόνυσον ἐπίκλησιν καλέουσιν·

Mais quelle que fût l'opinion des savants, des philosophes, qui cherchaient, surtout à l'époque des conquêtes du Christianisme, à montrer qu'ils ne révéraient qu'*un seul Dieu*, sous différents noms et d'après ses divers attributs, les peuples, et ce sont eux surtout qui doivent nous occuper en cet instant, étaient polythéistes, et leurs prêtres se gardèrent bien de leur prêcher l'unité de la cause créatrice et conservatrice. Si ce système avait été adopté par les masses, elle eut amené la simplification du culte et l'annihilation de beaux-arts ; la classe sacerdotale aurait perdu ses richesses et son influence : les prêtres seraient tombés dans le discrédit, et la chute de l'idolâtrie eut précédé de plusieurs siècles l'époque où elle fut frappée à mort par le triomphe de l'Evangile.

Les Hellènes et les Romains assimilaient presque toujours

[1] *Saturnal., lib.* I, c. 17 et 18.

à leurs Dieux, les Dieux des nations chez lesquelles ils portaient leurs armes. On a déjà vu que César croyant trouver quelques traits de ressemblance entre les principaux Dieux des Gaulois et ceux des Romains, a dit, en parlant de nos ancêtres : « Leur plus grand Dieu est Mercure; ils en ont beaucoup de simulacres ; ils le croient l'inventeur des arts, le guide et le conducteur des voyageurs et le protecteur des marchands. Après lui, ils vénèrent Apollon, Mars, Jupiter et Minerve, ayant sur eux les mêmes opinions que les autres peuples; ainsi ils croient qu'Apollon chasse les maladies, que Minerve préside aux arts, que Jupiter a l'empire du ciel, et que Mars est l'arbitre de la guerre [1]. »

Mais est-il bien assuré que les Gaulois, non soumis encore à la domination romaine, eussent placé Apollon au nombre de leurs Dieux, ou bien César ne voulait-il seulement parler que des habitants de la *Province Romaine*, au temps où il écrivait? On pourrait le penser, puisque suivant plusieurs auteurs et le témoignage de quelques monuments, les Gaulois adoraient un Dieu auquel, selon Jules Capitolin, ils donnaient les mêmes attributs qu'à Apollon; on le nommait *Belen*. Le passage suivant ne peut laisser aucun doute à ce sujet : *Deum Belenum per aruspices spopondisse, Maximinum esse vicendum, undè etiam posteà Maximini milites jactasse dicuntur, Apollinem contrà se pugnasse. Belin vocant indigenæ, magnaque cum religione colunt, Apollinem interpretantes* [2]. Nous

---

1 Nous devons rapporter ici les termes même de César que nous avons d'ailleurs déjà cités plusieurs fois : *Deum maxime Mercurium colunt; hujus sunt plurima simulacra : hunc omnium inventorem artium ferunt : hunc via arum atque itinerum ducem, hunc ad quæstus pecuniæ mercaturasque habere vim maximam arbitrantur. Post hunc, Apollinem, et Martem, et Jovem et Minervam. De his eamdem fere, quam reliquæ gentes, habent opinionem ; Apollinem, morbos depellere ; Minervam, operum atque artificiorum initia transdere ; Jovem, imperium cælestium tenere ; Martem, bella regere.*

De Bell. Gall., lib. VI.

2 *Maxim., c.* 22.

avons montré que, pour Ausone[1], *Belenus* était une divinité gauloise que l'on ne distinguait pas d'Apollon. Les inscriptions d'Aquilée montrent que Belenus était dans ce lieu le surnom d'Apollon : APOLLINI BELENO. Suivant Hérodien, *Belenus* avait dans cette ville un oracle, appelé *l'oracle du Dieu de la Patrie.* Selon Scaliger, l'identité d'Apollon et de *Belenus* provenait de la plante à laquelle les Gaulois frottaient leurs flèches et qu'ils nommaient *Belenium*, et l'on sait que les flèches d'Apollon étaient redoutables ; cette herbe est nommée par Dioscoride, *les restes de Belenus.....* Sans doute, le culte du Dieu *Belen* fut apporté de l'Asie par ceux que nous reconnaissons comme les premiers colons de l'Europe, par les Celtes. C'est le Dieu *Bel* ou *Belus,* dont le nom est inscrit dans les premières pages qui nous retracent l'histoire de l'Orient, d'où nos pères tiraient leur origine, et les Tektosages, en adorant ce génie divin, ne firent que suivre les antiques traditions. Ainsi, le Lac de Toulouse et le Temple, dont quelques auteurs ont parlé, n'étaient que le *Lac* et le *Temple* de *Belen.* Celui-ci fut, dit-on, le Jupiter des Perses et des Assyriens. Des écrivains ont voulu reconnaître en lui le *Baal* des livres saints et le Dieu Soleil, ce qui lui donnerait un trait de resssemblance de plus avec Apollon. On a vu que *Belenus* avait un culte et des sanctuaires dans les Gaules et particulièrement dans l'Armorique et chez les Bayocasses. Suivant La Tour d'Auvergne[2], le nom de *Bel-en-us* est formé de trois mots celtiques, et leur véritable sens, en breton armoricain, signifie : *loin, au-dessus de nous,* ou bien : *au-dessus de nos têtes.* Suivant Eloi Johanneau[3], le nom du *Belenus* des Celtes viendrait de l'armoricain *Pel* ou *Pellen,* en construction *Bellen,* boule, globe, et par suite globe du soleil. Ce serait encore un nou-

---

[1] Aus. *Profess.*
[2] *Origines gauloises*, 143.
[3] *Monuments celtiques*, 335.

veau rapport avec Apollon, et justifierait César, alors qu'il
prétend que les Gaulois adoraient ce Dieu. Presque tous les
savants modernes reconnaissent en *Belenus* l'Apollon des
Grecs et des Romains, et ont cherché à le prouver ; l'un d'eux,
Elias Schedius, avance que le nom de ce Dieu offre une
suite de lettres numérales qui expriment le nombre de jours
que le soleil emploie à faire sa révolution, et il écrit le nom
du Dieu en capitales grecques, plaçant au-dessous les nombres correspondants :

B Η Λ Ε Ν Ο Σ.
2, 8, 30, 5, 50, 70, 200.

Mongez avoue [1] que ces chiffres, pris ensemble, forment
le nombre de 365 ; mais il demande, avec raison, s'il est
certain que ΟΣ ou ΥΣ appartient au nom gaulois, et si ce ne
serait pas plutôt une terminaison grecque ou latine ajoutée
au mot gaulois, illyrien ou phénicien ?

Pour nous cette terminaison est insolite et nous croyons
que le nom de ce Dieu était simplement *Bel* ou *Belen*. Nous
avons retrouvé [2] dans le territoire des Tektosages, *la Forêt
de Belen*, où existait l'un de ces monuments bruts, que l'on
attribue généralement aux Gaulois et que l'on nomme la
Pierre trouée (*Peyro aourado, Peyro traoucado*, en langage
vulgaire), et nous croyons que le mot *Belen*, privé des ter-
minaisons qu'on lui a donné, était réellement le nom du Dieu
que l'on a assimilé à l'Apollon des Hellènes et des Latins.

Ce serait dans un Lac existant à Toulouse, ou dans une
position peu éloignée de leur mère-patrie [3], que les Tektosages, chargés des dépouilles de la Grèce et surtout de celles
du temple de Delphes, auraient, pour fléchir les Dieux irrités, jeté ces richesses, fruits de leurs déprédations sacriléges.

[1] *Dict. d'Antiq.*, I, 440.
[2] *Archéolog. Pyrénéen.*, I.
[3] *Antiquam Patriam.*

On peut donc croire que, lors du retour de quelques-unes de ces cohortes aventureuses qui avaient porté la terreur sur la terre d'Hellen et dans les contrées voisines, ces bandes spoliatrices furent considérées comme sacrilèges par les Druides, et condamnées par ceux-ci à offrir en sacrifice les fruits de leurs déprédations. Une sorte de caractère sacré était acquis à ces dépouilles ; on ne pouvait, dès-lors, les employer à des usages profanes, et elles devaient être consacrées aux Dieux. Injustes comme tous les conquérants, les Romains respectaient néanmoins, ainsi que l'histoire l'atteste, les Génies protecteurs des nations. Ils les évoquaient ; ils cherchaient à se les rendre favorables, à priver de leur protection les nations qu'ils attaquaient, et on ne voit point qu'ils aient cherché à les offenser. Enlever les dons offerts à ces Déités, ne pouvait donc être regardé que comme une action sacrilège ; et la défaite de l'armée du proconsul Q. Cæpion et les malheurs particuliers de ce chef, toutes choses qui suivirent de près l'enlèvement de l'*Or de Toulouse*, durent donner beaucoup de poids à la vénération que l'on professait pour les Dieux étrangers..... Quant aux évaluations du trésor retiré du *Lac de Toulouse*, on verra bientôt qu'il faut toutes les rejeter. L'erreur du premier écrivain qui aura raconté les faits, aura été en quelque sorte contagieuse ; d'autres l'auront copiée sans réfléchir que, ainsi que Lagny l'a remarqué, tout l'or existant alors dans les pays civilisés n'aurait pas suffi pour former une masse aussi forte. Ce que disent à ce sujet les autres écrivains n'est qu'une légende absurde, répétée de siècle en siècle avec quelques variantes ou quelques fautes de copistes.

Mais où était situé le *Lac* ou le *Temple* d'où Q. Cæpion retira les richesses que les Tektosages avaient consacrées aux Dieux?

Les anciens chroniqueurs ne pouvaient chercher ce site que dans le lieu où ils plaçaient *Tolosa*, c'est-à-dire sur ces collines abruptes, où la Charte donnée par Philippe-le-

Hardi, en 1279, place un lieu habité, désigné par les mots : *Veterem Tolosam*[1]. C'est sur ce point qu'existent encore plusieurs vastes terrasses, faites de main d'homme, et un tumulus immense et en forme de cône tronqué[2], qui fut peut-être un poste d'observation ou même de défense[3]; monticule artificiel d'où l'on découvre les nombreuses chaînes de coteaux qui sillonnent la *Novempopulanie* et aussi les Pyrénées, dans tout leur développement, atteignant l'une et l'autre mer.

C'est le point où l'on retrouve, depuis plus de vingt siècles, et où l'on recueille chaque jour encore, quelques rares médailles phéniciennes, des monnaies de presque tous les peuples de la Gaule, et aussi de la plus grande partie des tribus hispaniques ; monnaies chargées de ces sortes de caractères que l'on disait *inconnus*[4] avant les travaux de Velasquez, d'Erro, de M. le sénateur de Saulcy et autres nummographes. C'est là qu'on a trouvé et qu'on trouve encore des médailles consulaires en argent[5]. Là, des milliers d'urnes en terre, ayant la forme des plus élégantes amphores, ont été retirées des champs, indiquant l'existence d'une ancienne population ; là, en 1814, MM. l'abbé Jammes, de l'Académie des Sciences de Toulouse, et Bruand, depuis sous-préfet de Belley, retrouvèrent une voie pavée, se dirigeant vers le sud-est, des figurines de l'époque romaine, des fibules, des anneaux ; là, bien plus tard, feu Jules Soulages fit exécuter des fouilles, non sans succès, et

[1] Annales de Toulouse, I. *Preuves.*
[2] On le nomme le *Castella.*
[3] On a cru y retrouver même le reste d'un camp romain.
[4] *Desconocidas.*
[5] Et surtout des familles *Antonia, Calpurnia, Cornelia, Porcia, Sicinia, Titulia.* Les médailles grecques de Marseille y abondent; les médailles romaines du Haut-Empire, en argent et en bronze, y sont peu communes; celles de la colonie de Nîmes s'y trouvent assez souvent. L'abbé Audibert n'avait pu en découvrir aucune impériale, après celles d'Auguste et de Néron, à la réserve d'un Trajan, d'un Constantin et d'un Valerien.

y découvrit les fondations de nombreuses et très petites habitations de forme carrée, dans chacune desquelles il existait des meules en poudingue et en lave, des haches en jade et en cailloux roulés, et des médailles gauloises. Ce lieu paraît donc être, d'après ces indications, cette antique patrie des Tektosages, où ils revinrent après avoir parcouru la Grèce : *In antiquam patriam Tolosam venissent.* C'est dans le voisinage de cette localité que devait être le *Lac* où, par le conseil de leurs Aruspices, ils jetèrent les richesses qu'ils avaient conquises pendant leurs courses lointaines.

L'abbé Audibert, dans son excellent Mémoire sur *Vieille-Toulouse*[1], ne pouvait manquer d'assigner sur ce point la position du *Lac* de *Belen.* Il crut y trouver les vestiges de cet amas d'eau, et il disait : « C'est au moins dans ce lieu qu'on doit en chercher les traces, si mon opinion sur l'ancienne situation de Toulouse est fondée. Or, il me semble les apercevoir dans les fragments d'or et d'argent que l'on trouve, surtout, à l'extrémité de la plaine où la terre est graveleuse; dans le plomb qui fut trouvé au-dessous et qui paraît avoir servi à des tuyaux pour la conduite des eaux d'une fontaine qui est auprès de la ferme de M. Berdoulat. Ces eaux pouvaient être détournées à gauche et former un petit réservoir... Le *Lac,* ayant été desséché, aura servi depuis à renfermer une partie des urnes de Vieille-Toulouse. Cela se comprendra mieux, si l'on fait attention que les urnes sont romaines et par conséquent postérieures au Lac. Je ne crois pas que l'on doive s'arrêter à juger de la possibilité du Lac par la figure qu'offre le terrain d'aujourd'hui, parce que l'on ne peut nier que plus de deux mille ans n'y aient apporté beaucoup de changement. Une preuve que cela est arrivé, c'est que les précipices qui sont à côté se sont for-

[1] *Dissertation sur les Origines de Toulouse,* publiée en 1764, et dédiée au célèbre abbé Barthélemy.

més par un éboulement successif ; les tertres que l'on a
coupés le long du chemin ont des débris dans toute la
largeur, qui est considérable ; les médailles grecques (de
cette localité) ne se trouvent communément que bien
avant dans la terre ; enfin, les urnes sont quelquefois presque à la surface du sol, d'autres sont ensevelies à plus de
dix pieds [1]. »

En citant ce long passage et quelques autres de différents
écrivains, nous avons voulu que l'on pût, sans faire d'autres
recherches, avoir des notions exactes sur le *Lac de Tolosa*,
et sur tout ce qui se rattache à l'une des fables sacrées de la
Gaule antique. En examinant avec soin les champs de
Vieille-Toulouse, nous avons cru qu'un barrage, établi à
l'extrémité des ravins, ou très petits vallons qui existaient
non loin de cette plaine dont parle le savant Audibert, aurait pu retenir les eaux pluviales qui s'épanchent des hauteurs
circonvoisines et celles qui sourdent dans les environs, et
former un réservoir profond, un lac artificiel, desséché plus
tard par les Romains, ainsi que le disent quelques auteurs.
C'est évidemment près de l'*Oppidum* des Tektosages que
devait être leur *palus*, ou marais sacré. Le placer ailleurs,
c'est adopter l'opinion qui fixe sur le sol de la ville actuelle
le chef-lieu, la capitale de cette tribu, l'une des plus fameuses parmi celles qui possédaient cette partie de la Celtique,
que la *Garumna* seule séparait des Aquitains.

Catel, que ses heureuses recherches sur les Comtes de
Toulouse, ont placé très haut dans l'estime de ses contemporains et même de la postérité, a puissamment contribué
à égarer l'opinion, relativement à la position occupée par
la *Tolosa* primitive, et par suite à ce qui se rattache au
Lac d'où fut retiré l'or regardé comme si funeste dans l'antiquité.

Pour montrer que la ville actuelle était l'*antique patrie*

---

[1] Audibert ajoute qu'il en avait vu une inscrite en caractères romains.

de ces Tektosages si braves qui avaient parcouru en vainqueurs une partie de l'Orient, il dit [1] : « Nous pouvons remarquer que la ville de *Tolosa* a été toujours à l'endroit
où elle se trouve maintenant bâtie, et non pas, comme quelques-uns l'ont estimé, à *Vieille-Tolose,* car la *Garonne* ne
s'approche pas si près de *Vieille-Tolose*, qu'elle fait de *Tolose ;* et d'ailleurs nous voyons que les églises de Saint-
Etienne et de la Daurade, qui ont été faites il y a plus de
douze cents ans, sont dans *Tolose* et non dans *Vieille-
Tolose ;* comme aussi l'église de Saint-Sernin se trouve
bâtie par saint Sylve et saint Exupère, passé douze cents
ans, ce qui ne se rencontrerait pas, si *Tolose* eût
été au lieu où est maintenant *Vieille-Tolose.* L'église
du Taur, bâtie par Launebodes, se trouve aussi dans
Tolose, au lieu où saint Honoré, évêque de cette ville,
avait fait bâtir une petite chapelle près du tombeau
de saint Sernin, ce qu'on ne peut rapporter à *Vieille-
Tolose ;* et les marques ou plutôt les traces du Temple
de Pallas et du Capitole, se rapportent bien plus à ce
qui est aujourd'hui dans *Tolose,* que non pas à *Vieille-
Tolose.* »

Cette manière de réfuter l'opinion générale et les Chartes,
relativement à la position occupée, plus de six siècles avant
l'occupation romaine, par le principal *Oppidum* des Tektosages, ne fait pas beaucoup d'honneur à Catel. En l'examinant, on acquiert la preuve que ce grave magistrat ne payait
pas toujours son tribut à la saine logique, et l'on ne s'étonne
plus qu'il ait été l'auteur du rapport si fatal contre le malheureux Lucilio Vanini, qu'il fallait seulement loger dans les
petites maisons, mais qu'il ne fallait point livrer aux bour-
reaux ; et on ne doit point s'étonner qu'après avoir réuni les
témoignages les plus formels, relativement aux dons de Clé-
mence Isaure, il ait écrit cependant que « *cette dame ne fut*

---

[1] *Mémoires de l'Hist. de Languedoc,* 117.

jamais au monde[1]. » Mais si, comme cela arrive souvent aux érudits, il s'est trompé, on doit reconnaître qu'il a cherché de bonne foi ce qui se rapportait au *Lac* de Toulouse.

L'abbé Audibert a dit, relativement à la position de *l'antique Tolosa*, et surtout sur celle de son *palus* sacré : « Catel avait-il donc oublié que Toulouse existait longtemps avant les églises, les temples et le Capitole dont il parle? Ne savait-il pas que cette ville fut saccagée par Cæpion, longtemps avant l'ère chrétienne? que Dion dit expressément qu'elle florissait depuis très longtemps, lorsqu'elle essuya cette catastrophe? qu'enfin Trogue Pompée, ou plutôt Justin, son abréviateur, la font exister dans la plus haute antiquité? »

Certes, ces preuves et beaucoup d'autres que l'abbé Audibert rapporte, montrent que Catel n'avait pas sérieusement étudié la question qu'il voulait traiter en s'occupant des origines de Toulouse et du *Lac* de cette ville; mais il faut avouer qu'il a rapporté avec soin, à cet égard, tout ce que l'on croyait à son époque, en n'admettant point la position de l'antique patrie des Tektosages dans le lieu que les monuments semblaient indiquer, et que désignent les Chartes sous le nom de *Veterem Tolosam*.

L'historien Bertrand, qu'on ne lit guère aujourd'hui, rapporte[2] que, selon une ancienne tradition, il y avait jadis un *Lac* dans le lieu où existe aujourd'hui la basilique consacrée à saint Saturnin. Le bon Chabanel a cru devoir embrasser cette opinion[3], et placer dans le même lieu le Temple d'Apollon. « Il est évident, dit cet auteur, que ce lac ou maré-

[1] Nous croyons que ce passage a été interpolé, et l'on a montré ailleurs les motifs de l'auteur de cette fraude historique. On sait que Catel était mort lors de la publication de ses *Mémoires de l'Histoire de Languedoc*, ouvrage qui n'était point complètement terminé.

[2] *De Gest. Tol.*

[3] *Antiquités de la Daurade*, p. 54.

cage bourbeux ne pouvoit estre dans la ville, parce qu'il n'y eût servi qu'à infecter et incommoder ; il falloit donc que ce temple, qui fut depuis basti sur le lac, ou palus sacré, comme l'appelle Strabon (parlant des trésors de ce temple, sans toutefois le nommer), fût parfaitement hors la ville, et devoit estre *infailliblement* en la mesme place où est aujour-d'hui l'église de Saint-Sernin[1], que l'on croit estre bastie sur un lac. » On voit que Chabanel n'invoque aucune autorité en faveur de son opinion. Catel, qui ne mourut qu'en 1617, nous apprend[2] qu'*il avait vu*, dans le cloître de l'abbaye de Saint-Saturnin, une porte par laquelle on disait que l'on pouvait atteindre les bords de ce lac si fameux. Cet écrivain ajoute que l'on pourrait rapporter à cela ce que l'on trouve à la fin d'une Charte accordée par Charles-le-Chauve, alors qu'il assiégeait Toulouse, en 844, et qui porte qu'elle fut écrite dans le monastère de Saint-Saturnin, sur la rivière : *Actum in monasterio Sancti-Saturnini, prope Tolosam, in amne, fœliciter. Amen.*

Francisco Diago, qui a donné ce titre dans son Histoire des Comtes de Barcelone[3], dit, en parlant de Charles-le-Chauve, qu'il donna cette Charte : *Estando en el monas-terio Sancto-Saturnino, cerca de Tolosa, en la ribera del Rio.*

Catel ajoute qu'une maison, qui existait près de l'église de Saint-Saturnin, était située, suivant les anciennes recon-naissances, *in Portu Sancti-Saturnini*. « Tellement, dit cet historien, qu'il semble vrai que l'église de Saint-Satur-nin soit fondée, comme l'on croit, sur un lac ou sur les bords de la rivière. Toutefois, ajoute-t-il, il faut avouer qu'il n'y a aucune marque pour témoigner qu'elle soit fon-dée sur un lac. » Catel objecte ensuite que le monastère de

---

[1] Nom vulgaire de cette église.
[2] *Histoire des Comtes de Tolose*, liv. II, c. 3.
[3] *Hist. de los antigos Condes de Barcelona*, p. 57 et seq.

Saint-Saturnin est éloigné de la rivière, et qu'il ne paraît pas qu'elle ait jamais passé auprès de cet édifice religieux. Quant à la porte existant dans le cloître, et par laquelle on passait, disait-on, pour aller sur les bords du lac souterrain, Catel ajoute, et ceci était l'expression de la vérité, que *les plus anciens membres du Chapitre* [1] *lui ont appris qu'elle ne conduisait qu'à un puits placé sous la nef.*

Le titre rapporté par Francisco Diago n'ayant point été vu en original par Catel, il ignorait comment les mots *in amne* y avaient été mis. Mais il remarqua, et ceci n'est point sans intérêt, que dans tous les autres titres émanant de Charles-le-Chauve, lorsqu'il habitait le monastère de Saint-Saturnin, on ne trouve point les mots *in amne*. Voici, en effet, les souscriptions de ces actes :

Actum pridie idus junii anno IV, prœstantissimi Regio Karoli in cœnobio Sancti-Saturnini juxta Tolosam.

Data XII. Kal- julii indictione VI, anno IV, prœstantissimi Regis Karoli. Actum in monasterio Sancti-Saturnini, in Dei nomine fœliciter. Amen.

On voit que les deux mots qui semblent annoncer que le fleuve qui baigne les murs de Toulouse passait, durant le neuvième siècle, près de l'église de Saint-Saturnin, ne paraissent que dans une seule des Chartes données par Charles-le-Chauve, alors qu'il habitait près de cette ville, et cette circonstance nous a porté à croire que les derniers mots de ces actes ont été mal lus par Francisco Diago, et que le titre qu'il a publié portait au lieu de : *in amne fœ-*

---

[1] Le monastère de Saint-Saturnin, devenu abbaye, avait eu, jusqu'à l'époque désastreuse de la révolution, un *Chapitre*, d'abord sous la règle de saint Augustin. En 1523, le Parlement enjoignit à l'archevêque de Toulouse de procéder à la réforme de ce monastère; ce qu'il fit, assisté de l'abbé de Saint-Ambroise, de Bourges, de celui de Gaillac et de deux conseillers-clercs pris dans le Parlement. Plus tard, le Chapitre fut sécularisé. Il y avait en 1785, sous l'abbatiat de M. de Narbonne-Lara, ayant l'abbé de Lacaze pour grand-vicaire, vingt-quatre chanoines, dix prébendiers et dix prêtres de chœur.

liciter. Amen, ceux-ci que l'on voit dans l'une des souscriptions rapportées plus haut : *in Dei nomine fœliciter. Amen.* On ne saurait contester que cette leçon paraît plus naturelle et bien plus dans le style diplomatique de l'époque où le titre fut écrit. Une copie peu exacte aura pu causer l'erreur de Diago ; l'écriture pouvait d'ailleurs avoir été altérée par le temps, le mot *Dei* effacé en partie et le suivant devenu illisible ; de sorte qu'au lieu de *nomine,* on aura cru pouvoir lire *amne;* et c'est ce qui a porté l'auteur catalan à traduire la fin de la Charte par ces mots déjà cités : *Estando* (Charles-le-Chauve) *en el monasterio Sancto-Saturnino, cerca de Tolosa, en la ribera del Rio.*

Catel réfute assez bien ceux qui trouveraient quelque motif de croire que les mots : *in Portu Sancti-Saturnini,* trouvés dans un acte relatif à une maison située près de l'église de Saint-Saturnin, indiquent l'existence d'un port dans ce lieu, et il ajoute « qu'il serait surprenant que saint Sylvius et saint Exupère eussent fait bâtir l'église de Saint-Saturnin dans un lac, et croire qu'ils aient voulu se mettre dans une si grande dépense, attendu qu'ils pouvaient choisir le lieu qui leur plairait, puisque c'était hors la ville et en la liberté de la campagne. »

Un membre de l'Académie des Sciences de Toulouse (M. Maillot) a, dans un livre inédit encore, montré qu'il ne croyait pas que le texte de la Charte, cité par F. Diago, avait été mal lu ou altéré, et il établit, comme un point de fait incontestable, que l'église de Saint-Saturnin a été bâtie sur un lac, « ou bien, dit-il, *dans une espèce d'île* placée au milieu du lac. » Nous avons montré, il y a bien longtemps [1], que les divers témoignages relatifs à l'existence du fameux *Lac* de Toulouse sous l'église de Saint-Saturnin, n'étaient rien moins que concluants en faveur du système de M. Maillot.

---

[1] *Monuments religieux des Volces-Tektosages,* etc. (1814), p. 179, 180 et seq.

Mais le désir de retrouver le marais consacré à Apollon, ou plutôt à *Belenus*, engagea, vers l'an 1747, M. Leclerc de Fleurigny, abbé de Saint-Saturnin, à faire exécuter des recherches à ce sujet, qui tient à l'histoire générale de la Gaule, au temps où les Romains en essayaient la conquête. On ouvrit alors la porte mentionnée par Catel, et l'on descendit une rampe d'une pente assez douce. Après avoir parcouru ainsi environ six toises, les ouvriers découvrirent, à droite, une autre rampe dirigée vers les locaux de l'abbaye, et l'on trouva, à gauche, une fontaine, ou plutôt un puits qui n'avait pas même quatre pieds de profondeur, et dont le devant était fermé par une margelle d'environ trois pieds et demi de hauteur. Un mur placé de ce côté s'élevait jusqu'au pavé de la nef, que l'on ouvrit en enlevant une plaque de marbre, assez près du point où s'élevait la chaire. Ensuite, on sonda de toutes parts, dans la nef, dans le chœur et dans les cryptes, pour tacher de découvrir quelques autres souterrains ; mais toutes ces recherches furent inutiles. Cependant la plaque de marbre qui avait été enlevée du pavé n'ayant pas été promptement replacée, quelques particuliers, qui ignoraient les travaux auxquels on s'était livré, jetèrent de loin quelques pierres dans l'excavation qui s'offrait à leurs regards, et le bruit que faisaient ces pierres en tombant dans le puits contribua, sans doute, à accréditer de plus en plus les idées relatives à l'existence, sur ce point, du fameux *Lac* de Toulouse.

M. de Montégut, qui, le premier, eut l'honneur de rechercher les Antiquités de Toulouse [1], a cru qu'un amas d'eau existait sous la basilique de l'église de Saint-Saturnin, et il adopta l'opinion qui y plaçait le *Lac* consacré à *Belenus*. Il connaissait les recherches faites sous l'abbatiat de M. Leclerc de Fleurigny ; mais il se contenta de dire que « vers l'année

---

[1] *Histoire et Mémoires de l'Académie des Sciences de Toulouse;* 1re série, tome 1.

1747 , *une pierre du pavé de la nef, près de la chaire,
s'enfonça* et laissa voir un trou d'*une profondeur immense;*
il ajoute qu'en y jetant des pierres, on entendait le bruit
de l'eau. »

Il nous paraît prouvé que cette circonstance n'est pas différente de celle que nous avons racontée. L'époque correspond,
en effet, avec celle des recherches qui furent faites d'après les
ordres de M. Leclerc de Fleurigny. On a vu que ce dernier fit
enlever l'une des plaques du pavé de la nef, près de la chaire,
et que les curieux qui jetèrent des pierres dans l'excavation
entendirent le bruit qu'elles firent en tombant dans l'eau.
Ceci n'ajoute donc rien à ce que nous savions à ce sujet. Ce
qui suit parut d'abord mériter un peu plus d'attention :

« *J'ai vu, moi-même*, disait M. de Montégut [1], à l'un
des piliers qui soutiennent le clocher, à la droite du maître-autel, un trou par lequel on entendait le bruit d'un
torrent. Les chanoines, fatigués de l'affluence de ceux que la
curiosité y attirait, ont fait boucher ce trou avec une pierre
sur laquelle est l'empreinte d'une croix.

» A peu près dans le même temps, une personne *digne
de foi* m'attesta avoir vu le *Lac* qui est sous la nef de l'é-
glise de Saint-Sernin. Un chanoine de cette église la conduisit par une petite porte qui était à côté de celle qui conduit aux cryptes, à main droite, et que les chanoines ont
depuis fait murer ; ils descendirent avec des flambeaux un
petit escalier tournant qui les conduisit dans une vaste galerie, soutenue par de gros piliers qui sont la continuation
de ceux qui soutiennent la grande nef. Cette galerie entoure
un *Lac* dans lequel on jeta des pierres qui firent des ondu-
lations. La fraîcheur du lieu et un frémissement involon-
taire, ne leur permirent point de faire le tour de cette enceinte, qui leur parut avoir la même étendue que la grande
nef. »

[1] *Loc. cit.*

Les assertions de M. de Montégut ne purent convaincre personne. Quoi qu'il en soit, on voit encore, à la base du pilier désigné par notre savant prédécesseur, une pierre empreinte d'une croix ; mais cette pierre paraît aussi ancienne que celles qui forment toute la base de ce pilier, et la croix qu'on y remarque paraît être un des signes de la consécration de l'église par le pape Urbain II, en l'année 1096.

Nos lecteurs seront étonnés peut-être, que de Montégut n'ait pas cherché à s'assurer par lui-même de l'existence de la galerie souterraine qui, suivant le récit qui lui fut fait par une personne *digne de foi*, entourait *un Lac dont la grandeur était égale à celle de la grande nef de l'église*, *Lac* dont l'existence a été niée par Catel, et que Daydé, qui a écrit l'histoire de la basilique de Saint-Sernin[1], et qui en a décrit avec soin toutes les curiosités, affirme que cet amas d'eau n'avait jamais existé sous l'édifice dédié à l'apôtre de Toulouse. D'ailleurs, ainsi qu'on la vu, on avait sondé de toutes parts, en 1747, dans la nef et même dans les cryptes, et ces recherches n'avaient amené la découverte d'aucune excavation.

En 1808, M. Laupies[2], ingénieur en chef, provoqua de nouvelles recherches ; on avait, depuis peu, jeté les décombres provenant de la démolition d'une partie du chœur de l'église dans le puits dont nous avons parlé, et qui est situé près du point où la chaire était placée. On vit que le col de ce puits s'élève jusqu'à la surface du sol. On le trouva comblé à quatre mètres au-dessous, et là on découvrit deux allées voûtées : l'une dirigée vers les anciens locaux de l'abbaye ou vers la place Saint-Raymond ; à son extrémité étaient quelques marches qui conduisaient à la *Chapelle* dite *des Sept*

---

[1] *Histoire de l'insigne église abbatiale de Saint-Sernin.*

[2] *Mémoire de M. l'ingénieur en chef Laupies*, conservé dans les archives de l'Académie des Sciences, Inscriptions et Belles-Lettres de Toulouse.

Dormans ; l'autre avait son issue dans l'ancien cloître et à la porte déjà mentionnée plusieurs fois.

Ces allées voûtées, ce puits et ces marches avaient été déjà observés, en 1747, lorsque l'on fit les recherches dont nous avons déjà parlé plusieurs fois ; il restait à vérifier les détails que M. de Montégut tenait d'une personne *digne de foi.*

Vers 1835, le besoin de s'occuper de la consolidation d'une partie de l'édifice, appela toute l'attention de l'édilité toulousaine. L'architecte en chef de la ville [1] fut chargé de ce travail. Il profita de cette occasion pour retrouver l'amas d'eau que l'on disait exister au-dessous de la grande nef. Une profonde tranchée fut ouverte dans toute la longueur de cette portion de l'église et atteignit même les fondements des piliers. Cette exploration fut décisive ; elle prouva que le *Lac* indiqué pas la personne *digne de foi* n'existait pas et n'avait pas même pu exister dans la localité signalée ; et ainsi disparurent les légendes, les récits romantiques, dont, depuis quelques siècles, on avait bercé la crédulité publique.

Mais, depuis longtemps, un autre système avait occupé l'attention des antiquaires [2].

En 1726, dom Martin annonça [3] que le *Lac* de Toulouse était situé sur le point où l'on voyait l'église de *Sainte-Marie Fabricata,* ou de la *Daurade.* Les détails qu'il donne sont très curieux, et malgré qu'ils prouvent que ce savant bénédictin était étranger aux arts du dessin et même à beaucoup de choses que, de nos jours, il n'est plus permis d'ignorer, nous avons cru, malgré leur longueur, en insérer ici une partie :

[1] M. Urbain Vitry, membre de l'Académie des Sciences et de la Société Archéologique du Midi de la France, chevalier de la Légion-d'Honneur.

[2] Je me sers de cette qualification, bien qu'elle soit usurpée de nos jours par des industriels. Montfaucon, Winckelmann, Caylus, Visconti, Letronne, Champollion, Raoul Rochette, etc., étaient des *antiquaires;* MM. N... N... ne sont que des *marchands* d'antiquités...

[3] *Traité de la Religion des Gaulois;* I.

« Ce Temple, dit-il, n'avait ni la forme, ni l'étendue de l'église telle qu'elle est à présent. Ce qui faisait le Temple sert maintenant de sanctuaire, et ce qui a été abattu formait un décagone complet [1]. Ce sanctuaire est exhaussé. Tout autour règnent, l'un sur l'autre, trois rangs de niches qui ont été ménagées dans le mur. Tout le massif de celui-ci est incrusté d'une mosaïque admirable, principalement les niches, dans chacune desquelles est représenté un saint de l'Ancien ou du Nouveau-Testament, Jésus-Christ, quelques Apôtres et Evangélistes, les anges saint *Michel,* saint *Gabriel,* saint *Raphaël,* saint *Huriel, Ezéchias* et d'autres, dont quelques tableaux qui les couvrent dérobent la vue. Chaque niche est séparée de la suivante par une petite colonne de marbre que la mosaïque rend d'ordre gothique, quoiqu'elle n'en soit pas ; de sorte qu'à jeter les yeux dessus, au lieu de colonnes on ne voit que des piliers tous ronds, tous courts et trop menus, sans renflement, sans règles et sans proportions, si contigus au mur, qu'ils paraissent faire partie avec lui et n'être qu'un peu plus à demi-saillants. On remarque seulement sur ces piliers des nuances plus sombres ou plus vives qui vont en ligne spirale autour de l'espace vide du paroi que les niches n'occupent pas, depuis le rez-de-chaussée jusqu'au cordon ; et à l'entablement recourbé où finit la mosaïque, et qui est rempli de médaillons, d'écussons, de figures de quelques animaux ou de pièces tirées de la méchanique ; il n'est que les chapiteaux et les socles des colonnes qui ne soient pas ornés de dessins de mosaïques. »

On peut reconnaître, d'après les expressions employées par dom Martin, que ce savant religieux ne connaissait pas les termes même les plus communs en architecture, ou qu'il ne savait pas les appliquer aux monuments qu'il décrivait ;

[1] Voyez, en regard de cette page, le plan des lieux tels qu'ils existaient encore en 1704.

il s'est trompé, et a pu quelquefois induire en erreur ceux qui l'ont pris pour guide. Mais comme la description qu'il a donnée est à peu près la seule qui nous reste de l'édifice qu'il a pris pour un Temple d'Apollon , nous devons lui emprunter encore quelque passages :

« La mosaïque (de l'église de *Sainte-Marie Fabricata*), dit-il ensuite, consiste en de petits morceaux de verre diversifié de couleurs, taillés carrément, artistement rangés et mastiqués sur un fond de stuc. La couleur jaunâtre qui règne et l'emporte surtout sur les autres, jointe à l'éclat de tout l'ouvrage qui se confond avec le jaune, a pu faire naître les noms latins et français de cette église : *Deaurata* , *Daurade*, comme qui dirait *Dorée.*

» La mosaïque de l'église dont nous parlons est l'ouvrage des Visigoths, qui firent de Toulouse la capitale de leur royaume. Ils voulaient, par cet ornement étranger, effacer les premières beautés du Temple.....

» Si l'on considère cet édifice en faisant abstraction de l'incrustation de mosaïque, on trouvera que c'est un péristyle orné en son pourtour intérieur de trois rangs de colonnes saillantes isolées et cannelées en creux de cannelures torses..... Les bases et les chapiteaux des colonnes sont toutes en marbre blanc. Les colonnes sont d'ordre ionique ; les chapiteaux sont en partie composites, en partie corinthiens et quelques-uns sont ioniques. La base est composée principalement d'une astragale, d'une scotie, d'un tore et d'une plinthe. Le corps de la colonne a cinq pieds dix pouces de hauteur, compris le chapiteau et la base. Il y a encore dans l'église, hors-d'œuvre, une colonne en deux pièces de beau *marbre granite*, attenant la porte qui mène dans le cloître ; elle a douze pieds deux pouces de hauteur, avec son chapiteau et sa base [1].

---

[1] On voyait encore, en 1814, dans une rue voisine de l'église de la Daurade (celle de l'Écharpe), un tronçon de colonne, *en marbre gris*, qui, par son diamètre, semblait avoir appartenu à un très ancien édifice.

» Les dix angles dont le décagone était formé étaient disposés en symétric respective ; en sorte qu'opposés les uns aux autres, ils étaient pareils entr'eux. Ce beau décagone était couvert d'une coupe dont la partie qui couvrait tout l'hémicycle, qui subsiste encore, a duré jusqu'en 1703, qu'on la mit à bas, parce que l'on s'aperçut que son poids énorme faisait surplomber le mur de tous les côtés. Aussi trouva-t-on que la voûte avait plus de douze pieds de *diamètre* [1].....

» Après avoir tiré quelques assises, on trouva une ouverture d'environ cinq pieds, dont on n'avait nulle connaissance, parce qu'on avait eu la précaution d'en boucher les deux extrémités. C'était un canal pour recevoir le jour à l'instar d'un *trou* semblable qu'on voit au Panthéon de Rome, et *surtout aux Temples gaulois* [2]. »

Nous avons copié presque en entier cette description, malgré les fautes que l'on peut y remarquer, parce que l'on y trouve une description naïve du prétendu Temple d'Apollon à Toulouse. Un Mémoire de M. de Montégut [3], bien qu'offrant aussi beaucoup d'inexactitudes, pourra servir à compléter cette description.

Cet honorable antiquaire voyait aussi, dans l'ancienne partie de l'église de la Daurade, un Temple consacré d'abord à Apollon, mais il réfuta cependant les opinions de dom Martin, et ne s'aperçut point que l'édifice nommé *Sainte-Marie Fabricata* n'était qu'une église construite en partie avec des ruines romaines. Il s'exprimait ainsi :

« Il (dom Martin) prétend, que le bâtiment orné de colonnes, dont le reste formait une partie de l'église de la Daurade, avait été construit par les Gaulois autour du Lac

---

[1] Dom Martin voulait dire apparemment *d'épaisseur*, et non de *diamètre*.

[2] Plus heureux que beaucoup d'autres Archéologues, on voit que dom Martin connaissait des *Temples gaulois*.

[3] *Histoire et Mémoires de l'Académie des Sciences, Inscriptions et Belles-Lettres de Toulouse*; I, 74 et seq.

qui y était entièrement renfermé; que des ruines, découvertes dans la rivière en 1709, et dans les temps antérieurs, ont fait partie de ce Temple et avaient été entraînées par les eaux jusqu'auprès du moulin du Bazacle; il ajoute que, suivant Eumènes, c'est dans ce Temple d'Apollon, *le plus beau qui fut dans le monde,* que Constantin vint rendre grâces de la victoire qu'il avait remportée sur Maximien Hercule, son beau-père; qu'Apollon y rendit un oracle en sa faveur, et que cet empereur y porta de si riches présents, qu'on ne regrettait plus les trésors qui en avaient été enlevés. L'auteur veut, enfin, que les figures de marbre trouvées dans la rivière aient rempli les niches pratiquées autour du Temple, et que ces figures représentent des Gaulois. — *En adoptant le sentiment de ce savant bénédictin, sur le lieu où était placé le Temple d'Apollon*, qu'il me soit permis de combattre ce qu'il en dit sur son origine et sur sa destination. En premier lieu, peut-on se persuader qu'un Lac aussi célèbre que celui des Toulousains pût être renfermé dans une enceinte qui n'avait pas cent cinquante pieds de diamètre, et qu'un édifice d'une structure très simple fût le Temple gaulois que les historiens nous peignent comme le plus beau de l'univers? S'il eût été entièrement rempli par un Lac, on aurait dû y ménager des galeries intérieures pour en faire le tour [1], et l'emplacement d'un autel pour les sacrifices. On n'en a cependant trouvé aucun vestige. Si cet espace eût été rempli par le gouffre où étaient ensevelies tant de richesses, il en subsisterait quelques traces. Pour établir les fondations de la nouvelle église, on a creusé en tout sens jusqu'au-dessous du niveau de la rivière; on n'a trouvé que quelques médailles romaines, et pas un seul monument gaulois. La forme de l'ancien édifice, le travail des

---

[1] Ces mots ont, sans doute, été écrits sous l'impression du récit de la personne, *digne de foi*, qui avait parlé à M. de Montégut des galeries intérieures qui entouraient le Lac, situé sous la nef de l'église de Saint-Saturnin.

colonnes, les briques inscrites de noms romains, tout annonce que les Gaulois n'ont point bâti ce temple; *il était
consacré à Apollon, on y rendait des oracles ;* mais ce
n'était point le Lac dont parle Strabon et qui renfermait les
trésors enlevés par Cœpion. »

De Montégut nous paraît avoir très bien réfuté dom Martin ; il relève les erreurs du savant bénédictin, relativement
à la forme des colonnes; mais, lui-même, comment a-t-il
établi que *Sainte-Marie Fabricata*, ou la *Daurade*, avait
primitivement été un Temple consacré à Apollon ? Nous
trouverons çà et là[1], à ce sujet, des détails qui ne manquent point d'intérêt :

« La partie inférieure du Temple, qui avait été dépouillée
de ses ornements lorsqu'on y construisit le maître-autel et
les chapelles latérales, a dû être ornée, dit Montégut, de
colonnes de granite, pareilles à celles qui existaient, dans
les derniers temps, à côté de la porte qui conduit au
cloître.

» Dom Martin, en parlant des colonnes qui décoraient le
Temple, les décrit comme étant toutes de la même forme. Il
est cependant certain, dit Montégut, qu'elles étaient de trois
ordres différents ; on peut s'en convaincre à la vue de celles
qui ont échappé aux ravages de la démolition : les unes sont
torses et cannelées, avec des chapiteaux carrés ornés d'une
espèce de treillage ; les autres sont droites, entièrement re-
vêtues de pampres et de raisins en relief et du meilleur
goût ; d'autres sont unies, leurs chapiteaux sont formés de
feuilles d'acanthe, ce qui prouve qu'on avait observé dans
l'architecture les différents ordres, ionique, corinthien et
composite[2].

---

[1] Ces détails furent communiqués à l'Académie de Toulouse, le 10 avril 1777.

[2] La plus grande partie de ces colonnes a été détruite. On en trouvait
naguère quelques tronçons servant de bornes dans quelques rues voisines
de l'église de la Daurade ; deux d'entr'elles sont placées au milieu d'une voie
communale dans le village de Blagnac ; quelques-unes sont conservées dans le

» ..... Le mur de l'hémicycle était originairement trop
mince. Lorsqu'on voulut en prévenir la chute, en 1703, on
le fortifia en dehors avec un contre-mur qui n'était pas lié
avec le premier ; en 1759, les Bénédictins firent démolir la
coupe et construire à la place un dôme fort élevé, sous lequel
ils placèrent un autel à la romaine. Si les ingénieurs qui
dirigèrent cet ouvrage avaient eu connaissance de ce qui
s'était passé en 1703, ils se seraient bien donné de garde de
surcharger de ce poids énorme des murs trop faibles pour le
supporter. En effet, à peine le dôme fut-il achevé, que l'on
s'aperçut que les murs se crevassaient de tous côtés ; il fallut se hâter de tout démolir. — Si cette démolition avait été
faite avec plus de soin et sous les yeux de personnes éclairées [1], elle nous aurait procuré des monuments précieux et
des vestiges indubitables du Temple bâti par les Romains.
J'avais fait mettre de côté, du consentement des religieux,
plusieurs colonnes, un bas-relief de marbre blanc représentant Vénus qui tient l'Amour par la main, une tête double de Janus. Dans la nuit, ces morceaux furent enlevés ou
détruits par les ouvriers. Je n'ai pu conserver que quelques
briques du mur de l'hémicycle... Elles portent l'empreinte de

Musée de Toulouse. M. de Montégut, en ayant rassemblé d'autres, les fit transporter dans son parc de Segla, où elles existent encore. Au-dessus de la porte
de l'édifice, que le savant Toulousain avait fait élever en forme décagonale, on
lit cette inscription, gravée en 1787 :

VESTVTISSIMAS APVD TOLOSATES
TEMPLI COLVMNAS É RVINIS EXTRADIT
POSTERISQ. ANTIQVITAS AMANTISSIM.vs
I. F. DE MONTEM ACVTOS. SVP. TOLOS. CVR. SENAT.
EX DONO. R. P. BENED. ECCL. B. M. DEAVRATÆ.
ANNO, SAL. M.DCC.LXXX.VII.

[1] Il y avait cependant alors à Toulouse, entr'autres personnes qui, à cette
époque, s'étaient fait connaître par leur amour pour les arts et pour les monuments de l'antiquité, M. de Montégut, dont nous analysons ici le Mémoire,
et qui, reçu au Parlement en 1751, jouissait d'une grande estime ; MM. de
Carbon, qui possédait un riche médailler ; d'Aignan d'Orbessan, le P. Sermet,
l'abbé Magi, l'abbé Bertrand et beaucoup d'autres.

noms romains imprimés en relief avec une tessère. On y lit les mots : **ATIVS, SABINIVS, GENALIS, APOLVS, NICI. F. O. P. S...** [1]

» ... Lorsqu'on démolit le chevet de l'église, on découvrit dans le milieu, à quinze pieds d'élévation, une niche pratiquée dans l'épaisseur du mur et dans laquelle un homme pouvait se placer. Dans cette niche était l'ouverture d'un tuyau qui se continuait en descendant dans la muraille jusqu'à l'autel, et à l'endroit où a dû être élevée la statue de la Divinité. C'est par ce tuyau que la voix de la personne cachée dans la niche parvenait jusqu'à la bouche du Dieu qui rendait les oracles. C'est ainsi que les prêtres de Toulouse, semblables à ceux de Delphes et des autres Temples d'Apollon, s'enrichissaient en abusant de la crédulité des peuples. »

De tout cela, M. de Montégut concluait que le sanctuaire de l'église de la Daurade était le reste d'un Temple romain, et que l'ouverture pratiquée pour rendre des oracles ôtait toute incertitude sur la Divinité à laquelle il était consacré, et devait faire adopter le sentiment de Bertrand, qui, dans son livre *De Tolosanorum gestis,* assurait que le Temple d'Apollon existait au même lieu où l'église de la Daurade a été bâtie...

---

[1] Le bas-relief et l'hermès mentionnés par l'auteur, ne prouvent rien en faveur de son système. On ne saurait guère justifier l'existence du Temple d'Apollon, à Toulouse, par des fragments de sculpture trouvés dans les murs de l'église de la Daurade. Il est peu de nos plus anciens édifices dans lesquels on n'ait rencontré des restes de la vénérable antiquité, employés comme simples matériaux. Alors que l'on démolira les maisons bâties depuis l'année 1790, on retrouvera dans les murs des débris de statues de saints, des inscriptions du moyen-âge, des chapiteaux, et tout cela ne prouvera pas l'antiquité de ces édifices, mais seulement que l'on a remis à l'échantillon moderne, ou employé sans choix dans de nouveaux murs, les débris de nos vieux monuments religieux. Ce qu'on a nommé le *vandalisme* est une vieille maladie qui existe encore de nos jours, et même avec une recrudescence qui afflige les amis des arts et ceux des vieilles gloires de la patrie.

Pour nous, qui ne voyons rien de concluant dans les prétendues preuves de M. de Montégut, nous ne reconnaîtrons, dans l'édifice connu sous le nom de *Sancta-Maria Fabricata*, que l'une des plus anciennes églises de Toulouse, dans la construction de laquelle on avait fait entrer quelques restes de nos monuments romains.

On ne peut plus parler du Lac renfermé dans l'enceinte de ce Temple.

Dire qu'une partie de ses murs a été entraînée par les eaux à plusieurs centaines de mètres de distance, est une absurdité.

Un monument représentant Janus ou l'un de ces hermès qui ne sont point rares dans Toulouse, et un bas-relief représentant Vénus et l'Amour, ne prouveraient qu'une chose, c'est qu'en construisant l'église dédiée à Sainte-Marie, on a employé, *comme simples matériaux*, quelques débris, quelques restes des monuments du polythéisme ; coutume générale alors, et qui tendait à faire disparaître tout ce qui pouvait rappeler le paganisme et à en employer les ruines à construire des Temples au Dieu des chrétiens.

Pour quelques auteurs, ce Lac se confond avec un Temple consacré à Apollon, ou plutôt à Bel.

N'oublions pas que plusieurs de nos collines portent le nom de *Bel*, et furent peut-être consacrées à ce Dieu ; C'est *Mountbel*, dans le langage vulgaire, et c'est aussi le nom d'un homme de bien, de talent et de cœur, dont la postérité saura vénérer la mémoire.

Le pillage du Temple de Delphes a été démenti par quelques écrivains ; mais d'autres ont adopté cette légende et y ont ajouté les prodiges par lesquels Apollon aurait alors manifesté sa puissance. La ville de Toulouse avait adopté la première version, et elle avait fait peindre cet évènement par Coypel. On chercherait en vain aujourd'hui ce tableau. Il existait encore dans le Musée de cette ville en 1853, époque où M. Suau mesura cette toile[1]. Ainsi, par une incurie que rien ne saurait justifier, cette peinture a péri, sans qu'on puisse, comme de coutume, accuser de cette destruction *les troubles civils* et *le vandalisme révolutionnaire*. Il n'en reste plus qu'une simple description [2].

[1] *Catalogue du Musée des tableaux.*

[2] Le chevalier Rivalz, peintre de la ville et le dernier de cette famille d'artistes dont le nom est encore populaire dans Toulouse, disait, en 1770 (*Analyse des différents ouvrages de peinture, sculpture et architecture qui sont dans l'Hôtel-de-Ville de Toulouse*, p. 34 et suivantes, deuxième galerie) :

« Le fameux Temple de Delphes, pillé par les Tektosages qui s'en étaient rendus maîtres, fait le sujet de cet ouvrage ; ils enlevèrent la statue du Dieu qu'on y adorait et se retirèrent chargés d'immenses richesses. La composition de ce tableau est d'une belle ordonnance : dans le milieu, plusieurs soldats, dont le caractère avide est très bien rendu, emportent la statue d'Apollon ; sur le devant de ce groupe est peinte une figure dont le dos est d'un très bon ton de couleur (*), de même que les soldats qui enlèvent les vases d'or, qui sont d'une très belle forme.

» Le groupe principal a pour fond le Temple, d'où l'on voit descendre plusieurs soldats qui emportent de grands trépieds et des urnes, ce qui enrichit merveilleusement le tableau.

» Les deux figures à cheval qui semblent donner des ordres sont négligées ; le cheval blanc qui est sur la première ligne est peint très savamment. Mais je trouve certaines parties de ce tableau dessinées d'une si petite manière, que je ne le regarderais que comme une copie dont les principales parties auraient été repeintes par Coypel, si je ne savais que ce peintre était fort inégal dans ses ouvrages, même dans ceux qu'il a peints au Palais-Royal, et dont les sujets sont tirés de l'Enéide. »

Lors de l'entrée du roi Charles IX à Toulouse, en 1565, époque où l'on croyait que le fameux Lac de cette ville existait sur le point même où l'on a bâti la basilique de Saint-Saturnin, on avait représenté cet amas d'eau, et cette peinture était expliquée par des vers latins que nous avons fait connaître ailleurs.

Les habitants de Toulouse étaient jadis fort attachés aux illustrations et aux souvenirs historiques de leur patrie. Une vaste salle de l'Hôtel-de-Ville renfermait une longue suite de tableaux qui représentaient les faits principaux des Annales de cette capitale du Languedoc. Alors qu'en 1687 l'administration municipale en publia les Annales écrites par Lafaille, on chargea le célèbre graveur Sébastien Leclerc d'exécuter une série de vignettes destinées à offrir l'image de ces faits. Parmi ces gravures, on distingue celle qui montre les Romains retirant du sein

(*) Nous avons copié, pendant nos études artistiques, ce magnifique torse.

Une vignette gravée par P. Leclerc, et que l'on trouve dans l'ouvrage de Lafaille, représente les Romains retirant du Lac de Toulouse, dont ils font écouler les eaux, les trésors que les Tektosages y avaient déposés.

Si le Lac de *Belen*, ou d'*Apollon*, renfermait quelques grandes masses de métaux précieux, il faut croire que la vénération d'une grande partie des peuples de la Gaule avait contribué à l'enrichir ; que l'or et l'argent enfouis dans ce Lac, dont on cherche en vain la place aujourd'hui, ne provenaient pas en totalité du pillage de la Grèce ravagée par des hordes gauloises, mais des tributs volontaires des divers peuples de la Celtique et de l'Aquitaine, tributs offerts au plus grand des Dieux de la Gaule méridionale, à *Belen*, ou *Belenus*.

Strabon dit[1], après avoir parlé du trésor que Cœpion enleva de Toulouse, que c'était une portion de celui du Temple de Delphes, et qu'il avait considérablement augmenté, parce que les peuples voisins avaient offert à Apollon une partie de leurs richesses, pour apaiser la colère de ce Dieu puissant. Et il ajoute que, selon Possidonius, *le trésor de Toulouse était d'environ quinze mille talents.*

Ici se présente une question que les modernes semblaient avoir résolue dans un sens, mais où il ne faut sans doute adopter ni des estimations, ni des chiffres qui paraissent d'abord être d'une grande exactitude, mais où une critique judicieuse, doit montrer la part de l'exagération, si habituelle aux Grecs et aux Romains.

Que Justin, ainsi que quelques autres, ait cru que les Tekto-

des eaux les objets que les Tektosages y avaient jetés, comme une offrande expiatoire, dans le Lac sacré de leur ville.

Nous avons recherché en vain les planches gravées par Leclerc; elles ont disparu pour toujours, comme presque tout ce qui avait été entrepris pour honorer cette ville.

[1] *Géograph.*, lib. IV.

sages avaient pillé le Temple de Delphes, on sait que cette opinion a été réfutée par Strabon même[1]. On sait d'ailleurs que les richesses renfermées dans ce Temple en avaient, avant la venue des Gaulois, été soustraites par les Phocéens. Mais le célèbre géographe que nous venons de nommer ajoute que les Tektosages habitaient une terre *abondante en or*, ce qui doit paraître étrange aujourd'hui. Quelques affluents de la *Garumna* roulent bien quelques rares paillettes de ce métal ; mais rien n'indique, même dans l'antiquité, que des mines de ce métal aient existé dans cette partie de la Gaule ; et s'il est vrai que les affluents de la *Garumna* offrent, à des recherches faites avec soin, quelques parcelles d'or ; s'il est vrai que les *Tolosates* offraient à *Belen*, dans un lac consacré à celui-ci, l'or et l'argent que l'on recueillait dans la région qu'ils habitaient, comme l'on voit leurs descendants jeter dans les fontaines, qu'ils révèrent encore aujourd'hui, des pièces de métal, il est impossible que ce trésor se soit grossi au point où une foule d'écrivains le font entendre. Suivant eux, les *Tektosages*, ou partie d'entr'eux, après avoir parcouru une notable partie de la Grèce en vainqueurs, seraient revenus dans *Tolosa*, leur ancienne patrie : *Indè antiquam patriam repetivere*, dit Justin ; et plus loin : *Tektosagi cum in antiquam patriam Tolosam venissent*. Ce fut alors que, frappés par un mal contagieux, qu'ils avaient sans doute rapporté des terres lointaines ravagées par leurs armes, ils auraient, pour apaiser les Dieux de la Celtique, irrités des sacrilèges de ces cohortes spoliatrices, jeté dans le Lac de Toulouse les richesses, fruits de leurs déprédations impies.

Quelques anciens écrivains, amis du merveilleux, comme on l'a été trop souvent autrefois, ont donné à ce trésor, pillé en grande partie par Q. Cœpion, une valeur fabu-

---

[1] *Géograph.*, lib. IV.

leuse. Les malheurs qui frappèrent ce chef des Romains firent regarder comme odieux l'enlèvement de l'or, consacré dans le Lac de *Belen* ou d'*Apollon*. Cicéron est l'un de ceux qui en ont parlé [1], et comme l'observe judicieusement de Lagni [2], des paroles de Cicéron on peut tirer cette conséquence : « qu'à l'époque où il écrivait son Traité de la *Nature des Dieux*, on regardait comme un très grand crime l'enlèvement de l'or du Lac de Toulouse..... Mais cette affaire, toute récente, n'était pas encore passée en proverbe, comme longtemps après, où l'on disait d'un homme malheureux : *Il a de l'or de Toulouse* [3] ! » Aulu-Gelle est formel à cet égard [4], et si nous avions le texte même de Trogue Pompée, on connaîtrait sans doute les diverses traditions des Gaulois eux-mêmes sur le trésor confié aux profondeurs du Lac de Toulouse. Mais ici l'exagération la plus ridicule se montre avec audace; Justin, abréviateur de cet historien, annonçait que les métaux précieux enlevés par Cœpion formaient cent dix mille livres pesant d'or et cinq millions pesant d'argent. Il ajoute que ce sacrilège fut, plus tard, la cause de la défaite de Cœpion et de toute son armée [5].

---

[1] *De Nat. Deorum*, lib. III. *Cognosce alias quæstiones Auri Tolosani, conjurationi Jugurtinæ.....*

[2] *Dissertation sur l'or de Toulouse.*

[3] *Aurum habet Tolosanum.*
Eadem sententia est illius quoque veteris proverbii, quòd ita dictum accepimus Aurum habet Tolosanum. Nam cum Oppidum Tolosanum in terra Gallia Q. Cæpio, consul, diripuisset, multumque auri in ejus Oppidi Templis fuisset; quisquis ex ea direptione aurum attigit, misero cruciabilique exitu periit.

[4] *Quod cùm ad Massiliam amicam P. R. urbem cum præsidiis misisset, interfectis cùm (sicut quidam contestantur) quibus ex custodie laudadet pervehenda commiserat, cuncta per scelus furatus fuisse narratur. Undè etiam magna quæstio post Romæ acta est.* Paul Orose, lib. V, c. 15.

[5] *Galli bello adversus Delphos infeliciter gesto, in quo majorem vim Numinis, quàm hostium senserant, amisso Brenno duce, pars in Asiam, pars in Thraciam extorres fugerant, inde per eadem vestigia qua venerant, antiquam patriam repetivere, et ex his pars quædam in confluente Danubii et Sabi concessit.*

Nous avons cité Strabon, qui dit que les Tektosages habitaient une terre *très abondante en or*. Ici, comme en beaucoup d'autres passages de son livre, si estimable d'ailleurs, le savant géographe s'est trompé, ou il faut supposer que les mines dont on tirait ces métaux précieux sont toutes épuisées depuis longtemps, ou sont inconnues aujourd'hui ; les quelques paillettes que l'on retirait des affluents de la *Garumna* ne pourraient constituer, même dans un espace de temps très long, nous ne dirons pas un trésor comme celui que Justin indique, mais seulement une somme remarquable aux temps anciens. — On peut donc concilier bien des doutes et croire que les *Tolosates* échappés aux hasards des combats revinrent dans leur antique patrie : *In antiquam Tolosam venissent*, qu'ils y étalèrent avec orgueil le butin fait durant leurs excursions dans la Grèce, qu'ils en rapportèrent aussi les germes d'une maladie contagieuse, et que leurs Prêtres, dont on a tant vanté la sagesse, crurent que pour apaiser les Dieux, il fallait leur faire un sacrifice de ces richesses mal acquises, en les précipitant dans un lac où, selon une ancienne habitude, les peuples faisaient souvent des offrandes de ce genre.

Cette explication serait conforme à ce que nous savons des habitudes de nos plus lointains aïeux, et à ce qui se pratique encore en secret, comme nous l'avons dit, pour plusieurs lacs révérés et pour nos fontaines sacrées.

La seule indication du trésor de Toulouse suffirait à mon-

Scordicosque se appellari voluit. Tektosagi *autem, cùm in antiquam patriam* Tolosam *venissent, comprehensique pestiferâ lue essent, non priùs sanitatem recuperavere, quàm Auspicum responsis moniti, Aurum Argentumque bello sacrilegiisque quæsitum, in* Tolososensem Lacum *mergerent ; quo omne magno post tempore Cœpio consul romanus abstulit. Fuere auri pondo centum decem millia, argenti pondo quinquies decies millia centum millia, quod sacrilegium causâ excidii Cœpioni exercituique ejus posteà fuit Romanos quoque Cimbri et belli tumultus velut ultor sacræ pecuniæ insequutus est.*

trer dans quel esprit d'exagération ce fait de l'enlèvement
de l'or de Toulouse par Cœpion, qui paraît d'ailleurs démontré par une foule de graves autorités, a été raconté par de
crédules écrivains.

Strabon, d'après Possidonius, fait monter à *environ
quinze mille talents* le trésor de Toulouse.

Justin dit qu'il formait une masse de cent dix mille livres
pesant d'or et de cinq millions pesant d'argent.

Paul Orose avance que le trésor consistait en cent mille
livres pesant d'or et en cent dix mille livres pesant d'argent.
*Cœpio proconsul, captâ urbe Gallorum, qui nomen est
Tolosa, centum millia pondo auri et argenti, CX, M,
è Templo Apollinis substulit.....*

De Lagny croyait que pour apprécier la valeur de ce trésor, les évaluations de Strabon, de Possidonius, de
Justin et de Paul Orose, quoique très différentes entr'elles,
dépendaient uniquement de l'intelligence de ces deux mots :
livre et *talent.* « Si donc, ajoute-t-il, nous pouvons en fixer
le prix, nous n'ignorerons point du tout ce qu'on peut
savoir là-dessus ; car, pour la contradiction qui se trouve
entre les auteurs, on peut bien juger par conjecture lequel
approche le plus de la vérité ; mais il est impossible de les
concilier. »

De quelle sorte de *talent* Possidonius, et d'après lui
Strabon, a-t-il parlé ?

Romé Delisle et Paweton [1] se sont occupés jadis, avec plus ou
moins de succès, de l'évaluation du *talent.* Mais il existe
plusieurs systèmes à ce sujet, comme il existait plusieurs
sortes de *talents.* Il faut, sans doute, ne pas voir ici des
talents *attiques d'or.* Et ce fut, apparemment, d'après les
évaluations grecques que Possidonius a écrit. Nous croirions qu'il faut voir ici le talent attique et euboïque,
poids et monnaies des Grecs, valant en monnaie de

---

[1] *Métrologie.*

France, avant 1789, 54 livres 70 %, ou 6,000 livres (à peu près six mille francs).

En adoptant l'évaluation de la livre, *libra*, indiquée dans les auteurs que nous avons cités, nous la verrons se divisant en douze parties : l'*uncia*, le *sextus*, le *quadrans*, le *triens*, le *quincunx*, le *semis*, le *bas*, le *dodrans*, le *dextans*, le *deunx* et enfin l'*as*, pesant douze onces ou une livre ; mais quelle était réellement la valeur de la *livre* romaine ? On a publié, depuis même M. de Lagny, diverses opinions ; pour nous, qui croyons que l'on ne pouvait mieux conclure en 1686, époque de son travail, que ce membre très distingué de l'Académie des Sciences, nous nous bornerons à rapporter ces évaluations, dont les autres diffèrent de beaucoup, sans doute, mais qui ne serviraient que de nouvelles preuves pour prouver l'exagération, nous dirions même quelque chose de plus, des auteurs anciens qui ont fait connaître leur opinion sur la valeur réelle de *l'or de Toulouse*, cet or funeste dont la possession semblait amener tous les maux.

Se livrant à un calcul dont l'exactitude ne pouvait être contestée, vers la fin du dix-septième siècle, de Lagny établit, en s'occupant des quinze mille talents du trésor de Toulouse, qu'il croit évaluer leur valeur à neuf cent mille livres d'argent, et il remarque, avec raison, que lorsque les auteurs parlent simplement de *talents*, il faut l'entendre de *talents* d'argent et non pas d'or ; et il montre que cette quantité d'argent équivalait au moins, en 1686, à trente-huit millions six cent soixante-onze mille huit cent quinze livres.

Or, comment admettre que, dans une invasion comme celle des *Tolosates*, ou des *Tektosages*, ces hordes dévastatrices aient pu recueillir une valeur métallique telle, qu'ajoutée aux dons pieux des peuplades demeurées dans la Celtique et offerts aussi par elles aux Dieux, on ait pu former un trésor aussi considérable ?

Strabon, qui écrivait en cette occasion, selon qu'on peut le croire, d'après Timagènes et Possidonius [1], croyait que le trésor de Toulouse était de quinze mille talents.....

Ce serait, de nos jours même, une somme énorme, et la critique ne peut adopter une telle notion historique.

Suivant Paul Orose [2], les métaux précieux enlevés du Temple où Apollon était adoré à Toulouse, consistaient en cent mille livres pesant d'or et cent dix mille livres pesant d'argent.....

Sextus Aurelius Victor ne parle que de « l'emploi qu'on fit à Rome de ce trésor. » Suivant cet écrivain, le tribun L. A. Saturninus en acquit des fonds de terres pour le peuple romain : *Aurum, sive dolo, sive scelere Cœpionis partem in agrorum emptionem convertit.*

Mais comment, après avoir rejeté le mythe absurde qui faisait intervenir Apollon pour la défense de son Temple, pourra-t-on expliquer l'origine de ce trésor?

Il est assuré que les Gaulois ayant éprouvé un revers à Delphes, n'ont pu enlever les richesses que le Temple d'Apollon renfermait, en supposant qu'elles y existassent, bien qu'il paraisse démontré qu'avant l'incursion des Tektosages, elles en avaient été enlevées par les peuples de la Phocide [3]. Polybe fixe l'époque de la défaite des Gaulois deux ans après l'entrée de Pyrrhus en Italie, époque bien connue, et Pausanias détermine le temps de cette défaite à la cent vingt-cinquième Olympiade. De Lagny [4] a remarqué que, suivant les derniers auteurs que nous venons de citer, il n'y eut pas un seul Gaulois qui échappât au courroux du Dieu et au glaive des défenseurs de son Temple; une partie d'entr'eux n'au-

[1] *Géograph.*, lib. IV.
[2] *Lib.* V.
[3] *In Phocid.*, lib. X.
[4] *Loc. Citat.*

rait donc pu revenir dans Toulouse, comme le dit Justin [1], et y rapporter les richesses du Temple d'Apollon. On peut même inférer, des propres paroles de cet écrivain, que l'or rapporté dans Toulouse n'était que le butin fait par les guerriers celtes, durant une de leurs guerres sacriléges : *Aurum bello sacrilegiisque quæsitum.*

Si l'on s'arrêtait au témoignage de Justin, ce trésor aurait été bien plus considérable. Ici, nous nous bornerons à rapporter le texte même du savant de Lagny.

« Suivant Justin, dit cet académicien, il y avait cent dix mille livres pesant d'or et cinq millions de livres pesant d'argent ; et si on lit avec Berneccerus, il y avait en cinq millions de livres pesant d'or et cent dix mille livres pesant d'argent. Ainsi l'or monterait à soixante-trois millions deux cent cinquante mille livres.....

» D'après Budé [2], l'argent monterait seulement à soixante-un millions soixante-quinze mille livres, et tout le trésor ensemble, selon la version ordinaire, à deux cent soixante-neuf millions six cent dix mille livres.

» Mais Budé le réduit à cent vingt-cinq millions deux cent trente-cinq mille livres.

Ceci pourrait être assez élevé, mais :

» Berneccerus élève la valeur de l'or à deux mille huit cent quatre-vingts millions ; — l'argent seulement, à quatre millions cinq cent trente-sept mille cinq cents livres.

» Et l'ensemble du trésor, à deux mille huit cent quatre-vingt-quatre millions cinq cent trente-sept mille cinq cents livres !!! »

Si de pareils calculs, si de telles évaluations avaient été faites à Toulouse même, on aurait parlé du voisinage de la

---

[1] *Lib.* XXXII.
[2] *De Asse.*

Garumna, de l'esprit d'exagération des habitants de la province narbonnaise ; mais ce sont des Grecs qui ont écrit ces folies, ce sont des savants, des hommes de la vieille Germanie , qui ont fait les calculs qui viennent d'être rapportés et auxquels il ne faut pas plus croire qu'aux prodiges qui eurent lieu à Delphes , lors de l'attaque de ce lieu par les Tektosages , et que les plus dévots des Hellènes ont cru , et dont Pausanias a consacré le souvenir dans son important ouvrage. Le savant de Lagny, en s'exprimant sur une correction que Berneccerus voulait faire au texte de Justin , dit qu'il est évident qu'elle est dénuée de vraisemblance , puisque tout l'or de la terre ne monterait pas à cette somme de 2,880,000,000 livres ; ce qui l'a pu déterminer à cela , est que voyant qu'il y avait, selon la leçon ordinaire, beaucoup plus d'argent que d'or, et quant au poids , et quant à la valeur , il a cru qu'elle ne pouvait pas subsister, puisque , si elle eût été vraie, on eût pu dire : *l'argent de Toulouse*, et non pas *l'or de Toulouse ;* et ainsi , puisque les anciens s'étaient toujours exprimés de cette dernière façon , il était à présumer qu'il y avait transposition, et qu'il fallait s'en rapporter à Justin et y faire quelques corrections. Alors, ce serait sans doute celles de Budé, parce que par là on évite l'impossibilité où est tombé Berneccerus.

Pour nous, nous regarderons comme des *fables grecques* tout ce que les anciens auteurs ont écrit sur la valeur du trésor de Toulouse.

Il en sera de même du témoignage de Strabon , qui annonce que les Tektosages habitaient une terre *abondante en or*. Mais comme c'est un fait qui paraît assuré que l'ancienne existence , à Toulouse, d'un Lac ou d'un Temple pillé par Cœpion ; que Cicéron lui-même parle des recherches qui eurent lieu relativement à ce sacrilége , comme beaucoup d'auteurs parlent de l'or funeste qui en fut enlevé, et qu'ils annoncent que la défaite de l'armée romaine et les malheurs affreux du proconsul qui la commandait furent attribués à ce pillage, on peut croire que, suivant une superstition qui n'est pas entièrement éteinte à l'heure où nous traçons ces lignes, les peuples de cette partie de la Celtique savaient que les Tektosages et les tribus aquitaniques du voisinage avaient exploité quelques mines, que l'on ne retrouve plus dans nos montagnes ; qu'au produit, très médiocre sans doute, de ces mines, ils joignaient l'exploitation des sables aurifères et des alluvions de nos fleuves, et qu'ils recueillirent ainsi quelques quantités de métaux précieux, bientôt offerts aux Dieux protecteurs de la contrée, et confiés à de profonds amas d'eau qui existaient en ces temps, déjà si loin de nous.

D'après ce que l'on vient de voir, tout en acceptant, mais en la modifiant, l'antique tradition relative au Lac de Toulouse et à un Temple d'Apollon existant, il y a vingt siècles, dans cette ville, on ne retrouvera pas celui-ci dans l'église de *Sancta-Maria Fabricata*, ou de la *Daurade*.

Il faut avouer, cependant, qu'alors que les chrétiens, triomphants d'une persécution longue et sanglante, purent célébrer en liberté le culte sacré que dix-huit siècles n'ont pu encore ébranler, malgré les efforts quelquefois triomphants des derniers sectateurs du polythéisme et des hérésiarques, plus dangereux peut-être, ils devinrent possesseurs des temples des Déités de l'empire romain, ils purent déguiser sous des ornements étrangers tout ce qui rappelait le paganisme. Mais rien n'indiquait, malgré les attestations contraires, que l'église de Sainte-Marie, à Toulouse, avait d'abord été un Temple consacré à Apollon, et nous n'avons cru y reconnaître, d'après les indications qui ont été données et les plans et les rares dessins que nous avons recueillis, qu'une église construite durant le cinquième siècle et décorée dans le style de l'architecture romaine, qui, dégénérée dans quelques-unes de ses formes et de ses proportions, était celle qui fut en honneur sous les derniers Césars de l'Occident, architecture qui est devenue ce que, de nos

jours, on nomme l'*Architecture romane*, et que l'on dé-
daigne trop aujourd'hui, sans se rappeler que c'est celle des
Catacombes et des Basiliques, affectée d'abord aux cérémonies du culte, modèles précieux dont on retrouve encore,
dans notre religieuse France, de nombreux types qu'il faudrait respecter, car ce sont les vrais fondements de ce que
l'on a nommé l'*Art chrétien*, dénomination dont on abuse
tant à l'époque où nous traçons ces lignes.

D'après un examen consciencieux, il ne reste, en faveur de
ceux qui retrouvaient le Temple d'Apollon dans le sanctuaire, ou l'abside de l'église de la Daurade, que la niche
pratiquée dans l'épaisseur du mur, et dans laquelle un
homme pouvait se placer, niche dans laquelle était, dit
Montégut, l'ouverture d'un tuyau qui se continuait en descendant dans la muraille jusqu'à l'autel, et à l'endroit *où
avait dû être élevée la statue de la Divinité* [1]. Mais, en
supposant ce détail très exact, il y aurait beaucoup d'autres
renseignements à désirer pour prouver que là existait un
Temple et un oracle, que ce Temple fût celui d'Apollon, et
que cet oracle était en quelque sorte une copie de celui de
Delphes.

Nous ne croyons donc pas, malgré l'autorité de l'historien
Bertrand [2], que *Sainte-Marie Fabricata* fût un ancien
Temple, mais seulement l'une des plus anciennes églises de
la vieille patrie des Tektosages.

Avant de chercher à le démontrer, essayons de décrire
le lieu même où l'on a voulu retrouver l'édifice que dom
Martin a cru devoir regarder, d'après Eumènes, qu'il cite
à tort, comme le plus beau Temple qui fut dans le monde :
Templum toto orbe pulcherimum.

La partie de la ville où fut bâtie l'église de la Daurade
indique, par les inégalités du sol, l'existence ancienne de

[1] *Loc. Cit.*
[2] *De Tolos. Gest.*

beaucoup de constructions qui ont disparu sous l'effort du temps, ou pendant les suites de l'invasion des Barbares, et surtout à l'époque où Simon de Monfort porta le ravage et l'incendie dans cette antique cité.

Alors que l'on fouille le sol qui s'étend aujourd'hui de la place du Pont, décorée, avant 1792, de monuments que l'on n'a pas respectés, et jusques vers l'ancien couvent des Ursulines, on retrouve presque partout des indices d'anciennes habitations. Ainsi, en reconstruisant la maison qui forme un angle entre la rue *Peyrolières* et la petite rue *Sainte-Ursule,* ou de *la Poste*, on a retrouvé, il y a environ deux années, des constructions antiques et un pavé formé d'une mosaïque en cubes noirs et blancs; ainsi, sur le côté gauche de la rue de *Clémence-Isaure,* nous avons vu un mur antique qui a été conservé et sur lequel on a cru devoir placer une nouvelle construction; là existait aussi une mosaïque. Au milieu même de la voie qui joint la rue *Peyrolières* avec le petit passage nommé, si noblement aujourd'hui, *rue du Tabac,* nous avons retrouvé les traces d'une maison romaine.

Les fouilles qui auront bientôt lieu dans cette portion de la ville, soit pour percer de nouvelles voies, soit pour opérer des alignements, procureront des découvertes qui ne seront pas dépourvues d'intérêt, si nous pouvons en juger par nos propres études.

C'est non loin de ces indications d'édifices antiques que fut bâtie, au cinquième siècle, l'église de *Sainte-Marie*. C'était en ce temps où l'architecture romaine était la seule connue dans les Gaules, et si les Bénédictins avaient su conserver cet édifice, Toulouse posséderait l'un des plus précieux *specimen* de l'*Art chrétien*.

Nous plaçons en regard de cette page le plan de cet édifice et du très ancien monastère des Bénédictins, tel qui existait encore en 1759, et qui a été bouleversé, en 1812, par ordre du Gouvernement, qui y établit alors une manufacture de tabacs. Le n° 2 indique, ou l'abside, ou ce que l'on considérait comme *l'ancien Temple d'Apollon*. Le n° 1 montre la nouvelle église, ou la nef, bâtiment qui ne datait que du onzième siècle. Sous le n° 5 existait le magnifique cloître dont, bien que malade et gravement blessé, nous avons pu sauver les chapiteaux, si remarquables, qui forment actuellement une suite bien digne d'intérêt dans l'une des galeries du Musée de Toulouse. Au n° 6 était la magnifique *chapelle du Chapitre*, dont presque toutes les parties sculptées sont aussi conservées dans le Musée de Toulouse et rétablies d'après nos dessins. Le sol placé sous le n° 7 était celui que l'on nommait le *Cimetière des Comtes*, lieu où ils devaient recevoir les honneurs de la sépulture, en vertu d'une bulle du pape Urbain II, bulle dont une inscription, perdue aujourd'hui, déterminait la place [1].

Dans l'église moderne, si l'on peut donner ce nom à un monument très ancien, mais bien moins que son abside, on voyait le couvercle d'un tombeau en marbre blanc, et que l'on nommait le *Tombeau de Régine Pédauqua*[2]; mais nulle part il n'existait des traces du prétendu Temple d'Apollon, à moins qu'on ne croie les retrouver ailleurs, dans ce

---

[1] Cette inscription, en vers latins rimés, était conçue ainsi, et relative à un fils du comte Alphonse Jourdain :

> *Aspice, lector, opus scripturæ marmoris hujus.*
> *Ostendet titulus quem tegit hìc tumulus.*
> *Ildefunsi natus Comitis jacet hìc tumulatus.*
> *Corpus sub lapide, spiritus in requie.*
> *Parvulus ætate, vitæ puer immaculatæ,*
> *Jungitur Angelicis, Virgineisque choris.*
> *Vir sacer Urbanus, Romanus Papa secundus,*
> *Esse cimeterium præcipit hoc Comitum*
> *Insuper ut didici jubet illos hìc sepeleri,*
> *Sacro mandato Civibus inde dato.*

[2] Voir, sur cette singulière attribution, le tome III de l'*Histoire et Mémoires de l'Académie des Sciences de Toulouse*, 3ᵉ série, p. 163.

vieux quartier de la *Tolosa* des Romains et sur l'un des
points où des élévations accidentelles du sol annoncent
qu'elles recouvrent d'antiques ruines.

Dom Martin a donné [1] une vue intérieure de ce Temple
prétendu, et dans le plan qu'il y a joint, on remarque un
péristyle orné de colonnes. Suivant lui, cet édifice avait été
fondé sur l'ancien Lac de Toulouse, où tout l'or de cette
ville avait été consacré. On sent bien que l'auteur de l'*Archéologie Pyrénéenne*, né à la fin du dix-huitième siècle,
n'a pu ni voir cet édifice, ni vérifier l'exactitude des
dessins envoyés de Toulouse au savant Bénédictin; il n'a
pu seulement que les comparer avec d'autres dessins faits
sur une assez grande échelle, peu de mois avant la démolition de cet édifice. Ces dessins, que nous attribuons à
l'architecte Lebrun, sont coloriés, quoique assez négli-
gemment, et nous avons pu nous convaincre que l'ornementation intérieure était toute romaine, et qu'il fallait y
reconnaître l'art chrétien, tel qu'il existait au cinquième et
aussi au sixième siècle [2].

Ce fut, sans doute, par erreur que, dans le dessin envoyé
de Toulouse à dom Martin, les arcs qui couronnent les niches affectent une forme ogivale. Ces arcs étaient à plein
cintre, ou en *arc pointu*, si l'on peut nommer ainsi la rencontre de deux lignes droites et formant un angle qui remplace la ligne courbe décrite par le plein cintre; toutes les
niches avaient les mêmes dimensions; seulement, dans les
petits côtés du décagone, elles étaient moins larges.

En ouvrant le plus grand nombre de *Recueils d'Antiquités*

---

[1] *Religion des Gaulois*, I, 146.

[2] Nous donnons ici, *Atlas de l'Archéol. Pyrén.*, Pl. XXXV, le dessin de
l'une des faces du décagone, et on pourra le comparer à l'estampe publiée par
dom Martin. Ce dessin est celui qui a été, par erreur, annoncé dans cet ouvrage. Ses dimensions rendaient impossible, ou du moins très difficile, son
placement dans un volume in 8°.

Chrétiennes[1], on est frappé de la ressemblance des bas-reliefs qui décorent les monuments funéraires des fidèles des premiers siècles, avec l'ornementation de Sainte-Marie de Toulouse.

Là aussi se trouvent des niches formées par de petites colonnes, quelquefois unies, mais le plus souvent décorées de feuillages, cannelées en spirale, ayant des chapiteaux de tous les ordres, ou plutôt des chapiteaux dont le style offre le mélange des lignes de plusieurs ordres différents. Là, dans chaque niche, paraît, comme à la Daurade, un saint personnage, et, comme là aussi, les niches ont peu de profondeur. Là, le dessin est romain, mais dégénéré, et il existe une similitude parfaite entre ces images et celles que l'on voyait encore à Toulouse en 1759, et que les Bénédictins ont fait détruire, tandis que l'administration municipale ne faisait rien pour les conserver, et que les savants voyaient, comme au temps de Catel, disparaître ces vénérables et anciens restes de l'*Art chrétien* et de la pieuse munificence des premiers fidèles, pour lesquels c'était un devoir toujours pressant, toujours accompli, de décorer avec somptuosité les Temples élevés au Dieu Sauveur.

Nous aurons le soin de revenir sur ce sujet dans le dernier volume de cet ouvrage, consacré en grande partie aux monuments chrétiens.

Nous avons montré que l'on avait cherché en vain le célèbre Lac de Toulouse sous la nef de l'église de Saint-Saturnin; nous ne croyons pas nous tromper en avançant que cet amas d'eau n'avait jamais été observé sous l'église de la Daurade, et que, selon toute apparence, le Temple d'Apollon, mentionné par beaucoup d'écrivains, n'occupait point l'abside de l'église nommée *Sancta-Maria Fabricata*. Mais, ce que l'on ne saurait nier, c'est, dans les temps antiques, l'existence d'un Lac à *Tolosa*, Lac révéré par les peuples

---

[1] Et particulièrement *Bosio, Roma Sotteranea, Arringhi, Roma Subterranea* et autres.

de la contrée et par ceux du voisinage, et qui fut, non pas consacré à un Dieu helleno-latin, mais à un Génie celtique, à *Bel*, ou *Belen*, dont la forêt n'était pas très éloignée de *Tolosa*.

Dans la conviction que le principal *Oppidum* des Tektosages, avant la conquête des Romains, était au point que la Charte *Philippine* désigne sous le nom de *Veterem Tolosam*, nous y placerons, ou dans le voisinage, le Lac sacré de ce peuple. L'un des profonds ravins que l'on y retrouve aura pu, avec l'aide d'un fort barrage ou d'une large levée en terre, retenir les eaux découlant des hauteurs voisines et former cet amas d'eau où la superstition conserva les offrandes des peuples de cette partie de la Gaule, et où, obéissant aux prescriptions de leurs aruspices, les *Tolosates*, revenus des terres lointaines, auraient jeté les richesses sacriléges conquises durant leurs excursions spoliatrices.

Mais si, dédaignant ce que nous croyons être la vérité, on croit que *Tolosa* occupa, même aux temps les plus éloignés, la position où existe aujourd'hui Toulouse, et bien assuré qu'on ne saurait retrouver dans son enceinte des traces du Lac dont on a trop parlé peut-être, on pourrait conjecturer que les champs voisins auraient pu renfermer un marais d'une grande étendue. Nous assignerions d'abord à celui-ci cette plaine qui, de la route moderne de Paris, s'étend jusques à l'embouchure du *Canal du Midi*, et qui, descendant assez rapidement du local occupé par l'ancien couvent des Minimes, est coupée brusquement près de l'avant-dernière écluse, et où des sources abondantes auraient pu former, jusques à la rive droite de la *Garumna*, un marais quelquefois très profond et d'une grande surface.

Un autre local aurait pu recevoir un amas d'eau bien plus considérable, formé par les sources que les Romains ont fait servir à l'embellissement et aux besoins de *Tolosa*. Ce local est sur la rive gauche du fleuve.

Quelques exactes que fussent, en général, les limites

indiquées entre la Celtique et l'Aquitaine, on peut croire que *Tolosa,* surnommée *Quintuple* par Ausone[1], avait en quelque sorte franchi ces bornes et s'était étendue sur la rive gauche de la *Garumna,* dans ce quartier où l'on retrouve les champs d'*Antipolis,* ou d'*Antipoul ,* et la barrière de ce nom. Là, les eaux qui descendent du vaste plateau de l'Ardenne, et que l'on évalue à soixante pouces de fontainier, auraient pu former un Lac d'une grande étendue, et l'on doit être étonné que ceux qui ont écrit sur cet objet, soit dom Martin[2], qui parle d'un refoulement de l'eau de la Garonne, soit ceux qui ont placé ce Lac sous la basilique de Saint-Saturnin , en appuyant leur opinion sur des descriptions romanesques, n'aient pas cherché, dans l'un ou l'autre des locaux que nous venons d'indiquer, la place de ce Lac, vendu et desséché par les Romains , alors qu'ils étaient les dominateurs absolus de la Gaule conquise par leurs armées.

On a vu les évaluations des sommes enlevées du Lac de Toulouse. par Q. Cœpion; mais si nous ne croyons pas aux prodiges opérés par Apollon pour défendre son Temple à Delphes, nous ne croirons pas non plus que le Lac de Toulouse ait renfermé les trésors qui firent inventer aux temps antiques le proverbe célèbre, **Aurum habet Tolosanum ,** appliqué aux particuliers tombés dans le malheur, malgré leurs immenses richesses. L'exagération paraît trop souvent

---

[1] Ausone a dit *(Clar. urbes),* en parlant de Toulouse :

Quæ modo quadruplices ex se quum effuderit urbes ,
Non ulla exhaustæ sentit dispendia plebis ;
Quos genuit cunctos gremio complexa colonos.

Il faut voir ici , suivant la remarque de l'abbé Audibert, une ville principale, une réunion d'habitations, distinguée de quatre autres ; aussi le poète bordelais dit-il ailleurs :

. . . . *Et mox*
Quintuplicem socias tibi Martie Narbo Tolosam.

[2] *Religion des Gaulois.*

dans les écrits que le temps a respecté, pour que l'on ajoute aucune foi à ce que racontent à ce sujet les auteurs grecs et latins. Peut-être ne faut-il y reconnaître que ces erreurs de quelques copistes, et que, malgré tous les savants qui ont fait des efforts pour nous livrer des textes exempts de fautes et d'interpolations, même anciennes, il est reconnu que, surtout alors qu'il faut déterminer des chiffres ou des calculs, ces erreurs sont faciles.

Nous n'avons pu, éloigné de tous les grands dépôts littéraires, faire à ce sujet la recension des manuscrits et des plus anciennes éditions; mais nous croirions volontiers qu'au lieu de *quinze mille,* soit talents, soit livres d'or, il ne faudrait lire que *quinze cents,* ce qui, bien qu'exagéré encore, s'éloignerait moins de la vraisemblance.

Strabon a dit [1], que les Tektosages habitaient une terre *abondante en or,* mais rien n'a justifié cette assertion, ni celle de Diodore de Sicile, qui dit que l'incendie des forêts pyrénéennes avait fait couler, des montagnes qui bornent notre horizon, des torrents d'or et d'argent; ceci n'est que l'une de ces *fables grecques* que Diodore aimait à raconter. L'existence du Lac sacré de *Tolosa,* la dévotieuse habitude d'y déposer en offrande des métaux précieux, est un fait acquis à l'histoire; il est possible aussi que le fruit des déprédations des cohortes aventureuses envoyées au loin et revenues dans cet *Oppidum* avec un butin considérable, ait, par l'ordre des Druides, été précipité dans les profondeurs du Lac. Mais la fable apparaît ensuite, et ne revêt pas même ici les traits de la vraisemblance.

Les Romains affectaient une grande vénération pour les Dieux des contrées où ils portaient leurs armes. Enlever à ceux-ci, même alors que la masse en aurait été peu remarquable, les objets qui leur étaient consacrés, c'était

[1] *Géogr.,* IV.

commettre un sacrilége, c'était s'exposer à la vengeance des immortels. La défaite de Cœpion, peu de temps après cette action coupable, parut une punition méritée, et la superstitieuse antiquité vit dans cet immense désastre l'expiation d'un forfait.

Les monuments qui peuvent rappeler le culte d'Apollon, dans les régions où nous avons étendu nos recherches, sont peu nombreux. Parmi ces objets, il faut distinguer la tête en marbre rouge que possède le Musée de Toulouse. Sa conservation laisse peu à désirer. Sept rayons ceignaient jadis cette tête, comme celle d'*Helioùgmouni*, déjà mentionnée[1]. Millin cite, d'après Stanza, une figure d'Apollon, d'*Hélios*, ou du Soleil, et dont la tête était aussi ornée de *sept rayons*. C'est le Dieu décoré de cet attribut dont parle Julien l'apostat[2], et ces sept rayons nous rappellent le respect que les anciens avaient pour le nombre *sept*, qui fut consacré à Apollon, ou au Soleil.

Nous avons essayé, étant encore bien jeune, de faire connaître en partie ces restes précieux[3].

Avant les recherches provoquées, en 1820, par la savante Académie des Inscriptions et Belles-Lettres de l'Institut, les monuments antiques de la France étaient presque tous inconnus. On parlait de la *Maison carrée* de Nîmes, de quelques restes existants à Orange ou à Arles; mais il semblait que, sauf dans quelques portions du Languedoc et de la Provence, toutes les traces imprimées sur le sol par les Hellènes et les Latins avaient entièrement disparu. Narbonne, qui avait donné son nom à deux provinces de l'empire, n'était plus que l'objet de railleries empruntées à Chapelle. Là, cependant, chaque jour, on retirait du sol de cette puissante

---

[1] *Archéologie Pyrénéenne*, II, p. 228, 229, et *Atlas*, Pl. XXXVI, n° 1.
[2] *Orat.*, V.
[3] *Monuments religieux des Volces-Tektosages* (1814), ouvrage couronné, en 1820, par l'Académie des Inscriptions et Belles-Lettres *(Institut)*.

colonie des restes qui rappelaient sa grandeur passée et la domination des Césars. Ces marbres sculptés, les inscriptions si nombreuses qui surgissaient de toutes parts, étaient bientôt livrées à la destruction, ou employées comme de vils matériaux à des constructions nouvelles; mais, depuis près de deux siècles, il y avait eu successivement quelques zélés citoyens qui avaient copié ces inscriptions, qui avaient dessiné, mais le plus souvent assez mal, ces débris.

Envoyé à Narbonne en 1821, nous avons acquis la certitude qu'en général on y croyait avoir assez fait en formant des recueils des objets que les travaux agricoles et la démolition de la *Tour Mauresque* avaient rendus à l'histoire. Mais le plus grand nombre de ces restes avait péri; on ne retrouvait plus les beaux dessins de l'ingénieur Garrigues; les recueils de MM. Lacour et Laffont, celui-ci continué par l'infatigable abbé Bousquet, pouvaient seuls fournir un complément au travail entrepris par nous; et nous avons puisé, même avant cette époque, et surtout dans le premier, une partie des dessins de monuments depuis longtemps détruits ou entièrement ignorés. Dans le nombre, on pouvait en rattacher quelques-uns au culte d'Apollon ou du Dieu Soleil.

L'un d'entr'eux, que nous n'avons donné que d'après le manuscrit de Lacour, représente une tête juvénile surmontée de rayons, et ayant au-dessous d'elle l'arc, qui est un des attributs d'Apollon. Ce monument ne doit dater que d'un temps assez bas.

Le poète Nonnus, de Panopolis, qui appartenait aux derniers temps du vieux culte, et où les partisans de celui-ci voulaient montrer que, loin d'être polythéistes, ils ne reconnaissaient qu'un seul Être Divin, distingué seulement sous plusieurs noms, chez divers peuples, d'après les attributs qu'on reconnaissait en lui, l'invoquait ainsi dans ses *Dyonisiaques* :

« Roi des astres et Père du monde, ô toi qui chasses les

ténèbres et qui produis les siècles, l'enfance et la vieillesse, Phœbé recueille ta lumière et la réfléchit sous nos yeux : par toi naissent successivement le printemps, l'été, l'automne et l'hiver ; la sombre nuit cède à ton éclat. Quand ton char doré se lève sur l'horizon lointain, l'homme distingue les teintes variées des fleurs, et lorsque tu quittes les bains de l'Océan, tu répands une douce rosée sur la terre et tu la rends plus fertile. Sur les bords de l'Euphrate, on te nomme *Bélus ;* dans la Lybie, on t'appelle *Jupiter-Ammon ;* sur les rives du Nil, *Apis ;* chez les Arabes, *Saturne ;* dans l'Assyrie, *Jupiter*..... O Dieu puissant, soit qu'on doive te considérer comme le *Sérapis* des Egyptiens, ou comme *Phaeton,* connu sous plusieurs noms, ou comme *Mythra,* ou *Hélios* de Babylone, ou *Apollon* de Delphes, ou *Esculape* qui chasse les maladies, ou *Æther,* ou *Astrochyton,* daigne entendre ma voix ! »

Une partie des noms donnés au *Soleil* par le poëte de Panopolis, se retrouve dans l'hymne que Martianus Capella adressait à cet astre éclatant :

« Force suprême du *Père inconnu,* lui disait-il ; ô toi son premier né, origine du sentiment et de l'intelligence, source pure de la lumière, gloire des Dieux, preuve de leur existence, œil de l'univers, éclat de l'Olympe resplendissant, auquel, seul, il est permis de voir *le Père,* placé au-delà des limites du monde, et de contempler le grand Dieu ; toi qui, dans tes courses immenses, régis l'univers et ses révolutions successives !... Le Latium te nomme *Soleil,* parce que tu es, seul, après *le Père,* la source de la lumière. Douze rayons ceignent ta tête sacrée, parce que tu fais naître autant d'heures ; quatre coursiers sont attelés à ton char, parce que tu domptes seul les quatre éléments... En chassant les ténèbres, tu manifestes la lumière, et l'on t'appelle *Phœbus,* ou celui qui découvre les secrets de l'avenir ; *Lyœus,* parce que tu dissipes les mystères de la nuit. Le Nil t'adore sous le nom de *Sérapis ;* Memphis, sous celui d'*Osiris*. Dans les fêtes de l'hiver, on t'appelle *Mythras*, *Pluton* et même *Typhon*. Quelques-uns voient en toi le bel *Atys*, l'enfant chéri de la Charrue ; dans la brûlante Lybie, tu es *Ammon*, et à Biblos, *Adonis*.

» Ainsi l'univers entier t'adore sous des dénominations différentes :

Sic vario cunctis te nomine convocat orbis. »

Dans nos montagnes, on joignit dans le même culte Apollon ou le Soleil, et Phœbé, ou la Lune, sa sœur.

Sur un autel recueilli par nous, on lit :

> SOLI ET LVNAE
> C. AVRELIVS
> SECVNDVS
> V. S. L. M.

Nous aurons à nous occuper plus tard de ce marbre antique.

Le lieu de Labroquère, situé sur la rive droite de la *Garumna*, en face des ruines de *Lugdunum*, nous a fourni un autel que l'on a pu croire être consacré à Apollon, et que nous avons déposé dans l'une des galeries du Musée de Toulouse.

Sur la face principale de ce monument [1], on lit cette inscription :

> DEO APOLLI
> VOTVM PO
> SVIT.

Le nom du particulier qui a donné ce monument pour accomplir un vœu, n'a pas été gravé sur ce marbre. Il y avait cependant assez d'espace pour y inscrire les caractères qui paraissent manquer à la première ligne pour former le mot

---

[1] *Atlas de l'Arch. Pyr.*, Pl. XXXVI, nº 2.

Apollini [1], et l'on a pu croire que cet autel avait pu appartenir à l'une des Déités locales, si nombreuses dans nos montagnes. Mais comme aussi les inscriptions que l'on découvre dans la Novempopulanie offrent souvent des fautes de langage et des preuves du peu d'habileté des lapidicides, on pourrait attribuer aussi à l'oubli, ou à l'incurie de l'un d'entr'eux, l'absence de la dernière syllabe du nom d'Apollon sur ce marbre. La forme des caractères indique d'ailleurs un temps assez bas, et l'on pourrait croire que cet autel ne date que des derniers temps du polythéisme dans cette partie de l'empire romain.

N'oublions pas qu'à une faible distance du lieu de Labroquère, où nous avons recueilli ce monument, il existe un hameau qui porte le nom de *Polignan*, ou *Apolignan* *(Apolliniacum)*, où il existait, avant la révolution, une maison religieuse. C'est là que le cardinal de Clermont-Tonnerre, archevêque de Toulouse, a établi un Séminaire, où des professeurs habiles prodiguent leurs soins à un grand nombre de jeunes ecclésiastiques qui, presque tous, par leur naissance, appartiennent à nos montagnes.

Nous avions copié, dans l'un des manuscrits que nous avons cités, le dessin d'un bas-relief représentant l'*Aurore*. Ce monument est conservé dans le Musée de Narbonne, et l'on peut se convaincre, en le voyant, du peu de fidélité du manuscrit qui nous avait fourni cette image [2].

On ne sait s'il faut considérer comme ayant appartenu à la sépulture d'un poète de Narbonne, un bas-relief dont nous avions copié le dessin dans l'un des volumes du manuscrit de Lacour. Ce bas-relief représente Pégase s'élançant les ailes déployées [3]. Cet animal naquit du sang de Méduse, lorsque Persée eut tranché la tête de celle-ci.

---

[1] *Atlas de l'Arch. Pyr.*, Pl. XXXVI, n° 3.

[2] *Ibid.*

[3] Même planche, n° 4.

Dès qu'il eut vu la lumière, il s'envola, dit Hésiode[1], dans le séjour tranquille des Dieux immortels. Ovide[2] le place sur l'Hélicon, où il fit tarir la fontaine d'Hypocrène, dont le nom a été redit tant de fois par les poètes de l'antiquité et par ceux qui, parmi nous, ont devancé l'école actuelle, qui repousse toutes les images, tous les souvenirs mythologiques.

C'est de cet être fabuleux que les Muses qui habitaient l'Hélicon prirent le nom de *Pégasides*.

Narbonne nous a fourni aussi le dessin d'une figure prise pour celle d'Apollon *Cytharede*, ou musicien, et qui ne représente peut-être qu'un poète ou qu'un joueur de lyre, si l'on n'y reconnaissait Apollon, vêtu presque comme une femme[3], ainsi qu'il est représenté par une belle statue trouvée à Tivoli[4].

Ses cheveux sont enroulés avec grâce, et rappellent l'épithète qui lui fut donnée par Homère[5], et qui indiquait la longue chevelure de ce Dieu, Ἀχειροχόμης et Ἀχερσεχομησ.

C'est cette épithète que Properce rend par le mot *Intonsus*[6], expression employée aussi par Horace[7].

Tibulle[8], après avoir dit qu'Apollon et Bacchus étaient les seuls Dieux dont la jeunesse fut éternelle, ajoutait que chacun de ces Dieux avait pour attribut une flottante chevelure :

> *Solis perpetua est Phœbo, Bacchoque juventa ;*
> *Non decet intonsus crinis uterque Deum.*

[1] *Theogon.*
[2] *Métamorph.*
[3] *Atlas de l'Arch. Pyr.*, Pl. XXXVI, n° 5.
[4] *Muséum Pio-Clément.*
[5] *Hymn.*
[6] *Eleg.* III, 11. *Dum petit intonsi Pythia regna Dei.*
[7] *Od.* III, 21. *Intonsum pueri dicite Cynthium.*
[8] Voyez aussi Ovide, au commencement du quatrième livre des *Métamorphoses.*

Tibulle nous montre encore les cheveux flottants d'Apollon, alors qu'exilé des cieux il faisait paître les taureaux d'Admète.

Sa lyre, ses cheveux tressés en boucles odorantes, rien ne pouvait calmer ses chagrins :

> *Pavit et Admeti tauros formosus Apollo ;*
> *Nec cithara, intonsæ, prosuerunt ve comæ :*
> *Nec potuit curas sanare salubribus herbis.*

Latone, sa mère, gémit souvent de voir se hérisser ces cheveux qu'elle admira jadis, de même que tous ceux qui contemplaient cette tête sans ornements et ces tresses dénouées descendant de la chevelure d'Apollon.

> *Sæpe horrere sacros doluit Latona capillos,*
> *Quos admirata est ipsa noverca priùs.*
> *Quisquis inornatumque caput, crinesque solutos ;*
> *Adspiceret, Phœbi quæreret ille comam* [1].

Un monument, précieux par ses formes et par sa conservation, nous a rappelé le culte rendu à Apollon dans cette partie du département des Pyrénées-Orientales qui porta le nom de Roussillon. Nous décrirons bientôt ce monument.

Le culte d'Apollon fut en honneur dans la Novempopulanie, et les anciens actes de saint Orientius, évêque d'Auch au commencement du cinquième siècle, semblent le prouver. Ce prélat n'était pas un homme ordinaire : diplomate et poète, il a inscrit son nom dans l'histoire et dans les fastes littéraires de l'époque où il vivait. Il nous reste de lui un poème divisé en deux livres ; il porte le titre de *Commonitorium* [2]. « Dans le premier, il recommande l'amour de Dieu, du prochain et la pratique des vertus ; il peint dans le second les vices et les passions avec les couleurs qui leur sont pro-

---

[1] *Tibul. Eleg. lib.* III, 3.
[2] Chaudruc de Crazannes, *Mémoires de la Société des Antiquaires de France*, XIII, 181 et suiv.

pres, et décrit leurs funestes effets d'une façon aussi forte
que pathétique. Son style, sévère et nerveux, n'a rien de
barbare [1]. » A l'époque où il vivait, la Narbonnaise et la
Novempopulanie renfermaient encore de nombreux partisans
de la vieille religion de l'empire. Les temples, les autels
des Déités helleno-latines, étaient presque encore partout
debout, et les vieux adorateurs de celles-ci lui offraient encore des hommages et même des sacrifices. Non loin de la
ville d'Auch, sur une colline que les vieux actes nomment
le *Mont Nerveva,* on remarquait un Temple consacré à
Apollon. Un jour, après l'une de ces prédications chaleu-
reuses que faisaient entendre les premiers évêques chrétiens,
les fidèles, ayant Orientius à leur tête, accoururent vers le
Mont Nerveva, et l'on démolit alors le temple du Dieu,
fils de Jupiter et de Latone. Cependant quelques restes
d'inscriptions et deux bas-reliefs échappèrent à la destruction, et on les voyait encore, vers 1806 ou 1807, dans les
murs d'une chapelle qui avait, sur le même sol, été élevée
en l'honneur des martyrs saints Quirice et Juliette. Au moment de sa démolition, après les premières années de nos
troubles civils, elle offrait encore plusieurs fragments de sculptures et d'inscriptions qui annonçaient sa primitive destination, entr'autres les lettres suivantes contenant la formule
de sa dédicace au Dieu de la lumière :

S. D. S. D.

Sacrum Deo Soli Dedicatum.

« On y remarquait également un bas-relief, scellé exté-
rieurement dans le mur de l'édifice, et représentant le Dieu
de la lumière et des arts sur le mont sacré, jouant de la
lyre et entouré des Muses, ses compagnes fidèles. »

M. le baron Chaudruc de Crazannes *a vu* [2] le monument

---

1 *Loc. cit.*
2 *Ibid.*

et nous devons croire en entier à sa description. Si ce monument ne subsiste plus, il aura été confondu avec d'autres objets servant à une construction moderne, par l'acquéreur du local, qui, ainsi que la plupart des hommes complices des spoliateurs, n'aurait vu dans l'Apollon du Belvédère, ou la Vénus de Milo, que des pierres, que des matériaux bons, tout au plus, à entrer dans une construction nouvelle.

Un autre bas-relief, *vu* aussi par M. Chaudruc, sur le *Mont Nerveva*, nous occupera dans l'un des chapitres suivants.

L'antiquité nous a fait connaître plusieurs fontaines consacrées au Soleil, et, suivant nous, l'*Oppidum* principal des *Lactorates*, où l'on a retrouvé un si grand nombre d'autels tauroboliques, monuments du culte de la *Grande Mère Idéenne*, ou de la *Mère des Dieux*, possède encore une source consacrée jadis au Dieu de la lumière. C'est la *Hount Délie*, ou plutôt d'*Hélios*, renfermée maintenant dans un monument qui n'offre pas les formes architecturales des temps antiques. Dans cette partie de la Novempopulanie, la lettre F est remplacée par la lettre H, fortement aspirée, ce qui, au lieu de *Foun* (Fontaine en roman de la Narbonnaise), devient *Hount* en dialecte lectourois. Des savants ont cru qu'il fallait retrouver ici une fontaine dédiée à Diane, née à Délos, comme son frère Apollon, et ils l'ont nommée *Hount Délie*. Pour nous, qui avons souvent entendu prononcer le mot *Helio* (*Hount d'Helio*) par le peuple, nous serons portés à reconnaître ici une source consacrée au Soleil (*Helios*), dans cette partie de l'Aquitaine, où tant d'*hellénismes* se retrouvent dans les formes du langage, et tant de mots entièrement grecs, ou dérivés du grec, dans le vocabulaire du peuple; l'antiquité consacra d'ailleurs des fontaines à plusieurs Dieux. Pomponius Mela [1]

[1] *De Situ Orbis*, C. VIII.

parle de la *Fontaine du Soleil* (*Fons quem Solis appel-
lata*), qui était vénérée dans la Cyrénaïque. On le sait,
dans notre vieille Aquitaine, quelques populations croient
voir *Helios* former une danse sacrée, alors qu'au solstice
d'été l'astre frappe de ses premiers rayons les sources autour
desquelles on voit ces tribus se presser encore.

L'église de Pezilla, située sur la route de Perpignan à
Prades, près de l'antique Ruscino, avait pour bénitier un
autel antique dont l'existence nous fut signalée, il y a vingt
ans, par le savant professeur Puiggari. On n'y remarque
aucune inscription; mais les sculptures dont il est orné
indiquent parfaitement que ce monument fut consacré à
Apollon. Des rameaux de laurier en décorent le pourtour [1].
C'était l'arbre chéri de ce Dieu, et qui lui rappelait le nom
et la métamorphose de la nymphe (Δαφνη) qu'il avait poursuivie et qu'il n'atteignit qu'après qu'elle eut été changée en
laurier; il la pressa dans ses bras, comme si c'était encore
cette jeune beauté; il couvrit de baisers l'écorce insensible.
« Belle Daphné, disait-il, puisque tu ne seras point mon
amante, tu seras toujours l'arbre que je chérirai; tes rameaux
ombrageront ma tête, tu orneras mon carquois et ma lyre;
les chefs des légions qui monteront en triomphe au Capitole,
au milieu des flots d'une foule animée par l'allégresse, seront
décorés de tes feuilles toujours verdoyantes. Comme la chevelure de ton amant ne vieillira jamais, de même tes rameaux conserveront une jeunesse éternelle. » Le Dieu se tut,
dit Ovide [2], et le laurier parut entendre cette promesse;
son sommet s'agita, comme si *Daphné,* encore vivante, eût
voulu montrer sa reconnaissance. C'est donc de l'arbre chéri
d'Apollon que l'autel découvert à Pezilla emprunte sa principale parure. La lyre figurée ici est, comme on le sait, le
principal attribut du Dieu. On a dit que le nombre de cor-

---

[1] *Atlas de l'Arch. Pyr.*, Pl. XXXVI, n° 5 *bis.*
[2] *Métamorph.*

des de cet instrument a beaucoup varié ; que celles d'Olympe et de Therpandre n'en avaient que trois, « dont ces musiciens célèbres savaient diversifier les sons avec tant d'art, que, s'il faut en croire Plutarque, ils l'emportaient de beaucoup sur ceux qui jouaient d'une lyre plus composée [1]. » Celle qui est sculptée sur l'autel de Pezilla en a cinq. En ajoutant une quatrième corde aux trois premières, on rendit le tétracorde complet ; l'addition d'une cinquième corde produisit le pentacorde. Pour augmenter le son, on établit dans le bas de l'instrument une sorte de caisson ou de concavité, qu'on nomma *magas* (μάγὰς) ; il servait à distinguer la grande lyre de la petite, qui n'en avait pas. Cette partie de l'instrument est figurée sur notre monument.

L'arc et le carquois sculptés sur cet autel, rappellent les armes redoutables dont Phœbus faisait usage. Ce furent les flèches renfermées dans le carquois de ce Dieu qui donnèrent la mort à Python. « Serpent terrible, Python, dit le poète Callimaque [2], s'élançait contre toi, divin Phœbus ; mais tes coups redoutables et rapides l'étendirent sanglant à tes pieds. En te voyant combattre, le peuple s'écriait : *Io Pœan ! Io Pœan !* frappe ! ô notre sauveur ! et depuis c'est ainsi qu'en poussant le même cri on célèbre ton culte sacré. » On sait qu'Apollon fut surnommé *Pœan*, parce qu'il perçait avec ses flèches, et ce mot venait de παίαιν, blesser ; ceci est l'opinion de Festus. Macrobe le tire de βάλλε παιάν, *jette et blesse*, ce qui serait les paroles mêmes qui lui étaient adressées au moment où il combattait le serpent Python.

Des corbeaux sont aussi représentés sur cet autel. Cet animal, considéré comme ayant le don de la prophétie, rappelle les oracles, les réponses prophétiques d'Apollon. Il fait peut-être aussi allusion au mythe de l'infortunée

[1] Mongez, *Dict. d'Antiq.*, III.
[2] *Hymn.*

Coronis. On le sait, cette fille de Phlégyas avait été aimée d'Apollon, et c'est d'elle qu'il eut Esculape ; mais un autre amant ayant été favorisé par elle durant sa grossesse, le corbeau en prévint Apollon, et celui-ci perça de ses flèches son infidèle amante. Il se repentit bientôt de cet accès de jalousie ; il retira du sein de Coronis l'enfant qu'elle portait et le confia au centaure Chiron ; puis, voulant punir le corbeau du rapport qu'il lui avait fait, il rendit noir le plumage de cet oiseau, qui était avant, selon Ovide, plus blanc que celui des colombes et des cygnes. Jadis, on attribuait de funestes pronostics au croassement des corbeaux. Qui ne sait les sinistres présages que tirèrent les Grecs de ce croassement, alors qu'Alexandre entra dans Babylone ? Les écrits des anciens, et particulièrement ceux de Pline, nous offrent plusieurs exemples de cette superstition antique, qui, de siècle en siècle, s'est propagée jusqu'à nous. On a attribué à cet oiseau un instinct naturel qui le portait à prédire l'avenir, et Valère Maxime raconte qu'à l'instant où un esclave fidèle accourait pour avertir Cicéron de l'approche de ses meurtriers, cet oiseau s'acharna à piquer la toge de ce grand homme pour le prévenir, en quelque sorte, et le soustraire au glaive des assassins.

Deux chiens sont sculptés sur l'autel qui nous occupe, et selon les idées de l'évêque de Spence, on pourrait croire que l'on a voulu rappeler sur ce monument l'épithète de *chasseur*, donnée à ce Dieu. Si Diane était la Divinité tutélaire des chasseurs, Apollon partageait avec elle leurs hommages. Ses flèches redoutables avaient atteint le serpent Python ; il excellait, comme elle, à lancer des traits. L'épithète de *chasseur* peut donc lui être donnée comme à Jupiter, qui, sur les médailles de Tralles et de Mida, paraît accompagné de quelques chiens. Selon Callimaque [1], la lyre d'Apollon était d'or ; son arc, son carquois furent formés du même métal.

---

[1] *Loc. Cit.*

En donnant, en 1814, époque où nous étions extrêmement jeune, nos *Monuments religieux des Volces-Tektosuges, des Garumni et des Convenæ,* nous avons recueilli, avec trop de précipitation, sans doute, des données dont des recherches ultérieures et le temps nous ont montré le peu d'importance. Nous n'avons jamais adopté les théories de l'école de Dupuis, durant longtemps trop puissante ; mais cette école ayant voulu appuyer ce qu'elle nommait ses *démonstrations* sur des monuments existants dans nos cathédrales, dans nos églises les plus révérées, nous avons fait connaître l'un de ces tableaux religieux dont on voulait faire remonter l'origine aux zodiaques de Denderah et d'Esneh, auxquels on attribuait la plus antique origine : nous n'avons pu retrouver dans ce tableau qu'un *calendrier catholique,* où, tout en donnant la position du Soleil, on indiquait les principales fêtes de notre religion bien-aimée, calendrier indiqué d'ailleurs par une inscription, comme ayant été tracé d'après la réforme de Jules César [1]. Nous renverrons à l'une des *Notes* de ce volume ce que nous disions alors et ce que de nombreuses recherches ont pu nous apprendre à ce sujet.

Catel a dit [2] qu'en nettoyant les fossés de la ville de *Tolose*, près de la porte Montgaillard, on découvrit une image de la Vierge et du Soleil. Les habitants des rues voisines s'assemblèrent pour chercher un local propre à recevoir le groupe. Une femme « pleine de dévotion, ajoute notre auteur, offrit sa maison pour bâtir une chapelle, ce qui fut accepté, et on en construisit une. Cet édifice fut démoli vers le commencement de la seconde moitié du quatorzième siècle, à cause des courses des bandes anglaises ; on le reconstruisit presqu'aussitôt (1551) à la même place où était situé autre-

---

[1] On lit en effet, sur un marbre qui faisait partie de ce monument, ces mots tracés en caractères qui indiquent le neuvième siècle : HOC FVIT FACTVM TEMPORE IVLII CÆSARIS.

[2] *Mémoires de l'Histoire de Languedoc*, 236.

fois, suivant Pierre Dufaur, de Saint-Jory, le temple que les *Tolosates* avaient consacré à *Vénus Erycine* [1]. »

Si Dupuis avait connu ce passage de Catel, il y aurait trouvé une confirmation de son système sidéral, ou anti-chrétien. Ç'eût été le Soleil dans la constellation de la Vierge ; mais pour nos Toulousains du quatorzième siècle, ils n'y reconnurent sans doute et ne devaient y reconnaître, comme le feraient les iconographes de notre époque, que la Mère du Sauveur tenant l'Enfant divin dans ses bras, et la tête de celui-ci parée d'une auréole rayonnante, image semblable à un grand nombre d'autres que l'on retrouve dans nos vieilles églises et dans nos Musées.

Il est possible que, sous la domination romaine, Apollon, considéré comme le Soleil, eût un Temple à Toulouse et que ce Temple fût peu éloigné de la position occupée par l'église de *Sainte-Marie Fabricata ;* mais rien ne prouve que cet édifice fût le reste de cet ancien Temple. Si l'on n'a rien retrouvé de ce qui pourrait rappeler dans cette ville le culte de ce Dieu, il faut ne pas oublier le pouvoir du temps, l'ignorance et les dévastations auxquelles cette ville fut en proie lors des efforts de ses habitants contre Montfort, le chef des croisés d'outre-Loire, l'incendie qui la détruisit presque en entier, les démolitions qui eurent lieu au quatorzième siècle pour la mettre en état de défense et les ravages occasionnés par la prise d'armes des protestants en 1561. Depuis, on a souvent invoqué Apollon dans Toulouse : les poètes des Jeux-Floraux ont souvent répété son nom, placé même sur quelques monuments publics [2] ; mais les objets

---

[1] C'est aujourd'hui l'église de Notre-Dame de Nazareth.

[2] Nous avons vu, il y a peu d'années, disparaître, pendant quelques jours, une inscription où ce Dieu était nommé. C'était celle qui était destinée à indiquer le lieu où les magistrats municipaux rendaient la justice, où la plus ancienne Académie de l'Europe distribuait annuellement des fleurs d'or aux poètes, et où les élèves de l'Ecole de peinture obtenaient des prix. Elle était ainsi conçue :

du culte qui lui fut rendu aux temps antiques ont disparu pour toujours, à moins que, dans des travaux ou dans les constructions qui vont traverser en divers sens une partie de la ville actuelle, nous n'en retrouvions quelques traces.

Nos recherches ont confirmé ce que la rencontre de quelques figurines d'*Esculape*, dans la Narbonnaise et dans l'Aquitaine, nous avat appris sur la vénération des peuples pour ce fils d'Apollon et de Coronis. Quelques mythologues ont cru que, le nom de *Coronis* signifiant *corneille*, Esculape était sorti d'un œuf de corneille sous la figure d'un serpent, et que c'est de là que les artistes de l'antiquité ont pris l'habitude de représenter ce fils d'Apollon tenant un serpent dans l'une de ses mains, ou de figurer ce reptile s'enroulant autour du bâton de ce Dieu. Le manuscrit de Garrigues et celui de Lacour nous ont offert le dessin d'une figurine, représentant un personnage vêtu du *Sagum* gaulois et tenant de la main gauche un serpent, qui semble vouloir se repaître de ce qui est contenu dans une patère placée dans la main droite de cette statuette prise pour une représentation d'Esculape [1].

Elevé par Chiron, qui lui apprit la médecine et la connaissance des plantes salutaires, il devint le Dieu protecteur des malades, succédant en quelque sorte en cela à son père Apollon. Il se rendit par là redoutable à Pluton, qui vit diminuer sensiblement le nombre des morts ; le Dieu des enfers porta ses plaintes à Jupiter, et celui-ci foudroya Esculape.

HIC THEMIS DAT JURA CIVIBUS.
APOLLO FLORES CAMŒNIS.
MINERVA PALMAS ARTIBUS.

De bons citoyens crurent, en 1848, trouver là des traces d'aristocratie ; mais grâce aux soins de M. de Nozan, chargé de présider aux décorations de l'Hôtel-de-Ville, l'inscription fut rétablie.

[1] *Atlas de l'Arch. Pyr.*, Pl. XXXVI, n° 6.

Pour s'en venger, Apollon perça de ses flèches les Cyclopes qui forgeaient les foudres du Maître des Dieux.

C'est par des récits de ce genre que nos pères s'étaient attachés au culte de l'Hellénie et du Latium !...

Jupiter se repentit d'avoir accédé aux instances de Pluton. Il accorda les honneurs divins à Esculape, qui présida dans les cieux à la constellation du *Serpentaire*. Le chef de l'école sidérale [1] voit dans Esculape, ou le *Serpentaire*, quels que soient les noms qu'on lui donne, soit Esculape, soit Sérapis, soit Pluton, soit Soleil, l'astre affaibli, le Soleil d'automne et d'hiver... Cette doctrine est aussi conforme au vers d'Orphée, rapporté par Macrobe [2], dans lequel il est dit que Jupiter, Bacchus, Pluton et le Soleil ne forment qu'une Divinité unique.... Ce serait donc le Soleil des signes inférieurs, — et le Serpent, l'attribut que le Soleil emprunte de la constellation du Serpent céleste, placé sur la Balance, le Scorpion et le Sagittaire, les trois signes inférieurs pendant les deux mille ans qui ont précédé l'ère chrétienne.....

Cette théorie a pu être enseignée aux initiés, mais elle demeura inconnue aux masses populaires, et nous devons nous borner à constater les croyances de celles-ci, à en rapporter les monuments, à montrer quel fut le culte de nos ancêtres et à retracer ainsi une notable partie de leur histoire.

Les fouilles exécutées sous nos yeux à Martres-Tolosanes ont mis a découvert une statuette en marbre, qui a dû, comme tant d'autres objets que cette localité nous a fournis, faire partie du *mobilier* ou de l'ornementation intérieure de la belle *villa* dont nous y avons retrouvé les ruines. Là, près d'un monceau de décombres d'où nous avons retiré des fragments de toute espèce, parmi lesquels se trouvent des restes de figurines en ivoire, apparut une statuette en marbre, dont la tête et le bras droit ne subsistaient plus. Ce bras s'appuyait

1 *Religion univer.*
2 *Saturn.*, liv. I, c. 18.

sur une *virga* ou bâton, qu'un serpent entourait de ses replis, et dont on ne voyait plus que la partie inférieure. Une large draperie était le seul vêtement du Dieu [1]; le travail est du meilleur temps, et ce marbre, conservé dans le Musée Archéologique de Toulouse, en serait l'un des premiers ornements, s'il n'avait pas souffert les plus stupides mutilations.

C'est du même monceau de décombres que nous avons retiré une statuette de femme, aussi en marbre, et dont la main droite tient un serpent [2]. Nous avons cru y reconnaître Hygie. Ce nom vient d'un mot grec qui signifie *santé*. Selon quelques mythes, cette Déesse était fille d'Esculape et d'Epione, ou Campétie. Parmi les anciens auteurs qui ont parlé d'elle, il faut distinguer le prétendu Orphée, qui la dit femme et non fille d'Esculape; mais presque tous les autres la disent fille de ce dernier. Près d'elle, et quelquefois sur son sein, est un serpent qui avance la tête vers une coupe ou patère que la Déesse tient de la main gauche. La statuette que nous avons retrouvée à Martres n'a plus de tête. Le travail de l'artiste est très remarquable [3], et la petitesse des proportions nous porte à croire que ce petit monument était conservé dans la même chambre où nous avons retrouvé la statue d'Esculape.

On a remarqué avant nous que chez les Romains, et par conséquent chez les Gaulois, à l'époque de l'empire, Hygie était la même Divinité que la Santé et la *Minerva medica*.

Des littérateurs qui n'ont étudié qu'une partie restreinte de l'antiquité figurée, ou qui manquent d'objets de comparaison, commettent souvent des erreurs qu'il ne faut attribuer qu'au désir de tout expliquer, sans avoir recours à des autorités irréfragables [4]. C'est ainsi qu'un savant très digne d'es-

---

[1] *Atlas de l'Archéologie Pyrénéenne*, pl. XXXVI, n° 7.
[2] Même Atlas, même planche, n° 8.
[3] Pl. XXXVI, n° 8.
[4] *Histoire et Mémoires de l'Académie des Sciences, Inscriptions et Belles-Lettres de Toulouse*, 1re série, tome I.

time et qui fut l'ami de Latour-d'Auvergne, le chevalier Viguier d'Estagnol, crut retrouver, à Narbonne, Esculape et Hygie dans un bas-relief où l'on ne doit reconnaître que Jésus-Christ multipliant les pains et les poissons et rendant la vue à l'aveugle-né [1].

Ce monument était encore inconnu, lorsqu'en 1758 son existence fut signalée à l'Académie de Toulouse. Mais il n'avait pas encore été gravé lorsque, cinquante-six ans plus tard, nous l'avons publié [2]. Nous le donnons de nouveau en regard de cette page.

Pour mieux expliquer ce monument, le chevalier Viguier d'Estagnol crut devoir diviser par la pensée le bas-relief, dont on voit ici l'image, en deux groupes ou tableaux. La scène avait lieu dans un bois. « Il y avait toujours, disait-il, un bois sacré autour des temples d'Esculape; on y portait les malades; le Dieu, ou le prêtre qui le représentait, leur prescrivait des remèdes..... Ici, il est à présumer qu'il rend un oracle ou qu'il prescrit des remèdes. A droite et à gauche, des prêtres lui présentent des offrandes; mais le temps a détruit ces objets. Des corbeaux, perchés sur les vieux chênes dont le bois est composé, désignent, sans doute, que l'objet de la médecine est de prolonger le cours de la vie. Le Dieu, ou son prêtre, tient à la main un caducée [3]..... Un gros serpent entoure l'un des plus gros chênes. Qui ne sait qu'Esculape fut adoré sous la forme d'un serpent, symbole de la prudence? Deux rouleaux sont aux pieds du Dieu. Clément, d'Alexandrie [4], parle d'un Esculape égyptien, fils de *Ménès*, qui écrivit sur la médecine, et qui déposa ses livres entre les mains des prêtres; ils furent regardés comme sacrés..... Plus loin est un autre

---

1 *Monuments religieux des Volces-Tektosages*, etc., p. 271 et seq.

2 *Ibid.*

3 On ne remarque plus de faibles traces de la *virga*, prise mal à propos pour le caducée.

4 *In Psal.*, LXXII.

groupe de trois figures : c'est une femme à qui un prêtre
présente un enfant malade qui s'appuie sur un bâton.....
Cette femme est **Hygie**, Déesse de la santé, fille d'Esculape ;
elle impose sa main droite sur la tête du malade et *touche
ses yeux* de la gauche. »

En copiant ici une partie du Mémoire de **M.** Viguier
d'Estagnol, nous avons voulu donner aux lecteurs de l'*Archéologie Pyrénéenne* le moyen de comparer notre opinion
à la sienne.

Ce que cet antiquaire prenait pour un bois sacré dédié à
Esculape, n'est qu'une sorte d'ornement architectural, qui
remplace quelquefois, sur les monuments funéraires des
chrétiens des premiers siècles, la colonnade que l'on y
remarque le plus souvent et qui forme des niches dans
lesquelles on voit Jésus-Christ et ses apôtres. Ces arbres
avaient d'ailleurs une signification symbolique bien connue
de tous ceux qui ont étudié les antiquités chrétiennes
et qui ont présents à leur mémoire de nombreux passages des écrits de saint Augustin [1], de saint Ambroise, de
saint Hilaire [2] et de quelques autres Pères de la primitive
Eglise. Le personnage que **M.** Viguier prend pour Esculape
est **Jésus-Christ** tenant, non pas un caducée, comme
Mercure, mais la *virga* que les monuments mettent dans
la main de Moïse et aussi dans celle du Sauveur, ainsi
qu'on peut le voir dans les bas-reliefs et les peintures des
cimetières de Rome et des Catacombes de cette métropole de
la chrétienté. Les prêtres que l'on indique à ses côtés, et
qui font des offrandes, sont les Apôtres qui lui présentent
les pains et les poissons qu'il va multiplier pour les besoins
du peuple qui l'a suivi dans le désert pour entendre ses
paroles divines. Cette scène est répétée au moins deux cents

---

[1] *In Rom.*
[2] *S. Hilar, in multi can.*, 13.

fois par les monuments chrétiens publiés par Bosio [1], Arrighi [2], et par tous ceux qui ont fait connaître les Cimetières et les Catacombes de la ville éternelle, et aussi sur les marbres conservés à Arles, à Lyon [3], à Toulouse et ailleurs.

Il ne sera peut-être pas indifférent de dire ici d'avance quelques mots sur le costume des personnages représentés par les monuments chrétiens.

Les Juifs, ou Israélites, y portent la *candys*, des *anaxyrides* et une sorte de bonnet particulier ; ce sont des hommes de l'Orient que l'on avait, au cinquième siècle, à représenter, et l'on a dû être fidèle en les offrant dans leur costume national. Là, les Mages venus adorer l'Etre divin promis aux nations, portent un costume presque semblable à celui des Israélites; mais la tête de chacun d'entr'eux est couverte du *corno* phrygien. Par respect, les artistes italiques et gaulois ont montré le Sauveur et les Apôtres vêtus de la même manière que les sénateurs romains.

Les objets que les prétendus prêtres désignés par M. Viguier offrent à celui qu'il croit être Esculape, ou son représentant, sont des cistes ou corbeilles qui renferment les pains et les poissons. Cette scène se retrouve partout. Quant au serpent qui est tracé sur ce bas-relief, ce n'est pas celui d'Esculape, ce n'est pas non plus ici l'image du reptile tentateur; ce n'est pas le serpent que l'on voit sur beaucoup de tombeaux chrétiens, s'enroulant autour de l'arbre de la science et près duquel on voit Adam et Eve séduits par lui [4], et nous n'y verrons que le serpent *élevé* par Moïse pour sauver le peuple, et le symbole du Fils de l'Homme qui devait être *élevé* pour sauver le genre humain[5].

---

[1] *Roma Sotteranea*, pag. 17, 59, 65, 81, 91, 99, 161, 267, 285, 287, 295, 367, 425, 427, etc.

[2] *Roma Subteranea*.

[3] Millin, *Voyages dans les Départements du Midi*.

[4] *Roma Sotteranea*, pag. 45, 83, 233, 273, 381, 389, 375, 455, 461.

[5] S. Jean, c. III, 14, 1.

Il a plu à l'auteur que nous réfutons de voir des corbeaux perchés sur des vieux chênes. L'état du monument, que nous avons étudié, en 1822, dans la maison même de ce savant, peut rendre très difficile la détermination du genre d'arbres qui y sont sculptés et peut-être encore plus celle des oiseaux placés sur leurs branches. Dans plusieurs des marbres antiques des chrétiens, on voit divers oiseaux, presque tous symboliques, tels que le paon, la colombe, le coq[1], etc.; et au sujet des oiseaux représentés sur ces monuments, nous dirons qu'on peut les considérer comme des emblèmes des vrais chrétiens, dont les pensées montaient vers le ciel ; et Bosio, qui avait étudié avec beaucoup de soin et de succès les monuments de Rome et les textes des auteurs dans lesquels on trouve les éléments du symbolisme catholique, a pu dire avec raison : « *Quali* (ucelli) *considerati in genere possiamo pensare che significhino li Veri Christiani, che s'inalzano come ucelli, sopra la terra, et hanno la conversatione in cielo.* »

Dans le second groupe, M. Viguier croyait voir « Hygie à laquelle un prêtre présente *un enfant malade qui s'appuie sur un bâton.* » Ici, ni le costume, ni les formes n'indiquent une femme, une Déesse. C'est toujours Jésus-Christ vêtu à la romaine, et nous croyons que cette scène représente la guérison de l'aveugle qu'on présenta à Jésus, à Bethsaïde[2], ou l'aveugle Bartimée, de Jéricho[3], ou mieux encore l'aveugle-né, guéri à Jérusalem[4]. Ce sujet se retrouve souvent sur les peintures des Catacombes et sur les sépulcres des chrétiens de la primitive Église[5]. En croyant voir ici un enfant, à cause de sa taille peu élevée comparativement à celle

[1] *Roma Sotteranea*, p. 641.
[2] S. Marc, C. VIII, 22, 23, 24, 25.
[3] Ibid., C. X, 46, 47, 48 et seq. ; et Luc, C. XVIII, 35 à 43.
[4] S. Jean, C. IX, 1, 2, 3, 6, 7 et seq. jusqu'à 38 ; et C. XI, 37.
[5] Vid. *Roma Sotteranea*.

des autres personnages, l'auteur avait oublié que quelquefois, dans les monuments antiques, les simples mortels ont
été représentés d'une taille très infime, afin de les distinguer
des dieux. Nous en verrons plusieurs exemples dans cet ouvrage. Les sculpteurs et les peintres chrétiens des premiers
siècles ont imité en cela leurs prédécesseurs, et ici la petite
taille ne désigne pas un enfant.

Les Tektosages établis dans l'Asie-Mineure, et devenus
Grecs en quelque sorte, adorèrent *Asclepius*, ou Esculape.
L'image de ce Dieu paraît sur les médailles d'Ancyre, métropole de la Galatie [1]. Cette ville célébra même des *asclépies*,
ou des jeux en l'honneur de ce Dieu. Sur une médaille
frappée durant le règne de Caracalla, on lit une légende
ainsi conçue : ΜΗΤΡΟΠΟΛ ΑΝΚΥΡΑϹ ΑϹΚΛΗΠΕΙΑ ϹΩΤΗΡΕΙΑ ΙϹΘ
ΠΥΘΙΑ [2].

---

[1] Num. Gr. 98..... ΑΝΚΥΡΑϹ ΜΗΤΡΟ. *Æsculapius stans cum baculo cui
serpens circumvolutus.*

[2] Ibid. *Templum distylum cujus in media area legitur* ΑϹΚΛΗΠΕΙΑ, etc.
Metropolis Ancyra. Asclepia, Soteria, Isthmica et Pythia.

VIII.

MONUMENTS CONSACRÉS A MARS ET A MERCURE, OU QUI
RAPPELLENT LEUR CULTE. OBÉLISQUES ITINÉRAIRES ATTRI-
BUÉS AU DERNIER.

Quel que fût leur attachement à la religion des aïeux, les
peuples de la Gaule, soumis à la puissance romaine, adoptèrent les idées, les habitudes, le culte de leurs maîtres.
César nous les représente comme donnant à Mars les mêmes
attributions que les Latins [1]. On a quelquefois identifié ce
Dieu avec quelque génie local. Ainsi, nous avons vu que
l'une des peuplades de l'Aquitaine le confondait avec le Dieu
Leherenn, et que cette identité, oubliée jusques aux temps
de nos recherches [2], n'est plus un fait douteux aujourd'hui.
Si l'on en croit Macrobe [3], les Accitains, antique tribu es-
pagnole, honoraient très religieusement Mars sous le nom de

---

[1] *De Bell. gell.*, lib. IV.
[2] *Description du Musée des Antiques de Toulouse et Archéologie Pyr.*, I.
[3] *Saturnal.*, lib. I, C. 18. — *Accitam etiam Hispania gens, simulacrum Martis radiis ornatum maxima religione celebrant*, NETON *vocates*.

Néton ; ils lui avaient élevé un simulacre orné de rayons, et nous avons vu que ce nom était celui de la plus haute montagne des Pyrénées, la première de nos sommités que les rayons du Soleil environnent d'une brillante auréole. Pour les plus anciens poètes, Mars fut le fils de Jupiter et de Junon, et cette origine, racontée par Homère[1] et par Hésiode[2], avait acquis une grande autorité. Apollodore et les poètes latins montrent Junon enfantant, seule, Mars, sans la participation du principe mâle. Les Grecs le nommaient *Arès*, les Romains le nommaient *Marspiter*, et Macrobe, avec les *physiciens* de son époque, le considérait, ainsi que Mercure, comme l'une des formes du Soleil. *Martis quidem aut Mercurii esse numen, quam Solem.* Dieu de la guerre, il excitait les guerriers au carnage, et Homère, voulant exprimer la fureur d'Hector, le compare à Mars quand il fait vibrer sa lance.

L'on a retrouvé dans la Narbonnaise et dans l'Aquitaine, ou Novempopulanie, beaucoup de bas-reliefs qui ont pu orner des temples de Mars, ou des arcs triomphaux, et nous rapportons des dessins exacts de ces restes dans le quatrième volume de cet ouvrage. Mais, si l'on en excepte les autels où le culte de ce Dieu se confond avec celui de Leherenn[3], on n'avait guère vu encore que le seul autel qui existe à Bagnères-de-Bigorre, et qui, selon Oihenart, fut découvert dans le lieu de Ponzac, à environ trois kilomètres de la ville, point où il existe encore les restes d'un poste fortifié par les Romains : *in Posaco monte, inter veteris columnæ rudera.*

Les caractères gravés sur cet autel indiquent un temps assez bas[4]. La dernière ligne, formée des quatre sigles

---

[1] *Iliad.*, lib. 1.
[2] *Theogon.*
[3] *Archéol. Pyr.*
[4] *Atlas*, Pl. XXXVII, nᵒ 4.

ordinaires, annonce l'accomplissement du vœu fait par
Caius Minucius Potitus ; elle est ainsi conçue :

MARTI
INVICTO
CAIVS
MINVCIVS
POTITVS
V. S. L. M.

Montsérié, dans la vallée de la Neste, a fourni un autre
monument consacré à Mars ; c'est un autel d'une forme très
simple, et qui fut consacré par un particulier nommé *Alpi-
nus.* La forme des caractères semble annoncer un temps très
bas. La lettre **A** du nom de cet homme ressemble à un *lambda.*
L'inscription est ainsi conçue [1] :

MART
I. DEO
ALPIN
VS. V. S. L.

On a trouvé aussi à Montsérié un autre autel élevé par
une femme nommée *Candida.* La face principale de ce marbre contient l'inscription suivante [2] :

MART
I DEO
CAND
IDA V
S. L. M.

La forme des caractères indique que ce monument votif
date de la même époque que le précédent.

On peut conjecturer que le quartier de Montsérié possé-

---

[1] *Atlas,* Pl. XXXVII, nº 2. Ce marbre est conservé à Tarbes, dans le cabinet
de M. Rumeau, receveur des finances.

[2] *Atlas,* même planche, nº 3.

dait un édicule, ou un temple consacré à Mars. C'est, en effet, dans ce site de la vallée arrosée par la Neste, que l'on a rencontré un troisième autel élevé à ce Dieu. Ce fut un particulier nommé *Calius*, ou *Galius*, qui, en élevant ce marbre, accomplit le vœu qu'il avait fait au Dieu Mars [1]. On lit sur la face principale :

MART
IDEOC
ALIVS
V. S. L. M.

On peut conjecturer qu'il y eut aussi jadis un édicule ou petit temple à Pouzac, et cet édifice aurait pu exister à la tête du camp romain, du côté de la plaine. De nombreuses traces de fondements y indiquaient là, naguère encore [2], l'existence d'une construction antique.

On a vu que, suivant César [3], Mercure était le principal Dieu des Gaulois, et qu'ils en avaient un grand nombre de simulacres. Il est à présumer que, dans les Pyrénées, les roches brutes qui lui furent élevées en monument ont disparu sous les avalanches qui roulent sur les flancs de ces monts, portant le ravage et l'effroi dans nos vallées, ou que ces grossiers monuments ont été brisés par la foudre qui frappe souvent les sommités de nos montagnes. Des recherches continuées pendant plus de trente années, ne nous ont fait découvrir qu'une seule inscription rappelant le culte de ce Dieu ; elle provient des ruines du *Lugdunum Convenarum;* elle nous fut donnée par feu M. Latour, chirurgien habile,

---

1 *Atlas*, Pl. XXXVII, n° 4.
2 En 1825.
3 *De Bell. gall.*, lib. VI.

et qui habitait alors la petite ville de Saint-Bertrand[1]. Les caractères gravés sur la face principale de cet autel nous apprennent qu'il fut élevé, en accomplissement d'un vœu, par un particulier nommé *Masculus,* affranchi (*liber-tus*) d'une femme nommée *Ingenua.* Nous avons publié depuis longtemps ce marbre, qui fait aujourd'hui partie des collections du Musée de Toulouse ; voici l'inscription assez bien conservée qu'on y voit encore :

MERC
MASCVLV
S
INGENV
AE. L.
V. S. L. M.

Mercure fut l'un des principaux Dieux des Romains et, comme on l'a dit, des Gaulois. Ses images sont très communes dans le Midi de la France. Cicéron[2] comptait cinq Mercures : le premier, fils de Cœlus et de Dies ; le second, fils de Valens et de Phoronis ; le troisième, fils de Jupiter et de Maïa ; le quatrième, fils du Ciel ; le dernier, dont il ne désigne point les parents, et que les Grecs nommaient Hermès, régna sur les Egyptiens, leur enseigna les lettres et leur donna des lois. Mais, pour nos pères, le plus célèbre de tous fut celui qui naquit de Jupiter et de Maïa, et on lui attribue généralement la plus grande partie des actions des autres. Ses images le représentent sous la forme d'un jeune homme nu, ou n'ayant qu'un petit manteau sur l'épaule ; sa tête est couverte du *pétase* ou bonnet de voyageur ; deux ailes sont attachées à cette coiffure ; d'autres ailes sont quelquefois placées à ses talons ; il tient un caducée ; on lui met une bourse dans la main gauche.

---

[1] *Atlas de l'Arch. Pyr.*, Pl. XXXVII, nº 5.
[2] *De natura Deor.*, lib. III.

Sous la domination romaine, les statuettes de Mercure firent en général partie des Laraires. On trouve son image sur plusieurs lampes, soit en bronze, soit en terre cuite. Celle que nous rapportons ici [1] représente ce Dieu prenant son essor. Contre l'ordinaire, il est vêtu d'une sorte de *sagum* plissé; un petit manteau flotte au-dessus; ses pieds ont des ailes, mais il n'y en a point à son *pétase*, qui, pour la forme, diffère beaucoup de ceux que l'on voit presque toujours sur la tête de ce Dieu. Il tient dans sa main droite un caducée, dont l'extrémité offre, à l'ordinaire, deux serpents enlacés. De Montégut, qui a le premier publié ce petit monument, a dit [2] : « La forme du *pétase*, ou bonnet, et du caducée, et le vêtement semblable à ceux des Mercures *gaulois* qui sont dans mon cabinet, me font croire que cette lampe a été faite dans un temps voisin de la conquête, et que les *Tolosates* plaçaient encore sur les images de leurs Dieux les attributs qui leur avaient été donnés par les Tektosages. »

On voit assez souvent la figure du fils de Maïa sur les tombeaux et sur les lampes sépulcrales. Ce Dieu conduisait les âmes sur les bords des fleuves infernaux ou dans l'empire des morts; ainsi, on ne doit pas être étonné de le voir représenté sur les monuments que l'on retrouve dans les sépulcres [3], et il fut, pour cela, surnommé *Psycopompe*.

Nous donnons ici [4] le dessin d'une autre petite statue en bronze représentant Mercure. Cette figure était d'un assez

[1] *Atlas de l'Archéol. Pyr.*, Pl. XXXVII, n° 6.

[2] *Mémoires de l'Académie de Toulouse*, 1re série (in-4°), tom. I, p. 101.

[3] Une inscription découverte dans la forêt de Belême place Mercure au nombre des déités infernales :

DIIS INFERI
VENERI
MARTI ET
MERCVRIO
SACRVM

[4] *Atlas*, Pl. XXXVII, n° 7.

bon style; mais elle fut mutilée, lorsqu'après la mort déplorable de M. de Montégut, son cabinet fut livré pendant quelque temps à des mains ignorantes.

Cette autre figurine provient du village de Pujaudran [1], situé sur la voie qui, d'*Aquæ Tarbellicæ*, conduisait à *Tolosa*. Elle a été placée par nous dans le Musée de Toulouse [2].

Une autre statuette en bronze est placée ici [3] près de la précédente; elle a perdu encore une partie de ses attributs, et le Dieu ne tient plus ni la bourse ni le caducée.

Symbole de la vigilance, le coq fut consacré à Mercure, et on le voit souvent placé près de ce Dieu. Une belle pierre gravée, soustraite à la spoliation du trésor de l'abbaye de Saint-Saturnin, de Toulouse [4], offre l'image de ce Dieu tenant la bourse et le caducée; près de lui, sur un globe, apparaît un coq déployant ses ailes.

Il existe au sud de la ville de Toulouse, à environ 45 kilomètres, sur une colline escarpée, une petite ville nommée *Avinionetum* dans les chartes du moyen-âge. Les comtes souverains de la capitale du Midi de la France y possédaient un château, et ce lieu acquit une sinistre renommée à l'époque de l'*Albigéisme*. La voie romaine se prolonge sur le flanc de la colline; et là, plusieurs fois, on a recueilli des débris de la vénérable antiquité. C'est de ce lieu que provient la figurine de Mercure rapportée ici [5].

---

[1] La terminaison du nom de ce lieu paraît très ancienne et rappelle l'appellation du petit village de Mont*audran*, à l'est de Toulouse. Le mot *pech* ou *puj* signifie aussi *hauteur, élévation, montagne*. Ces deux localités, placées à une assez grande distance l'une de l'autre, auraient-elles été, à une époque très reculée, placées sous la protection du même génie?

[2] *Atlas*, Pl. XXXVII, n° 8.

[3] *Ibid.*, n° 9.

[4] *Atlas de l'Archéologie Pyrén.*, Pl. XXXVII, n° 10. On assure que ce petit monument fut sauvé par l'évêque constitutionnel, *métropolitain du sud*, qui, en empêchant la disparition des reliques conservées dans les châsses de l'abbaye de Saint-Saturnin, déposa cet objet dans le médailler de l'Académie de Toulouse, où il existe encore.

[5] *Ibid.*, n° 11.

Les trois autres statuettes dont on voit de même ici le dessin [1] furent trouvées dans les ruines d'un édifice situé entre ce que l'on nomme le *Plan de Saint-Bertrand* et le village de Valcabrère. *Toutes trois sont sans sexe.* On ne doit pas cependant attribuer cette sorte de mutilation aux vieilles idées gauloises, mais seulement à la piété mal entendue de l'un des derniers possesseurs de ces objets.

On voit à la suite une autre statuette en bronze ; elle représente aussi Mercure [2]. Elle fut trouvée dans le lieu de Foncouverte, à une assez grande distance de Narbonne. Nous n'avons point vu cette figurine, dont le dessin faisait partie des manuscrits de Garrigues et de ceux de M. de Lacour [3].

Parmi les diverses figurines en bronze représentant Mercure, l'une des plus remarquables est, sans aucun doute, celle que feu M. Jouannet a publiée dans le *Musée d'Aquitaine*, et dont nous avons déjà reproduit la lithographie ; elle fut trouvée à Bordeaux.

Enfin l'une de ces statuettes, trouvée aussi dans la Novempopulanie, est celle que nous avons publiée en 1814, et qui était possédée alors par M. A. d'Agos, habitant de Saint-Bertrand. Elle représente Mercure, tenant d'une main la bourse ornée de deux flocons, et de l'autre le caducée ; une couronne de laurier presse ses cheveux. Ce symbole ne paraît pas ordinairement sur la tête du fils de Maïa, et doit rappeler quelque légende sacrée dont le récit n'est point parvenu jusqu'à nous.

La ville d'Auch est l'une de celles qui auraient fourni le plus d'objets à la curiosité des antiquaires, si, depuis trois

---

[1] *Atlas,* Pl. XXXVII, nos 12, 13 et 14.
[2] *Ibid.,* no 15.
[3] *Ibid.,* no 16.
[4] *Ibid.,* no 17.

siècles seulement, on avait recueilli et conservé dans un lieu public les monuments qu'on y a découverts. Mais s'il y existe quelques restes des temps anciens, si la bibliothèque y renferme quelques bronzes, quelques marbres, il faut l'attribuer aux soins du premier préfet du Gers [1], qui chargea de recueillir ces précieux débris deux jeunes hommes pleins d'instruction et de zèle [2]. C'est par eux qu'a été recueillie la jolie tête en marbre dont nous donnons ici l'image [3]. Elle a fait partie d'un excellent bas-relief, et le *pétase* qui la couvre, bien que dépourvu d'ailes, a pu porter à y reconnaître *Mercure* [4].

On a cru retrouver, à l'aspect du caducée et du *pétase* que l'on voit au-dessus de deux mains droites qui semblent se toucher, en signe de confiance et d'amitié, sur une lampe en terre cuite découverte à Toulouse, lors de la création des fontaines qui épanchent leurs eaux sur le sol de cette ville antique, une marque du culte rendu à Mercure; peut-être faut-il n'y reconnaître qu'un emblème de la bonne foi dans les transactions commerciales auxquelles ce Dieu présidait.

A l'époque où nos recherches ont commencé, nos yeux furent frappés d'étonnement à l'aspect de hautes constructions monumentales qui, s'élevant de distance en distance, existaient sur l'antique voie qui, de *Beneharnum*, ou plutôt d'*Aquæ Tarbellicæ*, conduisait à *Tolosa*. Aucun antiquaire n'avait indiqué ces objets, et ils n'avaient pas jusqu'alors été

[1] Feu M. Balguerie.

[2] MM. P. Sentetz, depuis savant bibliothécaire d'Auch, et Chaudruc de Crazannes, aujourd'hui correspondant de l'Académie des Inscriptions et Belles-Lettres. On leur doit la conservation d'une notable portion des monuments de cette partie de la Novempopulanie, qui porte aujourd'hui le nom de *Département du Gers*.

[3] *Atlas de l'Archéol. Pyr.*, Pl. XXXVII, nᵒ 18.

[4] C'est encore, dans une notable portion de nos montagnes, la coiffure du peuple.

étudiés. Ils affectaient une forme quadrangulaire et en quelque sorte obéliscale. Formés de pierres de très petit appareil, leur sommet se terminait par une sorte de pyramidion, et dans leur masse, presque toujours ouverte à l'aspect du levant, s'ouvrait une niche construite en briques et haute d'environ cinq mètres. Nous avons publié des dessins [1] de ces objets, rangés par nous au nombre des monuments itinéraires, et crus élevés en l'honneur de Mercure. Nous disions alors que, sans doute, ces édifices, méconnus depuis longtemps, devaient appartenir au culte de ce Dieu, qui, considéré comme le génie tutélaire des chemins, des voyageurs et du commerce, avait apparemment des monuments sur le bord des voies de communication ; nous ajoutions que « les passants jetaient des pierres près de ces monuments, et que quelquefois on élevait des *Tumuli* en l'honneur de ce Dieu. » Isidore nous apprenait [2] qu'il y avait des amas de pierres consacrés à *Mercure* sur le sommet des collines : *Mercurii lapidum congeries in cacumina collium*. Eusthate nous montrait aussi [3] que plusieurs considéraient les *Tumuli* dédiés à Mercure comme des signes indicateurs des chemins. On rapporte, en effet, que, dans les temps primitifs, Mercure, en qualité de héraut et de messager, rejetait hors de la route, afin de la dégager des obstacles, les pierres qu'il y trouvait. A ces autorités nous ajoutions que nos obélisques, non encore observés (en 1814), tenaient peut-être lieu des *Tumuli*, indicateurs des routes et des monceaux de pierres consacrés à Mercure et nommés *Margemah*, *Merkoles* ou *Merkolim*, et ερμκοπολκωοι par les Grecs, étymologie dont nous étions bien éloigné de nous rendre garant ; il nous semblait alors, et rien n'a pu nous faire abandonner depuis cette opi-

[1] *Monuments religieux des Volces-Tectosages, des Garumni et des Convenä,* p. 231 et pl. V, nos 3, 6, 7.
[2] *Glossar.*
[3] *In Odyss.,* lib. II.

nion, que la niche existant dans chacun de ces obélisques devait contenir une statue colossale, et sans doute celle de Mercure.

L'existence de ces niches ne pouvait être expliquée autrement que par la présence d'une statue; étant d'ailleurs trop peu profondes pour recevoir autre chose, nous avons cru pouvoir formuler cette idée. Une circonstance particulière est venue la confirmer.

A une vingtaine de kilomètres et au nord du village de Beauchalot, existe le château de Saint-Elix, édifice bâti par une jeune fille aimée par François 1er, où, selon une tradition populaire consacrée par une ballade naïve [1], d'abord publiée par nous, habitait, durant la seconde moitié du dix-huitième siècle, M. de Ledesma, homme instruit et ami des arts. Par ses soins, tout ce que les travaux agricoles faisaient jaillir du sol du bas Comminge et surtout de la position où nous avons retrouvé, selon les plus exactes mesures itinéraires, *Calagorris* des *Convenes*, et les ruines d'une villa impériale, décorée avec magnificence, étaient offerts à ce baron de Saint-Elix, qui, bientôt après, en faisait présent au statuaire F. Lucas; et c'est de l'atelier de celui-ci que l'on a retiré les têtes de Caracalla et d'un autre empereur, conservées aujourd'hui dans le Musée de Toulouse. Un jour, des fouilles exécutées dans un champ du village de Beauchalot, au pied de l'obélisque, nommé vulgairement l'*Estelle* par le peuple, amenèrent la découverte d'une cuisse et d'une main colossales en marbre blanc. On peut craindre que ces objets, que nous avons vu, pendant longtemps, près de la porte de l'atelier de F. Lucas, n'aient été perdus depuis la mort de cet artiste [2].

C'est entre les habitations des lieux de Beauchalot et de l'*Estelle* qu'existait l'obélisque dont nous venons de parler.

---

[1] *Histoire des Institutions de Toulouse*, tome IV.
[2] En 1843. Voir le *Moniteur* de cette année.

[2] En 1813. Voir le *Moniteur* de cette année.

Le peuple lui donnait le nom de *Stele*, évidemment dérivé du grec Στηλη, ou du latin *Stela*, pierre élevée en monument. C'est de ce nom que vient celui de plusieurs lieux où existaient et où existent encore des objets de ce genre [1].

Il y avait une ou deux Stèles, entre celle que nous venons d'indiquer, et dont nous avons donné l'image, et la bourgade de Saint-Martory, espace assez court, et où la route était resserrée, d'un côté par la montagne couverte des ruines du château de Montpezat, et de l'autre par la *Garumna*. De ce point, jusqu'à l'extrémité du territoire de la petite ville de Saint-Gaudens, bien que divers restes de constructions nous aient jalonné la route, surtout vers Estancarbon, nous n'avons point trouvé de monuments semblables; mais dans la plaine de Valentine, où se prolonge la voie romaine, deux obélisques de ce genre se sont montrés à nos regards, lors de nos premières recherches. Là, un vaste établissement thermal existe aujourd'hui, et tout indique que son origine est romaine. C'est à l'extrémité sud-ouest des habitations, et sur les bords de la voie, qu'apparaissaient encore deux de ces monuments [2], prêts à s'écrouler, et que nous aurions voulu conserver.

A quelques kilomètres plus loin, et traversé par la voie romaine, existe le village d'Ardiège. C'est sur ce point qu'existait le sanctuaire du Dieu aquitain *Leherenn*.

Un savant antiquaire, M. Baudoin (de Maison-Blanche) trouvait [3], dans le nom de ce Dieu, l'indication de son principal attribut. C'était pour lui le Dieu indicateur des routes,

---

[1] Nous avons vu plus tard, et avec une bien vive peine, que cette construction, recouverte sur plusieurs de ses faces de branches de lierre, qui semblaient la protéger contre les efforts du temps et de la barbarie, et de rameaux de vignes dont les longues grappes pourprées contrastaient avec la couleur dorée de la maçonnerie, était tombée sous les coups du pic destructeur. Nous donnons ici, *Atlas*, Pl. XXXVIII, n° 1, un dessin de ce vieux monument.

[2] *Atlas de l'Archéologie Pyrénéenne*, même planche, n°s 2 et 3.

[3] *Mémoires de l'Académie Celtique*, tome III.

la pierre itinéraire ; et cette étymologie (*Lech'eren*) aurait pu être adoptée, si le culte de ce Génie local s'était confondu avec celui de Mercure ; mais ce que n'avait point soupçonné le P. Sirmond, qui, le premier, a fait connaître ce Dieu, un autre l'a trouvé ; et lorsque nous avons publié les marbres sur lesquels l'adoration de *Leherenn* est identifiée avec celle de Mars, il a fallu renoncer à cette étymologie, très ingénieuse sans doute, mais qu'Eloi Johanneau avait fortement combattue[1].

Nous n'avons point vu dans le territoire d'Ardiége un obélisque pareil à ceux de l'*Estelle* et de Labarthe-de-Rivière ; mais on nous assure que là en existait un autre, et nous ne pouvons infirmer ce témoignage.

De ce point, on ne trouve plus sur la voie d'autre trace d'obélisque itinéraire que dans la commune de Tibiran, où l'on assure qu'il en existait naguère un autre.

• Plus loin, et dans le territoire des *Bigeronnes*, existe un village qui, sous le nom de *Stelle* ou d'*Estelle*, indique la présence d'un autre obélisque[2]. Plus loin encore, soit que les autres aient été brisés, soit que nous n'ayons pas suivi exactement la ligne de la voie antique, disparue d'ailleurs le plus souvent sous les travaux modernes, nous n'en avons pas retrouvé. Mais, dans l'intérieur de l'Aquitaine primitive ou de la Novempopulanie, nous en avons reconnu quelques-uns, et nous avons la certitude qu'il en existait sur la *Ténarèse*, ou l'*Iter Cesaris* des vieux titres, voie qui n'a point été indiquée dans les deux itinéraires qui nous restent, ni dans ce monument géographique dont on fait remonter la composition au règne du grand Théodose. Des vieillards

---

[1] *Loc. cit.*

[2] Le hameau de l'Estelle tirait son nom d'un monument de ce genre. Ce hameau est peu éloigné de Coarase, où, dit un auteur, « l'on retrouvait gravés sur les marbres, ainsi qu'à Saint-Pé et à Lamarque, quelques écrits de l'enfance de Henri IV, précieux vestiges que les erreurs de quelques hommes ont fait disparaître. »

nous ont parlé, il y a bien longtemps, des obélisques ou plutôt des *Stèles* élevées sur les tronçons du vieux chemin de Gallien (*camin Gallian*), dont parle souvent le bon et savant abbé Baurein[1], et sur la *Voie Juliana,* routes antiques dont les auteurs qui se sont le plus occupés de la géographie des Gaules n'ont pas plus connu l'existence que celle de la *Ténarèse,* que nous venons de nommer. Saint-Amans a vu et a fait conserver un monument un peu différent, mais qui paraît être de la même espèce que les Stèles. C'est un massif de forme circulaire, ayant environ neuf mètres de circonférence. Il est placé entre Aiguillon et Saint-Côme, près d'un lieu où, dit Saint-Amans, semblent s'être réunies plusieurs voies romaines, et il paraît avoir été un monument dédié à Mercure, protecteur des chemins et du commerce[2].

Ce monument est de forme circulaire et par conséquent différent de ceux que nous avons déjà cités. Saint-Amans a dit que, « jusqu'à la Révolution, la procession des *Ambarvales chrétiennes* venait y faire une station. » Nous savons qu'une croix avait été érigée sur cette ruine ; que, lors des Rogations, la procession des paroisses voisines s'y arrêtait, et que les chants de l'Eglise y remplaçaient les hymnes que, aux temps païens, y célébraient les fils de Jupiter et de Sémélé.

Ici, comme dans les obélisques déjà décrits, le monument est revêtu d'une couche de pierres de petit appareil[3].

Nous avons cru pouvoir attribuer au culte de Mercure,

---

[1] *Variétés Bordelaises.*

[2] *Essai sur les Antiquités du département de Lot-et-Garonne,* p. 28. A ces phrases, M. Bourdon de Saint-Amans ajoutait : « Nous nous proposons d'acquérir, s'il le faut, ce monument, et de le faire réparer pour le préserver d'une ruine totale. » Plus tard, ce généreux antiquaire disait (p. 179) en parlant de cet édifice nommé *La Tourasse,* à cause de sa base arrondie : « Les dégradations opérées dans sa partie inférieure par des affouillements vont être réparées. » En 1821, époque où j'ai vu ce monument, sa hauteur était encore d'environ huit mètres.

[3] *Atlas,* Pl. XXXVIII, n° 4.

comme protecteur des routes, les obélisques déjà mentionnés; mais il existe des monuments semblables dans des
lieux où l'on ne rencontre aucune trace d'anciens chemins.
L'un de ces objets, que nous avons dessiné en 1830, est
situé à Saint-Pierre-de-Buzet, sur le coteau qui domine la
plaine fertilisée par la *Garumna*, entre Buzet et Damazan.
Ce coteau porte le nom de *Peyre-Longue*... Étant éloigné
de toute espèce de route, il pourrait bien, dit Saint-Amans,
avoir été consacré soit à Pan, soit à toute autre Divinité
champêtre. Nous croyons, nous, qu'il a succédé, à l'époque
romaine, à un simulacre grossier de Mercure, du genre de
ceux dont parle César, et qui étaient nombreux en Gaule [1].
Sa forme est d'ailleurs la même que celle des autres obélisques cités; là existe aussi la niche destinée à recevoir une
statue colossale; le temps a détruit le pyramidion qui en formait le sommet

Ce monument est dans le territoire des *Nitiobriges*. Dans
celui des *Ausci*, j'ai dessiné à Ordan, sur le côté droit de la
route, un de ces obélisques encore très élevé, mais ayant
beaucoup souffert sur plusieurs de ses faces [2].

Le lieu nommé le Castera-Vivent a possédé quelques monuments antiques. Les eaux thermales et les boues qui sourdent dans ce lieu, furent connues des Romains, et une inscription, qui peut-être est perdue aujourd'hui, annonce qu'on
y vénérait les Nayades, qui y présidaient aux sources salutaires. Ce n'était qu'un fragment sur lequel on lisait :

NYMPHIS AVG
SACRVM

Dans le voisinage, et non loin de la route qui y conduisait, subsistait il y a peu d'années, et y existe peut-
être encore, l'un de ces monuments auxquels nous avons

---

[1] Voyez *Atlas de l'Archéol. Pyrén.*, Pl. XXXVIII, n° 5.
[2] *Ibid.*, n° 6.

donné le nom d'*Obélisques* et dans lequel on retrouve la niche qui renfermait autrefois une statue de forte proportion, et peut-être reconnaît-on avec raison ici [1] un monument élevé en l'honneur de Mercure, Dieu protecteur des routes, du commerce et des voyageurs ?

Un militaire digne d'estime, et dont les travaux scientifiques ne seront pas oubliés, le capitaine du génie Chaussenque, mentionne aussi divers obélisques itinéraires placés sur nos voies romaines. Après avoir rappelé ce que nous avions publié sur ces monuments méconnus, ou pendant longtemps oubliés, il ajoute [2] : « A l'entrée de Saint-Martory, on voit, servant de piédestal, l'un de ces massifs carrés qu'ils (les Romains) élevèrent le long des grandes voies avec les statues du *Mercurius-Viator*, dans une niche. Un peu plus loin, à l'*Estelle*, on en voit un autre bien conservé, de plus de quarante pieds de haut, et à Labarthe-de-Rivière, sous Saint-Gaudens, deux autres de ces constructions, maintenant sans but au milieu des champs, dont le peuple s'étonne, et qui ne sont plus pour nous que les jalons de la voie romaine allant de Toulouse à Saint-Bertrand (*Lugdunum Convenarum*, dont M. Du Mège a retrouvé d'autres traces à Mancioux (*Mansio*), à Estancarbon, Valentine et Ardiége). J'ai vu deux monuments semblables : l'un à Arcisac, entre Tarbes et Bagnères, sur la voie qui, de Dax (*Aquæ Tarbellicæ*), conduisait sur Lescar (*Beneharnum*), qu'on appelait aussi l'*Estellou ;* et l'autre près de Damazan, en Agenois, connu sous le nom de *Tour de Peyrelongue*, sur l'ancienne voie, dite *Ténarèse*, qui, des Landes, se prolonge dans la vallée du Lot. »

On a vu que ces sortes de monuments, colonnes ou obé-

---

[1] *Atlas*, Pl. XXXVIII, n° 7. Cet objet antique nous fut d'abord indiqué par feu M. le marquis de Pins-Montbrun.

[2] *Les Pyrénées, ou Voyages pédestres dans ces montagnes*, II, 163. Ouvrage publié en 1834. N'oublions pas que c'est en 1844 que l'auteur de l'*Archéologie Pyrénéenne* a, le premier, signalé l'existence de ces monuments itinéraires.

lisques itinéraires, oubliés ou méconnus, portent en général le nom de *Lestelle* ou de *Stelle*, évidemment dérivé du grec; on a vu aussi que ces objets ont donné quelquefois une dénomination semblable aux lieux où on les retrouve. L'une de ces positions, nommée *Lestelle*, non loin des bords du Gave, en conserve encore un au milieu des ronces; *un chemin passe au pied de ce monument,* qui a une base d'un peu plus de deux mètres de largeur. On y remarque aussi une niche, mais celle-ci est très petite, comparativement à celle des autres obélisques, car elle n'a que 71 cent. de hauteur. M. l'abbé Menjoulet raconte la légende naïve et touchante qui est attachée à cet objet [1], légende que nous nous garderons bien de contredire et qui rappelle le pieux pèlerinage de Betharam [2], dont nous aurons bientôt à nous occuper.

Si Bordeaux, cette célèbre colonie des *Bituriges Vivisci*, en Aquitaine, n'a point fourni à nos recherches des monuments épigraphiques rappelant le culte de Mercure, du moins des autels y furent ornés de bas-reliefs qui représentaient ce Dieu du commerce. Là, sur l'emplacement célèbre nommé *Puy-Paulin*, où des fouilles ont eu lieu en 1848, et aussi sur le sol connu sous le nom de *Temple*, on a retrouvé différents bas-reliefs où l'on remarque la figure du fils de Jupiter et de Maïa. Ces débris ne sont point en marbre blanc, comme les monuments retrouvés au pied des Pyrénées; ce sont des blocs de calcaire de la Charente que l'on a sculptés avec plus ou moins de bonheur.

M. Rabanis croyait reconnaître dans ces restes des débris d'autels votifs [3]. Ce seraient alors des monuments dans le

---

[1] *Chronique de Betharam,* page 40.

[2] Marca, ce savant archevêque auquel on doit l'*Histoire de Béarn* et d'autres ouvrages, fait venir le nom de cette localité célèbre de la même langue où nous avons cru pouvoir retrouver l'origine du nom de *Bethara,* ou de la ville actuelle de Béziers.

[3] *Compte-rendu des travaux de la Commission des monuments et documents historiques du département de la Gironde,* 1848-1849, p. 4 et suiv.

genre de ceux qui furent trouvés, il y a longtemps, dans la cathédrale de Paris. L'un d'eux pourrait peut-être ne point appartenir à cette classe. C'est un bas-relief très fruste, orné de deux pilastres qui supportent un fronton. Là, on ne peut guère retrouver Mercure qu'à l'aide de la partie supérieure du caducée, attribut ordinaire de ce Dieu, et du pétase qui couvre sa tête [1]. Sur un autre, on le voit la tête nue, mais ayant le caducée dans la main droite et la bourse dans la gauche. Près de lui est « le bélier symbolique dont il est souvent accompagné [2]. » Toute la partie supérieure d'une autre de ces images n'existe plus [3], mais la partie inférieure du caducée est dans la main gauche du Dieu. Les talonnières paraissent encore, et la bourse caractéristique repose, comme dans le bas-relief précédent, sur la tête d'un bouc ou d'un bélier. Sur un autre fragment de sculpture, trouvé dans l'emplacement du Temple, Mercure fait partie, on peut le conjecturer, du moins, par le caducée, d'un bas-relief représentant le jugement de Paris. Là, le Dieu indiquerait au berger phrygien les Déesses qui viennent disputer le prix de la beauté [4]. La figure de Mercure n'est ici qu'épisodique et n'indique point un monument consacré seulement au Dieu du commerce.

---

[1] *Atlas de l'Archéologie Pyrénéenne*, Pl. XXXIX, n° 1.
[2] *Ibid.*, n° 2.
[3] *Ibid.*, n° 3.
[4] *Ibid.*, n° 4.

IX.

MONUMENTS DU CULTE RENDU A VULCAIN ET A HERCULE.

Soumis aux Romains, les peuples de la Narbonnaise et de la Novempopulanie, sans oublier en entier leurs croyances primitives, adoptèrent cependant tous les mythes, toutes les cérémonies religieuses, tous les Dieux des dominateurs de la Gaule asservie. Parmi ces Dieux, il y en avait un qui, par son étrange origine, dut cependant exciter l'étonnement avant d'avoir des autels. C'était Vulcain (*Deo Vulcano*), ou l'*Hephaïstos* des Grecs. Le bon Duboulai [1], en voyant que Cicéron [2] indique quatre Dieux de ce nom, dit : « Je ne m'arreste qu'à celui qu'il met pour le troisième, et qui estoit fils de Jupiter et de Junon, ou, selon d'autres, de Junon seulement, sans compagnie de masle, devenue grosse par une soufflée de vent. » Hésiode [3] lui donne aussi Junon pour mère, ce que l'un des traducteurs latins de ce poète a traduit ainsi :

Vulcanum peperit Juno conjuncta in amore.

[1] *Thrésor des Antiquités Romaines,* 180.
[2] *De Natur. deor.* lib. III.
[3] *Theogon.*

Homère [1] le fait fils de Jupiter et de Junon ; mais ailleurs [2] il montre cette déesse racontant qu'elle a expulsé Vulcain de l'Olympe radieux. Il a été honoré comme le Dieu du feu, et le premier qui, avec cet élément, parvint à amollir le fer et à lui donner des formes, ce qui le fit nommer *Mulciber (a mulcendo ferro)* ; c'est lui qui forgeait les foudres de Jupiter. Rejeté du ciel, il tomba dans l'île de Lemnos, et cette chute le rendit boiteux. Ceux qui ont cherché à expliquer les fables ont dit que le sol de Lemnos était souvent agité par des tremblements de terre et rempli de volcans, que Vulcain y avait établi ses ateliers, et l'on disait, pour mieux faire croire à cette fable, qu'on entendait au loin les marteaux des Cyclopes, ses compagnons, dont les coups retentissaient sur leurs larges enclumes, parce que, véritablement, on entendait le bruit des feux souterrains. On lui donna, comme lieux de sa domination, le mont Ætna, les îles *Vulcaniennes* et sans doute tous les lieux où il existait des volcans. Si ceux de l'Ardèche et du Cantal n'avaient pas été éteints, bien avant l'invasion romaine, on y aurait placé quelques-unes des forges de Vulcain.

Une inscription découverte à Narbonne avait paru à l'un des chanoines de l'église de Saint-Just comme étant *le plus ancien monument* de cette célèbre colonie, et il donna ce titre au mémoire [3] qu'il écrivit à ce sujet. Un religieux, le P. Laporte, qui a laissé de nombreux écrits sur les antiquités de cette ville, s'en est occupé aussi.

L'inscription, déjà publiée par Gruter [4] et par Catel [5], et

---

[1] *Iliad.* I.

[2] *Hymn. in Apoll.*

[3] Nous avons donné ce manuscrit à M. Jallabert, généreux bienfaiteur du Musée de Narbonne, et il doit exister dans la bibliothèque de cette ville.

[4] Fol. LXI. n° 5.

[5] *Mémoires de l'Histoire de Languedoc.*

que nous avons aussi rapportée [1], existe encore [2]; elle nous
apprend que Quintus Vibius Maximus, fils de Quintus, et
Marcus Varius Capito, fils de Lucius, premier Duumvir,
élevèrent un autel à Vulcain, avec sa piscine, sur une place
entourée d'une muraille. Cela fut exécuté, d'après un décret
des Duumvirs, des deniers publics, ce travail ayant été
approuvé par Quintus Vibius Maximus, fils de Quintus.

Q. VIBIVS. Q. F. MAXIMVS
M. VARIVS L. F. CAPITO.
PR. II. VIR. ARAM VOLCANO
MACERIAQ. AERAM
AESPIENDAM PISCINAM
QVAE. EX. D. D.
DE PECVNIA. PVBLICA
FACIENDA COEER
Q. VIBIVS. Q. F. MAXIMVS
PROBAVIT.

Alors qu'en 1826 des fouilles, exécutées sous nos yeux
dans le territoire de la petite ville de Martres, rendirent à
l'histoire et aux arts une immense quantité de sculptures,
soit mutilées en partie, soit presque entières, des hommes
peu habitués à des recherches de ce genre ne considérèrent
la terre qui nous rendait ces précieux restes que comme un
lieu sans aucune importance et où l'on avait jeté au hasard
des objets proscrits par les premiers chrétiens. Mais lorsque
nous pûmes retrouver la place d'une foule d'édifices particuliers, et surtout de la *villa* qui renfermait tant de richesses
archéologiques, il fut possible d'acquérir une idée de la décoration de ces demeures et surtout de cette superbe habitation dévastée par des hordes qui ne firent que traverser
cette partie de l'Aquitaine. Les fondements des édifices indi-

---

[1] *Observations sur un Mémoire relatif au plus ancien monument de Narbonne.*
[2] *Monuments religieux des Volces-Tektosages, en 329.*

quèrent, par leur position, que là avait existé une population assez nombreuse. Mais ce fut surtout dans un espace environné de murs, qui lui donnaient la forme d'un parallélogramme, que furent retrouvés, occupant encore leur place primitive, ces nombreux bustes impériaux dont la collection est unique en France. On s'aperçut que non loin de cet *atrium* existaient d'autres salles où se trouvaient de nombreuses statues, de grands bas-reliefs mythologiques qui rappelaient les travaux d'Alcide et dont les murs devaient, dans leur partie supérieure, être ornés de médaillons d'une forte dimension et qui représentaient les Dieux de l'Empire. Nous en avons retiré des sculptures que nous nommerons *architecturales*, exécutées, les unes en marbre de Luni, les autres en marbre des Pyrénées. Ces objets n'ont pas toujours, peut-être, la pureté des formes, ni le style élevé des monuments détachés conservés dans notre Musée ; mais on y reconnaît cependant des productions estimables de l'art antique, et le *fini* qui leur manque quelquefois ne doit être attribué qu'à la position élevée qu'elles devaient occuper dans l'édifice, position qui exigeait, comme nous l'avons dit ailleurs [1], bien plutôt l'emploi du grandiose dans les formes que la recherche des détails et le fini de l'exécution. Le diamètre de la plupart des médaillons circulaires que nous avons retrouvés varie entre 0,64 et 0,84. Parmi ces médaillons, on distingue ceux de Cybèle, d'Atys, de Jupiter, de Junon, de Minerve et enfin celui d'Ἡφαισθὸς, ou de Vulcain. Il est représenté ici [2] coiffé du *pileus*. Les tenailles qu'on mettait souvent dans l'une des mains de ce Dieu sont ici sculptées dans le champ du médaillon.

Ce monument avait été brisé ; on a rajusté avec soin les deux fragments qui le forment et qui furent retrouvés, l'un près de l'autre, dans la salle que, à l'aspect de tant de

[1] *Description du Musée des antiques de Toulouse*, 82.
[2] *Atlas de l'Archéol. pyr.*

monuments mythologiques rencontrés ensemble, notre savant ami le comte de Clarac nommait la *salle des Dieux*.

Alors que l'on recherche les origines des Dieux et les causes du culte qui leur fut rendu, on éprouve le plus vif étonnement; on interroge le cœur humain et la raison, et l'on se demande comment tous les êtres mythiques sont devenus les objets d'un culte qui, dans l'ancien monde, a duré jusqu'au christianisme. La science a répondu en nous offrant l'explication des fables, des allégories qui composent leur histoire. Ainsi, en présence des monuments et des nombreuses images d'Hercule retrouvés dans notre Aquitaine et dans la Narbonnaise, pour les partisans du système qui rapporte tout au sabéisme, Hercule est le Dieu Soleil; c'est le père des siècles et des années, l'ami et le sauveur du monde, la force des Dieux; c'est le héros épique de l'Héracléide. Le plus ardent propagateur de la doctrine antichrétienne, oubliant le style de la dissertation académique, s'écriait dans son enthousiasme [1] : « Parmi les noms diffé-
» rents sous lesquels la Divinité du Soleil a été adorée et
» ses bienfaits ont été chantés, celui d'Hercule est l'un des
» plus fameux. Depuis Méroé en Éthiopie et Thèbes en
» Égypte, jusqu'aux îles Britanniques et aux glaces de la
» Scythie; depuis les côtes de la Phénicie jusqu'aux bords
» de l'océan Atlantique et aux sables de la Maurusie; depuis
» Palibothra jusqu'à Cadix, tout l'univers a retenti du nom
» et des exploits glorieux de ce Dieu invincible, qui ne s'est
» montré à la terre que pour la délivrer des monstres et des
» tyrans. La Grèce, habitée par des colonies venues de la
» Phénicie et de l'Égypte, où Hercule avait, depuis bien
» des siècles, de superbes temples, s'est plu à répéter d'âge
» en âge les louanges du Dieu qui étonne l'univers par sa
» puissance et par sa majesté, comme il l'enrichit par ses
» bienfaits. On adorait en lui le Dieu qui, placé dans le

---

[1] *Origine de tous les cultes*, édit. in-4°, I, p. 305.

» Soleil, comme dans un char, voyage autour du monde
» et, s'élançant des bords de l'orient jusqu'au couchant,
» répand la lumière et distribue le temps, en parcourant les
» douze signes. »

Les savants et les initiés connaissaient ou croyaient connaître le sens de toutes les allégories dont la réunion formait
l'histoire et, si l'on peut s'exprimer ainsi, la biographie de
chacun des êtres mythiques à qui le peuple offrait des sacrifices. Mais, pour le peuple, Hercule n'était que le fils de
Jupiter et d'Alcmène, dont la procréation dut paraître si
extraordinaire.

Dans l'une des compositions auxquelles Sénèque donne
le nom de tragédies [1], le poète a placé dans la bouche de

---

[1] Sénèque, *Herc. fur.*, act. II.

> .... *Sequitur a primo statim*
> *Infesta Juno. Numquid immensis fuit,*
> *Infantis ætas? Monstra superavit prius;*
> *Quam nosse posset : gemina cristati caput*
> *Angues ferebant ora, quos contra obvius*
> *Reptavit infans; igneos serpentium*
> *Oculos remisso lumine ac placido intuens.*
> *Arctos serenis vultibus nodos tulit;*
> *Et tumida tenera guttura elidens manu,*
> *Prolusit hydræ. Mænali pernix fera,*
> *Multo decorum præferens auro caput,*
> *Deprensa cursu est : maximus Nemæ timor*
> *Gemuit lacertis pressus Herculeis leo.*
> *Quid stabula memorem dira Bistonii regis,*
> *Suisque regem pabulum Armentis datum?*
> *Solitumque densis hispidum Erymanthi jugis*
> *Arcadia quatere nemora Mænalium suem?*
> *Taurumque centum non levem populis metum?*
> *Inter remotos gentis Hesperiæ greges*
> *Pastor triformis litoris Tartessii*
> *Peremptus, acta est præda ab occasu ultimo.*
> *Notum Cythæron pavit oceano pecus.*
> *Penetrare jussus solis æstivi plagas,*
> *Et adusta medius regna quæ torret dies.*
> *Utrinque montes solvit abrupto objice,*

Mégare, la mère de ce héros mis plus tard au nombre des Dieux, le récit émouvant de ses exploits. Junon, l'implacable Junon, dit-elle, le poursuivait toujours. A-t-elle au moins eu pitié de son enfance? Non. Il sortait à peine du berceau, et déjà deux serpents, la tête dressée, s'élancent vers lui; il s'avance en rampant sous ces monstres redoutables, et ses jeunes mains les étouffent. C'est ainsi qu'il préludait à sa victoire sur l'hydre aux cent têtes, qui se glissait dans la fange de Lerne.

Bientôt il atteint à la course la biche du Ménale, dont l'or avait paré la tête. L'effroi de Némée, le lion terrible, est étouffé dans les bras nerveux d'Alcide. Qui ne sait et le cruel roi de la Thrace livré à ses chevaux féroces, et l'affreux sanglier qui désolait les forêts de l'Arcadie, et les cent cités de la Crète délivrées du taureau redouté par elles? Ne l'a-t-on pas vu, aux rivages du Tartesse, vaincre le pasteur à trois formes, se rendre maître de son riche troupeau, et les pâturages du Cithéron recevoir les génisses nées sur les rivages de l'Occident? Bientôt il paraît dans les contrées que le Soleil brûle de ses rayons; là, de ses mains vigoureuses, il sépare deux montagnes et il ouvre un large passage à l'Océan. Dans les forêts sacrées des Hespérides, il s'empare des trésors gardés par un immense serpent. N'est-ce pas lui qui détruisit par le feu l'hydre qui, toujours frappée, renaissait toujours? Les oiseaux du Stymphale,

> Et jam ruenti fecit oceano viam.
> Post hæc adortus nemoris opulenti domos,
> Aurifera vigilis spolia serpentis tulit.
> Quid? sæva Lernæ monstra nemorosum malum,
> Non igne demum vicit, et docuit mori?
> Solitasque pennis condere obductis diem
> Petiit ab ipsis nubibus Stymphalidas?
> Non vicit illum cælibis semper tori
> Regina gentis vidua Thermodontia:
> Nec ad omne clarum facinus audaces manus
> Fugavit turpis Augiæ labor.

dont les ailes à la vaste envergure voilaient les cieux, ont été atteints jusque dans les nues. C'est par lui que la reine du Thermodon a été vaincue, et ses mains puissantes ont purifié les écuries d'Augias.

Tels sont, en résumé, les douze travaux d'Hercule. Ce furent, en général, sur des légendes de cette nature que les peuples fondèrent leurs croyances, et chaque contrée de l'ancien monde eut un Hercule. Certains auteurs prétendent qu'il y a eu quarante-trois Divinités connues sous ce nom ; d'autres n'en admettent que douze ; quelques-uns, six ; plusieurs n'en reconnaissent que trois ; enfin, suivant un petit nombre, il a existé deux Hercule.

On a prétendu, sur la seule autorité de Lucien, que les Gaulois donnaient à Hercule le nom d'*Ogmios ;* mais nous ne connaissons aucun monument où ce nom soit inscrit. Suivant Lucien, nos pères auraient représenté ce Dieu sous la forme d'un vieillard. Ils mettaient, dit-il, une massue dans sa main droite, un arc dans sa main gauche; la peau d'un lion couvrait ses membres musculeux ; un carquois plein de flèches rayonnait sur son dos ; des chaînes d'or sortaient de sa langue et tenaient attachée par l'oreille une multitude qui, d'un air content, suivait ce Dieu et ne faisait aucun effort pour se dégager de ses liens. L'écrivain qui nous a conservé ces détails ajoute qu'alors il montra la surprise que lui causait une figure si étrange. Un philosophe celte l'aborda et lui tint ce discours : « Votre étonnement cessera dès que je vous aurai expliqué ce que signifie cette mystérieuse figure. Les Hellènes croient que Mercure est le Dieu de l'éloquence; suivant les Gaulois, c'est Hercule, parce qu'il surpasse Mercure en force. Nous le représentons avancé en âge, parce que l'éloquence ne montre ce qu'elle a de plus vif et de plus animé que dans la bouche des vieillards. Le rapport qui existe de l'oreille à la langue autorise l'image que nous traçons de ce vieillard, qui retient avec la langue les hommes attachés par l'oreille. »

L'épigraphie et l'art du statuaire ne nous a montré, dans les temps antiques, aucune inscription, aucune image qui répondît au récit de Lucien. Mais à l'époque de la Renaissance, un artiste qui habitait Toulouse a donné une sorte d'existence à cette description du prétendu Dieu de l'éloquence chez les Celtes, nos aïeux, et on peut la voir encore dans l'un des hôtels de cette ville [1]. Dom Martin [2] a prétendu que, sous le nom d'*Oymios*, les Gaulois honoraient Mercure et voyaient en lui le Dieu de l'éloquence. Il a cru même retrouver dans la langue grecque l'origine du nom de ce Génie. « On le représentait, dit-il, sous les formes d'un vieillard dont la peau était sillonnée par des rides, car Ογμος signifie *un sillon*, et par métaphore, les rides qui viennent au visage des personnes âgées. » On nous permettra, sans doute, de ne point adopter cette étymologie et de croire que le récit de Lucien n'est que l'une de ces fables que les écrivains de l'antiquité aimaient tant à raconter.

Mais Hercule a été, pour quelques-uns de ceux-ci, le plus puissant des Dieux, et cette attribution a été surtout mise en valeur par l'école de Dupuis. Pour ce dernier, c'est le *Dieu Soleil*. Ses douze travaux dont nous aurons bientôt à nous occuper sont relatifs à la marche du Soleil dans les douze signes. Sa constellation fixe, par son coucher du matin, le départ de l'année solsticiale. On le considère comme le père des siècles et des années; c'est la force des Dieux, c'est l'âme du monde; c'était le grand *Démiourgos,* ou le Dieu créateur de la nature.

Selon toutes les recherches, il paraît que Macrobe, souvent cité par les partisans de l'école de Dupuis, et dans les écrits duquel on trouve formulée l'opinion qui place Hercule au premier rang, vivait vers la fin du quatrième siècle, c'est-à-dire à cette époque où le polythéisme, moralement

---

[1] Du Mège, *Mémoires de la Société archéologique du Midi de la France.*
[2] *Religion des Gaulois,* 1, 25, 304, 305, 306 et suiv.

vaincu, voulait prouver que ses partisans n'adoraient qu'un seul Dieu, le Soleil, désigné allégoriquement sous plusieurs noms dans les fables sacrées, et représenté sous un grand nombre de figures diverses. Dans ses *Saturnales*, il introduit Vettius Prætextatus, qui exerçait les suprêmes fonctions du culte idolâtrique et qui essaie de démontrer cette théorie que le titre du chapitre fait, d'ailleurs, bien connaître : *Omnes Deos refferri ad Solem*. Dans la suite, il essaie en effet de montrer que *Liber*[1], *Mars et Mercure* sont la même Divinité que le Soleil. Plus loin, il avance qu'Esculape, Hercule, Pallas et même Isis et Serapis sont aussi le Soleil[2]. Suivant Prætextatus, ou plutôt Macrobe, qui le fait parler, Hercule était cette vertu du Soleil qui donnait aux autres ce courage qui les fait ressembler aux Dieux. « D'ailleurs, ajoute le prêtre mis en scène, il ne faut pas croire que le fils d'Alcmène, qui naquit dans la ville de Thèbes, en Béotie, soit le seul ou le premier qui ait porté le nom d'Hercule. C'est le dernier qui ait été nommé ainsi pour honorer sa valeur, et qui ait, par là, été assimilé au Dieu qui préside aux fortes actions. On l'adore à Tyr. Les Egyptiens l'honorent d'un culte auguste et très saint ; ils croient qu'il n'a pas eu de commencement, du moins depuis que les hommes ont conservé la mémoire du passé [3]. »

---

[1] On lit dans les chap. 18 et 19 :

Liberum quoque Patrem, eum ipsum esse Deum, quem Solem
Ne mortis quidem aut Mercurii aliud esse numen quam Solem.

[2] *Quin Æsculapium quoque et Salutem, et Hercules, et cum Iside ipsum Serapiens, alios quam Solem deos non esse.*

[3] *Sed nec Hercules a substantia Solis alienus est. Quippe Hercules ea est Solis potestas, quæ humano generi virtutem ad Similitudinem præstat Deorum. Nec existimes Alcmena apud Thebus Bœtius natum Solum, vel primum Herculem nuncupatum immo post multos atque postremus ille hac apellatione dignatus est, honoratusque hoc nomine; quia nimia fortitudine meruit nomen Dei virtutem regentis. Ceterum Deus Hercules religiose quidem et apud Tyron colitur : verum Sacratissima et augustissima Ægyptii cum religione venerantur ; ultraque memoriam, quæ apud illos retro longissima est, ut carentem initio colunt.*

Toute cette théorie appartenait aux prétendus mystères des initiations, et les derniers défenseurs du polythéisme expirant durent les faire connaître à l'époque où les doctrines évangéliques sapèrent avec succès les vieux cultes des peuples de l'antiquité. Dupuis a voulu rétablir les *calendriers* antiques, pour les faire concorder avec les temps éloignés où l'on chanta Hercule, afin de pouvoir saisir les rapports que l'on croyait pouvoir rencontrer entre les animaux peints sur les planisphères célestes, qui marquaient la succession des mois, et les animaux vaincus par Hercule dans le récit merveilleux de ses exploits. Si, ajoute Dupuis, les rapports sont d'une évidence frappante, si ces prétendus monstres existent encore dans la sphère et se présentent sur la route du Soleil *dans le même ordre* qu'Hercule est supposé les avoir rencontrés, par la même vérité déjà bien établie qu'Hercule est le Dieu Soleil, père du Temps et de l'Aurore, cette théorie est portée jusqu'à la démonstration.

Nous avons dit que toutes les explications données au quatrième siècle, ou peut-être à la fin de celui qui l'a précédé, furent publiées pour rendre raison ou pour justifier les mythes du polythéisme. Dans la lutte suprême qui eut lieu entre les vieilles erreurs et les vérités annoncées alors au monde, il fallut montrer, en faveur des premières, qu'elles n'étaient que des voiles derrière lesquels existait une doctrine sainte, et que toutes les Divinités de l'Empire ne se rapportaient qu'à une seule, adorée dans ses divers attributs, dans ses formes multiples. Nous n'assignerons donc qu'à une époque assez basse les mœurs qui semblent justifier les doctrines des derniers défenseurs du polythéisme expirant. Mais ces doctrines, généralement ignorées des peuples, devaient accélérer même la chute de celui-ci, puisqu'elles montraient qu'elles n'offraient à la croyance générale que des symboles et non point des réalités historiques; des poèmes, plus ou moins ingénieux, et non point d'incontestables vérités.

Il fallait autre chose au peuple, et celui-ci continua, pendant un ou deux siècles encore, le culte qu'il avait vu pratiquer par ses pères.

L'un des plus remarquables monuments de ce culte est, sans doute, le bel autel qui existait dans l'enceinte fortifiée de Narbonne; une seule de ses faces était apparente, et Scaliger [1] y lut l'inscription que voici :

```
        DEVS HERCVLIS
        INVICTVS SIG
    NVM. ARGENTEVM
   P. P. XII. DE. SVA
    PECVNIA. FECIT.
```

On a pu croire que l'inscription que nous venons de rapporter n'était pas entière, ou n'était que la fin et le complément d'une autre plus explicite, et, en effet, le marbre ayant été dégagé de la maçonnerie dans lequel il était encastré, on lut sur la face opposée à laquelle on voyait les cinq lignes qui viennent d'être rapportées, celles-ci qui font connaître le nom du particulier qui éleva le monument, en accomplissant un vœu, et les deux surnoms sous lesquels Hercule était adoré dans la Narbonnaise, et qui était connu aussi dans la Novempopulanie.

Voici cette inscription, donnée autrefois par Montfaucon [2] et copiée sur le marbre même, conservé aujourd'hui dans le Musée archéologique de Toulouse :

```
     CN. POMPEIvs
     CN. L. HYLA
        HERCVLI
   ILVNNO ANDOSE
       V. S. L. M.
```

---

[1] *Gruter, Inscriptiones Romanorum, corpus absolutissimum*, fol. xlviii, n° 6.

[2] Ce marbre fut acheté par M. de Caulet Graignague, élève de Rollin, et depuis président au Parlement de Toulouse. A la mort de ce savant magistrat, le monument devint la propriété de l'Académie de Toulouse.

Un vase d'où l'on voit sortir une branche de peuplier, arbre consacré à Hercule, est sculpté sur l'une des faces latérales du monument. Sur l'autre, on a représenté la peau du lion de Némée et la terrible massue d'Alcide.

En rapportant l'inscription qui a fait connaître l'un de nos **Dieux** pyrénéens, découvert dans la chapelle des Péni-tents-Noirs de Saint-Béat [1], non loin du val de l'*Asto*, nous avons fait remarquer que le nom de ce Génie paraissait composé de deux mots. Le second, *Illunus* ou *Ilunnus*, est ici l'un des surnoms d'Hercule. Mais il paraît difficile d'en assigner l'origine. Le géographe Ptolémée [2] mentionne, au-delà de nos monts, chez les Bastitans, une ville du nom d'Ἰλουνον, *Illunum*, et l'on pourrait conjecturer que là existait, avant la mort de Sertorius, et peut-être plus tard, un sanctuaire célèbre où l'on rendait à Hercule un culte devenu célèbre en Hispanie. Ce culte aurait été porté dans la Narbonnaise et dans l'Aquitaine, après l'assassinat du grand capitaine que nous venons de nommer, par les restes de son armée, réfugiée dans les plus hautes vallées des Pyrénées, et que Pompée en fit descendre et établit en corps de tribu dans les contrées qui, avant nos troubles civils, portaient le nom de *Comminges*. Ces soldats fugitifs, recueillis dans nos provinces, y auraient apporté les souvenirs de leur ancienne patrie; et telle est peut-être l'origine de cette épithète qui accompagne ici le nom d'Hercule, et qui fut ajoutée au nom primitif de l'*Asto*, vallée sauvage, et que

---

[1] L'examen du monument peut servir à confirmer l'opinion du docte religieux. L'autel aurait dû être élevé sur un socle très grand, pour supporter une statue de douze pieds de proportion. Sur la partie supérieure du marbre, il n'existe point de traces du tenon qui aurait rattaché cette image colossale à sa base. On n'y voit qu'une cavité carrée destinée au vase dans lequel on a dû placer les offrandes.

[2] On a pu voir (*Suprà*, tom. II, p. 175) l'inscription *Deo Ergè Andosso*, les noms propres *Andossius*, *Andossi*, à Saint-Bertrand de Comminges (l'ancien *Lugdunum Convenarum*. On lit sur un marbre placé sur la façade de la cathédrale : D. M. *Andossio Saliscius fil. Pientissimus.*

ceux qui ont décrit nos montagnes semblent n'avoir pas connue. Montfaucon traduit ainsi la seconde inscription : *Cneius Pompeius Hyla, affranchi de Cneius, a accordé de son bon gré le vœu qu'il avait fait à Hercule, Ilunnus d'Andose.* Il trouve que la première nous apprend que le même Cneius Pompeius Hyla avait fait, de ses propres deniers (*sua pecunia fecit*), *une statue d'Hercule Invincible, du poids de douze livres.* Pour trouver ici un sens, ajoute le savant Bénédictin, il faut mettre un point après le mot *invictus*, et joindre *il a fait, de ses propres deniers,* à l'autre inscription que nous avons d'abord rapportée. Selon la manière ordinaire d'abréger les inscriptions, les lettres **PP. XII** doivent, dit encore Montfaucon, s'expliquer par ces mots : *de douze pieds;* mais ce serait une chose si extraordinaire qu'une statue d'argent de douze pieds de haut, surtout pour ces temps où l'argent était rare, que je ne sais pas si on n'aimerait pas mieux lire : *pondo duodecim librarum,* du poids de douze livres. Le nom d'Hercule est joint ici à deux noms locaux : *Ilunnus* et *Andose.*

Nous avons montré que le surnom d'*Ilunnus* pourrait provenir de la ville hispanique d'*Ilunnum*, où l'on devrait supposer qu'il existait un sanctuaire célèbre, consacré au culte d'Hercule; mais l'ancienne géographie ne nous fait connaître aucune position qui porte le nom d'*Andose*. La mythologie aquitanique semble indiquer que ce nom était celui d'un Dieu, ou le surnom de l'un de ces Génies dont le culte était en honneur dans nos vallées, et l'on voit que plusieurs particuliers l'ont porté, par dévotion peut-être. L'une des inscriptions provenant de Montserié joint, comme on l'a vu, le nom d'*Andossu* à celui du Dieu Erge, *Erge Andosso Deo*, ce qui placerait un Dieu de plus dans nos montagnes, du moins l'un des surnoms de l'un d'eux. Ici, comme dans beaucoup d'autres occasions, nous croyons ne devoir offrir qu'une conjecture; d'autres affirmeraient peut-être ce que nous ne présentons que sous une forme dubitative.

Ce surnom d'*Andose* et d'*Andosus,* inscrit sur l'autel élevé à Narbonne par Cneius Pompeius Hyla et que nous avons retrouvé sur les monuments du Dieu *Erge*, adoré dans la vallée de la Neste, chez les *Bigerrones*, paraît aussi sur un autre autel découvert chez les *Auscii* [1]. Ce monument, qui fait partie du Musée archéologique de Toulouse, offre sur la face principale une inscription ainsi conçue :

HERCVLI
TOLI ANDOSSO
INVICTO
PRIMIGENIVS
V· S· L· M·

Dans une intéressante dissertation [2], M. d'André de Cervoles examine d'abord si la seconde ligne ne se compose point de deux mots : *Toli* et *Andose*, et si l'on n'apercevrait pas un rapprochement précieux avec l'inscription de Narbonne *Herculi... Andose ;* mais il se détermine à ne voir dans *Toli Andose* qu'un nom local du Dieu auquel ce monument est consacré, et ce serait celui de l'un des points géographiques où ce dernier a été observé, et où, pendant le moyen-âge, on vit prospérer un monastère. Mais ce monastère ni la localité même ne portent pas plus ce nom, et comme sur le monument trouvé à Narbonne on ne peut faire un même mot d'*Illunus* et d'*Andose*, nous voyons que le mot *Toli* est ici une épithète ou un surnom, et *Andose* un autre et qui n'était pas cependant particulier à Hercule, puisque nous le voyons sur un autel élevé au Dieu aquitain *Erge*.

---

1 Près de la petite ville de Mirande. Ce marbre fut trouvé par M. Cénac père, dans le domaine dit de Saint-Élix, sur les bords de la petite Baïse. *Atlas de l'Archéol. Pyr.*

2 *Mémoires de la Société Archéologique du Midi de la France et description du Musée des Antiques de Toulouse,* par Du Mège.

Nous avons découvert dans la ville de Valcabrère, située sur le sol de la ville basse de *Lugdunum Convenarum*, un petit autel votif que nous avons déposé dans le Musée d'Ausonne, et sur lequel on lit cette inscription inédite avant nos recherches :

HERCVL
I INVICT
BIHOXVS EX VO
TO. POSVIT.

Le lieu de Castelgaillard, en Comminges, dans le territoire des anciens *Convènes*, nous a fourni un autre marbre consacré à Hercule, qui fait partie de nos collections particulières. Ce marbre était depuis longtemps encastré dans un mur, lorsque feu M. Regraffe, médecin, voulut bien l'en faire dégager et nous l'offrir. L'inscription, qui était encore inédite, est ainsi conçue :

HERCVLI
FESTIVOS
PAVLINI F.
PROSAV.
LASCIVI
V. S. L. M.

Un autel votif, récemment découvert à l'Isle-en-Dodon, et publié par M. Barry [1], est également dédié à Hercule; mais l'inscription qu'il porte est trop incomplète pour pouvoir hasarder une interprétation. Voici cette inscription :

DEO
HERC
A. TIVOI
IVS. VIC

Cet autel a 0,11 de hauteur sur 0,7 de largeur.

_____

[1] *Mémoires de l'Académie des Sciences*, 5e série, t. III.

D'autres monuments inédits ou peu connus vont bientôt nous montrer que le culte d'Hercule était en grand honneur dans les contrées voisines des Pyrénées et même dans nos plaines. Nos lapidicides des carrières du pays des Convènes voulurent même représenter ce Dieu puissant, et c'est du petit village de Barbazan, qui existe presque en face de *Lugdunum,* que nous avons retiré un petit autel sur lequel l'un d'eux s'était essayé à en exécuter une image.

Le Marmorarius l'a représenté nu, sans sexe, ayant des *Knémides* dont on ne rencontre point d'exemple ailleurs, et le Dieu semble appuyer sa main gauche sur une sorte de massue… Peut-être faut-il reconnaître ici des traces du Génie pudique des Gaulois, qui, sur les hauteurs de Framont et ailleurs, montrait des Mercures *sans sexe* et qui n'en donnait point au Jupiter que nous avons retrouvé à *Lugdunum Convenarum*. Déjà Caylus [1] avait donné deux statuettes, l'une de Jupiter et l'autre d'Hercule, *sans sexe*. Montégut en a publié [2] aussi une du même genre découverte à Toulouse, alors qu'on creusait les fondements de l'église de la Daurade. J'ai considéré plusieurs fois cette figure, et je puis assurer que l'ouvrier ne lui avait point donné de sexe. Une conformation si remarquable entre des monuments trouvés dans des lieux très éloignés les uns des autres, pourrait être considérée comme une convention morale, ou plutôt comme un formulaire religieux prescrit par les Druides. Ces prêtres, qui avaient proclamé le dogme consolant de l'immortalité de l'âme, qui croyaient que le Gaulois devait honorer en tout temps les Dieux et être constamment juste et brave, avaient sans doute des idées trop épurées, trop sublimes, pour penser que la cause première et unique, bien que diverse en ses manifestations, fût sujette aux pas-

---

[1] *Recueil d'Antiquités égyptiennes, grecques, etc.*
[2] *Mémoires de l'Académie de Toulouse*, 1re série (in-4o), page 105, pl. XI. *Atlas de l'Archéologie.*

sions qui tourmentent et avilissent les hommes, et ils ont pu prescrire de ne point exprimer le *sexe* des Déités, et cette réserve doit honorer les ministres de ce culte, surtout si on la compare au manque de toute pudeur dont des artistes chrétiens ont laissé des preuves à Moissac, à Saint-Gaudens et dans beaucoup d'autres lieux où nous avons étendu nos recherches.

Toute l'histoire de ce héros déifié a fourni aux artistes des sujets de composition. Le peuple aimait à en voir les grandes actions représentées même sur les plus chétifs objets. Ainsi nous possédons des lampes en argile sur lesquelles on a représenté le jeune Alcide étranglant les serpents envoyés par Junon dans le berceau où il reposait avec Iphiclès, *in cunis jam Jove dignus erat* [1]. L'une de ces lampes, en argile non cuite, a été trouvée dans l'Hôtel-de-Ville de Toulouse, à l'époque où l'on réparait la salle de spectacle. Cette première aventure indiquait le courage et la force de ce Dieu naissant et présageait ce qu'il serait un jour.

Mais cet être, partout adoré, selon Dupuis et ses disciples, prenait deux attributs dans le monde antique, et le peuple ne connaissait pas le système de ceux qu'on désignait sous le titre de *physiciens* et de *philosophes* dans les derniers temps du polythéisme; les plus instruits savaient seulement que plusieurs personnages mythiques portaient ce nom. Cicéron lui-même demandait quel était l'Hercule que l'on adorait à Rome, parce que l'on n'ignorait pas qu'il y avait eu plusieurs personnes de ce nom. Le célèbre orateur compte six Hercules. Ce dernier, dit-il, est celui des Latins ; c'est le fils d'Alcmène et de Jupiter, mais du troisième Jupiter, car il y en a eu plusieurs. Ce fut ce dernier qui fut adoré dans les Gaules après la conquête, et dont nous retrouvons tant de monuments dans la Narbonnaise et dans la Novempopulanie. Quant à celui

[1] *Religion univers.* II.

dont parle Lucien, et auquel il donne le nom d'*Ogmios*, aucun autre texte ancien n'en fait mention, et notre épigraphie, si riche en noms divins, n'a point conservé le souvenir de ce Dieu.

Ce sera donc seulement de l'Hercule fils de Jupiter et d'Alcmène, prenant quelquefois des noms locaux ou des épithètes étrangères, que nous nous occuperons ici.

Selon la fable, un lion terrible désolait l'Argolide. Il apparaissait dans les forêts, entre Cleonæ et Némée, et c'est de là qu'il fut désigné du nom de *lion néméen* et de *lion cléonéen*. Il ne pouvait, disait-on, être blessé par aucune arme. Bien jeune encore, Hercule reçut d'Eurysthée l'ordre de détruire ce monstre des forêts. Celui-ci habitait une caverne à deux issues, de sorte qu'il échappait toujours à ceux qui voulaient l'attaquer. Hercule ferma l'une de ces issues, puis il entra dans la caverne ; et comme toutes les armes étaient inutiles contre ce lion, il l'étouffa dans ses bras, et puis, le plaçant sur ses épaules, il voulut le porter à Eurysthée, qui lui défendit d'entrer avec ce glorieux fardeau dans Mycènes. Les mythologues, suivis en cela par Dupuis, ont vu, dans la représentation de ce premier *travail* d'Hercule, une image astronomique. Ils y ont reconnu le commencement de la marche du Soleil dans les douze signes du Zodiaque ; mais comme le peuple était étranger à ces explications scientifiques ou théologiques, sauf peut-être aux derniers temps du paganisme, nous n'entrerons point dans l'examen du système développé, alors que l'on désertait les autels des Dieux de l'empire pour entendre les paroles évangéliques des apôtres et de leurs disciples. Nous remarquerons seulement que Dupuis lui-même avoue « que l'on ne peut toujours expliquer par le Soleil seulement certains faits d'Hercule. »

Narbonne, cette colonie si célèbre, devait offrir, parmi les nombreuses images mythologiques qui décoraient sa vaste enceinte, beaucoup de représentations des aventures d'Hercule. Deux médaillons de même forme, et ayant les mêmes proportions, indiquent que dans l'un des temples de cette ville antique, ou dans l'une de ses somptueuses demeures, la sculpture avait représenté les principaux traits de l'histoire fabuleuse de ce héros. C'est ainsi que dans les murs de la Porte-Royale, on voyait noyé, en quelque sorte, dans une maçonnerie moderne, un bas-relief qui montrait le fils de Jupiter et d'Alcmène, bien jeune encore, étouffant, dans une étreinte puissante, le lion de Némée. Nous ignorons si ce monument existe encore ; nous en avons pris le dessin dans l'un des nombreux manuscrits où des hommes, amis des vieilles gloires de leur patrie, avaient consacré les souvenirs historiques et artistiques de leur ville natale, si complètement dédaignés par tant de savants écrivains [1], par tant d'hommes d'esprit qui ont écrit sur le Midi de la France.

La série des exploits d'Hercule fournissait aux arts du dessin de riches sujets de composition, et les temples et les palais offrirent aux regards de nombreuses représentations de ses exploits et même de ses aventures qui ne sont point comprises au rang de ses travaux.

Le fait remarquable que presque tous les mythologues considèrent comme le onzième de ses travaux, offre Cerbère enchaîné et conduit en quelque sorte par Hercule jusqu'au séjour de la lumière. Ce chien à trois têtes gardait l'entrée de l'enfer et du palais de Pluton. Né de Typhon et d'Echidna, ce monstre avait trois têtes, une queue d'hydre ou de serpent et d'autres serpents entouraient ces têtes si terribles. Énée eut besoin du taureau d'or pour apaiser la furie de ce redoutable gardien du sombre empire. Ce fut par les sons de sa lyre qu'Orphée l'endormit. Hercule n'eut recours qu'à son courage ; il le vainquit, l'enchaîna et le conduisit jusqu'aux régions éclairées par le Soleil. Nous laissons Dupuis et son école, dire que « de l'union des

---

[1] Voyez entr'autres les *Voyages dans les départements du Midi*, par L. A. Millin

têtes de l'hydre et du corps d'un des chiens célestes, il fut aisé de composer un tout unique et monstrueux, tel que le Cerbère à tête de chien et à queue de serpent. » Jamais cet écrivain n'a été plus autorisé peut-être qu'ici, « car ce onzième *travail* pourrait, dit-il, être aussi bien placé sous le signe suivant et former le douzième travail. » Nous ne dirons pas, avec lui, que la principale doctrine des enfers était un des dogmes fondamentaux de l'initiation. Le peuple en ignorait les mystères et ne reconnaissait en Hercule que le fils de Jupiter et d'Alcmène ; il ne savait pas qu'il devait voir dans celui-ci, soit le Génie qui présidait à la marche du Soleil, soit le Soleil lui-même, et que cet être céleste fut chanté deux mille ans avant Hérodote et plus de douze cents ans avant l'âge où l'on fait vivre ce héros. Hésiode donne cinquante têtes à Cerbère [1]. Mais le pinceau du peintre n'aurait pu, pas plus que le ciseau du statuaire, composer une figure de ce genre, et l'on se borna seulement à donner trois têtes à ce gardien des enfers. Aristophane [2] lui donna cent têtes, et Horace a imité en cela le poète grec [3]. Sophocle n'en comptait que trois, et c'est ce qu'ont fait aussi Pausanias, Virgile, Ovide, Tibulle et Cicéron [4]. L'auteur du bas-relief de Narbonne a suivi cette dernière opinion consacrée par Macrobe [5], qui, plaçant Cerbère aux pieds de Sérapis, lui donna, ainsi que le sculpteur d'un monument qui fait partie du Musée de Toulouse, trois têtes : l'une de chien, l'autre de loup, séparées par celle d'un lion. Si nous en jugeons par les dessins qui nous en restent, les mythes qui présentaient le triomphe d'Hercule devaient être vulgaires dans l'an-

---

[1] *Theogon.* V. 310, 315.
[2] *Runœ*, V. 471.
[3] Lib. II, Od. 13. — Od. 19.
[4] Elog. lib. III.
[5] *Luscul.* 10.

tiquité. On y racontait que par les ordres d'Eurysthée, il dut pénétrer dans les enfers et en arracher Cerbère. Ces mythes, profondément empreints dans les idées populaires, devaient en écarter toutes les explications savantes, et ce ne fut guère qu'au quatrième siècle, et lorsque les doctrines chrétiennes menacèrent d'une ruine entière les fables du polythéisme, que les initiés, les savants, les philosophes rendirent vulgaire ce que l'on avait jusqu'alors ou inventé ou caché dans le mystère des temples.

Les fragments nombreux d'architecture, les bustes, les statues, les bas-reliefs découverts sur le territoire de Martres, *Calagorris*, signalent évidemment l'existence dans cette localité d'une villa dont la magnificence peut être appréciée par la beauté des monuments qu'elle renfermait. Etait-ce une villa impériale, ou simplement la demeure d'un riche Romain qui avait voulu rappeler, par le faste et le luxe de sa résidence, la pompe et le faste des habitations de la métropole? Ce sont là deux questions qu'il n'est pas aisé de résoudre. Cependant, en présence des précieux débris, exhumés du sol de Calagorris et que la main des siècles n'a pu dépouiller de ce cachet de grandeur empreint sur toutes les œuvres de l'époque romaine, il est permis de conjecturer que la villa de Calagorris était une villa impériale. La série considérable des monuments représentant les maîtres du monde, depuis Auguste jusqu'à Gallien, indique autre chose, en effet, qu'une habitation particulière.

Il est plus difficile d'établir à quel souverain cette villa peut être attribuée. Si nous parcourons les annales de l'histoire romaine, nous voyons les empereurs qui se sont succédés sur le trône du monde, faire généralement dans les Gaules de très courtes apparitions. Postume est l'un de ceux qui y ont séjourné le plus longtemps, après y avoir laissé les souvenirs les plus durables de son passage. Le titre de restaurateur des Gaules indique le soin que prit cet empereur de s'attirer l'affection générale par les bienfaits de son administration ; ses succès lui valurent même le surnom d'Hercule Gaulois, et plusieurs médaillons le représentent accolé avec la tête d'Alcide. Les bas-reliefs découverts à Martres , retraçant les exploits du fils de Jupiter et d'Alcmène, pourraient faire présumer que Postume, surnommé Hercule, avait ordonné de reproduire sur les murs de la villa les douze travaux du héros dont il portait lui-même le nom. Nous pourrions enfin rapporter la construction de la villa à Victorin , à Tétricus, à Constantin le Jeune ou à Gratien, qui, plus que leurs prédécesseurs, ont séjourné dans les Gaules ; mais aucune donnée précise ne vient corroborer notre supposition.

L'ensemble des monuments retrouvés à *Calagorris* éloigne toute idée de l'existence d'un temple , ou d'un prétoire du gouverneur de la province. Au nombre des fragments, il il en est dont la destination ne peut convenir qu'à une habitation. La délicatesse des sculptures qui décoraient les chambres , les mosaïques , les colonnes de marbres précieux, tout cela s'alliait peu à la gravité d'un temple ou d'un prétoire, et, d'ailleurs, la présence des bustes des empereurs est exclusive de cette double destination.

Le Musée de Toulouse possède, au nombre des trésors archéologiques de sa galerie des Antiques, plusieurs fragments des bas-reliefs retraçant les travaux d'Hercule, et qui concouraient à l'embellissement de la villa romaine de *Calagorris*. Ces fragments, malheureusement trop mutilés , sont loin d'être complets ; néanmoins, il est encore possible de reconnaître , par leurs sujets, les bas-reliefs auxquels ils appartiennent.

Nous plaçons en première ligne celui que nous croyons représenter le combat d'Hercule contre l'hydre de Lerne. La cuisse gauche du héros manque, ainsi que la jambe du même côté; le bras droit, armé probablement de la massue, a également disparu. Il n'est pas hors de propos de retracer en quelques mots, pour ce bas-relief, comme pour ceux qui vont

suivre, les faits mythologiques auxquels ils se rapportent;
le lecteur pourra mieux apprécier le mérite des objets dont
nous lui donnons la description.

L'hydre, monstre horrible auquel les mythologues donnent plusieurs têtes, vivait au milieu des marais de Lerne,
en Argolide, et portait la terreur dans la contrée. Hercule,
accompagné de Jolaüs, attaqua le monstre, d'abord avec ses
flèches, dont le seul effet était de le faire sortir de sa retraite.
Emporté par son courage, le héros s'élança sur l'animal, et
le frappant avec sa massue, il abattait ses têtes, qui renais-
saient immédiatement et se dressaient avec plus de furie
contre Hercule. L'hydre enlaça même les jambes de son adversaire. Jolaüs fut obligé de brûler, avec des branches
enflammées, les têtes du monstre, à mesure qu'Hercule les
frappait de son arme redoutable. Cette double action est le
sujet du bas-relief. Hercule est représenté saisissant de sa
main gauche l'hydre qui s'enlace autour de sa jambe et le
frappant de la massue dont son bras droit est armé. Jolaüs,
dans la partie supérieure du bas-relief, apparaît, une torche
enflammée à la main, pour embraser la partie frappée par
Hercule.

Eurysthée, roi d'Arcadie, donna l'ordre à Hercule de délivrer le pays d'un sanglier monstrueux qui le dévastait. Cet
animal, connu dans l'histoire sous le nom de sanglier
d'Erymanthe, fut terrassé, et le héros, le chargeant sur ses
épaules, le porta à Eurysthée. Celui-ci, saisi de frayeur, cou-
rut se cacher dans une cuve d'airain. Le bas-relief qui retrace cet exploit d'Hercule nous montre Eurysthée paraissant
à peine dans la retraite qu'il s'est choisie.

Pour se rendre compte de la circonstance reproduite par
le bas-relief, il est utile de savoir que les anciens enfonçaient
à une certaine profondeur sous le sol de grandes cuves d'airain, où ils conservaient les vins. Plusieurs auteurs [1] nous

---

1 Columelle. XII. 8. Diodore. IV. 42.

ont fait connaître ce détail des mœurs antiques, et c'est dans un vase de cette nature qu'Eurysthée s'était blotti. On a retrouvé dans les fouilles d'Herculanum et de Pompéi une peinture où le même sujet est représenté. On y aperçoit le héros tenant sur ses épaules le sanglier dont il vient d'être vainqueur, et prêt à le jeter sur la tête d'un personnage paraissant à moitié en dehors d'un vase enfoui dans la terre. Mais la peinture dont nous parlons renferme un sentiment que le bas-relief de Calagorris ne laisse pas apercevoir : c'est le désir qu'Hercule paraît éprouver de précipiter sur Eurysthée l'animal qu'il lui apportait, comme une satisfaction de l'espèce de défi qu'il avait reçu. La peinture d'Herculanum nous peint Eurysthée saisi de frayeur, élevant vers le héros ses mains suppliantes.

La chasse des stymphalides, ou oiseaux du lac Stymphale, en Arcadie, est le motif d'un troisième bas-relief, moins mutilé que les précédents. On a longuement discuté sur la forme et les caractères de ces animaux. Etaient-ils semblables à la grue ou pareils à l'ibis? leurs plumes perçaient-elles comme des flèches et pouvaient-ils les lancer? Cela importe peu. Ce qu'il y a de certain, d'après les traditions mythologiques, c'est que les stymphalides passaient pour dévorer les hommes et les animaux. On a de même beaucoup écrit sur la manière dont Hercule parvint à délivrer l'Arcadie de ces hôtes dangereux. D'après certains auteurs, le héros aurait accompli cet exploit à l'aide d'un instrument bruyant prêté par Minerve; d'autres ont admis qu'il le fit en tuant les stymphalides à coups de flèches. L'auteur du bas-relief de *Calagorris* a adopté cette dernière version. Hercule est debout, la tête et le corps recouvert par la peau du lion de Némée, dont les pattes se croisent sur sa large poitrine; un carquois est suspendu à ses épaules, l'une de ses mains tenait sans doute un arc. Dans le lointain, un stymphalide tombe percé par une flèche; un peu plus bas, on en voit un second. Le pied droit et la jambe gauche d'Hercule manquent.

Sur le quatrième bas-relief, on peut reconnaître le combat d'Alcide contre le taureau de la Crète. Cet exploit du héros fut encore provoqué par un ordre du tyran Eurysthée, qui voulut se faire apporter le monstre. Hercule est représenté saisissant par une de ses cornes un taureau furieux. Cependant, il serait possible d'attribuer à un autre exploit d'Hercule la pensée du bas-relief dont nous esquissons quelques traits, et de croire que le sculpteur a voulu reproduire la lutte d'Alcide contre Achélaüs, qui, épris des charmes de Déjanire, eut un rival heureux dans notre héros. Achélaüs, vaincu d'abord sous la forme humaine, se transforma en serpent, puis en taureau, et fut se précipiter, après sa défaite, dans les eaux d'un fleuve auquel il a laissé son nom. La découverte, non loin du lieu où gisait ce bas-relief, d'un fragment de marbre où l'on a cru reconnaître la forme d'un fleuve, pourrait faire admettre cette interprétation.

Personne n'ignore le terrible souvenir rappelé par les chevaux de Diomède. Eurysthée chargea Hercule de lui amener les féroces cavales de la Thrace, dont les naseaux soufflaient du feu, et que Diomède nourrissait avec la chair des étrangers. Hercule s'empara de ces terribles animaux et leur donna à manger leur maître lui-même. Nous rattachons, sous forme de conjecture, au fait que nous venons de rappeler, les fragments composant le bas-relief qui suit. On y remarque la moitié du corps d'un cheval et une tête d'homme.

Le fragment du bas-relief qui vient ensuite représente un cheval emportant une amazone, dans sa course rapide. Malheureusement, la partie supérieure de ce beau travail n'a pu être retrouvée. Si cette application du fragment est exacte, ce débris de sculpture antique se rapporterait à la lutte que livra Hercule contre les Amazones, pour enlever la ceinture de Mars. Voici, en substance, le récit que fait Appollodore de cet exploit du héros : Hippolyte, fille de Mars et d'Otréra, portait la ceinture de son père. Hercule reçut

rdre de s'en emparer pour la livrer à la fille d'Eurysthée,
i la convoitait. Hippolyte avait promis cette ceinture à
rcule ; mais Junon, en haine du fils d'Alcmène, excita les
tres Amazones contre lui, et les poussa à lui disputer par
force l'objet qu'il voulait obtenir. Hercule, entouré des
nazones, crut à une trahison de la part d'Hippolyte, tua la
ine des femmes guerrières, mit les Amazones en fuite, et
:tant emparé de la ceinture, il la porta à Eurysthée.

Le bas-relief devait retracer l'issue du combat, c'est-à-dire
fuite des Amazones.

Ce guerrier à trois têtes, couvert d'une cuirasse, tenant dans
u main droite une épée et soulevant un bouclier de son bras
auche, représente Géryon terrassé par Hercule. Le mythe
.produit dans ce bas-relief est classé au nombre des travaux
'Alcide. D'après la mythologie, Géryon, roi d'Espagne, pos-
:dait des troupeaux de bœufs couleur de pourpre. Eurysthée
largea Hercule de les enlever. Le troupeau était confié à
i garde d'un géant ayant avec lui un chien à deux têtes ;
s s'appelaient, l'un Eurysthion, l'autre Othrus. Hercule tua
: gardien et le chien, puis il eut à combattre le propriétaire
ii-même, Géryon, auquel la fable donne trois corps, trois
ètes, six bras et six jambes. Hercule lui fit subir le même
.rt qu'à Eurysthion et Othrus, et il conduisit les bœufs à
urysthée. La difficulté qu'a éprouvée le sculpteur de repré-
enter un personnage triple, l'a engagé à donner à Géryon
n seul corps à trois têtes.

Le onzième travail d'Hercule est l'enlèvement des pom-
es d'or du jardin des Hespérides. C'est encore Eurysthée
ui l'avait commandé à notre héros. Ces pommes d'or, dédiées
Vénus, étaient placées sous la garde d'un dragon à cent
ètes, défendant l'entrée des jardins célèbres, où habitaient les
iymphes filles d'Hespérius. Hercule, vainqueur du dragon,
'empara des fruits précieux et les apporta à Eurysthée. Il
ie reste du bas-relief sur lequel cet épisode de la vie d'Her-
·ule était sculpté, qu'un avant-bras gauche et une main

tenant des fruits semblables à des pommes. Les proportions de ce fragment paraissent indiquer que ce bas-relief était exécuté dans des proportions plus grandes que les autres.

Aux environs du village de Marquefave, l'on a découvert un groupe en marbre blanc, que l'on croit représenter la lutte d'Hercule et d'Antée. Le mythe rappelé par ce fragment de sculpture fait connaître qu'Antée, fils de Neptune et de la Terre, osa défier Hercule. Le héros renversa plusieurs fois son terrible adversaire; mais la lutte menaçait de n'avoir pas d'issue, car Antée reprenait de nouvelles forces chaque fois qu'il touchait à terre. Hercule s'étant aperçu de cet avantage, enleva Antée et le pressa avec tant de force, qu'il le tua. Dans le beau groupe dont Saint-Amans et, après lui, les *Monuments religieux des Volces-Tectosages* donnent la reproduction [1], on voit deux hommes aux torses accusant une force athlétique, les traits animés par la haine. L'un d'eux soulève son adversaire, dont il saisit d'une main les parties génitales, de l'autre les reins, et qu'il soulève avec une vigueur surhumaine. Malheureusement, la partie inférieure du monument fait défaut, et il devient, dès-lors, assez difficile de dire avec certitude s'il s'agit de la lutte d'Hercule et d'Antée. On pourrait bien voir dans ce groupe une scène de lutteurs, comme celles que l'antiquité païenne affectionnait à un si haut dégré et que la sculpture reproduisait avec une si rare perfection. Nous croyons, toutefois, que le rapprochement d'Hercule et d'Antée, luttant ensemble, peut être accepté.

Climberris, la capitale des *Auscii*, a fourni un fragment en marbre d'un très beau travail, représentant une statuette d'Hercule.

Le Musée des Antiques possède encore d'autres fragments représentant Hercule, ou se rapportant à ce Dieu; tels sont :

Les fragments d'un bas-relief sur lequel Alcide est figuré

---

[1] *Monuments religieux des Volces-Tectosages*, p. 234, pl. III, n° 13.

appuyant le pied droit sur une *ciste* ou sur un *calamatus*, ce qui indiquerait que l'on a voulu rappeler une scène de l'initiation d'Hercule aux mystères sacrés d'Eleusis. La ciste et le calamatus étaient des objets sacrés particuliers à ces cérémonies.

Une tête d'Hercule, coiffée de la dépouille du lion de Némée, et qui pourrait avoir fait partie du bas-relief concernant le premier des travaux de ce Dieu.

Un torse d'un beau travail, représentant Hercule; une tête d'Alcide adolescent, provenant, comme les précédents débris, des fouilles de Calagorris, ainsi qu'une autre tête coiffée de la dépouille du lion de Némée; une tête barbue d'Hercule; enfin une main puissante, saisissant une tête barbue, semblable à celle de Géryon, et des fragments pouvant se rapporter au combat d'Hercule contre les Centaures.

Nous avons déjà parlé de la doctrine de Dupuis, d'après laquelle Hercule n'est autre que le Soleil accomplissant sa marche dans les douze signes du Zodiaque. Porphyre avait déjà avancé que la fable des douze travaux d'Hercule a pour base la division des douze signes du Zodiaque, et qu'Hercule est le Soleil, parcourant tous les ans sa carrière, dont l'entrée est fixée au point solsticial occupé par le lion, appelé alors le lion néméen. Cette école a eu de nombreux adeptes, et, suivant l'opinion par nous émise, ces écrivains, en ramenant toutes les Divinités du polythéisme au culte du Soleil, ont voulu prouver que l'antiquité païenne n'avait connu et adoré qu'un seul Dieu. Les efforts de ces philosophes sont demeurés impuissants en présence de l'infinie variété des Divinités connues, dont plusieurs, il est vrai, celles surtout empruntées à la théogonie égyptienne, ont quelques points de contact, quelques traits de ressemblance avec le Dieu Soleil, adoré par les peuples des bords du Nil, mais dont la majeure partie ne présente avec lui aucune affinité.

En comparant l'*Héracléide,* ou le poème d'Hercule, avec les poésies d'Homère, Dupuis en tire cette conséquence, que

le premier n'est que la réunion de plusieurs morceaux, traités
par une infinité de poètes sous des formes et avec des fictions
différentes, et que les êtres et les héros combattus par Hercule
n'ont pas plus de réalité que lui, et il ajoute « que certaine-
» ment si l'histoire romanesque d'Hercule était celle d'un
» homme, il ne voit pas comment elle s'accorderait si bien avec
» les apparences célestes, et si mal avec les vraisemblances
» historiques et avec la matière des évènements humains, et
» comment cela offrirait tant de difficultés chronologiques. »

Pour répondre à ce raisonnement, nous n'irons pas jusqu'à
adopter dans son entier l'opinion émise par Diodore au sujet
d'Hercule, lorsqu'il dit que ce personnage mythologique fut
un prince ou un héros ayant mérité, par ses rares exploits,
d'être mis au nombre des Dieux ; nous n'irons pas jusqu'à
admettre une seule Divinité connue dans l'antiquité païenne
sous le nom d'Hercule. Les récits de la presque totalité des
écrivains seraient là pour nous démentir. Nous adoptons
pleinement la doctrine de Dupuis et de ses adeptes, en ce
qu'elle professe que les traditions relatives à Hercule sont
multiples et variées ; que, chantées par les poètes, elles ont
pu former plus tard un ensemble comparable aux travaux
d'Homère ; mais cela prouverait, à notre avis, que le personnage d'Hercule n'est point imaginaire, c'est-à-dire que les
mythologues de l'antiquité ont rapporté à un seul individu
les faits accomplis par un certain nombre. Qui empêcherait
donc qu'au lieu d'un prince ou d'un héros, comme le dit
Diodore, Hercule ne fût la personnification de la force, du
courage dont plusieurs princes ou simples héros de l'antiquité ont donné de nombreux exemples ? Et pourquoi ne pas
admettre que les peuples accordèrent des honneurs extraor-
dinaires, ayant commencé peut-être par des statues et fini
par des temples, à des mortels dont la vigueur les a déli-
vrés de fléaux terribles, et qui remportaient de signalées victoires sur leurs ennemis ? Ne voyons-nous pas, de nos jours
encore, des statues érigées en l'honneur des hommes célè-

bres auxquels la postérité rend grâces pour leurs grandes et nobles actions ?

Sans doute, il paraît surprenant que l'histoire romanesque d'Hercule, comme le dit Dupuis, offre une si grande ressemblance avec les signes célestes. Mais qu'y aurait-il donc d'impossible à ce que, de toutes les actions remarquables attribuées à Hercule, on eût choisi les principales pour les mettre en harmonie avec les signes célestes et la marche du Soleil, ce roi des astres, qui, lui aussi, accomplit dans la sphère de merveilleuses actions.

Poussant plus avant les conséquences de ses théories, Dupuis ose prétendre que « le Dieu des chrétiens, leur fameux » Christ, n'est encore que le Soleil, et que sa légende mira- » culeuse n'a pas d'autre objet que l'histoire merveilleuse » du Soleil-Hercule, et qu'au lieu de douze travaux, ce sont » douze apôtres qui font l'office des grands douze Dieux qui » présidaient aux douze signes auxquels ces travaux se rap- » portent. »

Nous n'entreprendrons certainement pas la tâche de réfuter cette monstrueuse proposition. Nous nous contenterons de dire que la comparaison établie par Dupuis n'est pas à l'avantage de sa théorie de l'Hercule-Soleil, car l'existence du Dieu des chrétiens, du fameux Christ, comme il daigne l'appeler, est établie par des documents que l'on ne peut mettre en doute et que, pour soutenir une thèse aussi sacrilège que la sienne, il faut tout d'abord déchirer, non-seulement les saintes traditions et les livres sacrés, mais encore les pages incontestables de l'histoire profane, attestant d'une manière éclatante la vérité de l'existence du Dieu que Dupuis veut comparer à son Soleil-Hercule et des douze apôtres dont il fait les comparses de cette ridicule théogonie.

Les souvenirs du culte d'Hercule dans les Gaules, et surtout ceux d'*Hercules Gallicus*, ou *Hercule Ogmios*, ont traversé les siècles, depuis la décadence de l'empire romain jusqu'au moyen-âge expirant, et sont venus se révéler et revi-

vre dans une charmante composition de l'époque de la
Renaissance, due au ciseau du célèbre Nicolas Bachelier.
Nous voulons parler de la belle cheminée de l'hôtel de
Catelan, à Toulouse, où est sculptée la statue d'Hercule tel
que Lucien le dépeint et tel que nous l'avons représenté
nous-même au début de ce chapitre.

X.

Monuments du culte de Diane et de Minerve dans la Narbonnaise, l'Aquitaine et la Novempopulanie.

Au rang des personnalités les plus frappantes de la mythologie païenne, il faut placer celle de Diane. Cette Divinité, considérée plus généralement comme Déesse de la chasse, est représentée, suivant les traditions de la fable, vêtue d'une tunique courte, les jambes nues, portant à ses pieds des cothurnes, l'arc et le dard à la main, et le carquois sur les épaules. Pindare l'appelle Παρθενος ιοχεαιρα, la jeune fille aimant les flèches [1]. Tous les monuments antiques qui en retracent l'image nous la montrent avec un visage sur lequel se reflète la grâce empreinte d'une dignité mâle et sévère; ses membres vigoureux indiquent l'habitude des exercices violents qui lui sont familiers.

Sous le nom de Phébé, Diane se confond quelquefois avec la Lune. On la représente alors avec les traits d'une blonde jeune fille, au visage plein de douceur et de mélancolie. La couronne aux rayons d'or qui orne son front est

---

[1] Pindare, p. 11, 16.

remplacée par un croissant, et elle ne tient aucun des attributs de la chasse.

On lui donnait le nom de Chaste Diane, et les jeunes filles d'Athènes, lorsqu'elles devenaient nubiles, se rendaient aux pieds de ses autels pour lui offrir des présents, afin de l'apaiser au sujet de leur virginité qu'elles devaient bientôt perdre [1].

Le poète Callimaque [2] suppose que Diane ou Arthémis, encore enfant, adressa à Jupiter cette prière : « Accorde, ô mon père, à ta fille de rester toujours vierge.... » Tout le monde connaît, cependant, les mystérieuses amours de la Lune et du chasseur Endymion, et Cicéron, dans ses *Tusculanes* [3], nous a laissé le tableau des transports de Phébé, couvrant de ses caresses le chasseur pendant son sommeil, et recevant les siennes avec ardeur.

Le culte de Diane n'a pas toujours été en harmonie avec les caractères généraux que l'antiquité païenne a donnés à cette Déesse. Dans la Tauride, ses autels ont vu plus d'une fois couler des flots de sang humain, et les Spartiates lui immolaient tous les ans un citoyen désigné par le sort. Lycurgue changea le caractère de ces sacrifices, en faisant battre de verges plusieurs petits garçons [4].

Cicéron compte trois Déesses qui portaient le nom de Diane : la première était fille de Jupiter et de Proserpine ; la seconde fut le fruit des amours de Jupiter et de Latone ; la troisième dut le jour à Upis et Glaucé [5]. Mais lorsque l'on fait allusion à Diane, c'est presque toujours de la fille de Jupiter et de Latone que les poètes et les mythologues entendent parler. Comme toutes les autres Divinités de l'Olympe, Diane portait différents noms, suivant les contrées où le

[1] Théocrite, id., 11. v. 66.
[2] Callimaque, *Hymnes*.
[3] Cicéron, *Tusculanes*.
[4] Pausanias, 11, 16.
[5] Cicéron, *De nat. Deo.*

culte divin lui était rendu. Les Egyptiens la confondaient
avec Isis, et suivant Plutarque [1], Isis et la Lune étaient représentées sous les mêmes formes. Les Romains lui rendaient
un culte tout particulier, et sa fête était célébrée, à Rome,
le 13 des ides du mois d'août.

César n'a point mis Diane au nombre des Divinités adorées
par les Gaulois. Il paraît cependant que le culte de cette
Déesse avait déjà été porté dans les Gaules par les Grecs
établis à Marseille. Il etait impossible, en effet, que le
contact des Hellènes ne parvînt pas à faire pénétrer, dans
une contrée couverte d'épaisses forêts, le culte de la Déesse
de la chasse. De nombreuses inscriptions trouvées à Rome
et dans l'Allemagne, nous la font connaître avec un nom
topique tout particulier, celui d'*Arduina* ou *Ardoina*,
qui a une frappante analogie avec celui d'*Arduenna*, sous
lequel était désignée une des plus vastes forêts de la Gaule.
Nous nous sommes longuement étendu déjà [2] sur cette particularité relative à Diane. Nous nous abstiendrons de nous
y appesantir de nouveau. Nous avons voulu constater que
le culte de Diane devait être antérieur à l'époque de l'invasion romaine.

Narbonne, cette colonie puissante, image en quelque
sorte de la capitale du monde, comptait parmi ses habitants un grand nombre de citoyens romains, et prati-
quait les mêmes cérémonies que la métropole. Gratien [3]
et Statius [4] ont laissé quelques détails sur les fêtes de Diane.
Plusieurs auteurs ont prétendu retrouver dans les environs
de Narbonne une vallée connue sous le nom de vallée de
Diane *(vallis Dianæ)*, probablement à cause des bois
dont elle était autrefois garnie, et dans lesquels on suppose

[1] Plutarque, *De Isid.*
[2] Tome II, 2e partie, p. 273 et suiv.
[3] *Cyneget.*
[4] *Sylv. lib.* III

que le culte de Diane était célébré ; mais c'est une erreur
relevée à l'aide de chartes très anciennes , établissant que
cette vallée portait le nom de *vallis Aquitaniæ* [1].

Plusieurs monuments attribués au culte de Diane ont
été retrouvés dans la Narbonnaise. Quoique publiés déjà ,
nous ne pouvons nous abstenir de les rappeler de nouveau.
Montfaucon [2] a donné la gravure d'un monument qu'il a
placé au nombre de ceux consacrés aux Lares et aux Génies,
sans préciser toutefois s'il appartient à la catégorie de ces
personnalités divines. Dom Martin [3] prétend que cette image
participe à la fois du culte gaulois et de la religion des Romains. Il en donne longuement la description, ajoutant que
la figure gravée sur la pierre est celle de la Lune , sur laquelle les Gaulois , et les Druides en particulier , fondaient
et réglaient toutes leurs prédications et leurs augures. Il
prétend, en outre, que l'homme tout nu qui semble propo-
ser cette femme pour modèle, n'est autre qu'un Druide
en contemplation devant la Lune.

Rien ne démontre la confusion des croyances des Gaulois
avec le culte polythéiste des Grecs et des Romains , en ce
sens, du moins, que le culte des Divinités de la Grèce et de
Rome ait été pratiqué dans les Gaules, avec un mélange des
rites et mystères de la religion druidique. Les réflexions de
Dom Martin , que nous venons d'analyser, sembleraient cependant faire supposer que Diane , prise sous la forme de la
Lune , fut associée aux cérémonies principales du culte des
Druides , celles relatives au *gui du chêne*.

La découverte d'un autre monument est de nature à confirmer cette opinion et à dissiper les doutes que pourraient
faire concevoir les commentaires du savant Bénédictin. Ce
monument, découvert à Narbonne, représente une femme

[1] *Histoire générale de Languedoc*, II, preuves, p. 36 et 49.
[2] Montfaucon , *Antiq. exp. Dian.*
[3] Dom Martin , *Relig. des Gaul.*

nue, assise sur un tertre. Une couronne de feuillages entoure sa tête; de sa main gauche, elle tient un rameau chargé de feuilles et de fruits qu'elle semble présenter, et de sa droite elle supporte un sceptre surmonté du croissant; ses épaules sont ornées d'un collier d'une forme particulière, qui descend jusqu'à la naissance du sein. Suivant Montfaucon, le croissant que tient le Druide, dans le monument précédent, serait le symbole de la cérémonie célébrée le sixième jour de la Lune, pour la cueillette du gui de chêne. Le sceptre surmonté du croissant tenu par la statue dont nous venons de donner la description serait le même emblème, et nous pourrions, dès-lors, en conclure que les Gaulois, pour lesquels le gui de chêne était le plus précieux de tous les dons, offraient cette plante à Diane, dans leur croyance que cette Divinité était favorable à sa production, puisque la récolte de cette plante sacrée devait avoir lieu quand le croissant avait brillé six fois. D'après cette hypothèse, l'homme nu du second monument serait un Druide offrant le gui de chêne à Diane.

Un autre objet provenant également de Narbonne représente une femme nue qui paraît sortir du bain. Cette action est indiquée par le mouvement de la jambe gauche, portée en arrière et légèrement repliée. La tête de cette femme, surmontée d'un croissant, fait connaître que l'on a voulu représenter Diane. Une draperie dont cette femme va se servir pour essuyer son corps couvre à moitié ses nudités. Cette petite statue en terre cuite a été publiée dans les *Monuments religieux des Volces-Tectosages*, de même que les deux précédents objets [1].

En 1726, on découvrit à Montpellier, dans la rue de la Valfère, *Vallis ferrarum*, un marbre blanc avec une ins-

---

[1] *Monuments religieux des Volces-Tectosages*, pl. VIII, nᵒ 2, et pl. XIV, nᵒ 3.

cription entourée de croissants et de sistres. Voici cette inscription :

ISIDI ET DIANAE S. EX VOTO
S. F. CN. oPIL. CVM. PROBA VXOR
D. ET. FILIIS. C. M. G. P.
F. A. N.

Isidi et Dianæ sanctæ ex voto, sacrum fecit cneius opilius cum Proba uxore dilecta et filiis carissimis, monumentum gratum posteris. Favete Augusta Numina. Le texte de cette inscription nous apprend que dans la partie de la Gaule Narbonnaise, où 'elle a été trouvée, Isis et Diane formaient deux Divinités distinctes. Les croissants figurés sur le marbre indiquent que le culte divin était rendu à Diane sous la forme de la Lune; mais, contrairement à la mythologie égyptienne et à la version de Plutarque, Phébé ne se confond pas avec Isis. C'est une union du culte égyptien et du culte romain. La forme de l'inscription est surtout digne de remarque, en ce que les sigles V. S. L. M., figurés ordinairement à la dernière ligne, sont remplacés par ceux de F. A. N., dont nous avons donné plus haut la signification.

La ville de Montpellier fut bâtie sur une partie du territoire de la forêt appartenant aux habitants de *Sextatio,* plus tard Substantion, et la rue de la Valfère était l'endroit le plus touffu de cette forêt. *Sextatio* était une petite ville de la Narbonnaise, sur la voie Domitia. Lors de la décadence de l'empire, de même que les autres cités de peu d'importance qui se trouvaient sur cette voie, *Sextatio* perdit ses habitants et ne fut bientôt plus qu'un lieu désert. Montpellier, ville naissante, attira, après l'expulsion des Sarrasins, une partie des habitants de Maguelonne dans ses murs, qui furent rétablis; mais l'influence de Montpellier détermina les nouveaux habitants à l'abandonner. Des monuments découverts au milieu de ses ruines et aux environs attestent, chez les habitants de *Sextatio,* le culte des mêmes Divinités que celles des autres villes de l'empire, et démontrent qu'ils rendaient également le culte divin à la rivière du Lez, dont les eaux fertilisent la contrée. On ne voit plus aujourd'hui, à l'endroit où existait *Sextatio*, que des monceaux de pierres et de briques taillées, au milieu desquelles on a recueilli divers petits objets précieusement conservés.

Un autre monument découvert dans la partie du territoire des Volces, limitrophe de l'Espagne, nous a fait connaître le culte de Diane, associé à celui d'Apollon ; c'est du moins ce qui paraît résulter de l'examen de l'autel dont voici la description : sa forme est circulaire ; il est décoré d'un bas-relief représentant une lyre et un corbeau, un arc et un carquois, une biche et un chien ; ces attributs caractéristiques sont entourés par des branches de laurier que des lemnisques réunissent. La lyre et le laurier sont les symboles les plus connus d'Apollon. Quand au corbeau, sa présence, quoique plus rare que la lyre et le laurier sur les monuments dédiés à ce Dieu, n'en est pas moins un indice certain de cette consécration. Nous avons déjà parlé du sens allégorique attaché au corbeau, en décrivant l'autel qui nous occupe, au au chapitre relatif à Apollon [1].

Diane, représentée comme Déesse de la chasse, est toujours armée de l'arc et du carquois, souvent un chien l'accompagne, et personne n'ignore que la biche lui était consacrée. C'est donc au culte de Diane chasseresse que l'autel doit être rapporté.

Apollon, fils de Jupiter et de Latone, était frère de Diane. Ils furent l'un et l'autre l'objet du même culte dans les environs de la petite ville de Pezilla, où l'autel a été découvert.

L'Aquitaine a fourni l'un des plus beaux monuments connus du culte de Diane, celui qui retrace les amours de la Lune et du chasseur Endymion. C'est un sarcophage de

---

[1] *Suprà*, t. III, page 273.

dimension considérable, dont trois faces sont ornées de riches et élégantes sculptures. Il a été publié par Millin [1], auquel nous en empruntons la description :

« Le n° 1 offre un bas-relief qui représente Sélène (la
» Lune) visitant Endymion, le beau chasseur du mont Lat-
» mos ; les boucs et les chèvres qui composaient son trou-
» peau sont autour de lui ; il tient à la main deux jave-
» lots courts, propres à la chasse ; son chien fidèle est à ses
» pieds, lève la tête, comme pour empêcher qu'on ne trou-
» ble le sommeil de son maître. Le Génie du mont Latmos
» est figuré sous les traits d'un Génie adolescent qui est
» assis sur cette montagne ; il tient dans la main une bran-
» che des arbres qui en font l'ornement. Le Génie du som-
» meil et de la mort est près de la tête d'Endymion, et tient
» un flambeau renversé, pendant que *Somnus* (le sommeil),
» lui-même, représenté comme un bel adolescent, avec des
» ailes à la tête et au dos, et qui tient un faisceau de pa-
» vots, verse avec sa corne d'or, sur Endymion, une liqueur
» narcotique, et lui envoie des songes heureux. La chaus-
» sure crétoise d'Endymion et ses javelots font voir que,
» comme les jeunes princes des temps héroïques, il était à
» la fois chasseur et berger. Près de lui sont d'autres Gé-
» nies qui portent des flambeaux : Diane Sélène tient
» elle-même le grand flambeau avec lequel elle éclaire les
» hommes pendant l'absence du Soleil ; elle est vêtue d'une
» longue tunique et d'un peplum que le vent a enflé et
» qui forme un nimbe au-dessus de sa tête ; elle descend
» de son char, dont l'*antis* (la rampe) est décorée d'une
» tête qui ressemble à l'image de la Lune, telle que le vul-
» gaire la suppose, avec une face humaine. Une de ses
» nymphes dont la tunique est retroussée semble vouloir
» débarrasser les chevaux de leur joug, pendant que la
» Déesse reste à considérer le bel Endymion. Deux Génies

---

[1] Millin, *Voyage dans les départ. du Midi*, t. V, p. 652. *Atlas*, pl. LXXVI.

» ont aussi soin des chevaux : celui qui porte un flambeau
» est monté sur l'un des deux, et paraît vouloir étendre
» dessus une housse; l'autre arrête leur impétuosité en te-
» nant le mors. La Terre, couchée, a dans la main une
» corne d'abondance d'où sortent un cône d'épis et des
» fruits, signes de sa fertilité, pendant que le Génie de
» l'agriculture caresse un taureau. Pan, Dieu des jardins,
» est au-dessus. Un vieux pâtre, qui a près de lui son
» chien et qui porte sa besace à son côté, regarde cette
» scène singulière en posant la tête dans sa main, ce qui
» annonce la réflexion et le repos. »

La frise de ce sarcophage est divisée en deux cadres ; dans
l'un, on voit le jugement de Pâris [1].

« Le beau berger est coiffé de la mitre phrygienne et
» tient le pédum; son chien est près de lui. Mercure, coiffé
» du pétase et tenant le caducée, a le pied appuyé sur une
» roche, en face de celle sur laquelle Pâris est assis.
» Minerve est debout; elle tient sa lance et son bouclier, et
» elle est armée du casque. Junon, reine des Dieux et des
» Déesses, est assise à cause de sa dignité ; elle a la tête
» voilée et porte un grand flambeau, comme présidant au ma-
» riage et à la naissance : c'est d'ailleurs la Junon particulière
» de la jeune femme qui devait être figurée sous les traits
» de Diane; le panier qui est près d'elle indique les travaux
» auxquels se livrent les femmes. Je pense que l'oiseau qui
» est auprès, et qui a l'air d'un cygne, a été mal figuré et
» que ce doit être un paon. Près d'elle est Vénus, debout ;
» elle a seulement un diadème et un sceptre. L'Amour tient
» un flambeau et sollicite le prix pour sa mère. »

L'autre cadre ne présente que des préparatifs de chasse.

Un des bas-côtés représente Endymion lui-même, éveillé,
appuyé sur son pédum, accompagné de son chien et gar-
dant son troupeau de chèvres et de bœufs.

---

[1] *Atlas de l'Archéologie Pyr.*

L'autre fait voir Diane Tauropole dans un char traîné par des taureaux.

La description du second sarcophage, dont nous donnons le dessin [1], devait naturellement trouver sa place au chapitre consacré à Bacchus ; mais nous pouvons, sans inconvénient, la rapporter ici, car le monument qui en est l'objet a été, comme le précédent, trouvé à Saint-Médard d'Eyron.

« Ce sarcophage représente, dit l'auteur déjà cité [2],
» Ariane accablée de douleur et dont le sommeil calme lui
» rafraîchit les sens ; elle est rencontrée par le cortége de
» Bacchus, qui revient vainqueur de l'Inde ; une ménade
» est à la tête, et fait résonner les cymbales dans une at-
» titude pleine de grâce ; des satyres, des bacchantes, des
» faunisques et Thalie elle-même conduisent le Dieu de
» Nyra vers la belle endormie ; Thalie le précède en jouant
» de la lyre ; près d'elle est Pan ; Bacchus s'appuie sur Acratus
» qui est encore dans le char d'où le Dieu descend ; une mé-
» nade sonne de la trompette, pendant que le Dieu admire
» les charmes de la belle abandonnée ; une des centaures-
» ses qui traînaient le char se repose et allaite son petit
» centaure ; le vieux centaure, qui est attelé avec elle, s'a-
» muse pendant ce temps-là avec une grande lyre, et d'autres
» suivants du Dieu tiennent divers instruments ; la Terre,
» couronnée de fleurs et de fruits dont Bacchus la décore,
» a près d'elle le taureau dont le labeur fait croître le blé.
» La frise est terminée par des masques bachiques ; la
» tablette du milieu ne porte, comme la précédente,
» aucune inscription. Le cadre à droite représente le triom-
» phe de Bacchus, qui est traîné dans son char par des
» panthères, et précédé d'un satyre, d'une bacchante et
» d'une ménade, qui le conduisent vers un autel sur lequel
» le feu brûle en son honneur ; l'autre cadre représente,

---

1 *Atlas de l'Archéologie Pyr.*
2 Millin, déjà cité, page 656.

» devant un tapis tendu par des ménades, auprès desquel-
» les il y a des satyres qui jouent de la lyre et de la
» double flûte, un buste figuré à mi-corps, dont les mains
» tiennent un rouleau, et dont la tête, qui devait représen-
» ter le personnage enfermé dans cette tombe, est seule-
» ment dégrossie. Les petits côtés représentent des scènes
» bachiques; une jeune femme joue avec un faunisque; un
» vieux satyre fait résonner, en dansant, sa double flûte,
» et ne voit pas le serpent dionysiaque qui sort de la ciste
» mystique et va s'élancer sur lui. »

En exécutant des fouilles aux environs d'Auch, l'on découvrit un torse ou statue mutilée en pierre, de 4 pieds de
hauteur, à laquelle il manque la tête, les bras et les jambes. Elle représente une femme dont l'épaule et la mamelle
droite sont nues. La gauche est couverte d'une draperie qui
dessine parfaitement le nu, et dont le bord est négligem-
ment replié au-dessous du sein. Par-dessus est une tunique
plissée, dont l'extrémité suit les contours de la gorge, au-
dessous de laquelle elle est rattachée par une ceinture avec
un nœud. Le derrière de la figure est en partie enveloppé d'un
manteau à grands plis, dont le haut est attaché sur l'épaule
gauche et revient sur le devant. Le dessin de cette statue
est noble, l'attitude aisée, les contours élégants, la draperie légère et bien jetée.

Le savant Montégut, auquel nous empruntons cette description [1], ajoute que l'on a voulu représenter Diane ou
l'une de ses nymphes. Selon nous, le doute n'est pas possible, en examinant la reproduction de ce monument. En
l'absence des attributs particuliers de Diane, que nous ne
retrouvons pas auprès de cette statue mutilée, il est un caractère auquel l'archéologue peut aisément reconnaître notre
Déesse. Dans son hymne à Diane [2], le poète Callimaque,

---

[1] *Mémoires de l'Académie des Sciences de Toulouse*, t. III, p. 287 et 288.
[2] Callimaque, *Hym. in Dian.*

traçant le portrait de la Divinité à laquelle il consacre ses vers, parle de son épaule droite découverte et de sa mamelle toujours nue, et c'est là précisément le premier des traits que l'on aperçoit dans la description de Montégut.

Plusieurs fois déjà, dans le cours de cet ouvrage, nous avons eu l'occasion de parler de la belle fontaine de Lectoure, connue généralement sous le nom de fontaine de Diane.

Nous avons exprimé notre opinion à l'égard de ce monument, attribué par nous au culte du Dieu Soleil, comme semble l'indiquer le nom de Hount d'Hélios, qui lui était donné dans l'idiome de la contrée.

Mais, d'un autre côté, la version d'après laquelle cette fontaine a été érigée en l'honneur de Diane, prouverait, tout au moins, que le souvenir du culte de cette Déesse, chez les Lactorates, s'est conservé jusqu'à nos jours, et qu'il a été reporté peut-être sur un monument auquel il ne devait pas être donné.

Le culte de Diane se retrouve dans la partie des Pyrénées voisine de Lugdunum Convenarum, mêlé à celui des Divinités locales. Un petit autel, dont nous avons déjà parlé [1], nous montre cette Déesse confondue dans le même culte avec les Dieux des montagnes et Sylvain. L'inscription suivante, que nous reproduisons, ne laisse aucun doute à cet égard :

DIS. MONT
ET SILVANO
ET DIANAE
I. P. P. V. S. L. M.

Les sigles I. P. P. sont les initiales du particulier qui éleva ce monument. Pareille union du culte de Diane à celui des montagnes, et pour ainsi dire en seconde ligne, semble indiquer deux phases de la religion des peuples qui habi-

---

[1] *Supra*, t. 1er, p. 309.

taient cette partie de la Gaule. Eloignés du contact des
Romains, ces peuples adorèrent d'abord les objets divers
dont l'imposante majesté frappait leurs regards, les montagnes, les forêts, les fleuves, et ils n'acceptèrent les Divinités de l'empire qu'après l'invasion des mœurs et de la civilisation romaine dans les lieux abruptes et sauvages des
Pyrénées, et très rarement même d'une manière exclusive,
car on les retrouve presque toujours unies aux Divinités
locales.

Cette particularité nous est révélée par un autre autel
découvert dans le village de Chaum, au pied du pic du
Gar, et qui porte l'inscription suivante :

DIANAE ET
HOROLATI
ET CARRE
DEO NAN
VS
V. S. L. M.

Sur ce petit monument, le culte de Diane est associé à celui
du Dieu HOROLAT et au culte du Dieu GAR, nom d'une
montagne élevée, dont nous avons eu plusieurs fois l'occasion
de parler, et à laquelle le fleuve de la Garonne emprunte la
première syllabe de son nom, en roulant ses eaux torrentueuses sur les rochers détachés de sa cîme. La Divinité
désignée sous le nom d'Horolatus doit être le Dieu particulier ou le Génie du village d'Ore, en Comminge, voisin du
lieu où l'autel a été découvert. Cette supposition nous paraît motivée par l'usage, soit de déifier les Dieux, soit de
donner aux Dieux ou aux Génies les noms de ces lieux
mêmes. Nous retrouvons de nombreux exemples de cet
usage, et il nous suffira de rappeler notamment les noms
de la Déesse Barsa, adorée à Barsous; du Dieu Bacsert, à
Basert, et du Dieu Boccus, à Boucou.

Cependant, nous trouvons le nom seul de Diane sur un

monument que recelait l'église d'Ardiége, village peu éloigné de Saint-Gaudens, et qui a acquis aujourd'hui une renommée historico-mythologique, par suite des découvertes nombreuses d'autels votifs consacrés au Dieu LEHEREN, et aux travaux remarquables publiés sur cette Divinité locale.

L'autel consacré à Diane, transporté au Musée de Toulouse, a 0,51 de hauteur, sur 0,43 de largeur. Il a beaucoup souffert, probablement lorsqu'il fut enchassé dans l'un des montants de la porte de l'église, et l'inscription n'offre plus que quatre lignes encore lisibles, la cinquième ayant disparu. Voici cette inscription [1] :

DIANAE
A. V. C
L. POMP. PA
VLIANVS
. . . .

A Diane, vierge ou victorieuse, céleste, Lucius Pompéius Paulinianus. Sans la présence des points gravés entre chacun des sigles A. V. C, on pourrait peut-être traduire ces trois lettres réunies par le mot AVGVSTAE, *auguste*, épithète donnée quelquefois à Diane; mais, outre les points dont nous venons de parler, qui rendent cette leçon inadmissible, l'exemple de nombreuses inscriptions nous prouve que les trois noms d'auguste, vierge ou victorieuse et céleste étaient attribués à cette Déesse. Nous citerons notamment, comme exemples, les inscriptions suivantes publiées par Gruter :

DIANAE AVGVST
SACRVM
Q. ATTILIVS ADEVS

A Diane auguste, Quintus Attilius Adeus a consacré ce monument.

---

[1] *Mémoires de la Société archéologique du Midi*, t. I, p. 7.

VIR DIANAE SACR
PRO SALVTE
IMP. CÆSARIS. L. SEPTIMI

A la vierge Diane, ce monument a été élevé pour le salut de l'empereur César L. Septimus.

DIANAE CELESTI
SACRVM
Q. CORNELIVS
THEOPHILVS
CVM. QVINTIA. M. F.
LVPERCA

A Diane céleste, Quintus Cornelius Theophilus, avec Quintia Luperca, fille de Marcus, ont élévé ce monument.

Si nous nous rapprochons de la capitale des Tectosages, nous constaterons la découverte d'un buste de Diane, non loin de la voie romaine, sur le territoire de la petite ville d'Avignonnet. Nous pouvons également citer une belle lampe trouvée à Seisses *(aquæ siccæ)*, ornée d'un bas-relief représentant une Divinité dont le front est surmonté du croissant, signe caractérisque de Phébé ou Diane.

Non loin des murs de Toulouse, à peu de distance de la barrière du faubourg Saint-Cyprien, fut découverte, il y a quelques années, une petite statuette de 40 centimètres de hauteur environ, en marbre, qui offre les traits de Diane chasseresse [1]. La Déesse est vêtue de la *xistis*, ou habit de chasse ; ses pieds sont chaussés du cothurne ; elle court ; un carquois est suspendu à ses épaules ; auprès d'elle se tient un chien. La présence de Diane se livrant à son exercice de prédilection, dans cette partie du territoire des Tectosages, ne doit pas étonner. A quelques milles de la cité palla-

---

[1] Conservée au Musée des Antiques de Toulouse.

dienne s'étendent, en effet, les coteaux de l'Ardenne, jadis couverts d'ombreuses forêts, au sein desquelles le culte de Diane devait naturellement trouver sa place. L'endroit où a été découverte cette statue de Diane est situé entre la ville et l'Ardenne; il ne serait donc pas impossible que le petit monument eût appartenu à un temple de cette dernière localité.

Diane n'était pas seulement le *decus nemorum* des poètes; elle portait également le nom de *Regina undarum*, reine des ondes, nymphe, parce qu'elle se plaisait sur les bords des fleuves, autant qu'au milieu des forêts. Pindare l'appelle la Déesse Ποταμιαν, qui aime les fleuves, ou qui préside aux rivières [1], et Horace, dans ses vers délicats et charmants, nous fait aussi connaître ce goût de la fille de Jupiter et de Latone [2] :

> *Dianam teneræ dicite virgines*
> *Intonsum pueri dicite Cynthium*
> *Latonamque supremo*
> *Dilectam penitus Jovi.*
> *Vos lœtam fluviis et nemorum coma*
> *Quæcumque aut gelido prominet Algido,*
> *Nigris aut Erymanthis*
> *Silvis aut viridis Cragi.*

« *Jeunes filles, chantez Diane ; jeunes garçons,*
» *chantez Apollon, aux longs cheveux, et Latone, uni-*
» *quement aimée de Jupiter ; jeunes vierges, chantez*
» *cette Déesse qui se plaît auprès des fleuves et à l'om-*
» *bre des forêts du froid Algide, ou du noir Erymanthe,*
» *ou du verdoyant Cragus.* »

A l'aide de ces précisions, il nous est facile d'expliquer le mythe de la reine Pé-Dauque, sur laquelle nous avons déjà donné de longs détails [3]. Le plateau des Ardennes, cou-

---

[1] Pindare, *Pythion*, ode II.
[2] Horace, odes, t. I, XXI.
[3] *Suprà*, t. III, p. 295 et suiv.

vert d'épaisses forêts, recelait aussi des sources abondantes,
et l'eau, qui coulait de toutes parts sur le flanc de la colline,
servait à l'alimentation d'une partie de la cité. Les ruines
des bains antiques trouvés sur le plateau de l'Ardenne,
appelés *bains de la Régine*, ont consacré le souvenir d'un
personnage, objet d'une grande vénération dans la contrée,
et sur lequel l'imagination des historiens et des fabulistes
s'est longtemps exercée. Nous ne voyons, dans cette qualification de *bains de la Régine*, que les derniers vestiges du
culte de Diane, Reine, *Regina*, se plaisant au milieu des
forêts et sur les bords des sources et des fleuves.

Dans la même localité, des fouilles mirent au jour une
plaque en marbre blanc, fragment incontestable d'une
frise, sur laquelle on lit en beaux caractères ces mots :

DIANAE AVG

Tout porte à croire que ce débris intéressant appartient
à un petit temple élevé en l'honneur de Diane auguste, si
l'on admet que les trois lettres A. V. G. indiquent cette
épithète. Mais à l'examen, on reconnaît bientôt dans chacune d'elles l'un des sigles des trois mots : auguste, vierge
céleste. Les monuments de l'antiquité nous apprennent
et que ces trois titres étaient souvent attribués à Diane,
comme nous l'avons déjà démontré.

Plusieurs historiens de la ville de Toulouse ont prétendu
que le culte de Diane avait été en honneur dans cette cité.
Ils ont affirmé l'existence, aux anciens temps, d'un magnifique temple élevé à cette Déesse. Mais l'emplacement de ce
temple est demeuré jusqu'à nos jours une conjecture. Il a
été plusieurs fois fait mention, au cours de cet ouvrage, du
fameux temple d'Apollon, sur les ruines duquel aurait été
édifiée l'église de la Daurade. Si l'on admet l'opinion de
Forcatel, dans son ouvrage *De Gallorum imperio* ; de

Bertrand, dans ses *Gestes toulousains*, et de Catel, dans
son *Histoire de Languedoc*, le temple dont il est question aurait été dédié à Pallas. Entre les indications fournies
par Dom Martin et de Montégut, qui attribuent cet édifice
à Apollon, et celles que nous venons de rapporter, relatives
au temple de Pallas, nous placerons l'opinion de Dupuy du
Grez, reproduite à l'article concernant Minerve, et de laquelle il résulte qu'un temple consacré à cette Déesse aurait
existé à Toulouse, au-dessous de la chaussée du Bazacle.
Ainsi donc, deux temples sont signalés à Toulouse, sur les
bords de la Garonne : l'un, celui d'Apollon, en amont, devant
de l'église de la Daurade ; le second, celui de Minerve en aval
de ce point et au-dessous de la chaussée. Est-il admissible
qu'un troisième temple ait existé entre les deux plus haut
signalés ? Personne ne pourra le supposer. Il faudra donc
décider que si Diane a été honorée à Toulouse, dans un
temple, le lieu occupé par cet édifice est complètement inconnu. En l'absence d'indications à cet égard, le doute
même serait possible sur le culte rendu à Diane dans la
capitale des Tectosages, et les objets rapportés à cette
Déesse, trouvés à Toulouse, ne seraient pas suffisants pour
le dissiper.

Le premier de ces objets est un petit bas-relief en terre
cuite ayant fait partie d'une lampe sépulcrale. Il représente
Diane assise, les cheveux épars, les épaules couvertes par
un manteau ; elle tient dans sa main droite un objet assez
semblable à un cornet, et de sa main gauche, elle caresse
un chien qui se dresse vers elle. A l'horizon paraît un bouquet de feuillages.

Le second est une tête de cerf en bronze ornée de son
bois, trouvée dans la Garonne et destinée, selon toute apparence, à quelque décoration. Montégut prétend voir dans cet
objet un *ex-voto* à Diane. Une telle opinion est peut-être
hasardée, car rien, dans cette tête de cerf, n'indique ses rapports avec Diane. Ces deux petits fragments ont été décrits

par Montégut [1] et dans nos *Monuments religieux des Volces-Tectosages* [2].

Le souvenir du culte de Diane a survécu longtemps encore à la chute du paganisme, dans les contrées méridionales de la Gaule, et notamment dans l'ancien territoire du Couserans. L'évêque du Couserans, Auger de Montfaucon, dans un statut publié pour son diocèse, en 1274, défend en ces termes les derniers vestiges du culte païen : « Qu'aucune femme, dit-il, n'ose se vanter qu'elle va la nuit à cheval avec Diane, Déesse des païens, ou avec Hérodiade et Benzozia. Qu'aucune ne mette une troupe de femmes au rang des Divinités, car c'est une illusion du démon. »

Et de nos jours encore, dans les localités les plus reculées des montagnes, les pâtres, assure-t-on, n'approchent pas sans respect et frayeur de certaines pierres que l'on croyait être consacrées à ces Divinités païennes.

Minerve est l'une des douze Divinités de premier ordre (*Dii majores*) de l'Olympe. Suivant l'opinion la plus accréditée, Jupiter donna le jour à cette Déesse, en la faisant sortir tout armée de son cerveau. Hésiode dit, à cet égard, que Jupiter fit sortir de sa tête la respectable Pallas, Déesse vive et cuirassée, qui anime les guerriers, qui se plaît aux combats et au tumulte des armes [3] ; et, s'il faut en croire Lucien, Vulcain la fit venir au monde d'un coup de hache ; il remplit le rôle de sage-femme. La naissance de Minerve éveilla les susceptibilités de la reine des Dieux. Junon, l'implacable Junon, qui poursuivait de sa jalousie les victimes de la passion de son infidèle époux, irritée de ce que Jupiter avait engendré Minerve sans son intervention, chercha les moyens de faire des enfants en dehors du concours des hom-

[1] *Mémoires de l'Académie de Toulouse*, t. Ier, pag. 104, pl. VIII.
[2] *Monuments religieux des Volces-Tectosages*, pag. 294, 296, pl. V, nᵒ 12, et pl. IX, nᵒ 3.
[3] Hésiode, *Theog.*, V, 914.

mes. La nymphe Chloris lui indiqua une plante, le chiendent, pour obtenir ce résultat, et Junon, usant de ce procédé, engendra le Dieu Mars [1].

Au dire de certains auteurs, l'antiquité païenne a connu et adoré plusieurs Minerve. Cicéron [2] en comptait jusqu'à cinq, qui étaient : l'une mère d'Apollon ; la seconde, fille du Nil, adorée en Egypte par les Saïtes ; la troisième, fille de Jupiter ; la quatrième, fille de Jupiter et de Coryphe ; la cinquième, fille de Pallas. D'autres écrivains en ont admis un même nombre, mais avec des origines différentes.

Pallas est le véritable nom de Minerve.-Quelle est l'origine de ce nom ? Nous ne saurions nous prononcer sur ce point, et le plus sage sera de rapporter les opinions diverses auxquelles cette origine a donné lieu. Minerve, comme nous le verrons tout à l'heure dans la description de ses statues, est armée d'une pique, qu'elle tient à la main en la brandissant. Platon prétend que l'action de Minerve, exprimée en grec par le verbe Παλλειν, a donné son nom à Pallas, comme allusion à l'usage qu'avait cette Déesse de brandir sa pique [3]. Servien [4] adopte la version d'après laquelle le nom de Pallas dériverait du géant Pallante, que la Déesse immola, et d'autres auteurs croient, au contraire, que le nom de Pallas a été attribué à Minerve en souvenir du meurtre de son père, qu'elle fut contrainte de tuer pour sauver sa pudeur [5]. Pallas fut connue, à Athènes, sous le nom d'*Athéné*, à cause de son culte spécial dans cette cité. On a voulu chercher une autre étymologie à ce mot, et les auteurs se sont à l'envi disputé le mérite d'avoir découvert son origine. Leurs efforts ne reposent que sur des subtilités ; ils n'offrent aucune solution concluante.

1 Ovide, *Fastes*, V, pag. 231 et suiv.
2 *De Natura Deorum.*
3 Platon, *Crat.*
4 Serv., *OEn.*, I, 43.
5 Cic., *De Natura Deorum*, III ; *Arnob.*, III.

Rome surnomma cette Déesse *Minerva*, par corruption de *Menerva*, mot étrusque qui dérive du verbe latin *minare*, ou du grec μενος, *vis animi* [1].

Les statues antiques de Minerve nous la représentent dans une attitude majestueuse ; elle est couverte d'un triple vêtement de la tête aux pieds, ne laissant à nu que ses bras ; on pourrait la prendre pour la Déesse de la pudeur, si cette Divinité eût existé dans l'Olympe, où les traditions mythologiques nous montrent des épisodes constants d'inceste et d'adultère. La version relative au meurtre de Pallante prouve, en effet, que Minerve alliait la pudeur à la sagesse, et justifie aussi ces paroles que lui prête une inscription trouvée à Saïs, en Egypte, et reproduite par Plutarque [2] :

Και το εμον πεπλον ποθνητος απεκαλυφεν.

« *Et aucun mortel n'a encore entr'ouvert ma robe.* »

L'égide couvre quelquefois la poitrine de la Déesse ; sa tête est coiffée d'un casque surmonté d'attributs variant suivant les localités ; de sa main droite, elle tient une lance sur laquelle elle se repose ou qu'elle agite, et sa main gauche porte un bouclier d'airain.

La lance et le bouclier sont les attributs les plus ordinaires de Minerve ; on la voit cependant, quelquefois, tenant dans sa main une chouette.

Malgré son appareil militaire et guerrier, Minerve n'est pas la Déesse des combats. Si elle anime les guerriers, selon l'expression d'Hésiode, elle leur enseigne la prudence, et elle est plus généralement admise comme la Déesse de la sagesse. Le casque, la lance et le bouclier apprennent aux hommes qu'il faut toujours se tenir en garde contre l'en-

---

[1] Vossius, *Idol.* II. 42.
[2] H. Etienne, *Thesaurus*, t. 1er, p. 360.

nemi, de même que le soldat, prêt à livrer bataille, doit
avoir le casque en tête, la lance au poing et le bouclier
suspendu à son bras. Un auteur a dit que la lance de
Minerve est longue, parce que les paroles de la sagesse ont
une longue portée [1].

Notons cependant, comme digne de remarque, le nom
particulier de Minerva Salus, donné à Minerve par les Athéniens [2], et celui de Minerva Opthalmis à Sparte [3]. Certains
monuments représentent cette Déesse jointe à Esculape,
Apollon et Hercule, comme pour indiquer que ces quatre
Divinités présidaient à la médecine. Il est impossible de ne
pas voir, dans cette association de Minerve aux inventeurs
de l'art de guérir, l'emblème de la prudence dont les médecins ne devraient jamais se départir.

Le culte de Minerve se célébrait à Rome par des fêtes
appelées *quinquatria*, dans lesquelles on se masquait. Les
Fastes d'Ovide ont retracé le tableau de ces cérémonies, où
figuraient des masques représentant des têtes de lion, de
corbeau et d'autres animaux [4].

La fable de Méduse est trop connue pour ne pas rappeler ici que Minerve, irritée de la profanation de son temple par Neptune, amoureux de cette belle jeune fille sans
pudeur, prêta son bouclier à Persée, envoyé par les Dieux
pour délivrer la terre de Méduse, changée en monstre horrible, et plaça la tête de ce monstre sur son égide, afin de
prévenir les mortels de la terrible vengeance qu'elle avait
tirée de l'injure faite à sa divine chasteté.

Des monuments, peu nombreux, il est vrai, mais irrécusables, attestent l'existence du culte de Minerve dans les
Gaules. Le savant Mafei [5] a publié une inscription recueil-

---

[1] Fulgence, *Mythologie*, II, 21.
[2] Pausanias, I, 23.
[3] Id., III, 18.
[4] Ovide, *Fastes*, IV, 654.
[5] *Gall. antiq. select. epist.* 5, 25.

lie à Nîmes, qui témoigne des honneurs divins rendus à
Minerve et dans laquelle notre Déesse est confondue avec les
Dieux Lares, le génie particulier de la ville de Nîmes,
NEMAVSUS, et deux autres Divinités locales appartenant
selon Ménard, l'une, VRNIAE, à l'ancienne ville d'*Uger-
num* et la seconde, AVICANTUS, à celle du *Vigan*.

Voici cette inscription :

LARIBVS AVG
SACRVM ET
MINERVAE
NEMAVSO
VRNIAE
AVICANTO
T. CASSIVS. T. L
TELICIO EXS
VOT.

L'auteur dont nous venons d'indiquer l'opinion ajoute
que le culte de Minerve était surtout particulier à une contrée tout entière, qui en avait tiré son nom de PAGVS
MINERVENSIS, ou *Peyriac de Minervois*. Cette assertion
ne repose sur aucun monument confirmatif de l'existence du
culte de Minerve. Et cependant, à n'en pas douter, le nom
donné à cette localité, nom conservé jusqu'à nos jours,
rappelle quelque analogie avec la Déesse de la sagesse. Ne
pourrait-on pas la trouver dans les forêts d'oliviers qui couvraient une partie du territoire de la Narbonnaise.

Il est incontestable qu'à l'époque de la domination romaine en Gaule, l'olivier était l'objet d'une culture abondante dans la Narbonnaise. Cet arbre était consacré à
Minerve, à qui l'on attribue l'invention des olives et de
l'huile. Montfaucon parle d'une médaille publiée par Beger,
représentant Minerve tenant un rameau d'olivier à la
main [1].

---

[1] Montfaucon, t. I, p. 143.

Non loin d'une ancienne voie romaine dont la direction était vers l'Espagne, et sur le territoire d'une commune appelée Rouffiac, subsistaient, il y a quelques années encore, les ruines d'un ancien temple dédié, suivant la tradition, à Minerve. Les fouilles pratiquées dans ce lieu amenèrent la découverte de plusieurs objets intéressants, mais dont il était difficile de tirer une certitude au sujet de la Divinité adorée dans l'édifice.

Une médaille de grand module, trouvée sur la montagne de la Lagaste, ou le Pech-Tartari, lieu situé non loin du *Vicus-Atacis*, sur les bords de l'Aude, représente une tête casquée et les caractères Y Λ. Au revers, un cheval ailé courant. La tête casquée paraît indiquer celle de Minerve. Mais si le doute était possible, la présence du cheval ailé sur le revers de la médaille suffirait pour le dissiper. Il existe un grand nombre de médailles présentant les mêmes caractères, et toutes ont été attribuées à Minerve. La mythologie nous apprend aussi que Minerve offrit à Persée, pour attaquer la Gorgone, Pégase, le cheval ailé, et un bouclier resplendissant. Le cheval ailé de notre médaille serait donc Pégase [1], et la médaille ferait allusion à l'épisode que nous venons de rappeler. Cette particularité d'une Déesse caractérisée par un animal qui lui est consacré, ou par un fait particulier de son histoire, se retrouve souvent sur des médailles représentant une tête de femme et au revers une biche, qui appartiennent évidemment à Diane.

Le territoire des *Auscii* nous a offert un petit autel, découvert sur une éminence, dans le lieu de Saint-Guiraud, à 10 kilomètres d'Auch. Cet autel a été publié, pour la première fois, par M. d'Orbessan [2], à qui l'on doit sa conservation. Il était placé sur un socle, entre quatre colonnes

---

[1] Hygin., *Astr. poét.*, II, 18 et 12.
[2] *Mélanges historiques*, t. II, p. 357, 358.

torses, derniers vestiges apparemment d'un temple consacré à Minerve. Voici l'inscription gravée sur cet autel :

```
SACRVM
MINERVE
MARCVS
ATTIVS
SABINIANVS
V. S. L. M.
```

La dernière ligne est gravée sur le socle. L'inscription indique que le monument est consacré à Minerve, par *Marcus Attius Sabinianus.*

Un autre petit autel provenant de la même contrée paraît être consacré à Minerve. On y lit, avec difficulté, l'inscription suivante, gravée sur sa face principale :

```
: : INERVAE
: : : · IE · · · .
V. · .· ·F.
. . S. L. M.
```

Dans le Couserans, le culte de Minerve a laissé des traces de son existence par les débris d'un temple dédié à cette Divinité, et dont le frontispice en marbre porte cette inscription :

```
BELLISSIME MINERVAE
SACRVM. Q. V. MONT. A.
```

Ce fragment a été appliqué dans le montant d'un pilier du pont sur la rivière du Salat.

Un autel votif trouvé non loin de Saint-Gaudens, territoire des Convenæ, présente, sur les petits côtés, des vases de sacrifices bien conservés. Sa face principale porte encore les traces d'une inscription, dont la première ligne offre, en grands caractères, le mot MINERVAE, et la dernière les sigles traditionnels V. S. L. M.

Nous avons déjà dit [1] que rien n'autorisait à conclure
que Minerve eût été adorée dans le Capitole de Toulouse ;
mais, dans d'autres lieux de la cité palladienne, cette Déesse
devait nécessairement avoir des autels. Chabanel, dans un
ouvrage sur Notre-Dame de la Daurade, émet l'opinion que
cette église a été bâtie sur les ruines d'un ancien temple de
Pallas, et Catel, après lui, s'est efforcé de démontrer l'existence de ce temple.

L'auteur d'une intéressante histoire de Toulouse, Dupuy
du Grez, raconte « qu'il a vu des débris de statues d'une
» beauté extraordinaire, qui furent trouvés dans la rivière
» lorsqu'on bâtit le Pont-Neuf. J'ai ouï dire, ajoute cet
» écrivain, à des gens qui l'avaient vu, que la chaussée
» s'étant rompue, il parut un grand carré de murailles
» bâties à la romaine, avec quatre portes. On y trouva des
» tables ou planches d'airain où il y avait des inscriptions
» qui furent emportées par des curieux, mais dont per-
» sonne n'a pu me donner des nouvelles. M. Catel en a
» parlé, et après ce qu'il a rapporté, que Soufron, archi-
» tecte du Pont-Neuf, y avait trouvé des chapiteaux où il y
» avait des chouettes, il ne faut pas douter que ce ne fût
» le temple de Pallas. »

Quoique la découverte de ces chapiteaux sur lesquels des
chouettes étaient sculptées ne soit pas une preuve concluante et décisive de la consécration à Minerve de l'édifice
auquel ils appartiennent, il y a cependant des présomptions en faveur de cette opinion. La chouette figurait au
nombre des attributs de Minerve ; elle était, avec le dragon,
l'un des animaux favoris de cette Déesse, et c'est par allusion à ce fait que Démosthènes, envoyé en exil par le
peuple d'Athènes, disait que *Minerve Poliade* aimait trois
horribles bêtes : la chouette, le dragon et le peuple.

Le Musée de Toulouse possède deux petits monuments

relatifs à Minerve. Le premier est une statue en marbre grec,
dont la poitrine est recouverte de l'égide. La tête de la Déesse
manque, et le buste qui nous a été conservé a lui-même
beaucoup souffert. La beauté d'exécution remarquable dans
cet objet fait regretter plus vivement l'absence des fragments perdus. La hauteur de la statue est de 0,58.

Un médaillon composé de fragments nombreux, réunis
avec assez de succès, représente Minerve, la tête casquée et
les épaules protégées par son égide. Deux griffons sont sculptés sur le casque. Le sculpteur a voulu retracer le souvenir
de la fin tragique de Méduse, car le devant de la cuirasse
est orné de la tête de ce monstre, dont la chevelure est
hérissée de serpents.

Tolosa a été honorée de l'épithète de *Palladia* à l'époque romaine, et ce nom lui a été conservé; car, de nos jours,
on répète souvent ces mots : Toulouse, la cité palladienne.
Faut-il attribuer cette brillante qualification de la capitale
des Tectosages au culte de Minerve, aux nombreux oliviers
qui croissaient autrefois sur son territoire, ou bien enfin à
l'amour des arts et des travaux de l'esprit en honneur dans
cette cité? La meilleure réponse à ces trois questions est,
selon nous, d'admettre que ces trois causes ont également
contribué à mériter à Toulouse le titre de cité palladienne.
Nous venons d'établir la probabilité du culte de Pallas à
Toulouse. Quant aux oliviers qui croissaient aux environs de
la cité, pour en justifier l'existence, nous n'aurons qu'à
rappeler la mort du trop célèbre Simon de Montfort, atteint,
au pied d'un olivier, par une pierre lancée du haut des
murs du château Narbonnais ; enfin l'amour des arts et des
œuvres de l'esprit n'est pas difficile à constater, dans une
cité dont les traditions, les souvenirs et les institutions
vénérables font le plus beau fleuron de sa gloire.

XI.

Culte de Cérès, Isis, Vénus, etc.

Quoiqu'il soit assez difficille, en étudiant la nomenclature si variée des Divinités du paganisme, d'assigner à chacune de ces Divinités un ordre chronologique, cependant il est hors de doute que les premiers hommes durent adorer, tout d'abord, les objets dont leurs sens furent le plus vivement frappés. Les astres, en première ligne, répandant sur eux leur action bienfaisante, puis les éléments qui offraient à leurs regards étonnés des phénomènes inconnus et quelquefois des spectacles majestueux et terribles. Aux uns, ils rendirent un culte d'admiration et d'amour pour les effets vivifiants de leur puissance ; aux autres, un culte de respect et de crainte, à cause des résultats prodigieux de leur manifestation. Mais au nombre de ces éléments, la terre n'a, selon toute vraisemblance, été adorée sous des formes diverses qu'à la seconde période de l'ère des croyances mythologiques. Par son immense étendue, la terre aurait dû, ce semble, attirer dès l'origine les regards et fixer l'attention des êtres humains qui l'habitaient. Mais les races primitives, disséminées sur des points imperceptibles de notre sphère, n'avaient devant elles qu'un horizon fort limité. Leurs connaissances étaient extrêmement bornées, et elles pouvaient à peine se rendre compte des choses les plus simples ; à plus forte raison, leur intelligence ne devait-elle pas s'élever encore aux notions de l'étendue et des lois qui régissent l'ordre des choses. L'action incessante de la nature se produisait, il est vrai, aux yeux des premiers peuples, sous des formes sensibles. Le sol que leurs pieds foulaient était semé des productions les plus variées et les plus surprenantes ; mais l'œil restait impuissant à pénétrer le sein de la terre et à saisir les mystères de cette génération sans cesse renaissante, et dont les causes premières échappaient à leurs esprits. Cependant l'intelligence de ces peuples se développa ; les nécessités de la vie engendrèrent bientôt des découvertes, et la connaissance de la terre s'agrandit alors, et l'on comprit tout ce que cette bonne mère recelait de trésors dans son sein.

Il faut reporter à cette période de l'existence des peuples l'origine du culte de la terre, culte qui s'est traduit plus tard par des autels et des monuments, où l'on retrouve ces mots: TERRÆ MATRI [1]; mais c'est plus spécialement de l'une des formes de ce culte que nous avons à nous occuper, ou, pour mieux dire, nous allons envisager la terre, comme objet de l'adoration des païens, sous le nom de Cérès, que l'antiquité donna à la Déesse de l'abondance et de l'agriculture.

Cérès, d'après les traditions mythologiques, était la fille de Saturne et de Rhéa. Son nom, chez les Grecs, était *Déméter;* les Egyptiens l'appelaient Isis. Elle eut, dit-on, de son frère Jupiter, une fille nommée Proserpine. Cérès est assez souvent représentée sur un chariot traîné par des serpents et des dragons ailés, tenant dans sa main une torche. Les monuments qui offrent cette Déesse avec de tels emblèmes font allusion aux aventures de Cérès parcourant

---

[1] Gruter, t. Ier, pl. XXVI, no 6.

le monde, à la recherche de sa fille Proserpine. Quelquefois elle est figurée tenant d'une main des épis et de l'autre un bouquet de pavots. Cette dernière plante est encore une allusion au fait dont nous venons de parler, et elle indique l'affection de Cérès pour le pavot, emblème du sommeil, et le besoin qu'éprouve cette Déesse d'endormir la douleur occasionnée par l'enlèvement de sa fille.

Comme Déesse de l'agriculture, Cérès est toujours accompagnée des symboles rappelant aux mortels les dons de la terre et les instruments à l'aide desquels on les recueillait. Ainsi, nous la retrouvons, dans plusieurs monuments, avec les épis de blé et le mystérieux *calathus*, ou corbeille sacrée.

Les hommes sont redevables à Cérès de l'agriculture, et les traditions mythologiques racontent, avec une naïveté charmante, l'histoire de l'établissement de cet art si précieux. Cérès, disent les mythologues, adopta le jeune Triptolême, fils de *Celeus,* roi des Eleusiniens, et l'envoya courir le monde avec un char tiré par deux dragons, et le pourvut de blé.

En souvenir de cette tradition, une fête célèbre fut instituée à Eleusis, en l'honneur de Cérès, fête appelée *Eleusinie,* qui se renouvelait de quatre en quatre ans dans certaines localités, et chaque cinq ans dans d'autres. Ces fêtes duraient neuf jours consécutifs, et pour être admis à y prendre part, il fallait être d'une vie irréprochable. A Athènes, le culte de Cérès se traduisait par des cérémonies connues sous le nom d'*Epiclidies*, dont Hesychius a fourni les détails, et la capitale de la Grèce donna à cette Déesse la qualification d'Attique. Les historiens racontent qu'Auguste se fit initier aux mystères de Cérès et qu'Alcibiade fut obligé de s'enfuir pour en avoir divulgué les secrets, dont l'observation la plus rigoureuse était imposée. Les Grecs, et plus particulièrement les Athéniens, rendaient encore les honneurs divins à Cérès sous le nom de *Thesmophore*, c'est-à-dire qui a donné des lois.

Les laboureurs faisaient des sacrifices à Cérès avant les semences et lorsque le grain avait été confié à la terre, pour obtenir de cette Déesse l'heureux succès des moissons. C'étaient les *Proarosies* et les *Thalysies*.

On voit quelquefois Cérès escortée de Bacchus : ils allaient souvent ensemble dans les mystères, et leurs relations s'expliquent par les liens qui les unissaient. Bacchus, d'après plusieurs mythologues, serait, en effet, le fils de Jupiter et de Proserpine elle-même. Ce Dieu est représenté dans les mystères avec un van, emblème de l'agriculture, ce qui faisait dire à Virgile : *Et mystica vannus Iachi ;* et Plutarque [1] nous apprend, en outre, que l'hymne chanté en l'honneur de Bacchus, par les femmes d'Elide, le qualifiait de *fils chéri de la Charrue.*

Les images de Cérès sont quelquefois empreintes des souvenirs du culte des Divinités égyptiennes, et cette Déesse, dans plusieurs monuments, est couronnée de fleurs de lotus ou de pêcher, plantes consacrées à Isis, que l'on a souvent prise pour Cérès et presque pour toutes les autres Déesses.

Aux temples de Cérès étaient attachées des jeunes filles appelées *cernophores*, parce qu'elles portaient sur leurs têtes des corbeilles pleines de fruits, et à la suite de cette Déesse marchaient des Génies couronnés de pavots. Les récits des mystères de Cérès nous font connaître que les femmes seules pouvaient prendre part à son culte.

A Rome, l'on célébrait des fêtes et des jeux appelés *Céréales*, en l'honneur de Cérès. Les matrones s'y rendaient vêtues de blanc. Le deuil était banni de ces solennités, et les personnes qui accomplissaient les mystères de la Déesse, ne devaient avoir sur elles aucun objet de nature à rappeler la tristesse. Il fallait, en outre, être d'une vie notoirement irréprochable. Les gens impurs étaient exclus de

---

[1] Plutarque, *Questions grecques*, t. IV, p. 55.

ces fêtes par la voix du héraut. L'abstinence la plus abso-
lue était commandée jusqu'à la nuit, et les initiés étaient
même obligés jusqu'au lendemain de garder la continence.

Il paraît que les habitants de certaines contrées ont
attribué à Cérès une influence sur les maladies, car nous
retrouvons dans quelques auteurs, et notamment dans
Pausanias, le récit de pratiques religieuses accomplies devant le temple de cette Déesse, à cette intention. Cet écrivain [1] dit que, devant le temple de Cérès, il existait une
fontaine, au bord de laquelle se rendaient ceux qui avaient
chez eux quelque malade. Ils attachaient un miroir à une
ficelle et le plongeaient doucement dans l'eau de la fontaine,
non pas pour l'y enfoncer, mais seulement jusqu'à ce que
l'extrémité du miroir rond touchât à l'eau. A ce moment,
ils faisaient leur prière à la Déesse et lui offraient de l'en-
cens. Ils regardaient ensuite le miroir où ils devaient voir
leur malade ou vivant ou mort, selon le succès que la
maladie devait avoir. Il faut ajouter que l'influence du
miroir avait une large part dans l'issue de la cérémonie.
Montfaucon a reproduit les formes de cet objet [2].

Tels sont les caractères les plus connus de Cérès et les
traits principaux de son culte. Les monuments qui nous
retracent ce culte sont peu nombreux, et l'on peut s'en
étonner, quand on se reporte au rôle important que devait
remplir cette Déesse dans l'économie du système mythologique.

Les fouilles pratiquées à Herculanum et Pompéi ont mis
au jour quelques belles peintures sur lesquelles Cérès est
représentée avec les attributs divers que nous lui connaissons maintenant. Mais les monuments dédicatoires, tels
qu'autels votifs et inscriptions, sont fort rares. Le recueil
de Gruter en signale à peine cinq ou six trouvées à Rome.

[1] Pausanias.
[2] Montfaucon. *Antiq. exp. Cérès.*

La Gaule Narbonnaise n'en a fourni qu'une seule, découverte à Teillan, sur la voie romaine, et qui porte ces mots :

CERERI. SACRVM
SEX. AETATIVS. VIGITVS
V. S. L. M.

'Que l'on peut traduire ainsi : *A Cérès, Sextius Ætatius
Vigitus, en élevant ce monument, a accompli librement
son vœu.*

Les recueils épigraphiques anciens et les découvertes
modernes n'ont signalé aucun autel votif à Cérès dans la
Novempopulanie.

A quoi faut-il attribuer cette absence complète de monuments consacrés à la Déesse de l'abondance et des moissons,
au sein des populations diverses qui habitaient les provinces
du midi de la Gaule? L'état de cette vaste contrée ne sem-
blerait-il pas donner une solution à cette question, si l'on
considère que le terrain arrosé par les eaux de la Garonne
et de ses affluents, par celles de l'Ariége et des ruisseaux
qui l'amentent, n'était, dans les temps reculés, et n'est
encore en grande partie couvert que d'immenses forêts, de
riches pâturages ; et que, sans doute, pour nous servir de
l'image empruntée aux mythologues, Cérès n'a envoyé son
fils adoptif, Triptolême, que fort tard, pour répandre sa
précieuse semence sur le sol encore vierge de la Novempopulanie. Le culte de Cérès n'a donc pu jeter dans ce pays,
s'il a existé, de profondes racines, et de là vient, sans doute,
que l'on n'en retrouve pas de vestiges.

Le culte des Divinités égyptiennes, définitivement adopté
à Rome, se répandit bientôt dans toutes les provinces de
l'empire, mais il en reste peu de monuments parmi nous.
Cependant ce culte dut avoir de nombreux sectateurs.
L'étrangeté des cérémonies, les mythes nouveaux racontés aux
adorateurs, les pompes de cette religion importée des bords

du Nil jusqu'à ceux du Tibre et même dans la Gaule Narbonnaise, auraient pu accroître le nombre de ses monuments
dans nos contrées ; néanmoins, ils sont assez rares. Chaque
jour, disent les livres anciens, le culte d'Isis commençait par
des prières ; ceux qui s'y dévouaient se réunissaient en grand
nombre, avec un costume particulier, au bas des marches
du sacellum d'Isis et autour du principal autel placé dans
l'avant-cour de l'édifice, pour assister à ces prières, réci-
tées le matin et le soir et prescrites par les rites sacrés.

L'une des causes les plus probables du culte d'Isis, même
en dehors de l'Egypte, où il avait pris naissance, était le
pouvoir immense que l'on attribuait à cette Déesse, à laquelle Apulée adresse ces solennelles paroles [1] : « Les Déités
» célestes te révèrent ; les puissances infernales te redou-
» tent, ô Déesse ! C'est toi qui imprimes le mouvement à
» la terre ; tu éclaires le soleil, tu règnes sur le monde en-
» tier, et tu foules aux pieds le ténébreux Tartare. Les astres
» obéissent à tes volontés ; tu répands l'allégresse parmi les
» Dieux ; ta sagesse éternelle règle l'ordre des saisons, les
» éléments sont sous tes ordres ; les vents ne soufflent et
» les nuages ne s'assemblent qu'à ton gré ; les semences ne
» germent ni ne croissent sans toi. »

Ce langage du poète semble indiquer qu'Isis avait une
puissance sans bornes, qu'elle réunissait à elle seule les
attributs de toutes les autres Déesses. C'était la nature elle-
même avec toutes les facultés de la création. Aussi lui avait-
on donné le nom de *myrionyme,* qui a dix mille noms, et
on a retrouvé, sur les bords de l'Isère, l'inscription suivante
constatant qu'Isis a été adorée sous cette forme dans la
Gaule [2] :

ISIDI
MYRIONVMAE
SACRVM.

[1] Apulée, t. XI.
[2] Mongez, *Dictionnaire d'Antiquités,* t. 1er, p. 404.

L'origine de la Déesse Isis est racontée par Plutarque [1] d'une façon assez singulière pour être rapportée ici. Rhéa, dit cet auteur, eut un commerce secret avec Saturne. Le Soleil, s'en étant aperçu, obtint par ses supplications que la Déesse ne pût accoucher dans aucun mois ni dans aucune année. Mercure, qui aimait Rhéa, eut également des rapports avec elle, puis il joua aux dés avec la Lune et lui gagna la soixante-treizième partie de ses clartés, dont il forma cinq jours qu'il ajouta aux trois cent soixante dont se composait l'année. Ces jours sont appelés Επαρομενες. C'est pendant ces cinq jours que Rhéa mit au monde cinq enfants : le premier jour naquit *Osiris ;* le deuxième, *Aroueris, Apollon* ou *Horus ;* le troisième, *Typhon ;* le quatrième, *Isis ;* enfin, *Nephtys* naquit le cinquième jour. Cette version, adoptée par certaines traditions, nous offre un détail assez intéressant, à savoir l'origine des cinq jours complémentaires de l'année. Quelques écrivains ont admis qu'Isis était la fille de Promethée.

Dans le culte égyptien, Isis est toujours unie à Osiris, et ils représentent l'un le Soleil, l'autre la Lune ; mais Isis était aussi regardée comme la personnification de la terre, et alors elle réunissait en elle les deux attributions de puissance fécondée et de puissance fécondante. Originaire d'une contrée où le soleil exerce une action merveilleuse, cette doctrine s'explique par les effets des astres, qui jouent un rôle immense dans les productions du sol. Le soleil, réchauffant de ses rayons brûlants le sol fertile de l'Egypte, naturellement associé à l'astre des nuits qui répand sur les moissons une bienfaisante rosée, et la terre, sous cette double influence à laquelle elle ouvre son sein, formaient une triade, objet de l'adoration de ces peuples, qui les confondirent souvent dans le même culte.

Isis, avons nous dit, était prise pour toutes ces Déesses,

---

[1] Plutarque, *De Isid,* p. 355.

et les Egyptiens exprimèrent le pouvoir sans bornes qu'ils lui attribuèrent, dans cette inscription tracée sur le temple de Minerve, adorée à Saïs comme une des mille personnalités d'Isis : « Je suis tout ce qui est, tout ce qui a été, tout ce qui sera. »

Cette plénitude d'attributions donnée à Isis a produit, dans les monuments qui lui ont été consacrés, une variété infinie, et les symboles ou les objets qui lui ont été consacrés sont nombreux. Cette Déesse est souvent représentée avec la tunique talaire et vêtue d'une chlamyde aux couleurs variées, portant un sistre et un seau. Telle est la description qu'en donne Apulée [1], et telle nous la trouvons figurée dans le Recueil de Montfaucon [2]. Quelquefois on voit Isis tenant à la main un serpent, emblème de ses mystères, et souvent sa figure est garnie d'une longue barbe. Lachausse nous la dépeint avec le tau isiaque, une croix garnie d'une anse dans la main et vêtue d'une tunique en treillis, emblème de la liaison et de l'unité de tous les êtres [3]. L'ibis était l'oiseau consacré à cette Déesse. Dans les cérémonies du culte isiaque, ce volatile est figuré avec le corps entièrement blanc, la tête, le cou, le bout des ailes et de la queue noirs ; Isis empruntait quelquefois sa tête. La vache était également consacrée à Isis, ce qui nous est démontré par la description pompeuse qu'Apulée a donnée des fêtes de cette Déesse [4]. Le prêtre, dit cet auteur, s'avançait portant sur ses épaules une vache élevée sur ses pieds de derrière, symbole d'Isis, mère féconde de toutes choses.

Les représentations phalliques étaient très souvent le symbole d'Isis, peut-être en souvenir du mythe relatif au meurtre d'Osiris, que l'on regardait comme son époux. Osiris, disent

1 Apulée, t. XI.
2 Montfaucon, t. II, supp. pl. XL.
3 Lachausse, t. I, sect. 2, tab. XLII.
4 Apulée, t. XI, p. 373.

les mythologues égyptiens, fut tué par Typhon, et Isis, rassemblant les membres épars de son époux, leur donna la sépulture, mais elle conserva religieusement les organes de la génération. Ces traditions sont incontestablement le symbole de la puissance fécondante du Soleil et de la puissance de génération de la Lune, et s'accordent avec les données de la théogonie égyptienne, qui regardait le Soleil et la Lune, sous les formes d'Osiris et d'Isis, comme les causes premières et incessantes de toutes les générations du monde.

Isis a été, dans diverses circonstances, prise pour la Déesse de la Fortune, et alors elle est figurée avec une feuille de lotus à la main. Plusieurs auteurs prétendent qu'Isis est la Fortune; mais elle en diffère, selon Apulée, en ce que la Fortune est ordinairement aveugle, tandis qu'Isis est la Fortune voyant. Ce dernier écrivain, auquel nous faisons de fréquents emprunts dans sa description des temples d'Isis, signale le palmier comme accessoire ordinaire de leur décoration, et il ajoute que les initiés aux mystères étaient couronnés de feuilles de cet arbre. L'on a prétendu, pour expliquer cette particularité, que le palmier représentait le symbole de l'année lunaire, et qu'à raison de ce fait, la Déesse elle-même et ses prêtres portaient à leurs pieds des sandales de palmier [1]. L'un des caractères distinctifs des prêtres d'Isis était leur menton et leur tête complètement rasés [2], et Tibulle nous apprend que les femmes, lorsqu'elles célébraient les mystères isiaques, avaient les cheveux dénoués et tombant sur leurs épaules [3].

Dans les cérémonies du culte d'Isis, les prêtres portaient, soigneusement enveloppé par des tissus de lin, un seau ou *hydria*, auquel on accordait une vénération très grande,

---

[1] Apulée, *Met.*, XI.
[2] Diod. 1.
[3] Tibulle, *Eleg.* III, v. 31 et 52.

à ce point que, d'après certains mythologues, cette *hydria* était considérée comme le symbole le plus parfait de la Déesse Isis.

Fidèles à leur principe, Dupuis et les adeptes de ses théories ont voulu ramener le culte d'Isis et celui d'Osiris aux grands mouvements de ces deux astres comparés au Zodiaque. Se basant, pour soutenir leur système, sur les paroles d'un certain Chérénus, prêtre égyptien, d'après lequel la seule explication de l'histoire de ces Divinités consiste dans les mouvements du Soleil et de la Lune comparés au Zodiaque, ils ont prétendu trouver la clé de cette religion, ancienne comme le monde, née presque en même temps que les peuples primitifs, et dont l'unique cause est puisée dans les effets prodigieux des deux astres qui en étaient l'objet, sur l'esprit encore enfant des populations. Or, il est bien évident que l'adoration du Soleil et de la Lune, ou d'Osiris et d'Isis, a dû précéder de plusieurs siècles, peut-être, toute notion astronomique, et que le culte rendu à ces deux astres déifiés était déjà établi, avec les caractères principaux que nous avons exposés, à une époque antérieure à l'invention du Zodiaque. Quant à l'histoire d'Osiris et d'Isis, elle est par elle-même d'une simplicité extrême, car elle se réduit à ces deux termes : principe de fécondation et principe de conception, semence et génération. Sous quelques noms que nous l'envisagions, Osiris, ou le Dieu Soleil, et Isis, prise comme la Terre, la Lune, la Grande Mère, Cybèle, Cérès et les autres Déesses, nous les retrouvons toujours avec ces deux attributs bien caractéristiques du Dieu qui répand ses effluves vitales et de la Déesse féconde entr'ouvrant son sein pour les recevoir et les rejeter avec une fertilité éternelle.

Il est certain, toutefois, que l'on ne saurait nier les points de ressemblance du meurtre d'Osiris par Typhon et des pérégrinations d'Isis à la recherche des membres épars de son époux, avec la marche du Soleil et de la Lune, de

même que ceux d'Anubis ou Horus, avec le Chien des
constellations. Mais ces quelques traits particuliers ne suffisent pas pour faire d'une religion naturelle au plus haut
degré, une religion astronomique, pour ainsi dire, une
religion passée au creuset de la science.

Posée dans ces termes, on conçoit aisément que la religion du Soleil et de la Lune, ou d'Osiris et d'Isis, doit avoir
pour berceau les contrées où leur influence s'exerçait d'une
manière si merveilleuse, cette terre d'Orient, si fertile, où
la nature offre des ressources incalculables. Mais à mesure
que l'on s'éloigne des rives enchanteresses du Nil, le culte
des Divinités principales de la mythologie égyptienne perd
de ses caractères. Dans la Grèce, nous voyons le Soleil
prendre différents noms, et Isis représenter presque toutes
les Déesses, même celles qui n'avaient aucun rapport avec
la Lune, considérée comme principe de fécondité, et avec la
Terre. Ainsi nous la retrouvons, d'après le discours d'Apulée,
avec les traits de Minerve, de Diane, de Vénus, de Junon,
de Bellone et de Proserpine elle-même, qui est certes bien
éloignée de nous donner l'image de la vie, elle qui règne, à
côté de son ténébreux époux, sur l'empire de la mort.

Que sera-ce encore lorsque nous arriverons, sous l'influence de la mythologie romaine, jusque dans les Gaules,
au milieu de ces populations possédant leurs Divinités indigènes, vivant au centre de vastes forêts et de landes plus
vastes encore, privées en grande partie de ce soleil qui
vivifie et réchauffe la nature? Un pâle reflet des traditions
égyptiennes importées par les colonies grecques qui vin-
rent s'implanter sur le territoire méridional de la Gaule, et
y apporter, avec le culte des Divinités de leur patrie, celui
qu'elles devaient à leur contact avec l'Égypte.

Aussi ne devons-nous pas être surpris quand nous
jetons un coup-d'œil sur les monuments du culte de la
Déesse Isis, échappés à l'oubli lorsque nous recherchons
quelle pensée ils nous retracent, de ne pas leur retrouver

les caractères du culte égyptien, dont ils ne nous rappellent qu'un nom. Dans les Gaules, en effet, Isis n'est confondue, ni avec la *Bonne Mère*, ni avec *Cérès*, ni avec *Diane*, ni avec *Minerve*, et, tout au contraire, nous verrons qu'elle en est distincte; et si nous avons dit, au début de cette esquisse mythologique, que le culte d'Isis dut séduire les imaginations par les récits merveilleux de ces cérémonies et les pompes de la religion égyptienne, il ne faut pas croire, cependant, que ces cérémonies et ces pompes furent mises en pratique. Rien n'autorise à dire que des temples ont été élevés à Isis, et que les populations de la Gaule ont rendu à cette Déesse les mêmes honneurs dont elle était l'objet sur les bords du Nil, ou peut-être, sous d'autres formes, dans les contrées diverses de la Grèce.

Le culte d'Isis dans les Gaules a laissé, comme traces de son existence, des inscriptions gravées sur de petits autels votifs, dont nous signalerons les plus importantes :

A Nîmes, l'on a découvert l'inscription suivante, qui donne à Isis une personnalité mythologique distincte de la Lune [1] :

> LVNAE ET ISIDI
> AVG. SACR.
> C. OCTAVII.
> PEDONIS. LIB
> TROPHIMIO SEVIR
> AVG. V. S.

L'autel votif sur lequel elle est gravée porte, en outre, le croissant de la Lune et un sistre, le signe caractéristique de chacune de ces deux Divinités.

Millin [2] rapporte une inscription découverte dans les Alpes, sur le territoire de l'antique Ebrodunum (Embrun),

---

[1] Gruter, t. Ier, pl. XLII.
[2] Millin, *Voyage dans le Midi de la France*, t. IV, p. 178.

et qui est consacrée uniquement à Isis. On y lit en très beaux caractères :

```
           INSIDI
          CORNELIA
          MATERNA
         V. S. L. M.
```

Il y a évidemment dans cette inscription une erreur qu'il est facile de relever. Au lieu de INSIDI, il faut lire ISIDI.

Nous reproduirons ensuite l'inscription dont nous avons déjà parlé au chapitre relatif à Diane, et qui constate, comme nous l'avons observé, qu'Isis a une personnalité distincte de cette Déesse. Elle a été trouvée à Montpellier, dans la rue de la Valfère.

```
   ISIDI. ET. DIANAE. S. EX. VOTO.
   S. F. CN  OPIL. CVM PRoBA. VXOR.
       D. ET FILIIS. C* M. G. P.
                   F. A. N.
```

Une autre inscription dédiée au Soleil et à la Lune, sur la face d'un petit autel votif, dont les côtés portent ces mots : l'un ISIDI. VICTRICI ; l'autre ISIDI. REGINAE.

```
          SOLI
        ET. LVNAE
        C. AVREL
        SECVNDVS
       V. S. L. M.
```

Cet autel votif, provenant du village de Lunax, est conservé au Musée de Toulouse.

Les monuments anciens du culte d'Isis nous apprennent que les Egyptiens donnaient à cette Déesse les épithètes de reine et de victorieuse ; ils nous font également connaitre que les Romains les placèrent ensemble sur les autels consacrés par eux à cette Divinité.

A Saint-Julien , non loin de Montpellier, fut découverte une inscription ainsi conçue :

ISIDI
SAC. CO. AELIVS
EX. TESTAMENTO
F. I.

L'un des monuments les plus curieux se rapportant au culte d'Isis, dans la partie méridionale des Gaules , est le groupe découvert à Montans, sur les bords du Tarn , il y a quelques années. Il représente une chienne élevant en l'air un petit animal de son espèce. Pour se rendre raison de l'application de cet objet au culte d'Isis , il faut se rappeler qu'Anubis ou Horus, fils d'Isis , a été souvent figuré sous les traits d'un chien , et que sa mère l'offrait ainsi aux regards de ses adorateurs. Ce petit monument, vraiment unique , était tout entier dans les traditions du culte égyptien.

Le Musée de Toulouse possède divers objets dont les formes rappellent la Déesse Isis , notamment : un buste en marbre, trouvé , il y a environ cinquante ans , dans la vallée d'Aran , commune de Trédos , publié dans les *Monuments religieux des Volces-Tectosages* [1]. La vallée d'Aran, quoique appartenant aujourd'hui à l'Espagne , est aux portes de notre territoire , et elle faisait jadis partie de la portion de la Novempopulanie occupée par les Convènes.

Une statue en bronze, représentant Isis, tenant le jeune Horus par la main. Ce petit monument provient des environs du village d'Isaut-de-l'Autel , dont le nom offre une analogie frappante avec celui de la Déesse. Le style de cette statuette indique un temps assez bas , ce qui se reconnaît à la forme du diadème , à ses cheveux partagés sur le front , au *modius* placé sur sa tête , enfin à l'agencement de la draperie qui la recouvre.

---

[1] *Monuments religieux des Volces-Tectosages*, p. 168.

Une statue d'Isis, découverte à Martres. La tête, les bras et les pieds sont en marbre blanc, le corps en marbre gris veiné. L'ajustement du manteau noué sur la poitrine et les franges de la draperie semblent indiquer une Isis romaine. La main droite de la Déesse se projette en avant, tenant la poignée d'un instrument ayant quelque ressemblance avec le sistre, que l'on voit très souvent porté par Isis. Le travail de ce monument est large et facile.

Enfin une petite statue représentant Isis, et qui provient de la capitale des *Auscii*. Ce petit monument avait perdu une partie de ses attributs, qu'une restauration assez habile vient récemment de lui restituer.

L'auteur des *Mémoires de Languedoc* [1] raconte « qu'en nettoyant les fossés de la ville de Toulouse, près de la porte *Mont-Gaillard*, on découvrit une image de la Vierge et du Soleil, et que les habitants des rues voisines se réunirent pour chercher un local propre à recevoir ce groupe. Une femme pleine de dévotion offrit sa maison pour bâtir une chapelle, ce qui ayant été accepté, on en construisit une qu'on nomma *Notre-Dame de Nazareth*. » Cet édifice fut démoli, et reconstruit vers le milieu du quatorzième siècle, à la même place où, suivant Pierre Dufaur, était autrefois situé le temple dédié par les Toulousains à Vénus Ericine. En rappelant ces lignes de l'histoire de Toulouse, l'auteur des *Monuments religieux des Volces-Tectosages* [2] a fait observer que l'union de la Vierge et du Soleil n'était pas possible, car elle aurait établi une promiscuïté du culte chrétien avec celui d'une Divinité du paganisme, et que l'image dans laquelle ces bonnes gens du peuple crurent reconnaître la Vierge, mère du Christ, ne pouvait être que Cybèle ou Isis, soit que l'une des deux statues du groupe représentât Osiris, soit qu'il fût le symbole ou la figure du jeune Horus.

---

[1] *Mémoires de Languedoc*, p. 236.
[2] *Monuments religieux des Volces-Tectosages*, p. 168.

L'étude à laquelle nous allons maintenant nous livrer, sur Vénus, offre, de même que celle des autres Déesses dont nous avons retracé l'historique et décrit les monuments, des variantes sans nombre au sujet de son origine et des attributs qui lui sont propres. Nous retrouvons dans cette Déesse plusieurs traits caractéristiques qui, suivant divers auteurs, tendraient à la faire confondre avec Cybèle et Isis, et, comme cette dernière, elle aurait, dans quelques localités, été gratifiée du titre de *myrionime*. Cette expression, dont l'exagération évidente indique l'étendue de la puissance de Vénus et l'universalité de son culte, est en partie corroborée, quoique cependant dans des proportions assez restreintes, par des travaux intéressants présentés à l'Académie des inscriptions, qui relatent jusqu'à deux cent soixante-huit noms donnés à Vénus [1]. Sans vouloir parcourir la série de toutes ces appellations de Vénus, nous nous bornerons à rappeler les principales.

Suivant Cicéron [2], l'on donna à Vénus quatre origines différentes, ou plutôt quatre Vénus distinctes auraient figuré dans la mythologie : l'une fille du Ciel et du jour ; la seconde issue de l'écume de la mer, et connue sous le nom grec d'*Aphrodite*; la troisième engendrée par Jupiter et Diane, et qui fut l'épouse de Vulcain ; la dernière, enfin, qui dut le jour à Tyrus et à Syria, connue sous le nom d'Astarté et unie au bel Adonis. Pausanias et Platon admettent seulement deux Divinités du nom de Vénus : la Vénus céleste, fille du Ciel, et la Vénus vulgaire, fille de Jupiter et de Diane. Le premier de ces deux auteurs qualifie Vénus de la plus ancienne de toutes les Parques, voulant entendre par là que la loi de la génération est la première des lois de la nature [3] ; et c'est pour rendre, par un objet

---

[1] *Monuments religieux des Volces-Tectosages,* p. 257.

[2] Cicéron, *De nat. Deorum,* lib. III.

[3] Pausanias, II, l. III, 15.

apparent et sensible, cette pensée profonde, cet irrésistible instinct de la procréation comme résultat de l'amour, que les habitants de Chypre, de Corinthe et de Lacédémone représentaient Vénus armée d'une lance, et lui donnaient le nom de Vénus *Hoplismène*. Sous le nom de Vénus, pris dans sa signification la plus large, les anciens personnifiaient l'attrait que la nature a donné à tous les êtres pour leur reproduction, afin de perpétuer les espèces.

La Vénus céleste est ordinairement représentée avec des ailes. Le Recueil de Montfaucon [1] renferme diverses reproductions de cette Déesse sous cette forme. L'une nous montre Vénus ailée, ayant un manteau attaché à son cou et rejeté en arrière, de façon à ne voiler aucune des parties de son corps gracieux. Elle tient dans une de ses mains un cercle qu'elle présente à Cupidon, et le jeune enfant élève ses deux bras pour saisir cet objet. Dans la seconde figure, on voit Vénus tenant de ses deux mains un globe constellé, qu'elle examine avec attention. Devant elle est dressé un flambeau qui brûle, et au-dessus de ce flambeau, vole un papillon cherchant à éviter les atteintes de la flamme.

L'on a cru voir, dans cette figure de Vénus et des objets qui l'accompagnent, l'emblème de la Déesse faisant l'horoscope d'une âme, dont le papillon serait le symbole.

Vénus céleste prenait aussi le nom d'Uranie, et c'est pour l'adorer sous cette forme, mais en prenant une expression emblématique, que les habitants de Paphos, ville de l'île de Chypre, avaient élevé à cette Déesse, un temple au centre duquel se dressait une pierre ou aiguille ronde, couverte d'hiéroglyphes et de caractères mystérieux [2].

Comme Déesse de l'amour, Vénus est toujours représentée entièrement nue et dans des attitudes très variées. C'est la Vénus vulgaire, la fille de Jupiter et de Diane, la

---

[1] Montfaucon, liv. 1er, pl. XCIX.
[2] Maxime de Tyr, *Diss.*, XXXVIII.

plus en honneur dans la Grèce et chez les Romains, celle
à laquelle Lucien donne le nom de Πανδημος, celle en un mot
qui se trouvait dans l'Atrium des courtisanes, auxquelles
elle devait probablement servir de modèle. On lui donnait
également le nom de *Cypris*. L'une des plus belles statues
de la Vénus vulgaire, celle qui a eu le plus de retentisse-
ment dans l'antiquité, est la Vénus de Praxitèle; elle fut
connue sous le nom de Cnidienne, à cause de la ville de
Cnide où elle se trouvait. Pline [1] raconte que Praxitèle
avait exécuté deux statues de Vénus qu'il exposa en vente.
L'une de ces deux statues était vêtue, la seconde d'une
nudité complète. Les habitants de Cos, désireux de possé-
der un chef-d'œuvre de Praxitèle, éprouvèrent un embar-
ras, car toutes les deux étaient exécutées avec l'art le plus
parfait; mais ils refusèrent de prendre la seconde, dans
la crainte que sa vue n'offensât la pudeur. Les habitants
de Cnide firent l'acquisition de celle-ci, et de tous côtés
on accourait pour admirer cette merveille. Le roi Nicomède
voulut l'acheter; il offrit pour cela de payer toutes les
dettes de la ville, dettes qui étaient énormes; mais les
Cnidiens s'y refusèrent, et ils eurent raison, ajoute le nar-
rateur, car c'est à cette statue que la ville de Cnide à dû
sa célébrité. Suivant Athénée [2], le modèle de cette Vénus
aurait été la plus célèbre courtisane de l'antiquité, Phryné,
dont personne n'ignore l'aventure, et dont Praxitèle était
amoureux, et d'après Clément Alexandrin, l'artiste aurait
au contraire pris pour modèle de son chef-d'œuvre sa
maîtresse Cratiné.

La puissance infinie attribuée à Vénus sur la génération
des êtres, explique la forme phallique adoptée pour certains
objets que l'on plaçait dans les temples qui lui étaient
consacrés. C'est également par allusion à son influence

[1] Pline, 36, 5.
[2] Athénée, 13, 6.

qu'on lui rendit un culte particulier sous le nom de *Vénus Pronuba* et de *Vénus Maritalis*. Les mères sacrifiaient à Vénus pour qu'elle donnât un bon mari à leur fille, et l'emblème de cette Déesse était alors deux lyres unies par une couronne [1].

Le mois d'avril avait été choisi pour les cérémonies du culte de Vénus, regardée comme la cause productrice, parce qu'à cette époque de l'année la nature se pare de fleurs et de fruits, la terre laisse éclater de toutes parts sa riche végétation. L'une des sources de cette puissance de Vénus résidait dans le principe humide inhérent à son être, qu'elle avait tiré de son berceau, et sans lequel toute génération est impossible. Il existait donc entre Vénus, mère de toutes choses, et Vénus marine, un lien intime, exprimant la pensée que tout ce qui naît, tout ce qui respire a l'eau pour principe.

Aphrodite, ou Vénus marine, est représentée sous diverses attitudes. Une figure reproduite par Montfaucon [2] retrace la naissance de cette Déesse. Assise dans une coquille que supportent deux tritons, Vénus tient, dans chacune de ses mains, ses longs cheveux, comme si elle voulait les délivrer de l'écume. Quelquefois elle paraît montée sur des chevaux marins, sur des tritons ou sur un dauphin; souvent aussi elle est mollement allongée dans une coquille. Les néréides ou jeunes filles, montées sur des hippocampes, forment son cortége. Le dauphin que l'on donne pour attribut à la Vénus marine est le symbole de la lubricité, caractère distinctif de cet animal. La Vénus de Médicis, si célèbre dans les fastes de la sculpture antique, est représentée avec un dauphin.

La colombe, généralement connue pour ses ardeurs procréatrices, est également consacrée à Vénus, sous le nom

[1] Pausaunias, III, 43.
[2] Montfaucon, t. Ier, pl. XCIX, no 5.

d'oiseau de Cythère. La Déesse figure, sur plusieurs monuments, dans un char traîné par des colombes; quelquefois par une chèvre sur le dos de laquelle le volage Cupidon est triomphalement placé; souvent, enfin, par des lions. Sur quelques-uns de ces monuments, Vénus tient un flambeau, par allusion aux passions dévorantes qu'elle allume; sur certains autres, on la voit avec un voile et une flèche à la main, pour indiquer qu'elle perce les cœurs.

Les peintures ou les statues qui représentent Vénus tenant dans sa main une pomme, font allusion à la victoire remportée par cette Déesse sur Minerve et Junon. Elle présente alors le prix de son triomphe, la pomme de la discorde, que le berger Pâris lui adjugea comme le prix de la beauté. Lorsqu'à cet attribut tout particulier Vénus joint le casque, c'est pour retracer sa victoire sur le Dieu Mars, subjugué par l'attrait de ses charmes et entraîné à un adultère.

Au culte de Vénus doit nécessairement se rattacher celui de l'Amour, sous les traits du jeune Cupidon. L'origine de cet acolyte de Vénus est des plus incertaines, mais l'on est généralement d'accord pour le regarder comme né des amours de Mars et de Vénus. Il est représenté sous des formes très variées, dont la plus connue est celle d'un petit enfant, avec des ailes, portant tantôt un flambeau et souvent un carquois et des flèches.

Les anciens révéraient deux Amours, *Eros* et *Anteros* [1]. On les a confondus très souvent ensemble sous le premier de ces noms, mais ils étaient cependant fort distincts l'un de l'autre : l'Amour infâme, qualifié d'ennemi des générations, fils de Mercure l'Infernal et de Diane, ou de la Nuit, et l'Amour véritable, principe de tout ce qui respire, fils de Mars et de Vénus. Un ancien auteur [2] a dit d'Anteros, qu'il

---

[1] Ovide.
[2] Suidas.

était un Dieu punissant ceux qui, se sentant aimés, ne rendaient point amour pour amour. En d'autres termes, Anteros
serait l'emblème de l'amour réciproque. La naissance de ce
jeune enfant est racontée, avec une naïveté charmante, par
Vincent Cartari, dont Verdier a donné la traduction [1] Selon
cet écrivain, Vénus, après avoir mis au monde Cupidon,
s'aperçut qu'il ne se développait nullement, et elle consulta
l'oracle de Thémis, lequel répondit en conseillant à la
Déesse de faire un frère à Cupidon, car ce jeune Amour
ne grandirait pas tant qu'il serait seul. Incontinent, Vénus
enfanta Anteros, et Cupidon de croître à vue d'œil et de
se développer en proportion de la croissance et du développement de son frère. C'est le symbole de deux Amours
qui doivent toujours tendre à être aussi vifs l'un que l'autre.

Au nombre des peintures découvertes à Herculanum et
Pompéi, l'on a admiré deux fresques représentant Vénus
assise sur un rocher, une ligne à la main, et se livrant au
plaisir de la pêche. Cupidon se tient en face de la Déesse.
C'est la Vénus *Piscatrix*. La pensée de l'artiste auquel sont
dues ces deux belles compositions est des plus ingénieuses,
car il a voulu exprimer l'action de Vénus sur les âmes des
mortels, qu'elle séduit par les appâts de l'amour, comme le
pêcheur attire le poisson par l'attrait de l'objet placé à
l'extrémité de la ligne. C'est Vénus péchant les âmes [2].

Le culte de la Déesse Vénus, dans les Gaules, n'a laissé
que de très rares monuments épigraphiques, et la partie de
cette contrée dont nous nous occupons n'en a fourni aucune,
du moins connue. Les Recueils de Gruter, de Millin et
le savant ouvrage de Montfaucon, ne contiennent aucune
mention d'autels votifs dans la Narbonnaise, la Novempopulanie et l'Aquitaine. A quoi faut-il attribuer cette absence
totale d'inscriptions dédicatoires à Vénus ? La cause en est

---

[1] *Images des Dieux*, p. 374 et suiv.
[2] *Antiquités d'Herculanum et de Pompéi*.

peut-être difficile à indiquer, et cependant on pourrait la
reconnaître dans l'attrait que dut offrir aux populations le
culte d'une Divinité qui, outre ses attributs communs
avec Cérès et Isis, représentait le type idéal de la beauté la
plus parfaite et à laquelle les mortels ne jugèrent pas suffisant
de dédier de simples autels votifs chargés d'inscriptions, mais
bien de lui élever des temples magnifiques, où la Déesse était
figurée par des statues, dont quelques-unes ont été regardées, à juste titre, comme des chefs-d'œuvre. Nous avons
parlé déjà des deux Vénus de Praxitèle; nous signalerons
encore, d'après Montfaucon [1], la belle Vénus d'Arles. Le
marbre de cette admirable statue semble avoir de la vie.
Vénus à demi-nue, la partie inférieure du corps voilée par
une draperie retenue sur son bras droit, tient dans sa main
gauche la pomme d'or qu'elle paraît présenter; de sa main
droite, elle porte un miroir dans lequel elle contemple ses
traits. Comme Déesse de la beauté, Vénus avait pour attributs la pomme et le miroir [2].

A Narbonne, il existait, il y a quelques années, dans
l'un des revêtements du bastion Montmorency, un bas-relief
inédit jusqu'au jour où il fut publié dans les *Monuments
religieux des Volces-Tectosages* [3]. Il représentait une
femme entièrement nue, assise sur la partie saillante d'une
coquille qui encadre son corps. L'attitude de cette femme la
fait reconnaître pour la *Vénus marine*, et le mouvement de
ses bras indique qu'elle sort du sein des flots et qu'elle se
présente à l'admiration des mortels.

La même localité a fourni deux têtes de femme, placées
chacune dans une coquille, appartenant évidemment à la
même Divinité. Elles étaient encastrées dans le bastion Saint-
Félix.

---

[1] Montfaucon, supplément, t. I.
[2] Athen, XV, 10.
[3] *Monuments religieux des Volces-Tectosages*, pl. XVI, n° 15.

Les fouilles de Calagorris et des environs mirent au jour
une belle tête de Vénus, conservée aujourd'hui dans le
Musée de Toulouse. La Déesse est représentée avec un dia-
dême dont on ne distingue que la partie inférieure. Cette
tête, trouvée vers le milieu du dix-septième siècle, figura
longtemps dans l'une des salles du palais épiscopal de Rieux,
d'où elle fut tirée pour être transportée à Toulouse.

Une autre tête de Vénus, provenant également de Martres, fait le plus bel ornement de la galerie des Antiques.
Il est difficile de trouver plus de grâce et de finesse dans les
traits que n'en présente cette tête, véritable chef-d'œuvre
de la statuaire. Le marbre paraît animé sous ces contours
suaves et harmonieux. L'ensemble de cette tête est empreint
d'une volupté qui rappelle les expressions de Lucrèce, lorsqu'il appelle Vénus *la volupté des hommes et des Dieux;*
la chevelure abondante de la Déesse est ceinte d'une bandelette. L'extrémité du nez a été mutilée, et le rajustement de
cette fraction, quoique fait avec soin, ne laisse pas que de
produire un fâcheux effet. Il est regrettable, disons-le en
passant, de voir la partie supérieure de la joue droite at-
teinte d'une corrosion dont les progrès font craindre l'enva-
hissement de la figure entière.

Nous croyons pouvoir, par assimilation, regarder comme
une tête de Vénus le beau marbre noir, trouvé, ainsi que
les précédents, dans les fouilles de Calagorris. Une bandelette entoure les cheveux de la Déesse. Le blanc des yeux
est figuré par des morceaux d'agathe, et les cavités de ces
organes étaient destinées à recevoir des prunelles en métal
ou en pierres brillantes. L'on remarque, à l'extrémité des
oreilles, de petits trous où devaient être placés des pendants.
Suivant l'historien Mongez [1], la Vénus de Praxitèle portait
des boucles d'oreilles, et l'une des plus belles statues du
Musée de Paris, la *Vénus Génitrix*, a les oreilles percées.

---

[1] Mongez, *Diction. d'Ant.* I, 489.

Ces rapprochements doivent nous indiquer que la tête dont nous nous occupons est bien celle de Vénus.

Ces divers monuments provenant de la même contrée, nous prouvent surabondamment que le culte de Vénus a été en honneur chez les Convènes et au milieu des populations des Pyrénées.

Les Tolosates rendirent également les honneurs divins à la Déesse de l'amour et de la beauté, et le témoignage nous en est offert par les fragments que nous allons décrire.

Non loin de Toulouse, sur la voie qui conduit de cette capitale à la petite ville de Lavaur, on a découvert, au lieu de Paulel, une tête en pierre blanche, représentant, sans aucun doute, Vénus marine, car le front de la Déesse est orné d'une coquille, qui marque le point de séparation de ses cheveux repliés de chaque côté de la figure [1].

Le petit village de Caubiac a fourni, dans la seconde moitié du siècle dernier, plusieurs vases antiques, dont le plus remarquable présentait, à l'intérieur, un médaillon entouré d'une bordure en forme de perles.

Sur ce médaillon était représentée une femme diadêmée, tenant dans sa main droite une pomme qu'elle a l'air d'offrir, et supportant, de sa main gauche, un thyrse surmonté d'une pomme de pin. La partie inférieure du corps de cette femme est voilée par une draperie qui se replie sur son bras gauche. Cupidon paraît sur la partie droite du bas-relief; il a des ailes et semble prendre son essor; un flambeau est dans une de ses mains, de l'autre il tient une fleur. A la gauche de la femme est un homme nu, placé sur un tertre, la main droite élevée sur sa tête et la gauche repliée sur sa hanche. Cet homme est pourvu d'un *phallus* de dimension énorme, qui atteint jusqu'à la draperie du principal personnage.

Evidemment ce groupe représente Vénus ayant à sa droite Cupidon et à sa gauche Priape, et l'allégorie cachée sous

1 *Monuments religieux des Volces-Tectosages*, pl. V, n° 13.

cette triple forme est celle de la génération ou de la reproduction de tous les êtres, dont Vénus est la cause occasion-
nelle, Priape la cause efficiente, et Cupidon, ou l'amour, le
stimulant.

Ce bas-relief intéressant fut signalé par Montégut, dans
le sein de l'Académie des Sciences, et inséré dans le recueil
des mémoires de cette savante compagnie, et nous le reproduisons à notre tour [1], après en avoir donné une exacte description.

En parlant du groupe d'Isis et d'Horus, trouvé à Toulouse,
au dehors de la porte Mont-Gaillard, nous avons dit que ce
monument fut transporté dans l'oratoire de Notre-Dame de
Nazareth, et que le président Dufaur place cet oratoire sur
le lieu autrefois occupé par un temple consacré à Vénus
Ericine. Rien, dans les traditions locales, ne vient confirmer
cette opinion, et tout porte à croire que le chroniqueur,
dont elle émane, a été trompé par la présence du groupe
trouvé à la porte Mont-Gaillard, que probablement il a vu
dans la chapelle, où il a été longtemps conservé et vénéré
comme représentant la Vierge.

Les *Mémoires de l'Académie de Toulouse* [2] renferment la
description faite par Montégut d'un bas-relief trouvé dans
les murs de l'ancienne église de la Daurade et qui représentait Vénus tenant l'amour par la main. Ce bas-relief n'existe
plus. Les mêmes mémoires [3] rapportent « qu'en faisant des
» travaux dans une des salles basses du collége de Mirepoix,
» à Toulouse, des ouvriers découvrirent, à la profondeur de
» vingt pieds, une figure de terre cuite de sept pouces de
» proportion et qui paraissait moulée ; elle représente, dit
» M. de Montégut, une femme nue dont les cheveux s'élèvent
» en partie et sont partagés vers le milieu du front ; les au-

---

[1] *Atlas de l'Archéologie Pyrénéenne.*
[2] *Mémoires de l'Académie de Toulouse*, t. I., p. 72.
[3] *Ibid.* t. I., p. 107, pl. XII.

» tres forment deux tresses qui accompagnent les deux côtés
» du visage. Cette femme a la main droite posée sur la tête
» d'un enfant également nu, dont la main gauche, appuyée
» sur la poitrine, tient une espèce de coussinet de forme
» carrée. Le bras gauche est caché par une draperie qui part
» de l'épaule et descend jusqu'au genou. La femme est en-
» tièrement enveloppée par derrière d'une mante qui entoure
» sa tête et descend jusqu'aux pieds; elle en retient le bord
» avec sa main gauche. Cette figure est d'une pâte blanche,
» molle et très fine. Il serait difficile de décider quelle est la
» Divinité représentée par ce monument. La nudité de la
» figure et l'enfant qui l'accompagne peuvent faire présu-
» mer qu'on a voulu représenter Vénus s'appuyant sur
» l'amour. »

Cette longue description, déjà reproduite dans les *Monu-*
ments religieux des Volces-Tectosages, trouve naturellement ici sa place, puisque nous recherchons et nous consta-
tons les preuves et les témoignages du culte de Vénus dans la
capitale des Tolosates ; et quoique les objets par nous signalés
ne suffisent pas pour conclure qu'il y a eu, à l'époque romaine, des temples consacrés à la Déesse de l'amour, cependant ils sont assez caractérisques pour pouvoir affirmer
qu'ils n'existaient, soit dans des édifices publics, soit dans
l'Atrium des particuliers, qu'à raison de ce culte lui-même.

Les statues du petit Dieu Cupidon abondent dans le midi
de la Gaule. Nous pourrions multiplier nos citations, mais
nous nous bornerons à signaler les monuments principaux
consacrés au fils de Mars et de Vénus.

Découverte à Narbonne, la statue de Cupidon, dont nous
allons parler, était jadis conservée dans le cabinet de M. La-
font : elle est en bronze ; le Dieu de l'amour est ailé ; une
écharpe posée en sautoir sur son épaule droite paraît destinée à
soutenir probablement un carquois [1]. L'attitude de cette sta-

---

[1] *Monuments religieux des Volces-Tectosages*, p. 269, pl. XVI.

tue, le mouvement des bras et notamment du bras gauche, feraient supposer que le malicieux enfant appelle à lui un objet, un papillon peut-être, ou Psyché.

Quatre Cupidons portant des guirlandes furent également trouvés dans la même ville. Ils devaient appartenir à la frise d'un temple dedié à Vénus. La perfection de ces quatre statuettes est remarquable. Deux d'entre elles représentent Cupidon courant, les deux autres Cupidon au repos et paraissant fatigué de sa marche et des fardeaux qu'il porte. Quelle grâce, quelle naïveté, quelle pureté on remarque dans les traits de ces enfants, et quelle délicatesse d'exécution dans les formes de leurs corps [1].

Le Musée de Toulouse possède plusieurs fragments de statues qui représentent ou se rapportent à l'amour. Il faut classer au nombre de ces derniers un torse en marbre blanc, trouvé près de *Lugdunum Convenarum,* dont les lignes gracieuses rappellent les contours délicats et efféminés du jeune Cupidon.

Une autre statue, découverte aux environs de la petite ville de Caraman, nous retrace le Dieu pressant d'une main un papillon aux ailes étendues, et de l'autre s'appuyant sur un cippe carré [2]; son cou est orné du torquis, ou collier gaulois.

On voyait enfin, il y a quelques années, dans le laraire d'un amateur d'antiquités, feu M. Malliot, deux statues de Cupidon, l'une trouvée à Villemur, la seconde découverte à Castanet [3], privée de ses ailes, mais armée du carquois, signe caractéristique du Dieu de l'amour, et dont la main droite percée devait tenir l'arc et les flèches [4].

---

[1] *Monuments religieux des Volces-Tectosages*, p. 269, pl. XVII et XVIII.
[2] *Ibid.*, p. 263 et 265.
[3] Deux cantons de l'arrondissement de Toulouse.
[4] *Monuments religieux des Volces-Tectosages*, p. 263 et 265.

XII.

NYMPHES, NAYADES ET GÉNIES.

Sous le nom de nymphes, dans son acception générale, l'antiquité païenne a placé au rang des Divinités un essaim de jeunes filles, divisées en plusieurs catégories, suivant les lieux où on les faisait résider. Dans l'opinion des anciens, leur nombre était tellement considérable, qu'elles peuplaient l'univers entier. Orphée les regarde comme les filles de l'Océan et de Téthys; mais les nymphes auxquelles on reconnaît généralement cette origine, étaient les nymphes marines ou néréides, dont Hésiode porte le nombre jusqu'à trois mille. La version du poète grec est cependant controuvée par les traditions mythologiques accordant à Nérée seulement cinquante filles.

Les nymphes se divisaient en nymphes célestes, ou Uranies, et nymphes terrestres, ou Epigies, et ces dernières se subdivisaient en nymphes de terre et nymphes des eaux. Les orcades, les napées, les dryades ou hamadryades et les limaniades, prenaient leurs noms des montagnes, des taillis, des bois et des prés qu'elles habitaient. Quant aux nymphes des eaux, elles furent désignées sous le nom de nayades.

Orphée, dans ses hymnes, appelle les néréides les filles chastes et pures, et cependant la licence des mœurs de ces nymphes est passée en adage, et la fable nous apprend qu'une seule d'entre elles, Panopée, fut digne de mériter cette qualification. L'une des allégories les plus piquantes de la mythologie est celle de Bacchus élevé par les nymphes des fontaines : le Dieu du vin et de l'ivresse, sous la tutelle des Divinités qui règnent sur les eaux, c'est-à-dire le précepte donné aux hommes de tempérer par l'eau les ardeurs du vin.

Tibulle [1], le poète gracieux par excellence, donne à chaque source une nayade dont le nom était celui de la source elle-même, et, suivant Ovide [2], ces Divinités sortaient quelquefois de leurs sanctuaires, attirées par les plaintes de Sapho ou par la beauté du jeune Hylas, le compagnon chéri d'Hercule, que les nayades du fleuve Ascagne enlevèrent au moment où ce bel adolescent puisait de l'eau, et qu'elles convertirent en écho, pour faire disparaître les traces de leur rapt, après l'avoir consolé par les plus tendres caresses, suivant l'expression de Théocrite [3].

> *Nymphæ tenentes lacrymantem puerum,*
> *Blandis consolabantur sermonibus.*

Aux nymphes des sources, c'est-à-dire aux nayades, on n'éleva point de temples. Leur sanctuaire était la source elle-même ; dans son sein, elles se cachaient aux regards des mortels ; sur les bords des fontaines et sur les rives du torrent, on leur adressait les prières. Mais il a existé en leur honneur des autels votifs, dont plusieurs nous ont été conservés.

1 Tibulle. *Elep.* IV, 6.
2 Ovide. *Epist.* 25, *Mith.* II, 110.
3 Théocrite. *Idylle.* XIII.

Le culte des nymphes des sources n'a laissé aucune trace de son existence dans toute la partie du territoire de la Gaule étudiée par nous, qui peut être appelée la plaine, par opposition à celle qui comprend les hautes montagnes ; mais dans les Pyrénées, et jusqu'à leurs dernières ramifications, on en a retrouvé des preuves incontestables. Quant aux autres nymphes, rien n'indique qu'elles aient été l'objet d'un culte particulier, et cela s'explique, lorsque nous retrouvons, comme nous l'avons établi dans notre première partie mythologique, une religion particulière des montagnes et des forêts.

Il était naturel, en effet, que le culte des nymphes nayades fût répandu dans les Pyrénées. Des flancs de ces hautes montagnes s'échappent des sources abondantes et innombrables au milieu des forêts sombres et mystérieuses, parfaitement propres à abriter une dévotion à ces êtres timides et craintifs, tels qu'on nous dépeint les nayades qui fuyaient et disparaissaient au moindre bruissement des feuilles, au plus léger souffle du vent. Mais une autre raison plus sérieuse portait les habitants des montagnes à adorer ces fantastiques Divinités. Dès les premiers temps de la conquête des Gaules, les Romains avaient reconnu, dans les eaux de certaines sources pyrénéennes, des vertus curatives dont ils surent apprécier les salutaires résultats. Les fouilles pratiquées dans presque toutes les stations thermales ont amené la découverte de substructions indiquant l'existence d'anciens thermes construits par les Romains, et plusieurs même sur des proportions assez considérables. Dès-lors, on le comprend sans peine, le culte voué aux nymphes de ces sources se trouva provoqué par la reconnaissance, car les anciens ne doutaient pas que les sources ne fussent redevables de leurs vertus à ces Divinités, et par suite qu'eux mêmes ne leur dussent leurs guérisons.

C'est là, évidemment, le caractère particulier et distinc-

tif du culte des nymphes des Bigerrones, des Convenæ
et des Consoranni.

La petite ville de Bagnères-de-Luchon, qui a pris son
nom du Dieu ILIXON, possède un établissement thermal
des plus renommés et des plus remarquables comme richesse d'eaux minérales et magnificence de construction.
Elevé sur l'emplacement des anciens thermes Onésiens,
dont parle Strabon, cet établissement attire chaque année
des visiteurs venus de toutes les parties du monde, pour
chercher dans ces sources une guérison à leurs maux, ou
dans les riantes vallées qui l'environnent de délicieuses
distractions. Des monuments dont le témoignage est irré-
cusable, nous attestent, après dix-huit siècles, que ces
thermes étaient fréquentés par un grand nombre de particuliers. Ces monuments sont des autels votifs élevés aux
nymphes des sources thermales, en reconnaissance de leurs
bienfaits.

Le premier de ces autels votifs est dédié par un inconnu
aux nymphes. Il a été publié par d'Orbessan [1], qui affirme
ne l'avoir pas vu. L'inscription gravée sur cet autel est ainsi
conçue :

NYMPHIS

AVG

SACRVM

Cet autel, ayant trois pieds de hauteur, était placé près de
la porte du nouvel établissement des bains. Sur une de ses
faces latérales, on remarque une patère, et sur l'autre un
préféricule. Sur le second autel, on lit l'inscription suivante :

NYMPHIS

C. RVFONIVS

DEXTER

V. S. L.

---

[1] D'Orbessan, *Mélanges historiques*, t. II, p. 292 et 293.

Aux nymphes, Caius Rufonius Dexter a accompli ce vœu, de son plein gré. Ce petit monument fut transporté à Auch. Il avait été déjà signalé par d'Orbessan.

On a également transporté à Auch, et conservé dans la bibliothèque publique de cette ville, l'autel votif qui consacre le vœu fait par Lucanus Eperotis aux nymphes de Luchon. Voici son inscription :

> NYMPHIS
> LVCANVS
> EPEROTIS
> V. S. L. M.

Un autre autel provenant, comme les précédents, du *Vicus-Ilixonis,* a été consacré aux nymphes par Cassia Touta, *Segusivienne.* C'est ainsi, du moins, que nous croyons devoir traduire littéralement le mot latin SEGV-SIAV qui suit les deux premiers, mais sans nous hasarder à dire si ce mot signifie le nom du pays d'origine de CASSIA TOVTA, ou bien celui de la famille à laquelle elle appartenait.

> NYMPHIS
> CASSIA
> TOVTA
> SEGVSIAV...
> V. S. L. M.

Cet autel fait partie de la collection du Musée des Antiques de Toulouse.

De même que l'autel précédent, celui-ci est conservé dans le même lieu et provient de la même origine. Millin, qui l'a publié [1], reconnaît l'avoir connu par des indications à lui fournies, ce qui nous explique l'inexactitude de la

---

[1] Millin, *Voyage dans le Midi,* t. V, p. 494.

description contenue dans son Recueil. Les proportions de ce bel autel votif surpassent celles des autres monuments de ce genre, et leur élégance ne laisse rien à désirer. Sur l'un de ses bas-côtés, on remarque une patère ornementée, et l'autre est orné d'un beau vase de forme gracieuse, dont Millin n'a nullement fait mention.

L'inscription gravée sur cet autel porte ces lignes :

NYMPHIS
AVG.
VALERIA
HELLAS

Et sur le socle de l'autel :

V. S. L. M.

Aux nymphes augustes, Valeria Hellas a accompli ce vœu, de bon gré.

L'inscription gravée sur l'autel suivant a souffert des dégradations qui ne permettent pas de la connaître en entier. On voit cependant qu'elle a été dédiée aux nymphes :

NYMPHI
EBEIO
FAB. . .
V. S. L. M.

Trouvé à Bagnères-de-Luchon, cet autel votif a été longtemps conservé dans le cabinet de M. de Montégut.

Un autre autel venant des thermes Onésiens consacre le vœu fait aux nymphes par Montanus, fils d'un autre Montanus. Il a été placé, il y a longues années, dans la maison de M. Sengez, alors maire de Bagnères-de-Luchon. L'inscription est conçue en des termes très laconiques :

NYMPHIS
MONTAN
MONTAN

Cet autel était assez considérablement endommagé.

L'inscription suivante, incomplète, indique la consécration aux nymphes de Luchon du petit autel découvert dans les thermes. La voici :

NYM . . .
ANDEM . . .
NAMRONI
. . . . . .
V. S. L. M.

Enfin, un dernier monument vient s'ajouter à tous ceux qui précèdent, pour attester le culte des nymphes nayades de cette partie des Pyrénées. Il a été publié par d'Orbessan et Millin, qui ont donné la même inscription :

NYMPHIS
T. CAVDVS
RVFFVS
V. S. L. M.

Nous croyons pouvoir intercaler entre le C et l'A du mot CAVDVS un L, et entre le D et l'V du même mot un I, ce qui donnera le nom de CLAVDIVS.

Au village d'Alan, près d'une fontaine, non loin de *Lugdunum Convenarum,* on a découvert, il y a quelques années, un petit autel votif, signalé par M. Cazes, encore inédit, et qui porte cette inscription :

NMP
C. V. OPT
ATVS
V. S. L. M.

Aux nymphes, Caius Verus Optatus a accompli ce vœu, très volontiers.

Le territoire des *Bigerrones* a fourni un autel votif dédié aux nymphes nayades. Comme le *Vicus-Ilixon*, Bagnères-de-Bigorre possède des sources thermales très renommées et déjà connues du temps des Romains. L'autel votif que nous rapportons est dédié aux nymphes, par Severus Seranus, lequel a accompli son vœu après guérison.

NYMPHIS
PRO. SALV
TE. SVA. SE
VER. SERA
NVS. V. S. L. M.

Dès l'année 1728, ce petit monument avait été signalé dans une lettre écrite au R. P. Tournemine, par M. de L. R., consignée dans le *Mercure de France*. Il était alors encastré dans une muraille, près la porte de Salies. Oihénart et Millin l'ont mentionné dans leurs ouvrages, et ce dernier écrivain le place près de la place d'Uzerre et des bains Cazaux, sur la façade de la maison de M. Ladorette. A l'époque où furent publiés les *Monuments religieux des Volces-Tectosages*, ce petit autel était chez M. Jalon.

En faisant des fouilles près d'une fontaine, non loin des bords du Gers, et à peu de distance de la capitale des Auscii, on a découvert un autel votif dédié aux nymphes, sur lequel l'inscription que voici est gravée :

NYMPHIS
AVG
EVTICHES
AVGG NN.. ::
V. S. L. M.

Dans une dissertation, insérée aux Mémoires de l'Académie des sciences de Toulouse, l'auteur de l'*Archéologie Pyrénéenne*, en signalant la découverte de cet autel votif, a donné de la manière suivante la leçon de l'inscription qui précède : *Nymphys Augustis Eutyches Augustorum nostrorum libertus, votum solvit lubens merito*. Le mot de *libertus*, qui ne figure pas dans l'inscription, est placé, par le savant archéologue, après ceux de *Augustorum nostrorum*, et amène à supposer qu'Eutychès était un affranchi.

Le culte des Génies, dans les siècles de l'antiquité, est attesté par des autels consacrés à ces Divinités, dont le nombre est incalculable, puisque non-seulement les peuples, les villes, les localités, mais encore les simples mortels avaient chacun leur Génie. L'histoire nous donne une preuve bien éclatante de cette dernière assertion dans le Génie familier de Socrate. Être mystérieux et indéfinissable, le Génie n'a pas d'origine. Inhérent à la nature humaine, il est partout, et il a existé de tout temps. Apulée le définit « l'âme de l'homme délivrée et dégagée des liens du corps, » et les philosophes Euclyde et Empédocle admettaient pour chaque mortel un bon et un mauvais Génie. Ces Divinités secondaires, quoique les plus répandues, ont été l'objet de diverses classifications. Désignées quelquefois sous le nom de *Lemures*, on les appelait *Lares*, quand elles représentaient les bons Génies, et *Larves*, lorsqu'elles étaient prises comme Génies du mal. Souvent on a confondu les Génies avec les Pénates, et ils avaient aussi la signification des Mânes des défunts. Plusieurs monuments leur donnent le nom de *Tutèles*, lorsqu'ils sont regardés comme les Divinités protectrices des localités. L'on admettait deux espèces de Génies : les uns, gardiens des hommes, et les autres, protecteurs des femmes. Ces seconds Génies étaient désignés sous le nom de *Junons*.

On a représenté les Génies sous diverses formes : le plus souvent avec les apparences d'un jeune enfant, quelquefois ayant les formes d'un vieillard et plus rarement par un serpent. Lorsque les Génies apparaissent sous la première de ces figures, il est difficile de ne pas les confondre avec Cupidon, qui emprunte les traits et la candeur de l'enfance.

Les inscriptions GENIO POPVLI ROMANI nous font suffisamment connaître le Génie particulier du peuple maître de l'univers, et certains historiens nous apprennent que la flatterie, poussée jusqu'à ses dernières limites, donna ce titre même aux empereurs, appelés les Génies du peuple; et ces souverains, habitués à voir leurs plus infâmes caprices regardés comme des volontés suprêmes, devant lesquelles le peuple était contraint à s'incliner, osèrent même, dans la suite, usurper le titre de Dieux. Le Génie du peuple romain était représenté sous la forme de Jupiter.

La ville de Narbonne avait son Génie particulier. Montfaucon [1] en a retracé l'image sous la figure d'un homme revêtu d'un long manteau assez semblable à une toge, et qui tient dans sa main gauche un rouleau. Une inscription portant ces mots : GENIO PATRONO, a fait supposer que le personnage auquel elle se rapporte était le Génie de la ville.

A Nîmes, on a retrouvé une inscription ainsi conçue :

DEO NEM

X. TITVLLVS PERSEVS

HOROLOGIVM. ET. CERVLAS

II. ARGENTEAS. T. P.

Gruter, qui la rapporte [2], en donne cette leçon : *Deo Nemausi X. Titullus Perseus, horologium et trulas II argenteas templo posuit.*

Ce Dieu de Nîmes n'est autre chose que le Génie tutélaire de la ville.

Le même auteur a cité une inscription, trouvée dans un jardin à Arles, qui semblerait indiquer, par la forme générale de sa consécration, le génie tutélaire d'Arles.

[1] Montfaucon.
[2] Gruter.

GENIO. T. IVLIVS
AVGVSTVS

Nous avons déjà mentionné divers monuments sur lesquels se trouve reproduit le nom de Tutèle, donné aux Divinités tutélaires des localités [1]. A Agen, à Bordeaux, à Saint-Bertrand, ont été découverts des autels votifs consacrés aux Dieux Tutèles, et l'un de ces monuments, provenant de l'ancienne cité des *Biturigum Viviscorum*, est trop remarquable pour que nous ne le rappelions pas de nouveau :

AVGVSTO SACRVM
ET GENIO CIVITATIS
BIT. VIV.

Enfin, l'ancienne métropole de la *Novempopulanie* nous a fourni un autel votif portant l'inscription suivante :

TVTELAE
LOGIHV
IVS
TITVLE
NVS
V. S. L. M.

Au Dieu tutélaire de ce lieu, Titulenus a accompli son vœu, très volontiers.

Outre les Divinités dont nous nous sommes occupé, les anciens révéraient d'autres personnalités mythologiques d'un ordre secondaire, et dont le culte n'a laissé que de très rares monuments. La Déesse de la Fortune est de ce

---

[1] *Suprà*, t. II, page 242 et suiv.

nombre, et nos contrées n'ont fourni qu'un seul autel connu, publié par Gruter [1]. Il porte cette inscription :

FORTV
NAE AVG
M. VAL.

Il provient du territoire des *Consoranni,* dans la *Novempopulanie*.

[1] Gruter, II, pl. LXXI.

XIII.

Dieux Manes.

Nous touchons au terme de nos études mythologiques.
Après avoir posé, dans des considérations générales , le système religieux des peuples primitifs de la Gaule, depuis les
bords de l'Océan jusqu'à ceux de la Méditerranée ; examiné
les objets divers de leur culte, passé en revue les monuments consacrés aux Dieux des Celtes et des Tectosages,
ainsi que ceux des Divinités adorées par les Aquitains;
signalé enfin les derniers débris qui attestent le culte, dans
le midi de la Gaule, des Divinités grecques et romaines
introduites au milieu des populations de cette contrée, il
nous reste à nous occuper d'une classe de Dieux la plus
généralement admise, et dont les autels se retrouvent en
plus grand nombre, et avec les mêmes caractères, d'une
extrémité à l'autre du territoire que nous avons soumis à
nos investigations. Nous voulons parler des Dieux Mânes.

La mythologie nous apprend que le domaine des enfers
appartenait à Pluton, dont la souveraineté s'exerçait sur
l'empire des morts, en partage avec Proserpine , sa compagne. Le maître absolu des sombres abîmes avait sous

ses ordres trois juges terribles : Minos, Rhadamante et Eaque, et les décrets de ce tribunal des enfers étaient exécutés par les Parques et les Furies, ministres terribles et hideux de leur implacable justice.

Les païens dressaient des autels à cet assemblage terrifiant de Divinités, pour apaiser leur courroux, en faveur des personnes qui leur étaient chères et que la mort avait frappées. C'est donc à raison de leur pouvoir sur les âmes mortels, que les Dieux infernaux ont reçu le nom de *Dii Manes.*

Suivant plusieurs auteurs, les anciens admettaient la croyance du séjour des Mânes des défunts dans le tombeau même, et par suite, la dédicace des inscriptions DIIS MANIBVS, gravées sur les autels, en l'honneur de ces Mânes passées au rang des Dieux infernaux.

Cette divinisation des Mânes est posée, pour ainsi dire, comme un principe dans la loi des XII Tables, qui établit leur caractère sacré et prescrit impérieusement la diminution des frais de funérailles.

Deorum manuum jura sancta sunto ;
Hos leto datos divos habento :
Sumptum in illos luctumque minunto.

Mais, suivant Lucain, les âmes des gens de bien étaient seules admises au rang des Divinités inférieures.

La Divinité des Mânes n'était cependant pas universellement acceptée ; quelques philosophes païens la rejetaient. Il n'était pas nécessaire que les cendres des morts fussent déposées réellement, pour motiver l'érection des autels. On élevait des monuments à leur mémoire, et Virgile nous raconte, entr'autres faits qui se rattachent à notre sujet, le sacrifice d'Andromaque sur le cénotaphe d'Hector [1].

---

[1] Virgile, *OEneid.*, III. 303.

Libabat cineri Andromache, manes que vocabat,
Hectoreum ad tumulum, viridi quem cesipte inanem
Et geminas, causam lacrymis, sacraverat aras.

Tacite, dans ses Annales [1], peignant la douleur des Romains à la vue des cendres de Germanicus, mentionne les autels élevés sur leur passage :

Atque aras Diis manibus statuentes, lacrymis
Et conclamationibus dolorem testatantur.

Il est des autels dédiés aux Dieux Mânes, enrichis de sculptures représentant des guirlandes de fleurs et des rameaux. Cela tient à la pensée d'honorer quelque Divinité, en entourant l'autel des rameaux de l'arbre qui lui était consacré. Ces guirlandes s'appelaient *torques*. Faisant allusion à cette coutume, Stace [2], dans sa *Thébaïde*, dit :

. . . . *Geminas ergo, ilicet aras*
Arboribus vivis et multo cesipte texi,
Imperat, innumerosque Deæ sua munera flores.

Nous ne rapporterons pas ici toutes les inscriptions et tous les autels votifs aux Dieux Mânes existant dans le midi de la Gaule. Leur nombre considérable formerait à lui seul un volume. Nous nous bornerons à signaler, parmi ceux qui ont été déjà publiés, les principaux, en y joignant ceux que nous avons découverts.

Le savant Millin, dans son *Voyage dans le midi de la France* [3], a signalé un monument très remarquable que renferme l'église de Saint-Andéol, et dans lequel sont déposées les reliques du saint. Ce sarcophage, dont la couverture a la forme d'un toit, présente à la face antérieure deux Génies ailés qui paraissent prendre leur vol ; au-des-

[1] Tacite, Annales. III. 2.
[2] Stace, *Thébaïde*, VIII. 298.
[3] Millin, *Voyage dans les départements du Midi*, t. II, p. 121 et suiv.

sous du pied de chacun de ces Génies, une colombe ayant les ailes éployées, et sous leur main un lapin. Plus bas, sous l'un des Génies, à gauche, il y a un arc et un carquois. Les petits côtés du sarcophage sont ornés de guirlandes.

L'inscription suivante, gravée sur la tablette, fait connaître que le monument a été élevé par *Julius Crantor* et *Terentia Valeria,* pour *Tiberius Julius Valerianus, leur fils, mort à l'âge de 5 ans 7 mois et 6 jours.*

D. M.

TIB : IVLI. VALERIAN

⊙ ANN. V. M. VII. D. VI.

IVLIVS CRANTOR ET

TERENTA VALERIA

FILIO DVLCISSIMO

Ces ornements et l'inscription qui précède n'appartiennent évidemment pas à un monument chrétien, et il faut admettre que les restes de saint Andéol ont été déposés dans le sarcophage découvert peut-être dans la contrée et utilisé à cette pieuse destination. Cette inscription est intéressante encore, en ce qu'elle mentionne l'âge du défunt, non-seulement par le nombre des années, mais encore par celui des mois et de ses jours, et l'on peut expliquer ainsi la présence sur le monument des colombes, image de l'innocence.

Une autre inscription porte l'exactitude au plus haut degré, puisqu'elle relate le nombre d'heures, celui des jours, des mois et des années du défunt.

D. M. S.

DEFVNCTVS EST

CAPREOLVS VIXIT

ANNOS IIII M

ENSES II DIES

III HORAS IIII

PATER FECIT

La forme de l'inscription et son style lui assignent une date se rapportant aux derniers temps de l'empire romain, et le monogramme du Christ, gravé entre les mots *Pater fecit*, témoigne que le jeune enfant était chrétien.

A Antibes, on lit l'inscription suivante incrustée dans le mur qui conduit à l'église [1] :

D. M.
PVERI SEPTENTRI
ONIS ANNOR XII QVI
ANTIPOLI IN THEATRO
BIDVO SALTAVIT ET PLA
GVIT

Aux Dieux Mânes de l'enfant Septentrion, âgé de XII ans, qui a dansé deux jours sur le théâtre d'Antibes et a fait plaisir.

Cette inscription est entourée par des cyprès, pour exprimer, sans doute, les regrets des habitants d'Antibes, en même temps que les derniers mots de l'inscription témoignent de leur approbation donnée au talent de l'infortuné jeune enfant, qui a succombé en voulant les distraire.

La bibliothèque de Carpentras possède, entr'autres monuments, une inscription que Muratori a placée par erreur à Rome. Elle est ainsi conçue :

D. M.
CN. LAVDIO RESTITVTO.
CN. LAVDIVS CINNAMVS. ET
LAVDIA. TICHE. FILIO. DVL
CISSIMO. ET. PIENTISSIMO. FEC
ID. QVODNOLVERVNT. VIX AN. X.
M. XI. D. XI

---

[1] Millin, déjà cité, t. II, p. 544.

*Aux Dieux Mânes et à Cneius Laudius Restitutus,
Cneius Laudius Cinnamus et Laudia Tiche ont rempli un
devoir pénible envers leur fils très chéri et très tendre.
Il a vécu 10 ans, 11 mois, 11 jours* [1].

Nous devons citer une inscription très touchante consacrant le souvenir d'une mère de nourrice à son nourrisson :

```
          D. M.
     ALBVCIO LIGVRI
    CALPVRNIA ALE
     XANDRIA. ALV
     MNO BENE ME
      RENTI FECIT
```

*Aux Dieux Mânes et à Albucius Ligurius, Calpurnia
Alexandria, à son nourrisson bien méritant* [2].

Quelquefois l'on gravait sur les monuments des figures
qui servaient à indiquer la profession de ceux auxquels ces
monuments étaient consacrés. C'est ainsi que l'inscription
suivante, provenant d'Aix, porte entre les sigles D et M un
niveau, pour indiquer la profession d'architecte ou de
maçon.

```
          D   M
     ET MEMORIAE. AE
     TERNAE. C. IVLIO
     IVLIANO. QVI VIXIT
     ANNIS XIIII. IVLIA
      NEPOTI. MERENTI
```

*Aux Dieux Mânes et à la mémoire éternelle de Caius
Julius Julianus, qui vécut 14 ans. Julia à son petit
fils bien méritant* [3].

---

[1] Millin, *Voyage dans le Midi*, t. IV, p. 115.
[2] *Ibid.*, 118.
[3] *Ibid.*, 117.

Une autre inscription, provenant de Vaison, constate les bons sentiments d'une maîtresse à l'égard de son affranchie.

D. M.
IVLIAE
RVFINAE
IVLIA
PRIMVLLA
LIBERTE
OPTVME

Aux Dieux Mânes de Julia Ruffina. Julia Primulla, à une affranchie excellente [1].

L'inscription suivante, découverte à Nîmes, a été faite par une esclave à sa compagne de servitude :

D. M.
ONICHIS
ARTEMISIA
CONTVBERN

Aux Dieux Mânes d'Onyx Arthemisia, sa compagne de servitude [2].

Les affranchis tenaient aussi à rendre hommage à la mémoire de leurs patrons, et à constater les bienfaits qu'ils en avaient reçus. On a trouvé à Nîmes une inscription ainsi conçue :

D   M
C. SLI. VISIAIS
HIIIVS LIBERIVS
P. P. O.

---

[1] Millin, déjà cité, t. IV, 151.
[2] *Ibid.*, 245.

*Aux Dieux Mânes de C. Slius, Visilis, son affranchi,
a consacré cette pierre à son excellent patron* [1].

Il n'était pas rare de voir les anciens consacrer, de leur
vivant, des monuments à eux-mêmes ou à ceux qui leur
étaient chers. Une quantité considérable d'inscriptions, qui
ont été publiées, témoignent de cet usage. Nous en citerons
quelques exemples :

La ville de Narbonne, si riche en antiquités, renferme,
disséminées dans ses différentes constructions, des inscriptions et autels votifs cités par les archéologues et les savants, entr'autres la suivante :

VERECVNDVS
ASSORENIE. ET
SILVANVS. ASSOREN
PRIMIVI AVERRIA
VIVI. FECERVNT
HOC. MON. SIBI
N. QVIS. HE. VENDAT.

Cette inscription, incrustée dans le bastion Saint-Cosme,
offre la particularité digne de remarque que les personnes
par lesquelles ce monument a été élevé font défense à
leurs héritiers de le vendre.

L'on retrouve des inscriptions consacrées à des familles
entières; il en existe une entre le bastion Saint-Cosme et
le bastion Saint-François, qui nous en donne la preuve.
On y lit :

VIVI FECERVNT
C. CORNELIVS LIBENS
CORNELIA CELSA. CONL
CORNELIA SVAVIS FIL
CORNELIVS. QVIETVS. L
ERVRIA

[1] Millin, déjà cité, p. 252.

Nous citerons également une inscription découverte à Embrun, qui, entr'autres mentions intéressantes, renferme la citation du nom de Briançon , ville des Alpes-Maritimes.

V   F
PARRIDIVS PARRIOSNIS
FIL· QVIR GRATVS QVEST
II. VIR. MVNIC· BRIGANTIEN
SIBI ET PARRIONI EXCINGI. F. PATRI
VENNE NEMATE VI F. MATRI
SOLITE SORORI· V. ADNEME SOROR
V· TITONIE· TITTONIS. F. TERTIE VXOR
V. T. PARRIDIO. INGENVO· FILIO
V. PARRIDIE. GRATE. FILIE·

A fait ce vœu, de son vivant, Titus Parridius, fils de Parrion, de la tribu Quirina, questeur duumvir du municipe de Brigantium (Briançon), pour lui et Parrion, fils d'Ecingius, son père ; Venna, fille de Nematevus, sa mère ; Solita, sa sœur vivante ; Adneme, sa sœur vivante ; Tittonia Tertia, fille de Titton, son épouse vivante ; Tittus Parridius ingenuus, son fils vivant, et Parridia Grata, sa fille.

Sur les confins des diocèses de Nîmes et d'Arles, à la droite du Rhône et vers l'embouchure de ce fleuve dans la mer, s'élève la petite ville de Saint-Gilles. L'établissement de cette cité est généralement attribué à l'existence d'une abbaye qui lui donna son nom , et dont Ægidius fut le fondateur. Les comtes de Toulouse , par leur dévotion envers le saint anachorète , donnèrent une grande célébrité à ce lieu, et ils ajoutèrent même à leur titre celui de comte de Saint-Gilles. Les ruines de l'église de Saint-Gilles sont les plus belles, peut-être, que le Languedoc offre aux archéologues. Raymond IV, comte de Toulouse, en fit jeter les fondements, et le pape Urbain II en consacra l'autel en 1096 [1].

---

1 *Histoire générale de Languedoc*, t. II, preuves, 342.

La découverte de plusieurs monuments antiques a donné la certitude que la localité où s'est élevée la petite cité de Saint-Gilles a été habitée à l'époque de la domination romaine. Plusieurs auteurs, conjecturant d'après une prétendue inscription dont on ne retrouve plus la trace, ont émis l'opinion que la ville de Saint-Gilles a été bâtie sur les ruines de l'ancienne Héraclée. Mais il est assez difficile de préciser quelle était la ville qui a précédé celle dont on attribue l'origine à l'abbaye de Saint-Gilles.

Le premier de ces monuments est dans la cour de l'Hôtel-de-Ville. C'est un très beau cippe sépulcral en pierre, portant, au milieu de son fronton, les sigles D. M. séparés l'un de l'autre par une rosace. Les angles inférieurs du fronton sont garnis de deux cornes ornées de rinceaux. On lit à la partie supérieure du cippe l'inscription suivante :

D. M.
P. CALVI RECE
PTI. ET BOTTIAE
C. F. MESSI
NAE VXORI

Aux Dieux Mânes, à Publius Calvus Receptus et à Bottia Messina, fille de Cneius, sa femme.

Sur un mamelon opposé à la ville, et dans la direction du nord-est, existe un vaste cimetière entouré de murailles. Dans l'enclos de ce champ de morts, on remarquait naguères huit sarcophages antiques, recouverts presque entièrement de plantes parasites, et dont la vétusté indiquait que depuis des siècles ils étaient exposés aux injures du temps. La face principale de l'un de ces sarcophages portait encore les lettres D. M. et deux cornes d'abondance contenant des fruits.

Un autre de ces sarcophages présentait à ses angles des masques et des larves. Sur sa face principale, et dans un cartouche, on lisait avec facilité une inscription, indiquant que le monument avait été consacré, par *Marcus Sualius Cattius Cominius, aux Dieux Mânes et à Cattia Betia, sa femme, sans modèle.*

D. M.
CATTIAE BETIAE
M. SVALIVS CATTIYS
COMINIVS. CONIVGI
INCOMPARABILI

Deux Génies ailés soutenant un cartouche, un flambeau renversé derrière chacun d'eux, et sur les bas-côtés une guirlande de fruits, tels sont les ornements que l'on apercevait sur un troisième sarcophage du cimetière de Saint-Gilles. Le cartouche renfermait cette inscription :

DIIS MANIBVS
POMPEIAE DIOGENIAE
AEMIL... SEVERINVS TRAT
SOROR KARISSIMAE

Aux Dieux Mânes et à Pompeia Diogenia, sa sœur chérie, Emilius Severinus.

Les lettres D. M. apparaissent seules sur les appendices du cartouche d'un autre monument; une inscription y était gravée, mais les caractères n'étaient plus lisibles. On retrouvait à chaque extrémité du sarcophage des cornes décorées par une ornementation gracieuse, et sur l'un des côtés, un personnage assis, tenant dans sa main droite une balance.

En donnant la description de ces monuments, l'auteur de l'*Archéologie Pyrénéenne* ajoutait les réflexions suivantes [1] : « La présence de ces monuments romains qui

---

[1] *L'Abbaye et la ville de Saint-Gilles*, par M. Du Mège.

» n'ont pas été apparemment transportés d'un lieu éloigné
» de Saint-Gilles, et qui lui appartiennent, indiquent suffi-
» samment que les illustrations de ce petit coin de terre
» d'Occitanie remontent à une époque bien antérieure à celle
» où, conduit par le désir de se consacrer à Dieu, Ægidius
» vint y chercher une retraite ignorée. Mais si l'antiquité
» de cette bâtisse est hors de doute, rien n'indique encore
» qu'il soit possible d'y reconnaître Héraclée [1] ».

Dans le courant de l'année 1824, on découvrit à Montpellier, en creusant une cave qui faisait autrefois partie du
bâtiment de la Dîme, ancienne propriété du chapitre de
Montpellier, un magnifique tombeau recouvert d'une pierre
grossièrement taillée en dos d'âne. Sur la face principale
étaient sculptés deux Génies ailés, tenant chacun un
flambeau allumé et soutenant un cartouche sur lequel on
lit l'inscription suivante :

D. M.
IVLIAE
EVTICHIAE
C.   F
IP.   SA
SI.   BI.

Diis Manibus Juliae Eutychiae, Caii filiae ipsa sibi.
Aux Dieux Mânes et à Julie Eutychia, fille de
Caius, qui a fait élever ce monument pour elle-même.

Sur chacun des bas-côtés du tombeau, une guirlande de
chêne était sculptée, et la grande face présentait des
figures de 19 pouces.

Lorsque l'on ouvrit ce sarcophage, on le trouva à moitié
rempli d'une poussière brune mélangée de quelques ossements qui furent reconnus pour être ceux d'une femme. Il

[1] *L'Abbaye et la ville de Saint-Gilles.* par M. Du Mège.

y avait également une grande quantité de fil d'or plat
paraissant avoir appartenu à une broderie dont la trame en
laine ou en soie avait disparu, l'agrafe d'une ceinture dont
les fils d'or formaient le galon, une bague en or dans le
genre des chevalières, présentant l'empreinte en relief de
deux personnages en buste, dont les traits étaient complètement effacés; une croix était figurée entre les deux, et
un mot grec au-dessous; enfin, un médaillon portant le
revers connu de l'empereur Gratien, c'est-à-dire deux personnages assis, réunissant leurs mains sur un globe, et
une Victoire au-dessus d'eux, déployant ses ailes sur la tête
des deux personnages vêtus de la toge. L'exergue présente
ces mots : VICTORIA AUG, et au bas les lettres C O M.

Dans l'intérieur du médaillon était gravée la tête de
l'empereur Gratien avec la légende D. N. GRATIANVS.
P. F. AVG. Le sarcophage, taillé dans un bloc de pierre
très blanche, était long de 6 pieds 10 pouces; il avait de
largeur et de hauteur 2 pieds 7 pouces; trois de ses côtés
seulement portaient des bas-reliefs; le quatrième, sans aucune ornementation, paraissait avoir été adossé à une muraille.

Les deux personnages que nous avons vu représentés sur
la bague et sur la médaille sont Gratien et Théodose, qu'il
associa à l'empire. Ces deux princes furent chrétiens; la
croix seule l'indiquerait, si les traditions de l'histoire n'en
faisaient pas mention, et leur consulat est placé en l'an
1123 de la fondation de Rome, ou 380 de Jésus-Christ.
Neuf années plus tard, c'est-à-dire en 389 de Jésus-Christ,
Honorius, quatrième empereur, fut consul avec Autichia-
nus, ou Eutichianus, ce qui permettrait de supposer que
le tombeau aurait été élevé par quelque dame romaine de
la famille de ce dernier, qui aurait suivi son mari dans les
Gaules et dans la Septimanie, et, suivant cette hypothèse,
le monument daterait de la fin du quatrième siècle.

L'Aquitaine nous offre des monuments nombreux du

culte rendu aux Dieux Mânes. Dès le seizième siècle, on avait découvert des inscriptions sépulcrales aux extrémités de l'ancienne ville de Bordeaux, et dans un endroit que l'on a cru avoir été destiné à des sépultures communes. Deux de ces inscriptions sont ainsi conçues :

D. M.
VERVICIA DEFVNCTA AN
NORVM. XXX PROCVRAVIT
MATER SVA. DONAVIT. PO
SVIT.

Aux Dieux Mânes. Vervicia est morte à l'âge de 30 ans. Sa mère a procuré, donné et posé (ce monument).

D. M.
DIVIXTA PATERNINI AN
CILLA D. DEFVNCTA
ANNO. XXI.

Aux Dieux Mânes. Divixta, servante de Paterninus, est morte à l'âge de 21 ans.

Au château Trompette, on découvrit également deux pierres en forme de piliers, sur lesquelles étaient gravées des inscriptions. La première portait :

D. M.
ET MEMORIAE
VAL IVLLIANAE
CONIVGI VAL
CHARID. CVR
VIENNENSI
M. VALE CHARI
DEMVS VIVVS
POSVIT.

Aux Dieux Mânes et à la mémoire de Valeria Juliana, épouse de Valerius Charidemus, Marcus Valerius Charidemus a fait élever ce monument, de son vivant.

III   27

Sur la seconde, on lisait ces lignes :

D. M.
ET MEMOR
M. VAL. CHA
RIDEMI. IP
SE SIBI VIVVS
ET SVIS
POSVIT

Aux Dieux Mânes et à la mémoire de Marcus Vale-
rius Charidemus, qui a fait élever ce monument de son
vivant, pour lui-même et pour les siens.

Le nom de Marcus Valerius Charidemus, que nous retrouvons sur cette inscription, indique que la même personne a consacré les deux autels dont nous venons de
parler.

Dans la maison de PUY-PAULIN, on découvrit trois
autels votifs consacrés aux Dieux Mânes. Celui que nous
reproduisons le premier, mentionne dans son inscription,
très laconique d'ailleurs, le nom de PAULINA, que l'on
peut supposer avoir appartenu à un membre de la famille
dont l'édifice a consacré le souvenir.

D. M.
IVLIAE PAVLINAE

Aux Dieux Mânes et à Julia Paulina.

Vient ensuite l'inscription consacrée par Eros à Emilia
Corneola, son épouse très chère.

D. M. S.
EMILIAE
CORNEO
LAE EROS
CONIVGI
PIISSIMAE

Enfin, sur le dernier autel, on lit l'inscription suivante :

D. M.
L HOSTILIO SATVR
NINO HISPAN CVR
NONIENSI E HOSTILIVS
LIBERALIS LIB. ET HERES EXTES
F. CVR.

Aux Dieux Mânes et à Lucius Hostilius Saturninus, Emilius Hostilius, son affranchi et son héritier par testament, a veillé à l'érection de ce monument.

Agen, l'antique *Aginnum*, capitale des Nitiobriges, a fourni un autel consacré aux Dieux Mânes, que nous avons déjà mentioné à l'occasion du culte de Jupiter [1], et donc la constatation dans ce chapitre est indispensable. Nous avons dit, à son sujet, qu'il avait suffi à démontrer le culte de Jupiter dans *Aginnum*, et le service du temple consacré à cette Divinité par de jeunes néophytes ; et nous avons également fait connaître que ce monument était encastré dans l'un des murs du cloître de l'ancien hospice des frères de Saint-Antoine, où il resta ignoré jusqu'en 1793. Voici de nouveau l'inscription gravée sur cet autel :

DIS MANIBVS
IVVENES. A. FANO
IOVIS
SIBI ET SVIS

Aux Dieux Mânes, les jeunes gens du temple de Jupiter, pour eux et les leurs.

La petite ville de Lourde, dans le pays des Bigerrones, a conservé des traces du culte des Dieux Mânes, d'où l'on pourrait tirer la conséquence que ce lieu fortifié avait quel-

[1] T. III, p. 165.

ques habitants à l'époque de la domination romaine. En 1844, le génie militaire, faisant exécuter des fouilles dans le fort, a retiré, d'une profondeur de trois mètres, un chapiteau corinthien en marbre et une inscription consacrée aux Dieux Mânes, indiquant que le monument auquel elle appartenait avait été élevé par *Primulus*, fils de *Primus*, pour lui, pour sa femme et pour *Secundus,* son fils très chéri.

D. M.
PRIMVLVS. PRIM. F
SIBI ET VXORI
... SECVNDO FIL
IISSIMO

L'inscription suivante, que le savant abbé de Tersan fit extraire de l'une des caves de l'évêché de Lectoure, où elle servait de marche-pied, a été rapportée par M. Masson [1] :

D. M.
LVMINA
TIO GREGO
RIO MORTE
CITARAPTO
TVMVLVM
FECERE
SODALES

Aux Dieux Mânes et à Luminatius Gregorius, qu'une mort prompte a enlevé. Ses compagnons lui ont élevé ce tombeau.

Masson a rapporté inexactement cette inscription, et au lieu de MORTE CITARAPTO, il a écrit MORTE CITARA P. TO, ce qui rend l'inscription incompréhensible, car il est assez difficile, pour ne pas dire impossible, d'expliquer

---

[1] Masson, *Statistique de l'arrondissement de Lectoure.*

l'adjectif CITARA qui suit le substantif MORTE, ainsi que la lettre P et les deux lettres T O. La leçon que nous donnons a été publiée par M. Chaudruc de Crazannes [1], et elle nous paraît la seule vraie.

Scaliger, Gruter et après eux Masson, ont publié l'inscription qui suit, mais avec des inexactitudes que nous signalerons :

D. I. M.
NON. FVI. FVI. ME
MINI. NON. SVM
NON. CVRO. DO
NNIA. ITALIA AN
NNORVM. XX. HIC
QVIESCO. C. MVNA
TIVS. ET. DONNA
CALLISTE. L PIISSIMAE

Aux Dieux Mânes infernaux. Je n'ai pas vécu. J'ai vécu, je m'en souviens. Je n'existe plus. Je n'en ai nul souci. Donnia Italia. Je repose ici, à l'âge de vingt ans. Munatius et Donnia à Calliste, leur affranchie très chère.

La traduction littérale de cette inscription, l'une des plus intéressantes qui soient connues, offre un singulier mélange de raillerie sceptique et de mépris de la vie que l'on ne s'attend guère à trouver dans une fille de vingt ans. C'est une énigme que le langage de Donnia Italia, en face de la mort qui vient la ravir à toutes les illusions de la jeunesse ; et, s'il est permis de tenter une interprétation, ne peut-on pas admettre que la jeune Donnia Italia a exprimé, dans les deux derniers mots de l'inscription, que sa jeunesse n'a pas été heureuse, et qu'ensuite, au souvenir sans doute de ses infortunes, elle les exprime en se rappelant qu'elle a existé, mais qu'elle ne regrette pas la vie ? Le

---

[1] *Mémoires de la Société archéologique du midi de la France*, t. III.

monument ayant été érigé par Caius Munatius et Donnia, à Donnia Italia, leur affranchie, l'on peut également supposer que le langage de l'inscription exprime les sentiments de ceux-ci, ou peut-être même la reproduction des regrets et des déceptions manifestées de son vivant par leur ancienne esclave.

Dans le texte donné par Scaliger et Gruter, le mot LIBERTAE est écrit en toutes lettres; le monument ne contient que la première lettre de ce mot. La copie de Masson porte les mots DONNIA IVLIA au lieu de DONNIA ITALIA; un seul N au nom de DONNIA, et le sigle C est supprimé avant le mot DONATIVS.

La leçon que nous reproduisons a été donnée par le savant archéologue que nous avons déjà cité, qui en garantit l'exactitude [1]. Disons, à cette occasion, quelle perte la science a faite par la mort récente de M. Chaudruc de Crazannes, confrère et ami de l'auteur de l'*Archéologie Pyrénéenne*, qui lui est redevable de nombreux et intéressants documents.

L'inscription qui suit est connue depuis quelques années à peine. Elle est gravée sur une plaque de marbre blanc. Rien, dans son aspect, ne dénote les signes du paganisme. Elle a été consacrée par *Severa, fille de Taurinnus, de son vivant, pour elle et les siens.*

VIV
SEVERA TAVRINN
I. F. SIBI ET SVIS

Il y a, au sujet de cette inscription, un rapprochement assez curieux à faire. Les signes qui précèdent nous rappellent un nom bien connu dans la Novempopulanie, celui de Taurinus, évêque d'Elusa (Eause), au troisième siècle,

---

[1] M. Chaudruc de Crazannes, *loco citato.*

qui transporta son siége à Auch, dont il fut le premier évêque. La similitude du nom de cet évêque, avec celui du père de Severa, pourrait induire à conjecturer que le Taurinus de notre inscription serait peut-être l'évêque lui-même; car, dans les premiers temps du christianisme, beaucoup d'évêques étaient mariés. Ce qui paraîtrait corroborer cette hypothèse, c'est la forme à demi-chrétienne de l'inscription, sur laquelle ne figurent pas les sigles ordinaires **D. M.**

D. M.
L IVLL. ONE
SICRATE. IV
LIA. ONESI
ME FILIO
PISSIMO

Aux Mânes de Lucius' Julius Onesicrate, Julia Onesime, à son fils très chéri.

Tel est le texte et telle est l'interprétation de cette inscription qui exprime les sentiments d'amour maternel.

Trouvée sur l'emplacement de l'ancienne *Augusta-Auscorum*, rive droite du Gers, et dans le voisinage du château de Garros, cette inscription reproduit le nom d'Onésime, déjà connu par plusieurs inscriptions découvertes dans la Narbonnaise.

Une autre inscription appartenant à la série des autels consacrés aux Mânes dans le territoire des *Auscii*, est ainsi conçue :

D. M.
MACRIA. PRIS
CA FILIA
MACRIO SE
RENO. PATIR
F. C.

Aux Dieux Mânes, Macria Prisca, fille, a pris le soin

de faire élever ce monument à Macrius Serenus, son père.

Cette inscription renferme une transposition de lettre que l'on doit attribuer à une inadvertance. Au lieu de PATIR, il faut lire PATRI. Découverte dans l'une des chapelles de Notre-Dame-des-Neiges, près de *Climberris,* elle est devenue plus tard la propriété de M. de La Noüe, ancien grand-vicaire de Saint-Claude.

Le monument le plus récent du culte des Dieux Mânes chez les *Auscii,* est le petit autel votif trouvé, il y a quelques années, à Auch, et publié dans les *Mémoires de l'Académie des sciences* [1]. Son inscription offrit quelques incertitudes au savant professeur qui la publiait, et il eut à se demander, tout d'abord, si le point placé entre les deux premières syllabes du mot de la seconde ligne et les deux dernières, n'indiquait pas deux noms parfaitement distincts. Mais l'examen d'autres inscriptions le convainquit qu'il ne fallait tenir aucun compte de ce signe, et que l'inscription devait être lue ainsi : *Dis Manibus Bellissimæ Secundus conjugi.*

D. M.
BELIS. SIMAE
SECVNDVS
OIVGI

Il est bien évident que le mot BELISSIM.E n'est pas le nom de l'épouse à laquelle le monument a été élevé, et qu'il faut y reconnaître un adjectif exprimant les qualités que cette épouse avait aux yeux de *Secundus.* Nous traduisons donc l'inscription de la sorte : *Aux Dieux Mânes, Secundus à son épouse excellente.*

Dans le mur extérieur de la chapelle de l'église de

---

[1] *Mémoires de l'Académie des sciences de Toulouse,* 4e série, t. II, p. 295.

Saramou, petite ville du département du Gers, l'on pouvait voir, il y a quelques années encore, un petit autel votif employé, avec d'autres matériaux, pour la construction de l'édifice. Quoique presque entièrement mutilé, ce petit monument conservait les traces d'une inscription que nous reproduisons telle qu'elle pouvait être déchiffrée :

```
           D. M.
     BAIEXE. I. AF...
       CENSOIN. . . .
     FILIAE MATI. . . .
       ...IVICE. . . .
```

Tout ce qu'il est possible de conjecturer de cette inscription, c'est qu'elle était consacrée à une fille par sa mère.

Le Recueil de Gruter rapporte [1] une inscription trouvée *apud Consorannos in Novempopulania*, et publiée par Sirmond, laquelle constate que Marcus Sergius Paulus a élevé un monument aux Dieux Mânes et à Julie Pauline, fille de Sergius, sa mère.

```
           D. M.
     IVLIAE. SERGI.
    FILIAE. PAVLINAE
     M. SERGIVS PAV
     LVS. MATRI. P.
```

Cette inscription peut donner lieu à un rapprochement intéressant. La ville de Narbonne reconnaît, pour son apôtre et son premier évêque, l'un des plus célèbres compagnons de Saturnin et de Trophime, Paul Serge, qui vint, avec ces deux saints martyrs de la foi, évangéliser les Gaules, vers le milieu du troisième siècle. Les Actes des martyrs se taisent sur le lieu d'origine de Paul Serge ; mais il ne serait

[1] Gruter, p. MCXXIX.

pas impossible que cet apôtre fût originaire des Gaules, et que Julia Paulina, fille de Sergius, n'eût avec lui quelque lien de parenté. Le fils de Julia Paulina a pris le nom de son aïeul maternel en y joignant le nom de sa mère.

Le nom de Julia Paulina se retrouve dans une autre inscription, non encore publiée, et qui était gravée sur un autel en marbre blanc. Elle provient, comme la précédente, du territoire des *Consoranni*, et se rapporte à la même personne.

D. M.
IVLIAE SERGI. F
PAVLINAE
M. VAL IVSTVS
CONIVGI
SANCTISSIMAE

Aux Dieux Mânes, à Marcus Valerius Justus, à Julia Paulina, fille de Sergius, son épouse irréprochable.

Ce monument, dont les faces latérales étaient ornées d'un préféricule et d'une patère, fut découvert dans l'église de Prat (Ariége), par le chevalier Rivals, et placé plus tard dans le jardin de M. Roques, peintre à Toulouse.

Un troisième autel, publié il y a quelques années [1], vient faire connaître de nouveau le nom de Julia Paulina et témoigner de ses sentiments religieux. L'inscription que l'on y remarque est ainsi conçue :

AVERANO
DEO
IVLIA. SERGI. F
PAVLINA
V. S. L. M.

Au Dieu Averan, Julie Pauline, fille de Sergius, a accompli ce vœu librement.

---

[1] *Monuments des Convenœ. — Supra,* t. II, p. 154.

Le nom de Marcus Valérius Justus, mari de Julie Pauline, figure sur l'inscription d'un autel votif découvert à Saint-Girons, dans l'église paroissiale. Cette inscription a été publiée par Gruter et Sirmond ; elle exprime le vœu fait à la Fortune Auguste, par Marcus Valérius Justus.

```
        FORTV
      NAE. AVG
   M. VALERIVS
      IVSTVS
        EX
       VOTO
```

L'inscription suivante, publiée par Scaliger, qui prétend l'avoir découverte dans le cloître de Saint-Bertrand, *in area Convenis Sancti-Bertrandi*, n'a pas été retrouvée.

```
       D. M. S.
    AVRELIAE. LA
     NAE. CONIVGI
       KARISSIM
   FRESSVS QVINTVS
      VTRISQVE
       POSVIT.
```

Il est facile de reconnaître dans le texte de cette inscription des fautes d'orthographe qui dénotent l'ignorance ou l'inadvertance du graveur.

Il faut lire : *Diis Manibus Sacrum*. AVRELIAE LANAE CONIVGI KARISSIMAE FRESSVS QVINTVS VTRIS *cus* POSUIT.

A la page DCLVIII, n° 2, Gruter rapporte une autre inscription découverte *in Convenis Novempopulaniæ*, et dont voici la traduction : *Aux Dieux Mânes, Salusius à Andossicus, son fils très chéri.*

```
        D. M.
ANDOSSICO SALVSIVS
  FIL PIENTISSIMO
```

Le village de Garin, dans la vallée de Larboust, a fourni bon nombre de monuments religieux et sépulcraux; mais l'on n'y a retrouvé qu'une seule inscription tumulaire. La pierre sur laquelle cette inscription est gravée a été enchâssée dans le piédestal d'une croix, non loin de l'église. Elle est ornée de deux pilastres; un pelte ou bouclier est représenté au-dessous de l'inscription, dont voici la traduction :

Aux Dieux Mânes, Gaius ou Caius Montinus, Pompeius a fait élever ce monument pour Titullia Antonia, son épouse très chère.

Le nom de Titullia Antonia est assez répandu dans le territoire des *Convenæ*. Il figure sur un autel votif trouvé à Saint-Aventin, et dédié à Valeria Hermione, par Titullia Antonia. L'inscription nous apprend, en outre, qu'Hermione était fille de Titullia. Evidemment, ces deux inscriptions se rapportent aux trois membres d'une même famille. Voici leur texte :

D M.	D. M.
TITVLLIAE	VAL HERM
ANTONIAE	IONETITVL
MONTIN. POM	ANTONIAE
PEIVS. VXORI KARIS	FIL. KARIS
SIMAE. POSVIT	SIMAE

Sur une autre inscription placée au-dessus de la porte de l'église de Garin, sur une plaque de marbre, décorée avec goût, on lit ces lignes :

```
        L. TITVLLIVS
          ANTONIVS
         VXORI. PIEN
           TISSIME
          ET ANTONI
        ANO. FIL. DV
            LCIS
```

*Lucius Titullius Antonius, à son épouse très chérie et
à Antoninus, son fils bien-aimé.*

Le nom de *Titullius Antonius*, qui caractérise pour
nous ce monument, appartient évidemment encore à la
famille à laquelle sont dues les inscriptions précédentes.
On pourrait, avec quelque fondement, admettre que ce
Titullius est le père de *Titullia Antonia*. Dans tous les
cas, ces trois monuments prouvent que la vallée de Larboust
a compté, sous la domination romaine, une famille importante du nom de *Titullius*.

On a cherché à établir un rapprochement entre ces
inscriptions et une inscription découverte à Nîmes, et sur
laquelle le nom de *Titullia* est gravé. Voici cette inscription, rapportée dans l'*Histoire générale de Languedoc* [1].

D. M. L. CASSELLII. VOL. POMPEIANI. PRAEF. FABR.
IIIIII VIRIVRIDICVNDO PRAEFEC VIGIL. ET ARM.
ANTONIAE TITVLLIAE VXORI

Rien n'autorise à penser que cette inscription se rapporte
à la famille *Titullius* de la vallée de Larboust. Les noms
de l'épouse à laquelle elle est dédiée sont dans un ordre
opposé à ceux des précédentes.

Dans la vallée d'Oueil, même territoire des *Convenœ*,
existait un petit autel, malheureusement très dégradé, sur
lequel on pouvait lire encore l'inscription suivante :

D. M.
VALERIA
SILVANO
CONIVGI K
ARISSIMO

Aux Dieux Mânes. Valérie, à son cher époux Silvanus.
En nous rapprochant de *Lugdunum Convenarum*, et

[1] *Histoire générale de Languedoc*, t. I, p. 11.

dans le petit village de Saint-Blancard, l'inscription qui suit fut découverte il y a quelques années :

D. M.
POMPEIAE
BOCONTIAE
GEMELLVS
COIVGI KARIS
MAE

Aux Dieux Mânes et à Pompeia Bocontiae, *son épouse très chère*, *Gemellus*.

Pour rétablir dans sa vérité le texte de cette inscription, qui nous paraît altéré, il faut remplacer le B du mot BOCONTIAE par un V, intercaler la lettre N entre l'O et l'I du mot COIUGI, et ajouter la syllabe SI, après KARIS, ce qui donnera : **D. M. POMPEIA VOCONTIAE GEMELLVS CONIVGI KARISSIMAE**.

La base de l'autel votif qui offre cette inscription est ornée d'un vase avec anses, d'où s'échappent deux branches de lierre.

La dernière inscription que nous offrons, comme provenant du territoire des *Convenæ*, a été faite par un inconnu. Elle ne renferme que ces mots :

D. M.
MIANO

Elle fut trouvée au village de Valentine, à l'endroit appelé les Arrouquettes, au fond de la chapelle du Puy. Elle avait un pied et demi en carré. Un cadre à moulure l'entourait.

Il existait, dans les temps anciens, au dehors des murs de la ville de Toulouse, du côté de la porte du Château-Narbonnais, un champ connu sous le nom de *Champ du Férétra*, à cause des sépultures nombreuses dont il était couvert, et qui lui avaient fait prendre son nom, venant du mot *Feretrum*, cercueil. Plus tard, un cimetière chrétien, dit le cimetière Saint-Roch, fut établi sur le même emplacement, et on y découvrait journellement des objets annonçant sa destination première, tels que : lampes sépulcrales, monnaies, etc. Plusieurs inscriptions furent également trouvées dans les fouilles qui se pratiquèrent sur ce lieu, et l'une d'elles, recueillie par Montégut et publiée dans les *Mémoires de l'Académie*, indiquait un vœu aux Dieux Mânes.

D. M.
PRIMIGENIO
I. C.
P. M. I.

On voit, en examinant cette inscription, que le nom du particulier qui l'a dédié est indiqué par les sigles I. C. qu'il est assez difficile de compléter. Le monument était érigé aux Dieux Mânes et à Primigenius. Les trois derniers sigles doivent se lire de la manière suivante : PONI MONV-MENTVM IVSSIT.

A quelques kilomètres au-delà du cimetière de Saint-Roch, et sur les hauteurs de Vieille-Toulouse, on retrouve journellement des objets funéraires, qui sembleraient indiquer l'existence d'un vaste champ de sépultures. Nous devons à l'éminent M. Barry la publication d'une inscription inédite, gravée sur une amphore en terre cuite rouge, découverte dans cette localité, il y a peu de temps, et qui est écrite en caractères cursifs. Voici cette inscription [1] :

D. M.
C VAL VIBII SE
DITIS A COL COOP
Q BIIXIT ANNIS. XIII

---

[1] *Mémoires de l'Académie des sciences.*

L'interprétation de cette inscription offrait des difficultés sérieuses, que le savant professeur à résolues, dans une dissertation des plus ingénieuses, par la leçon suivante : *Dis Manibus C. val. vibii seditis a collegio cooptati, qui vixit annos XIII.*

Ainsi se trouve terminée cette longue série de Divinités, objet du culte et de l'adoration des peuples qui ont habité les contrées méridionales de la Gaule, depuis les temps les plus reculés, jusqu'à l'apparition du christianisme, et dont le souvenir s'est conservé longtemps encore après que la capitale des Tectosages eut reçu la consécration du sang des premiers martyrs.

Culte des pierres, des montagnes, des fleuves et des vents; Divinités locales, romaines, grecques et égyptiennes : tel est le tableau que nous présente la partie mythologique de l'ouvrage, et il est facile de reconnaître, dans la succession des divers cultes rendus à ces Divinités, les progressions de la civilisation et des mœurs apportées dans les Gaules par les peuples qui, tour à tour, y ont signalé leur passage, jusqu'à ce que la religion nouvelle qui se répandit sur la terre, à l'immense soupir du Christ, vint changer la face du monde.

La moisson, on le voit, surtout depuis un demi-siècle, a été abondante; mais le champ n'est pas encore épuisé : la science n'a pas encore prononcé son dernier mot, et grâce aux persévérantes recherches de nos antiquaires et des savants épigraphistes de notre époque, la série des Divinités gauloises peut encore s'enrichir de personnalités inconnues, et celles que les découvertes nous ont révélées sont chaque jour l'objet de nouvelles et intéressantes études.

FIN.

NOTICE

SUR M. ALEXANDRE DU MÈGE

Par M. Louis BUNEL,

Avocat, membre de la Société archéologique du midi de la France, continuateur de
l'*Archéologie Pyrénéenne*.

M. Du Mège n'a pas eu le bonheur de terminer l'œuvre
immense qui l'occupait depuis de nombreuses années, et qui
devait couronner dignement sa longue et laborieuse carrière.
La mort est venue le frapper au milieu de ses travaux : elle
a glacé sa pensée, elle a paralysé sa main avant qu'il ait
pu poser la dernière pierre de l'édifice. Ne serait-ce pas
manquer à toutes les convenances vis-à-vis de ses lecteurs,
et à notre devoir de confrère et d'ami, que de ne pas consacrer quelques lignes à sa mémoire ?

Dans le sein des diverses Académies dont M. Du Mège
était membre, des éloges ont été prononcés. L'homme et l'écrivain ont été tour à tour discutés et jugés. Nous devons même
à la vérité de dire que les opinions n'ont pas été unanimes.

Pouvons-nous en être surpris? et ne serait-ce pas un spectacle vraiment extraordinaire, que celui d'un homme dont le nom a été aussi répandu que le sien, qui n'aurait pas rencontré quelques détracteurs?

Voué, dès sa jeunesse, au culte d'une science dont le côté hypothétique et intuitif est le plus redoutable écueil, M. Du Mège n'a pu se préserver de certaines erreurs, qui tenaient à deux causes essentielles, dont cette rapide notice donnera l'explication.

Les premières années de M. Du Mège sont environnées d'un voile que personne, pas même ses familiers les plus intimes, n'a soulevé. Ce que l'on a pu apprendre à cet égard nous révèle que, né en 1780, à cette période du dernier siècle, où toutes les croyances et les convictions étaient ébranlées, où la société oscillait sur le volcan d'une immense révolution, Alexandre-Louis-Charles-André Du Mège, fils d'un simple comédien, dut se ressentir de l'influence de cette époque. Son père, homme recommandable par ses qualités personnelles et son talent théâtral, lui inculqua de bonne heure l'amour des antiquités; il cultivait lui-même la numismatique, et plus d'une fois, dans ses excursions, le futur archéologue l'accompagnait.

Doué d'une imagination et d'une facilité pour le travail exceptionnelles, ces deux brillantes qualités auraient dû le conduire à des résultats moins contestables; mais l'heure où elles se développèrent lui fut fatale. La science qu'il aurait pu acquérir dans sa jeunesse, il ne la conquit que par lambeaux. Privé de ces moyens puissants qui donnent à l'enfant du riche la possibilité de faire de sérieuses études, il ne lui a été permis de suivre que les cours de l'École centrale, organisée à Toulouse en 1795, et dont l'existence

n'a duré que quelques années à peine. M. Du Mège y apprit
un peu de tout, mais il n'approfondit aucune science, et
la méthode, fruit d'études régulières, lui ayant fait défaut,
il ne put qu'imparfaitement compléter dans l'âge mûr les
notions qu'il avait ébauchées.

C'est donc avec un bagage de connaissances fort super-
ficielles, que M. Du Mège s'élança, plein d'ardeur et d'enthousiasme, dans les voies d'une étude encore peu connue.
Cette tendance de son esprit vers l'archéologie, il la puisa,
sans doute, dans les communications et les exemples de
son père. Mais à mesure que le jeune homme se développa
et apprit à juger les évènements qui se succédaient avec ra-
pidité sous ses yeux, il dut s'opérer en lui une réaction
naturelle. L'édifice social s'écroulait ; les anciennes institutions s'abîmaient dans la lutte de deux générations que
quelques années avaient séparées comme par des siècles, et
la société nouvelle était à la recherche de sa base, pour y
élever un ordre de choses stable. Cette situation ne dut-
elle pas influer sur l'imagination de M. Du Mège, et le porter à se rattacher dans le passé à nos vieilles institutions, et
à se livrer à l'étude des monuments semés par les générations lointaines? L'archéologie, mot nouveau appliqué à
l'étude des choses anciennes, n'était pas encore une science.
Plusieurs esprits frondeurs, dont la contradiction est le pain
quotidien, et le doute le critérium de toutes les choses, lui
refusent même aujourd'hui ce titre. Néanmoins, dès la fin du
siècle dernier, des auteurs sérieux, que l'on consulte avec fruit,
et que sous plusieurs rapports on n'a pas encore dépassés,
avaient produit des travaux estimés. M. Du Mège aimait à
les étudier. Leurs enseignements, joints aux exemples pater-
nels, décidèrent de sa destinée. Il devait être archéologue.

Ses premiers pas dans la carrière datent de notre siècle. A cette époque, il signalait déjà des ruines de constructions romaines au faubourg Saint-Cyprien, et des notes, retrouvées dans le chaos de ses manuscrits, témoignent du zèle qu'il apportait à ses recherches. Jeune encore, il fut investi de la mission de rechercher les antiquités dans le département de la Haute-Garonne, et plus tard, cette mission s'étendit à plusieurs départements voisins. M. Du Mège entreprit sa tâche avec une rare activité, ne redoutant ni les fatigues, ni les privations que les difficultés du voyage et le peu de ressources dont il disposait l'exposaient à endurer. Tout le monde connaît les résultats heureux qu'il obtint, et, sous ce rapport, les riches galeries de notre Musée des Antiques, qu'il a créées, resteront comme le plus beau témoignage de son amour pour l'archéologie.

Aussi fécond écrivain qu'explorateur intrépide, M. Du Mège a laissé des ouvrages nombreux. Ses publications dans les diverses feuilles périodiques étonneraient quiconque ne l'a pas vu comme nous, dans les dernières années de sa longue existence, conserver encore son inépuisable facilité. Le premier ouvrage qu'il publia en 1814 avait nécessité des études consciencieuses sur la langue basque, et il y a lieu d'être surpris quand on parcourt les innombrables documents que sa plume à tracés à cet égard. Les *Monuments religieux des Volces-Tectosages* valurent à leur auteur une médaille d'or décernée en 1821, et le petit volume où ces découvertes intéressantes sont consignées est aujourd'hui apprécié comme un ouvrage rare et d'un grand prix.

Plusieurs autres travaux de M. Du Mège obtinrent des mentions flatteuses de l'Académie des sciences, et, en 1834, une seconde médaille d'or lui fut accordée pour sa *Notice sur la ville d'Aiguesmortes*. Le succès qui a couronné ses deux importants ouvrages sur les *Institutions de la ville de Toulouse* et les *Mémoires sur l'histoire de Languedoc*, suffit pour faire leur éloge, et cependant, on ne peut s'empêcher de reconnaître que, sous certains points de vue, ces travaux considérables offrent quelques défauts. Ajoutons encore que, pendant la période de quatre années, M. Du Mège, correspondant de l'Institut, a fourni au ministère des mémoires qui formeraient la valeur de quatorze volumes, et qui n'ont pas été publiés.

L'*Archéologie Pyrénéenne*, conçue par M. Du Mège comme une œuvre monumentale, devait être son testament scientifique. Depuis plus de quarante années, il en réunissait laborieusement les matériaux, et les premiers essais de publication qu'il en fit lui méritèrent les encouragements de deux hommes aussi élevés par leur savoir que par leur position sociale, MM. Thiers et de Falloux, tous les deux ministres à de longues années d'intervalle. Interrompue par des circonstances malheureuses, cette publication, dès l'annonce de son apparition nouvelle, valut à son auteur une lettre des plus flatteuses d'un homme éminent, que l'Académie de Toulouse a eu pendant plusieurs années à sa tête, et dont la mort est une véritable perte pour la science [1].

M. Du Mège avait trop présumé de ses forces : il n'a pas eu la consolation de pouvoir redire en mourant ces belles paroles : *Exegi monumentum*.

---

[1] M. Laferrière, inspecteur général de l'enseignement supérieur, membre de l'Institut.

Avec des titres aussi nombreux et aussi anciens, à une réputation de science bien acquise, les portes des sociétés savantes de Toulouse devaient s'ouvrir devant M. Du Mège. Membre de l'Académie des sciences, inscriptions et belles-lettres, depuis 1807, puis maître et mainteneur de l'Académie des Jeux-Floraux, secrétaire général de la Société archéologique du midi de la France, tour à tour correspondant et associé des principales Académies et Sociétés françaises et étrangères, cet homme, qui avait consumé son existence dans les fatigues et les veilles, a vécu pauvre et est mort pauvre. Plus artiste qu'industriel, il ne considérait dans ses œuvres que la gloire et non l'argent, et ces illusions, il les a conservées encore jusqu'au moment où se publiaient les premières livraisons de son dernier ouvrage. Trompé dans ses entreprises de librairie, là où un auteur intéressé aurait trouvé une source de bénéfices, cet homme, simple et presque naïf pour toutes les choses ordinaires de la vie, rencontra une cause de pertes, et sans les modestes émoluments qu'il recevait des fonctions d'inspecteur des monuments et de conservateur du Musée des Antiques, M. Du Mège n'aurait pu se soustraire aux plus dures nécessités de l'existence.

Ce désintéressement est son plus bel éloge. Il semble que des distinctions honorifiques devaient être de bonne heure accordées à M. Du Mège. Cependant, la croix de la Légion-d'Honneur, qu'il avait cru depuis longtemps voir attachée à sa poitrine, il ne la reçut que sur ses vieux jours. Tardive mais juste récompense des services rendus par M. Du Mège à la science.

Pour être impartial et complet, il faut tout dire sur l'homme dont on retrace la vie et les œuvres. La nature humaine est ainsi faite, qu'à côté des plus belles qualités, il est rare de ne pas trouver quelques défauts. M. Du Mège avait les siens. Comme archéologue, on lui a reproché d'avoir avancé et soutenu des faits que nous appelons des erreurs, et que l'opinion publique a plus sévèrement qualifiés. M. Du Mège était de bonne foi, les preuves en sont aujourd'hui incontestables. Privé, par défaut de ressources, des moyens de s'assurer par lui-même de l'exactitude de certains documents qui devaient servir à ses Mémoires, il acceptait sans contrôle et trop facilement des matériaux qui lui étaient adressés.

Qui de nous ne l'a surpris, racontant ses voyages et ses visites dans les cités lointaines, donnant, sur les monuments et sur les plus insignifiantes particularités, des détails exacts et précis? Aussi l'un de nos confrères, à qui Rome était parfaitement connue, nous disait-il souvent que M. Du Mège connaissait Rome aussi parfaitement que les Romains eux-mêmes, et pourtant....

Cette imperfection tenait essentiellement à sa nature. Doué d'une merveilleuse mémoire, il s'assimilait, avec une facilité extrême, les descriptions qu'il lisait; puis, dans son esprit, s'opérait comme un mirage intellectuel dont il était lui-même la dupe, et qui lui présentait les objets comme s'il les eût réellement vus.

Innocente faiblesse que M. Du Mège a partagée avec des conteurs d'un incontestable mérite.

Voilà M. Du Mège tel que nous l'avons apprécié.

Valeureux soldat de la science archéologique, dont il salua avec enthousiasme les premiers rayons, il lui a consacré sa vie entière, et il est tombé les armes à la main, car le mal l'a frappé au champ d'honneur, au moment où il terminait une phrase commencée sous les tristes prodromes de la mort. A nous, qui avons eu le douloureux bonheur de serrer la main déjà glacée de ce vénérable confrère, il a été donné de recueillir sa pensée, de finir sa phrase interrompue et de le couronner dans l'achèvement de son œuvre.

M. Du Mège n'est plus. Ses travaux lui survivront pour témoigner de la puissance de son imagination et de l'énergie de ses facultés. Quelques critiques, peut-être trop sévères, pourront lui refuser le titre de savant, que ses contemporains n'ont pas hésité à lui décerner. Mais ce que nul ne pourra lui contester, ni ravir à sa mémoire, c'est d'avoir jeté dans le midi de la France, par la persévérance de ses recherches et ses innombrables écrits, les fondements de la science archéologique, et d'avoir groupé autour de lui toute une génération d'hommes qui lui sont redevables de leur amour pour les choses du passé, et qui ne prononceront son nom qu'avec vénération et respect.

TABLE GÉNÉRALE DES MATIÈRES

CONTENUES

DANS LES DEUX TOMES CONSACRÉS AUX MONUMENTS MYTHOLOGIQUES

———

III.

Les Dieux de la Celtique et de l'Aquitaine (Mythologie Pyrénaïque)

IV.

Suite des Déites gauloises ou ibériennes, etc.

V.

Culte des montagnes, des lacs, des fleuves, des fontaines, des arbres et des vents.

TOME III.

I.

Monuments en pierres brutes, retrouvés dans la Narbonnaise et dans l'Aquitaine; peulvans, menhirs, cromlechs, pierres branlantes, etc.

II.

Dessins des monuments élevés à des Déités crues gauloises ou ibériennes ; autels , monuments consacrés aux Divinités topiques.

III.

Monuments consacrés aux montagnes. — Elévations en terres rapportées, que l'on a cru être des images des montagnes adorées par les anciens peuples. — Culte des arbres.

IV.

**Culte des Dieux grecs et romains dans la Province, ou pre-
mière Narbonnaise, et dans l'Aquitaine, ou Novempopulanie;
Monuments représentant Janus; Autels consacrés à la mère
des Dieux; Tauroboles célébrés dans ces deux parties de la
Gaule.**

V.

**Culte et monuments de Jupiter et de Junon dans l'Aquitaine,
dans la Narbonnaise et dans la Gallo-Grèce.**

Toulouse. — Imprimerie de Lamalque et Rives, rue Tripière, 9.

ON TROUVE A LA MÊME LIBRAIRIE :

Précis historique de la Bataille de Toulouse, livrée le 10 avril 1814 entre l'armée française, commandée par le maréchal Soult, et l'armée alliée sous les ordres de lord Wellington, par le chevalier Alexandre du Mège, chef de bataillon du génie au titre étranger, chevalier de la Légion-d'Honneur et de plusieurs autres ordres, avec un plan de la Bataille, dressé par M. Bellot, ancien géomètre en chef du cadastre ; forte brochure in-12. . . . . **2 fr.**

Histoire générale de l'Église de Toulouse, depuis les temps les plus reculés jusqu'à nos jours, par l'abbé Salvan, chanoine honoraire de la Métropole, mainteneur des Jeux-Floraux, etc.; 4 vol. grand in-8o. . . . . **25 fr.**

Histoire de la Bienheureuse Germaine de Pibrac, par l'abbé Salvan, 3e édition illustrée, augmentée du Triduo solennel de Pibrac; 1 vol. in-12. **2 fr. 50**

Guide des Etrangers dans Toulouse et dans ses environs, contenant des Notices historiques et descriptives sur les monuments et édifices publics et privés, anciens et modernes, sur les Bibliothèques, le Musée, l'Observatoire, le Jardin des Plantes, les Fontaines, les Casernes, les Chemins de fer, le Canal du Midi, etc., etc., suivi d'une Notice sur les eaux des Pyrénées, avec leurs distances postales ; 1 vol. in-12 augmenté d'une vue et du plan itinéraire de la ville, 4e édition. . . . . . . **2 fr.**

Plan Itinéraire de la ville de Toulouse, avec l'indication des principaux monuments et des objets les plus remarquables, dressé par M. Bellot, ex-géomètre en chef du cadastre, sur une feuille demi-jésus. . . . . **1 fr.**

R. P. H.-D. Lacordaire, par Auguste Pujol, rédacteur en chef du *Journal de Toulouse* ; forte brochure grand in-8o. . . . . **1 fr. 25**

Le R. P. Lacordaire, sa vie et ses ouvrages, par Justin Maffre, ancien rédacteur du *Midi*; brochure in-8o. . . . . **1 fr.**

Flore analytique de Toulouse et de ses environs, par J.-B.-J. Noulet, professeur de thérapeutique à l'École de Médecine, professeur d'agriculture; 2e édition. . . . . **2 fr. 50**

Traité d'Arithmétique, par F.-V.-G. Alexandre, professeur de mathématiques; 1 vol. in-8o. . . . . **4 fr.**

Traité des approximations, par F.-V.-G. Alexandre ; brochure in-12. **50 c.**

De l'Obligation naturelle en Droit romain et en Droit français, par Massol (de M.), professeur à la Faculté de Droit de Toulouse; 1 vol. grand in-8o, 2e édition. . . . . **6 fr.**

Calques Bers d'une Muso Gascouno, par le comte de Narbonne-Lara ; brochure in-12. . . . . **50 c.**

Las Espigos de la Lengo Moundino, poésies languedociennes, par Louis Vestrepain, bottier à Toulouse ; 1 vol. grand in-8o illustré. . . . . . . **4 fr.**

Les Eaux des Pyrénées, poème libre, par Antoine Sans, correspondant de la Société des Gens de Lettres ; 1 vol. in-12. . . . . **50 c.**

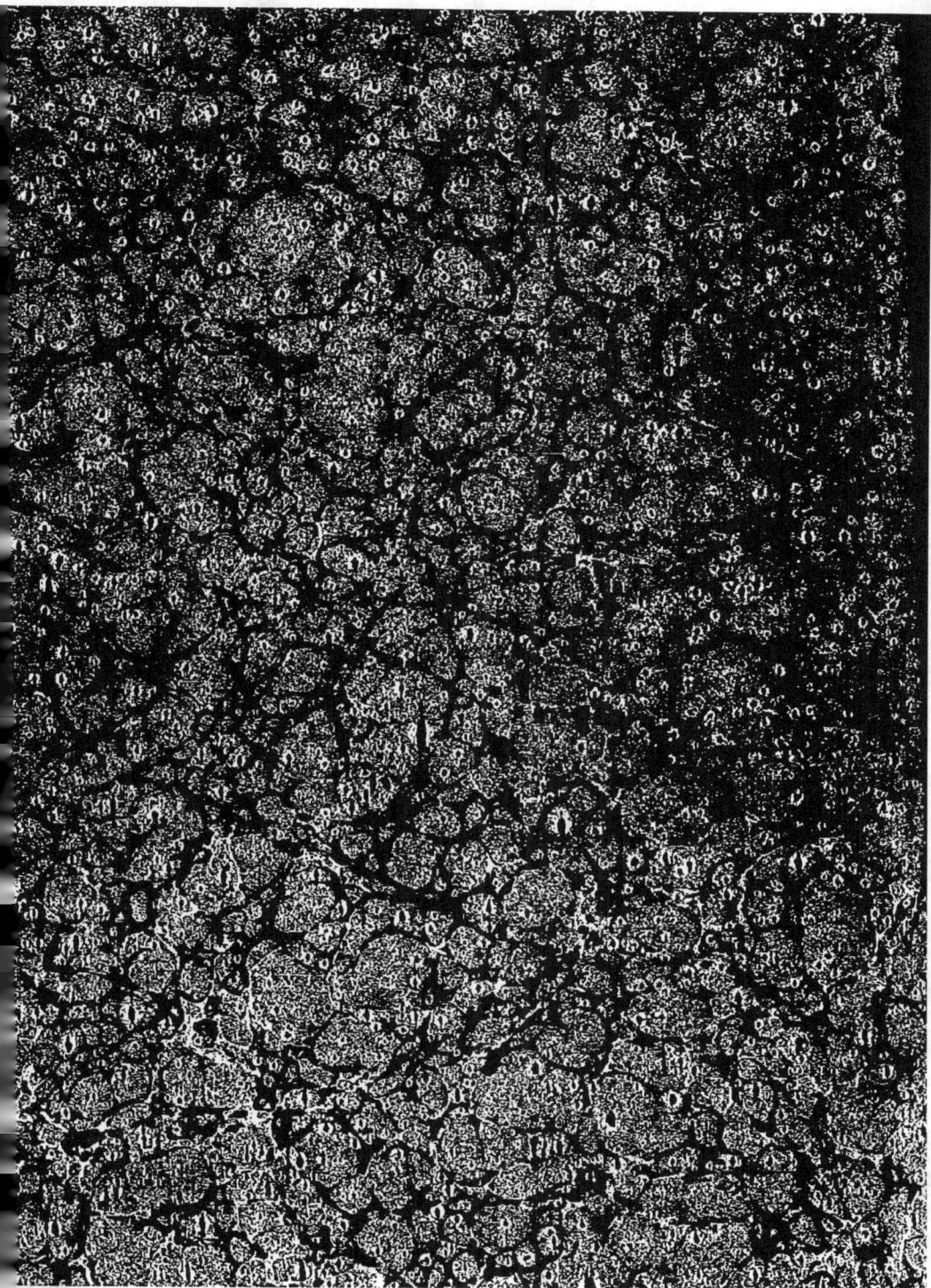

FIN

Entier

R **115066**

26 Volts : 115   : 8

.07.98   MAG

Service de la reproduction
PARIS-RICHELIEU

* 9 7 8 2 0 1 2 5 2 3 4 7 0 *